国际货运代理实务

主　编　黄建辉　夏爱玲
副主编　祝丽杰　王　华　翟树芹　刘文娟
　　　　曾志勇　蔡若松
编　者　何　望　廖辉云

北京理工大学出版社
BEIJING INSTITUTE OF TECHNOLOGY PRESS

内容简介

本书立足于"三教改革"中"教材改革"的要求,强化教材育人功能,以实际工作任务为导向,以国际货运代理企业的真实业务素材为支撑,落实工学结合教学模式,将内容分成认知国际货运代理、认知常见国际贸易术语、认知国际海运代理、认知国际空运代理、操作国际海运整箱货业务、操作国际海运拼箱货业务、操作国际空运业务、操作国际陆运业务、操作国际多式联运业务等9大项目及35个学习任务。

本书突出"岗课赛证"融合,尤其是对标全国职业技能大赛货运代理赛项竞赛标准,并将货运代理赛项考核的知识点与技能点融入各学习任务中,旨在提升学生职业技能。同时,学生通过本书内置的二维码可链接微课、视频等教学资源,还能在云端通过慕课辅助教材学习。本书满足了"互联网+"背景下教与学的新需求,让学生可以"时时学、处处学"。

本书既可作为关务与外贸服务、港口物流管理、国际经济与贸易、国际商务、商务英语、现代物流管理、集装箱运输管理等相关专业的高等职业教育教材,也可作为职业技能大赛货运代理赛项参赛学习用书,还可作为外贸、货代、物流等行业从业人员的培训教材及参考用书。

版权专有 侵权必究

图书在版编目(CIP)数据

国际货运代理实务 / 黄建辉,夏爱玲主编. ——北京:北京理工大学出版社,2023.1
ISBN 978-7-5763-2093-0

Ⅰ.①国… Ⅱ.①黄… ②夏… Ⅲ.①国际货运-货运代理-高等学校-教材 Ⅳ.①F511.41

中国国家版本馆 CIP 数据核字(2023)第 025071 号

出版发行 / 北京理工大学出版社有限责任公司	
社　　址 / 北京市海淀区中关村南大街5号	
邮　　编 / 100081	
电　　话 / (010)68914775(总编室)	
(010)82562903(教材售后服务热线)	
(010)68944723(其他图书服务热线)	
网　　址 / http://www.bitpress.com.cn	
经　　销 / 全国各地新华书店	
印　　刷 / 涿州市新华印刷有限公司	
开　　本 / 787毫米×1092毫米　1/16	
印　　张 / 18.5	责任编辑 / 申玉琴
字　　数 / 490千字	文案编辑 / 申玉琴
版　　次 / 2023年1月第1版　2023年1月第1次印刷	责任校对 / 刘亚男
定　　价 / 85.00元	责任印制 / 施胜娟

图书出现印装质量问题,请拨打售后服务热线,本社负责调换

前　　言

党的十八大以来，中国经济持续较快发展，经济总量稳居世界第二位，贸易大国地位不断提升，经济实力显著增强，对外贸易总额跃居世界第一。2020年中国对外贸易总额由2012年的4.4万亿美元升至5.3万亿美元，首超美国成为全球第一贸易大国。2021年，中国对外贸易总额增至6.9万亿美元，继续保持世界第一。国际货运代理行业是对外贸易的重要组成部分。对外贸易的高质量发展，需要国际货运代理行业提供强有力的支撑，急需大量国际货运代理高素质技术技能人才。此外，以世界技能大赛货运代理赛项为参考标准，"货运代理"于2020年入选全国职业院校技能大赛改革试点赛，2021年正式成为全国职业院校技能大赛赛项，主要考查参赛选手在模拟国际货运代理企业真实工作场景下解决实际问题的能力。

人才培养以教材为载体，教材是教学的蓝本，是学生获取知识的基本途径。国务院发布《国家职业教育改革实施方案》中提出"三教"改革的任务，其中教材改革是整个职业教育的基础，是教育教学质量保证的载体。为此，我们编写了本书，旨在帮助职业院校及社会学习者能更全面、更系统地理解国际货运代理业务知识及掌握解决实际问题的技术技能，并提升职业技能素养。

本书具有以下特色：

1. "岗课赛证"融合，落实职业技能养成。我们根据国际货运代理岗位职业能力需求、职业技能大赛货运代理赛项竞赛标准、物流管理"1+X"证书要求，致力于将本书打造成"岗课赛证"融合型教材。尤其是针对2020年开始的职业技能大赛货运代理赛项，我们认真研读近三年国赛规程及比赛真题，提炼出M1~M4四个比赛模块的知识点与技能点，并融入本书各章中，旨在提升学生职业技能，并为学生参加技能比赛奠定坚实基础。

2. 在线资源丰富，实现"时时教、处处学"。我们依托省级在线精品课程、国家教学资源库课程及智慧职教或中国大学MOOC平台，配置了持续更新的慕课平台数字资源，旨在多形式立体化呈现教材内容。学生不仅能通过本书内置的二维码链接微课、视频等教学资源，还能在云端通过慕课辅助教材学习。本书满足了"互联网+"背景下教与学的新需求，为教师开展信息化教学改革、探索教学新生态模式奠定了良好的基础。

3. 工学结合，理实一体化。本书对接国家高等职业院校专业教学标准，遵循以国际货运代理操作岗位能力培养为本位，以实际工作任务为导向，以国际货运代理企业的业务素材为支撑，落实工学结合教学模式，将国际货运代理新技术、新工艺、新规范等引入书中，将最新技能培养融入每个任务实践中，实现理实一体化。

4. 项目引领，任务驱动。本书以项目为导向，以任务驱动为核心，学习任务明确。每个项目由"项目概述+案例引入+学习任务+拓展阅读+素养园地+项目综合实训+习题"构成，有机融入社会主义核心价值观、家国情怀、中国优秀传统文化、工匠精神等元素，推动教材和学习者之间的深层次互动，实现"教学做"一体化，并进一步提升教材铸魂育人价值。

本书由广东农工商职业技术学院黄建辉负责整体框架设计，共9大项目35个学习任务，具体编写分工如下：项目一、项目三由广东农工商职业技术学院刘文娟、广东岭南职业技术学院翟树芹编写；项目二由广东松山职业技术学院曾志勇、广州华南商贸职业学院蔡若松编写；项目

四、项目七、项目八由广州华夏职业学院夏爱玲、广东农工商职业技术学院黄建辉编写；项目五、项目九由黄建辉、广东工贸职业技术学院祝丽杰编写；项目六由广东农工商职业技术学院王华编写。

在本书编写过程中，广东农工商职业技术学院教务处处长李法春教授给予了总体指导，东莞日正国际货运代理有限公司总经理兼广东黄埔报关协会副会长廖辉云、广州保畅国际物流有限公司何望总经理与刘国凡经理、深圳虎航国际货运代理有限公司总经理兼深圳市航空业协会粤港澳委执行主席张桅、深圳市高质行国际货运代理有限公司林小珠总监、万嘉集运物流有限公司广州分公司杜胜光副总经理、海德（广州）国际物流集团有限公司游雪光副总经理等给予了技术指导或提供了素材、案例等；此外，本书还得到了广东农工商职业技术学院各级领导的大力支持，在此一并表示深深的谢意。

本书作为省级精品课程和国家级专业教学资源库建设课程配套教材，建立了丰富的课程资源，由于容量有限只将部分内容以二维码的形式来呈现，学生可以登录智慧职教或中国大学MOOC在线学习"国际货运代理"或者浏览更多课程资源。

我们在编写本书的过程中，参考了许多资料，已尽可能地在参考文献中列出，在此对所引资料的作者表示衷心的感谢。

由于水平有限，本书疏漏之处在所难免，恳请广大读者批评指正。

编　者

目　录

项目一　认知国际货运代理 1
【项目概述】 1
【案例引入】 1
　　任务一　认知国际货运代理概念、性质和作用 2
　　任务二　认知国际货运代理业务范围和服务对象 5
　　任务三　认知国际货运代理企业与行业 9
【拓展阅读】 14
【项目综合实训】 15
【习题】 18

项目二　认知常见国际贸易术语 19
【项目概述】 19
【案例引入】 19
　　任务一　认知贸易术语"E"组 20
　　任务二　认知贸易术语"F"组 22
　　任务三　认知贸易术语"C"组 26
　　任务四　认知贸易术语"D"组 32
【拓展阅读】 37
【项目综合实训】 38
【习题】 41

项目三　认知国际海运代理 42
【项目概述】 42
【案例引入】 42
　　任务一　认知集装箱 43
　　任务二　识读集装箱箱体信息 48
　　任务三　认知集装箱港口 56
　　任务四　识别国际海运航线 63
　　任务五　认知集装箱运输 67
【拓展阅读】 76
【项目综合实训】 78
【习题】 78

项目四 认知国际空运代理 …… 80

【项目概述】 …… 80
【案例引入】 …… 80
　　任务一　认知国际航空组织及航空港 …… 81
　　任务二　认知国际航空货运代码 …… 85
　　任务三　认知国际航空运输及航线 …… 92
　　任务四　认知国际航空公约 …… 97
【拓展阅读】 …… 101
【项目综合实训】 …… 103
【习题】 …… 104

项目五 操作国际海运整箱货业务 …… 105

【项目概述】 …… 105
【案例引入】 …… 105
　　任务一　委托代理 …… 106
　　任务二　审单（商业发票） …… 118
　　任务三　订舱放舱 …… 122
　　任务四　装箱集港 …… 129
　　任务五　报关放行 …… 134
　　任务六　装船出运 …… 146
　　任务七　结算费用 …… 157
【拓展阅读】 …… 162
【项目综合实训】 …… 163
【习题】 …… 168

项目六 操作国际海运拼箱货业务 …… 169

【项目概述】 …… 169
【案例引入】 …… 169
　　任务一　认知国际海运拼箱业务流程 …… 170
　　任务二　计算海运拼箱运费 …… 177
　　任务三　填制海运拼箱单证 …… 183
【拓展阅读】 …… 191
【项目综合实训】 …… 193
【习题】 …… 195

项目七 操作国际空运业务 …… 197

【项目概述】 …… 197
【案例引入】 …… 197
　　任务一　认知国际航空货物运输业务流程 …… 198
　　任务二　计算国际航空货物运输运费 …… 207

任务三　填制国际航空货物运输单 ………………………………………… 223
　【拓展阅读】…………………………………………………………………… 239
　【项目综合实训】……………………………………………………………… 240
　【习题】………………………………………………………………………… 243

项目八　操作国际陆运业务 …………………………………………………… 245

　【项目概述】…………………………………………………………………… 245
　【案例引入】…………………………………………………………………… 245
　　任务一　操作国际铁路货物运输业务 …………………………………… 246
　　任务二　操作国际公路货物运输业务 …………………………………… 257
　【拓展阅读】…………………………………………………………………… 261
　【项目综合实训】……………………………………………………………… 262
　【习题】………………………………………………………………………… 263

项目九　操作国际多式联运业务 ……………………………………………… 264

　【项目概述】…………………………………………………………………… 264
　【案例引入】…………………………………………………………………… 264
　　任务一　认知国际多式联运概念、条件和优势 ………………………… 265
　　任务二　分析国际多式联运经营人责任 ………………………………… 269
　　任务三　绘制国际多式联运业务流程 …………………………………… 272
　　任务四　设计国际多式联运路线 ………………………………………… 277
　【拓展阅读】…………………………………………………………………… 281
　【项目综合实训】……………………………………………………………… 283
　【习题】………………………………………………………………………… 283

参考文献 …………………………………………………………………………… 285

项目一

认知国际货运代理

【项目概述】

国际货运代理行业是一个非常专业化的行业，需要丰富的国际贸易、国际货物运输、国际货运代理（含报关报检）等专业基础知识。随着全球经济一体化进程的加快，国际贸易往来越加频繁，国际货运代理行业也不断发展，并成为一个庞大的专门行业。中国国际贸易发展迅猛，对国际货运代理人才的需求也将持续攀升。

本项目主要讲解国际货运代理基础知识，主要内容包括认知国际货运代理概念、性质和作用，认知国际货运代理业务范围和服务对象，认知国际货运代理企业与行业等。

【案例引入】

国际货运代理企业未来的发展方向

改革开放以来，中国国际货运代理行业迎来迅速发展，在增大对外开放贸易、引进外资、扩大就业等方面发挥了至关重要的作用。从全球进出口贸易情况来看，2021 年全球进出口金额占比前三分别为：中国占比 13.5%、美国占比 10.5%、德国占比 6.8%，其余国家占比均处于 4% 以下，中国进出口金额占比全球第一。随着"一带一路"倡议的实施和跨境电商的飞速发展，国际货运代理发展进入了新征程。

在上述背景下，中国国际货运代理行业将呈现出以下发展趋势：

一是持续拓展产业链。一家强大的货运代理公司不可避免地会将其相关业务延伸至货运物流和供应链服务咨询领域，以提升竞争能力。在传统物流基础上，引入高科技手段，即运用电脑进行信息联网，对物流信息进行科学管理，从而使物流速度加快，准确率提高，库存减少，成本降低，促使相关信息有效流动。货运代理公司将运输、仓储、装卸、加工、整理、配送、信息等方面有机结合，形成完整的供应链，为用户提供多功能、一体化的综合性服务。

二是专业化服务能力切实加强。随着行业竞争的日渐激烈，如何脱颖而出成为诸多中小型国际货运代理公司考虑的主要问题。从完善服务功能、开展集约经营的角度出发，专业化服务是对货代企业的基本要求。国际货运代理的业务范围十分广阔，专业化服务就是要求货代企业以培育和增强企业核心竞争力为目的，在空运、整箱、拼箱、海运、租船、集港疏运、仓储分拨、物流配送等业务中选择一两项作为主业，在市场开发、管理规范等资源配置方面采用密集性的营销策略，稳扎稳打，最终成为市场领导者，达到制胜的战略意图。

三是发展国际多式联运业务。自集装箱出现以来，大约经历了半个世纪，从硬件开发的集装箱化时代开始，经过联运体系的软件开发时代，现在已经进入真正的多式联运时代。由于国际多式联运具有安全快捷、手续简便、运输合理、结汇及时、包装节省等优点，不仅受到货主欢迎，也受到航空公司与货代公司的青睐，越来越显示出强大的生命力。国际货运代理参与多式联运业务后,国际多式联运经营范围得以扩展,且能够有效而灵活地应用及最大限度发挥现有设备的作用,改善货物流通环节,选择最佳路线,组织合理运输,提高运输效率,降低运输成本,提高竞争能力。

思考:
结合案例思考:中国国际货运代理企业未来的发展方向是什么?

任务一　认知国际货运代理概念、性质和作用

学习目标

知识目标

1. 了解国际货运代理的概念;
2. 熟悉国际货运代理的性质;
3. 掌握国际货运代理的作用。

能力目标

能够准确理解并区分国际货运代理的作用。

素养目标

培养学生的专业认同感。

知识储备

一、国际货运代理的概念

国际货运代理(International Freight Forwarder),简称国际货代,是指接受发货人或收货人的委托,以委托人或自己的名义,为委托人办理国际货物运输及其他相关业务,并收取劳务报酬的经济组织。

国际货运代理协会联合会(International Federation of Freight Forwarders Associations,FIATA,其标志如图 1-1 所示)对国际货代的定义是:国际货代是根据客户的指示,为客户的利益而揽取运输的人,其本身并不是承运人。2004 年实施的《中华人民共和国国际货物运输代理行业管理规定实施细则》,从两个方面定义了国际货代:作为代理人,接受进出口货物委托,以委托人或自己的名义,办理国际货物运输的相关业务,并收取劳务报酬;作为独立经营人,接受进出口货物收发货人或其代理人的委托,履行运输合同、签发运输单证并收取运费以及服务费。

图 1-1　国际货运代理协会联合会标志

国际货代面向全社会提供国际货代服务,是货主与承运人之间的中间人、经纪人和运输组织者,并接受货主委托,代办租船、订舱、仓储、包装、中转、配载、填制及审核有关证件、报关、报验、保险、集装箱运输、集装箱拼装拆箱、签发提单、结算运杂

费，乃至交单议付和结汇，以及提供现代物流方案的咨询、分析、诊断、设计、优化、控制、信息服务等其他综合服务。

二、国际货运代理的性质

国际货代行业的上游主要是航运公司、航空公司、陆运公司以及港口、码头堆场运营商，下游则主要是进出口贸易企业以及拥有客户资源的小型货代企业。因此，国际货代本质上是通过组织船、港口等各种资源，拆分重组，为客户提供一揽子代理服务，是一个完善的社会分工协作体系，货运代理企业在其中赚取各环节操作代理费以及运费差价。从国际货代的基本性质来看，其主要是接受委托人的委托，为货物运输、转运、仓储、保险等业务提供服务的一个机构。货运代理企业是一种中间人性质的运输业者，它既代表发货方，保护发货方的利益，又协调承运人工作。其基本性质就是"货物中间人"，在以发货人和收货人为一方，承运人为另一方的两者之间组织运输业务。

随着国际贸易、运输方式的发展，国际货代已渗透到国际贸易的每一领域，成为国际贸易中不可缺少的重要组成部分。随着市场经济的迅速发展，社会分工越加明确，单一的贸易经营者或者单一的运输经营者都没有足够的力量亲自经营处理每项具体业务，他们需要委托代理人为其办理一系列商务手续，从而实现各自的目的。国际货代的基本特点是受委托人委托或授权，代办各种国际贸易、运输所需服务的业务，并收取一定报酬，或作为独立的经营人完成并组织货物运输、保管等业务，因而被认为是国际运输的组织者，也被誉为国际贸易的桥梁。

只有在了解与国际贸易相关知识的基础上，才能提供高质量的国际货代服务，从而满足国际贸易发展的需要。国际货代与国际贸易之间的关系主要体现在以下方面：①本源与派生需求相关。经济是贸易的先导，世界经济高速发展时，国际贸易也出现增长，国际贸易必然产生货物之间的空间转移，从而对国际运输也产生强烈的需求，同时国际货代需求也越发旺盛。②地位和作用。国际货代从国际贸易行业里分离出来但仍依附于国际贸易而存在，是服务贸易中的一个重要部分，是整个国际货物运输的设计师和组织者，同时也是承运人和服务者。

三、国际货运代理的作用

随着国际贸易的发展，有部分国家为了减少中间环节，曾经试图取消国际货代，让货主直接与承运人联系。然而，由于国际货物运输涉及货主、承运人、海关、出入境检验检疫、进出国境或关境等主体，而且国际货物运输距离远、周期长、不确定因素多，风险高，所以在国际货物运输业务当中，需要非常专业的货代知识为支撑来完成相关业务。因此，取消国际货代终未能成功。

国际货运代理的作用主要体现在六个方面，具体如图1-2所示。

图1-2 国际货运代理的作用

（一）组织协调作用

国际货运代理人历来被称为"运输的设计师"以及"门到门"运输的组织者和协调者。国际货运代理人凭借其掌握的运输知识及其他相关知识，设计运输路线，组织运输活动，选择运输方式和承运人（或货主），以及协调货主、承运人及其与仓储保管人、保险人、港口、银行、机场、车站、堆场经营人和海关、卫检、动植检、进出口管制等有关各方的关系。

（二）专业服务作用

国际货运代理人的本职工作是利用自身专业知识和经验，为委托人提供货物的承揽、交运、装卸、拼装、集运、交付服务，接受委托人的委托，办理货物的保险、商检、卫检、动植检、海关、进出口管制等手续，有时甚至要代理委托人支付、收取运费，垫付税金和政府相关费用。国际货运代理人通过向委托人提供各种专业服务，可以使委托人处理自己不够专业的业务领域，有助于提高委托人的工作效率。

（三）沟通控制作用

国际货运代理人拥有广泛的业务关系、发达的服务网络、先进的信息技术手段，可以随时保持货物运输关系人之间的有效沟通，并对货物运输的全过程进行准确跟踪和控制，保证货物及时安全运抵目的地，准确送达收货人，并应委托人的要求提供全过程的信息服务及其他相关服务。

（四）咨询顾问作用

国际货运代理人通晓国际贸易环节，精通各种运输业务，熟悉相关国家法律法规，了解世界各地有关情况，信息来源准确、及时，可以就货物的包装、储存、装卸和保管，货物的运输方式、运输路线和运输费用，货物的保险、进出口单证和运费的结算，以及领事、海关、商检、卫检、动植检、进出口管制等有关当局的要求等向委托人提出明确、具体的咨询意见，协助委托人设计、选择适当处理方案，避免或减少不必要的风险和手续。

（五）降低成本作用

国际货运代理人掌握货物的运输、仓储、装卸、保险市场行情，与货物的运输关系人等有着长期、密切的友好合作关系，拥有丰富的专业知识和业务经验，处于有利的谈判地位。通过国际货运代理人的努力，委托人可以选择货物的最佳运输路线与运输方式、装卸作业人和保险人，争取公平、合理的费率，甚至可以通过集运效应使所有相关各方受益，从而降低承运人（或货主）的运输成本，提高其主营业务效益。

（六）资金融通作用

国际货运代理人可以代替收、发货人支付有关费用、税金，提前与承运人、装卸作业人、仓储保管人结算有关费用。国际货运代理人凭借自己的实力和信誉向承运人、仓储保管人、装卸作业人及银行提供费用、税金或风险担保，可以帮助委托人融通资金，减少资金占压，提高资金利用效率。

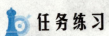
任务练习

一、任务的提出

李立是广州锦长国际货运代理公司（以下简称"锦长货代公司"）的实习生。新加坡进出口公司从东莞五金厂购买了一批五金工具，双方协商通过海运从广州南沙港发往目的地新加坡港。但由于东莞五金厂对于国际货物运输不够专业，因此委托锦长货代公司帮忙完成这票货的运输业务。锦长货代公司根据厂家需求及货物信息，设计了适宜的物流方案，选择了中远海运承担此票货的运输任务。

> **任务**
> 锦长货代公司业务经理要求实习生李立分析该票货在国际货物运输过程中有哪些主体参与其中。

二、任务的实施

实习生李立分析并梳理了该票货的国际货物运输业务各主要相关方，得出了结论：东莞五金厂是货主，新加坡进出口公司是收货人，实际承运人是中远海运（COSCO SHIPPING），锦长货代公司是国际货运代理人。

任务评价

知识点与技能点	我的理解（填制关键词）	掌握程度
国际货运代理的概念		☆☆☆☆☆
国际货运代理的性质		☆☆☆☆☆
国际货运代理的作用		☆☆☆☆☆
国际货运代理行业发展阶段		☆☆☆☆☆

任务二　认知国际货运代理业务范围和服务对象

学习目标

知识目标

1. 熟悉国际货运代理业务范围；
2. 熟悉国际货运代理服务对象；
3. 了解国际货运代理涉及的合作机构。

能力目标

能够分析国际货运代理企业从事的主要业务。

素养目标

培养学生的客户服务意识和良好的服务态度。

知识储备

一、国际货运代理业务范围

随着不同历史时期客户需求的不断提升，国际货代从最初的收发货人代理发展到运输合同当事人，再到当今的第三方物流供应商及至供应链服务商，其业务范围相当广泛，不仅包括传统进出口货物的揽货、订舱、托运、仓储、包装、监装/卸、中转、分拨以及办理报送报检、货物保险等与国际运输相关的一系列服务活动，还包括国际多式联运、会展与私人物品运输、国际快递、第三方物流等新兴业务。

根据《中华人民共和国国际货运代理业管理规定实施细则》的规定，国际货代的具体业务范围主要有：①揽货、订舱（含租船、包机、包舱）、托运、仓储、包装；②货物的监装、监卸、集装箱的拆箱、分拨、中转及相关的短途运输服务；③报关、报检、报验、保险；④填制签发有关单证、交付运费、结算及交付杂费；⑤国际展品、私人物品、过境货物运输代理；⑥国际多式联运、集运（含集装箱拼箱）；⑦国际快递（不含私人信函）；⑧咨询及其他相关国际货代业务。

二、国际货运代理服务对象

从国际货运代理人基本性质来看，国际货代主要是接受委托人委托，处理有关货物运输、转运、仓储、装卸等事宜，一方面它与货物托运人订立运输合同，另一方面又与运输部门签订合同。因此，国际货代服务对象很广，可为发货人、承运人、海关等不同对象提供服务。其服务对象如图1-3所示。

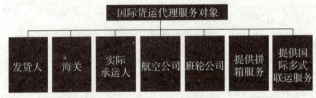

图1-3 国际货运代理服务对象

（一）发货人

国际货代的主要服务客户就是发货人，受发货人的委托为其办理国际货物运输中的各类业务和手续。国际货代受发货人委托承办在不同货物运输中的任何一项手续，主要包括：①以最快、成本最低的运输方式，安排合适的货物包装，选择货物的运输路线，向客户建议仓储与分拨；②选择可靠的承运人并缔结运输合同；③计量货物的重量和体积，安排货物的拼装，以及办理货物保险；④装运前或在目的地分拨货物之前存储货物，安排货物到港口的运输，办理海关和有关单证的手续，并把货物交给承运人；⑤代表托运人/进口商承付运费、关税税收，办理有关货物运输的任何外汇交易；⑥从承运人那里取得各种签署的提单，并把它们交给发货人；⑦通过与货运代理在国外的代理联系，监督货物运输进程，并使托运人知道货物去向；⑧提供拼箱服务及多式联运服务等。

（二）海关

海关是海运国际货代公司的重要服务对象。当国际货代作为海关代理办理有关进出口商品的海关手续时，它不仅代表自己的客户，而且代表海关当局。事实上，在许多国家，货运代理得到了海关许可，可办理海关手续，并对海关负责。

（三）实际承运人

相当部分的国际货运代理人掌握各种运输工具和储存货物的库场，在经营其业务时为托运人办理包括海陆空在内的国际货物运输。因此，国际货代要为班轮公司、航空公司、汽车公司、铁路公司等实际承运人服务，并及时向承运人订舱，安排适当的交货时间，以及以发货人的名义解决与承运人相关的运费账目等问题。

（四）航空公司

国际货代在空运业上，充当航空公司的代理。航空货运代理由于能为货主和航空公司带来方便和利益，因此航空货运代理得以兴起和快速发展。首先，多数航空货代公司对运输环节及相关规章制度十分熟悉，与民航、海关、商检、交通部门联系广泛，具备办理运输手续的相关条件。所以，委托航空货代公司办理进出口货物运输比直接到航空公司办理更方便。其次，航空货代公司的一项重要业务就是代理集中托运，即将一些分开运输的货物合并成一批，用同样的总运单将货物送往同一目的地机场。这一集中托运的方式能够降低航空公司运费，货代公司和货主都能从该服务中获益。

（五）班轮公司

国际货代公司与班轮公司的业务互为关联，在班轮公司的集运和拼装服务中，国际货代公司担负着委托人的作用和义务。国际货代公司为班轮公司争取货源，订好足够的舱位，安排在适当的时间内交货，并以发货人的名义解决与承运人运费结算等问题。近年来，随着国际贸易中集装箱运输的增长，国际货代公司引进"集运"与"拼箱"服务，使得它们与承运人如班轮运输公司之间建立起更为密切的联系。

（六）提供拼箱服务

随着国际贸易集装箱运输的增长，引进集运和拼箱服务成为国际货代发展的一个重要业务。在这种服务中，国际货代担负起委托人的作用，提供"门到门"的服务。

视频：认知班轮运输

（七）提供国际多式联运服务

国际货代作为重要角色参与了国际多式联运并为其提供服务。国际货代作为主要承运人，组织一个单一合同下的国际运输，并通过多种运输方式实现"门到门"的货物运输。国际货代以当事人的身份，与其他承运人分别谈判并签约分拨合同。同时，这些分拨合同不会影响国际多式联运合同的执行。在国际货代作为国际多式联运经营人时，通常需要提供包括所有运输和分拨过程在内的"一揽子"服务，并对其客户承担更高水平的责任。

视频：国际货运代理提供多式联运服务

三、国际货运代理涉及的合作机构

国际货代相关合作机构是指从事国际货代涉及的组织机构。国际货代行业不但涉及运输企业、进出口企业，而且要与包装、仓储、报关、检验、海关、保险、银行和外汇管理局、装卸公司、拖车公司、港口、车站、机场及各种代理人发生联系，它们共同组成了国际货代业务系统。

与国际货代相关的主要合作机构如图1-4所示。

图1-4　与国际货代相关的主要合作机构

(一) 货主

在国际贸易中,货主(Cargo Owner)是货物所有者,是指专门经营进出口商品业务的国际贸易商,有进出口权的工厂或生产制造企业,是货物所有权的拥有者。在商品买卖中,贸易合同签订以后,无论这些公司是买方还是卖方,都必须根据合同条款的规定,办理进出口商品的运输事宜。在实际贸易业务中,货主既可以是运输合同的当事人,也可以是国际货物运输中的托运人,还可以是业务当中的收货人。

(二) 托运人

托运人(Shipper)是与承运人(Carrier)订立合同的人,是委托承运人运送货物并支付运费的社会组织或个人,是货物运输中与承运人相对应的一方当事人。托运人既可以是货物的所有人,也可以是货物的管理人。托运人对其与承运人订立并确认的运输合同或运单的内容负法律责任。托运人的权利是请求承运人按照合同约定的时间、地点将货物运送到目的地,其权益受法律保护。

(三) 收货人

收货人(Consignee,CNEE),是指国际贸易合同中的买家,在货物到达地提取货物的单位或个人。收货人在货物到达目的地后,凭到货通知单和货运单(或提单)在指定港、站办理相关手续,付清应付费用后,验收并提取货物。此外,运输合同是由承运人和托运人订立的,虽然收货人没有参加该合同的签订,但也在一定程度上享有运输合同规定的权利并承担合同规定的义务。

(四) 承运人

承运人是指专门经营海上、铁路、公路、航空等货运业务的运输企业,如轮船公司、铁路或公路运输公司、航空公司等。它们一般拥有大量的运输工具,为社会提供运输服务,是国际货物运输工作中的承运人。

《中华人民共和国海商法》第四十二条指出:"'承运人',是指本人或者委托他人以本人名义与托运人订立海上货物运输合同的人。'实际承运人',是指接受承运人委托,从事货物运输或者部分运输的人,包括接受转委托从事此项运输的其他人。"由此可知,实际承运人即为除承运人之外的实际从事全部或部分货物运输之人。实际承运人依法享有相应的权利并承担相应的义务,对于其实际从事运输业务中由于其不可免责的原因所造成的损失,与承运人共同承担连带责任。

(五) 运输代理人

运输代理人主要有以下两种:①货运代理人(Freight Forwarder),是指根据委托人要求,代办货物运输的业务机构。有的代表承运人向货主揽取货物,有的代表货主向承运人办理托运,有的兼营两方面业务。它们属于运输中间人的性质,在承运人和托运人之间起着桥梁作用。②船舶代理人(Ships Agent),是指接受船舶经营人或船舶所有人的委托,为他们在港船舶办理各项业务和手续的人。在港为委托人揽货,在装卸货港口办理货物装卸手续,保管货物和向收货人交付货物,为船舶补充燃料,以及代办船舶检验、集装箱跟踪管理等。

(六) 理货公司和装卸公司

理货公司是在船舶装货或卸货时,对货物的件数进行清点,并对货物的交接做出证明的公司。理货通常是由船公司或货主各自委托他们的代理人来共同完成。只有在代表双方的理货人的确认下，才能证明货物交接的正确性。理货人不但要有较全面的知识和熟练的操作方法，而且必须具有诚实、公正的品质。装卸是指将货物装船和从船上卸下货物。装卸业是承担上述业务办理的行业。装卸人对于所在港口经常装卸的货物的包装、性质以及装卸方法都富有经验，对各种类型的船舶也都深有了解，能参与制订装卸计划，委托人也信任他们的装卸技术。

任务练习

一、任务的提出

李立是锦长货代公司的实习生，并已经在公司实习了一段时间，其间在企业指导老师的指导下，对国际货代企业有了一定的了解。

任务 锦长货代公司业务经理要求实习生李立分析国际货代企业主要从事哪些业务。

二、任务的实施

实习生李立认真分析了国际货代所从事的业务范围，并总结国际货代所从事的业务范围：揽货、订舱（含租船、包机、包舱）、托运、仓储、包装；货物的监装、监卸，集装箱的拆箱、分拨、中转及相关的短途运输服务；报关、报检、报验、保险；填制签发有关单证、交付运费、结算及交付杂费；国际展品、私人物品、过境货物运输代理；国际多式联运、集运（含集装箱拼箱）；国际快递（不含私人信函）；咨询及其他相关国际货代业务等。

任务评价

知识点与技能点	我的理解（填制关键词）	掌握程度
国际货运代理业务范围		☆☆☆☆☆
国际货运代理服务对象		☆☆☆☆☆
国际货运代理涉及的合作机构		☆☆☆☆☆

任务三　认知国际货运代理企业与行业

学习目标

知识目标

1. 了解国际货代企业的设立条件；
2. 熟悉国际货运代理的基本岗位及其职责与能力要求；
3. 了解国际货运代理行业组织。

能力目标

能够分析国际货代企业内部的组织架构。

素养目标

培养学生的岗位责任感。

知识储备

一、国际货运代理企业

《中华人民共和国国际货物运输代理业管理规定实施细则》对国际货运代理企业的定义是：可以作为进出口货物收货人、发货人的代理人，也可作为独立经营人从事国际货代业务。

随着经济的快速发展，国际货代已基本成为世界各国尤其是外向型经济发达国家和地区服务贸易的重要组成部分。中国国际货代企业经历了从无到有、从简单到复杂的变化。目前，中国国际货代企业数量众多，但大型企业较少。根据中国国际货运代理协会发布的中国国际货代企业排名情况，中国主要国际货代企业有：中国外运股份有限公司、中远海运国际货运有限公司、中集世联达物流科技（集团）股份有限公司、全球捷运物流有限公司、港中旅华贸国际物流股份有限公司、中国物资储运集团有限公司、宁波港东南物流集团有限公司、振华物流集团有限公司、厦门象屿速传供应链发展股份有限公司、中铁国际多式联运有限公司、上海环世物流（集团）有限公司等。

二、国际货运代理企业岗位及角色定位

国际货代企业开展业务时，涉及的业务岗位主要有销售岗、操作岗、报关岗、单证岗和客服岗，其业务流转如图1-5所示。

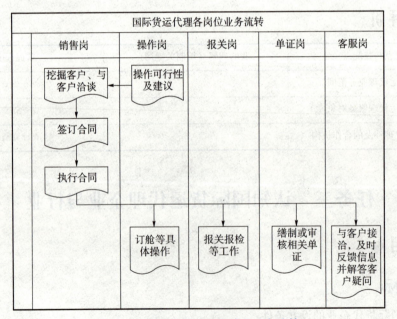

图1-5 国际货物代理各岗位业务流转

（一）销售岗

货代公司销售岗是决定公司业务绩效的重要一环，是公司总体业务目标实现的基础。

1. 主要职责

货代公司销售岗的主要任务是负责公司产品的销售及推广，主要职责是开拓新市场、发展新客户、增加货代业务的销售范围、维护老客户。销售员要了解客户需求，了解客户进口货物业务需求及难点，为客户提供优质的现代物流解决方案。

2. 素质要求

销售员要熟悉货代业务流程，熟练货代业务及细节；具有较强的沟通能力及沟通技巧，具备良好的专业素养；有一定的市场分析及判断能力、业务规划和沟通执行能力，以及优秀的市场开拓能力；为人诚信且有良好的职业道德，具有良好的客户服务意识。

（二）操作岗

货代公司操作岗是对公司的货代业务开展具体实际的业务操作，如负责海陆空进出口业务的订舱、装箱、系统录入等。

1. 主要职责

货代公司操作岗是根据业务合同即客户的需要而执行具体的业务。首先，接受货主询价，包括公司业务范围海陆空运询价，提供可行性建议，协助合同的签订，要求掌握合作承运人的各航线信息、价格等；其次，接单并完成订舱，分析业务合同，明确货主需求及货物信息，根据客户需求完成进出口货物订舱工作；再次，完成装箱操作，根据合同以不同装货方式把货物运输到港区，填妥装箱计划；最后，部分货代公司的操作岗可能还要求完成签单、提单的发放，海关退税等操作。

2. 素质要求

由于操作岗要完成具体货代操作，因此，要求操作员：能够完成订舱、运输、装箱、货物跟踪、保险等公路或铁路货运流程业务；熟悉航空公司/集装箱船公司的特点优势和港口各部门操作流程；具有较强反应能力及判断能力，工作细致认真。

（三）报关岗

报关员是代表所属公司向海关办理进出口货物报关纳税等通关手续的人员。

1. 主要职责

报关岗主要是向海关办理进出口货物报关报检业务。①申请报关及报关单据的制作。报关员要按照规定如实申报出口货物商品编码、商品名称等报关有关项目，并办理填制报关单、提交报关单证等与申报有关的事宜。②负责海关报关文件的跟进，整理全套单据。③按照海关要求办理进出口关税、进口税等税务。④申请办理加工贸易合同备案（变更）、深加工结转、外发加工、内销、放弃核准、余料结转、核销及保税监管等事宜。⑤协助海关办理进出口货物的查验、清关、结关等事宜。

2. 素质要求

报关岗主要是和海关等行政机构进行业务往来，因此，要求报关员：为人正直，思维敏捷，善于沟通；具备一定的处理问题能力，具有一定的英语听说能力。另外，报关员要完成很多专业性的报关工作，要熟悉相关报关流程，有专业的报关知识，熟悉相应的法律法规。最后，报关员要有较强的处理问题和解决问题的能力，具有良好的职业素养，工作细心负责。

（四）单证岗

买卖双方需要凭借进出口业务中应用的单据、证书来处理货物的交付、运输、保险、商检、结汇等工作，单证岗需完成上述单证的填制。

1. 主要职责

单证岗主要工作职责是 填制各个环节的单证，签发提单，录入费用，出账单 等。①负责公司业务相关合同、外汇台账的建立及录入；②负责进出口相关单证的制作、管理及信用证审核等；③收集和整理各种单证，完成送货单、订单、提单核对等各项工作，并进行基础数据录入和归档；④跟踪每票货物的送货情况，统计核对相关数据。

2. 素质要求

单证岗接触各类单证及文件较多，因此，该岗位工作人员要：具有 谨慎、细致、认真的工作态度，较强的工作承受力；熟悉对外出口贸易流程；熟悉单证审核及制作。

（五）客服岗

客服岗主要是承担客服工作。客服人员通过电话、邮件等通信方式对客户提出的疑问与建议做出相应的答复与受理。

1. 主要职责

客服岗主要职责是通过网上聊天工具、电话等与客户联系，并与客户保持良好的沟通。其主要职责包括：负责国际货物在途信息反馈查询及汇总，对客户的其他咨询予以反馈；与内部各部门协调，确保流程顺畅；记录汇总客户咨询的事件；处理客户异常情况，与客户保持良好沟通，对货物操作流程进行全面跟踪，为客户提供专业的物流咨询服务；回访和维护客户。

2. 素质要求

客服岗是对外服务的主要窗口。因此，客服人员要：思维敏捷，有良好的客户意识，能较好地与客户进行交流；有良好的礼仪及亲和力，保持及维护公司形象。另外，客服人员要解答客户关于业务的各类咨询，因此要有良好的货代业务常识，有货运代理操作工作经验；要了解客户需求，有较强的处理问题和解决问题的能力；要有良好的职业素养和 团队合作精神。

三、国际货运代理行业组织

（一）国际货运代理协会联合会

国际货运代理协会联合会是一个非营利性国际货代的行业组织。该联合会于 1926 年 5 月 31 日在奥地利维也纳成立，总部设在瑞士苏黎世，并分别在欧洲、美洲、亚太、非洲和中东设立了区域委员会。该联合会是 在世界范围内运输领域最大的非政府和非营利性组织，具有广泛的国际影响，且被联合国及许多政府组织、权威机构和非政府的国际组织，如国际商会、国际航空运输协会、国际铁路联合会、国际公路运输联合会、世界海关组织等 公认为国际货代行业的代表。

该联合会的宗旨是保障和提高国际货代在全球的利益。其工作目标是：团结全世界的货运代理行业；以顾问或专家身份参加国际性组织，处理运输业务并提高和保护运输业的利益；通过发布信息、分发出版物等方式，使贸易界、工业界和公众熟悉货运代理人提供的服务；推广统一货运代理单据、标准交易条件，提高货运代理的服务质量；协助货运代理人进行职业培训，处理责任保险问题，提供电子商务工具。

（二）中国国际货运代理协会

中国国际货运代理协会（China International Freight Forwarders Association，CIFA），是 国际货代行业的全国性中介组织，于 2000 年 9 月 6 日在北京成立，是经国家主管部门批准从事国际货代业务，在中华人民共和国境内登记注册的社团法人，是 FIATA 的国家会员，以及从事与国际货代业务有关的单位、团体、个人自愿结成的非营利性的具有法人资格的全国性行业组织。

CIFA拥有会员近700家，其中理事会成员89家，各省市团体会员27家，包括各省市协会会员共6 000多家，代表着国内整个货运代理行业。

CIFA的业务指导部门是商务部。作为联系政府与会员的纽带和桥梁，CIFA的宗旨是协助政府部门加强对中国国际货代行业的管理，维护国际货代行业的经营秩序，推动会员企业间的横向交流与合作，依法维护本行业利益，保护会员企业的合法权益。

（三）世界货物运输联盟

世界货物运输联盟（World Cargo Alliance，WCA），是世界上最强大的货运代理人网络，在全球多个城市和港口拥有约3 000个成员公司，为世界各国国际货运代理人的沟通搭建了一个平台。该联盟致力于资源共享，让世界所有货代公司在一个平台上互帮互助。

WCA的成员享有业内一流的工具，包括船舶管理、世界上最先进的在线货物追踪和查询系统，确保世界各地的客户都能获得最有价值的服务，同时确保其货物获得最佳操作。

WCA的成员能够在世界各地提供全面服务，包括：进出口配送服务、门到门服务、港到港服务、全球空运拼箱、通过所有主要的承运人提供直接的国际航空运输协会服务，整箱货议价、散货拼箱、文件服务，危险货物和易腐货物的操作、结关、仓储和配送、包装和制箱，海运和空运保险，创新的物流解决方案，接受存储和运送货物，在线追踪和报告，第三方物流和第四方物流，总承包项目管理，以及许多其他的增值服务。

任务练习

一、任务的提出

李立是锦长货代公司的实习生，并已经在公司实习了一段时间，其间在企业指导老师的指导下，对国际货代企业有了一定的了解。

> **任务**
> 锦长货代公司业务经理要求实习生李立分析国际货代企业内部的组织架构。

二、任务的实施

锦长货代公司实习生李立通过调研及认真分析后，认为国际货代企业的组织架构可以分为三层：第一层是管理层，属于公司的决策机构，负责公司的运转方向，制定企业目标并组织实施，管理公司的业务以及人员，包括总经理、副总经理、各部门总监、各部门主管等管理人员；第二层是业务层，负责公司业务的具体实施，主要有销售人员、操作人员、报关人员、单证人员、客服人员等；第三层是企业的行政职能机构，如财务部的财务人员、人事处的人事专员等。

任务评价

知识点与技能点	我的理解（填制关键词）	掌握程度
国际货运代理企业		☆☆☆☆☆
国际货运代理企业岗位及角色定位		☆☆☆☆☆
国际货运代理行业组织		☆☆☆☆☆

【拓展阅读】

国际货运代理行业发展现状

由于国际物流的复杂性，国际货代是最为典型的货运代理人。根据运输方式，国际货代可分为海运、空运、公路、铁路、多式联运货代等。

从商业实质看，国际货代承担国际物流分销渠道与增值服务功能。根据产业链位置，国际货代可分为一级货代及二级货代：①一级货代直接向承运人订舱，其中海运一级货代盈利主要源于代理费、船公司佣金返还（需达到一定箱量）及拼箱业务，空运一级货代盈利主要源于代理费及包舱、包板、包机价差。②二级货代直接面向客户，主要通过增值服务获利。

1. 中国货运量及企业营收情况

从海运资源情况来看，根据交通运输部数据，截至2021年，中国控制的海运船队的运力规模为3.5亿载重吨，居世界第二位。中国拥有注册船员180余万人，年均外派的船员近14万人次，都位居世界前列。在全球港口货物吞吐量、集装箱吞吐量前十名的港口当中，中国分别占了8席和7席。在空运资源方面，从国际航线民邮运输量来看，2001—2020年中国国际航空货运量复合年均增长率（CAGR）达到10%。2020年国际航线货邮运输量为223万吨，占比33%。中国经济持续对外开放，带动国际货代行业蓬勃发展。根据中国国际货运代理协会发布的数据，2015—2020年，中国国际货代物流百强企业营业收入由3 304.7亿元增长至5 352.9亿元，复合年均增长率超过10%。

2. 海运/空运单价及毛利率情况

从国际海运单价及毛利率情况来看（以华贸物流海运业务为例），全球海运单价近年来持续上涨。据统计，2021年华贸物流海运单价达到1.13万元/标准箱，毛利率为710元/标准箱。从国际空运单价及毛利率情况来看（以华贸物流空运业务为例），全球空运单价在2012—2019年保持稳定，2020—2021年因为疫情，上涨速度较快。据统计，2021年华贸物流空运单价达到1.93万元/标准箱，毛利率为2 466元/标准箱。

3. 货代行业竞争格局

从全球货代行业企业排名情况来看，目前在全球空运货代市场中，2020年DHL、Kuehne+Nagel、DSV、DB Schenker均以超过100万吨的空运货量位居全球市场竞争第一梯队；Sinotrans、UPS、Expeditors、爱派克斯等8家企业的年空运货量为50万~100万吨，位居全球市场竞争第二梯队；其他如嘉里大通国际物流、Ceva、Agility、Crane等企业的年空运货量在50万吨以下，位居全球市场竞争第三梯队。从全球海运行业运力市场竞争格局来看，梯队分布明显。根据Alphaliner统计，第一名马士基市场份额为17%，第二名地中海市场份额为16%，第三名中远海控市场份额为12.5%，第五名赫伯罗特市场份额仅为7.2%。

从国内市场竞争格局来看，根据中国国际货运代理协会于2021年9月底发布的"2020年度中国货代物流行业数据"中的货代物流企业百强榜单，该榜单以各大企业2020年营业收入为依据进行排序。其中，中国外运股份有限公司以852.04亿元营收蝉联榜单第一名，排名前五企业队伍稳固，另外爱派克斯国际物流（中国）有限公司在2020年表现强势，以170.9亿元的营收规模跃升至第七名，营收规模同比增长169%。2020年中国国际货代行业TOP10企业排名如表1-1所示。

表1-1　2020年中国国际货代行业TOP10企业排名

排名	企业名称	2020年营收/亿元
1	中国外运股份有限公司	852.0
2	中远海运国际货运有限公司	524.4
3	中国物资储运集团有限公司	495.4

续表

排名	企业名称	2020年营收/亿元
4	厦门象屿速传供应链发展股份有限公司	452.2
5	中铁国际多式联运有限公司	268.7
6	敦豪全球货运（中国）有限公司	202.9
7	爱派克斯国际物流（中国）有限公司	170.9
8	港中旅华贸国际物流股份有限公司	140.9
9	嘉里物流（中国）投资有限公司	134.2
10	中集现代物流发展有限公司	105.9

（资料来源：干货！一文看懂国际货运代理行业竞争格局：竞争格局及趋势分析，https://www.163.com/dy/article/HBMBFDO40552SV13.html）

素养园地

学习劳模精神——在平凡岗位成就不平凡的事业

党的二十大代表、快递小哥宋学文，自从2011年加入京东物流以来，配送了30余万件包裹，行程32万多千米，创下零投诉、零差评、零安全事故的佳绩。他表示："每天把自己的每件小事做好；无论你走到哪里、干什么工作，都要让人记着你的好；客户能收的货一定要送完才回家，送不完就住在站点；快递员配送的不仅仅是包裹，更是一份情谊。"

在过去的11年间，他从一名普通的快递小哥成长为营业部负责人，再到现在负责京东快递在北京的一部分运营规划工作，他把每天的收寄快递做成了一门"学问"。把每一天过好，普通人也能在平凡岗位上成就不平凡的事业。因为出色的服务业绩，他先后获得"首都劳动奖章""全国五一劳动奖章""最美快递员""全国劳动模范""全国优秀共产党员""党的二十大代表"等荣誉称号。

【项目综合实训】

用英语介绍广州锦长国际货运代理公司

锦长货代公司计划于下周与一个新客户洽谈业务，该客户是知名度很高的国外贸易公司，如果能代理该客户的国际运输业务，将会十分有利于锦长货代公司业务的发展。因此，锦长货代公司十分重视下周的业务洽谈工作，要求实习生李立提前根据锦长货代的简介和相关资料制作英文PPT并用英语进行3分钟的汇报，汇报内容主要包括锦长货代公司简介、公司业务和优势等。

(According to the company profile and the materials provided, make an English PowerPoint to show your company's advantages. And then please present it in oral English in three minutes.)

PPT 相关资料：

Global Logistics Service Provider

JINCHANG International Freight Forwarding Co., Ltd., is a worldwide supply chain logistics provider with more than 200 locations in China, New Zealand, Australia, Asia, the USA and Europe. The company was founded in 1982, and has developed into the leading supply chain logistics provider in China and Southeast Asia. JINCHANG also has a strong presence in Europe and the USA with own locations, and the intention is to further expand our presence in all parts of the world, so therefore also in Europe.

Our services are divided into:
- Transport solutions
- Logistic services
- Global air & ocean freight
- Supply chain management

Our services:
- Transport & distribution
- Logistic services
- Air freight
- Ocean freight
- Supply chain management

Transport solutions at JINCHANG

Logistic service provider offers several solutions regarding transport.

From a small package to full truck loads, JINCHANG offers a wide variety of transport solutions.

Domestic distribution

International groupage

Express distribution

Urgent courier & special services

Extra services

Logistic service provider

JINCHANG is a 3pl+ logistic service provider.

We offer solutions in warehousing, value added logistics and supply chain management.

With more than 340,000 square metres of warehousing space, 30 locations and over 2,000 team members. JINCHANG offers customer-oriented solutions in the field of warehousing, value added logistics and supply chain management.

Warehousing

Chemical warehousing

Value added logistics

Co-packing

Supply chain management

Air & ocean freight services

JINCHANG offers air & ocean freight services to and from China. We have an exclusive network of agents in the major ocean and airports worldwide. Furthermore, we have our own warehouses in the ports of Rotterdam (NL), Antwerp (BE) and Le Havre (FR).

Ocean freight

Via our global ocean freight network, we offer ocean freight services for any destination in the world and for each volume, both LCL as FCL.

Air freight

JINCHANG Air & Ocean has close working arrangements with a wide range of air freight carriers and agents located on major airports worldwide.

Company contacts:

LI li

Address: No. 198, Yueken Road, Tianhe district, Guangzhou, China

Telephone：+86 20-85218888

Fax：+86 20-85218886

实 训

锦长货代公司实习生李立依据公司的资料等信息，制作了英文版的公司简介，PPT 主要内容如下：

Part 1：Cover（One page）

Part 2：Contents（One page）

Part 3：Company profile（Unlimited pages，usually one to two pages）

Part 4：Service introduction（Unlimited pages，usually one to three pages）

Part 5：Contact information

Part 6：To say thanks

JINCHANG

Catalog

A. Company Details

B. Our Service

C. Transport Solutions

D. Air & Ocean Freight Services

E. Contact Information

A. Company Details

- JINCHANG is a worldwide supply chain logistics provider with more than 200 locations in China, New Zealand, Australia, Asia, the USA and Europe.
- The company was founded in 1982, and has developed into the leading supply chain logistics provider in China and Southeast Asia.
- JINCHANG also has a strong presence in Europe and the USA with own locations, and the intention is to further expand our presence in all parts of the world, so therefore also in Europe.

B. Our Service

Transport & Distribution

Ocean Freight

Logistic Services

Supply Chain Management

C. Transport Solutions

- Logistic service provider JINCHANG offers several solutions regarding transport.

From a small package to full truck loads, JINCHANG offers a wide variety of transport solutions.
- Domestic distribution
- International groupage
- Express distribution
- Urgent Courier & Special Services
- Extra services

C. Transport Solutions

Logistic service provider
- JINCHANG is a 3pl+ logistic service provider.
- We offer solutions in warehousing, value added logistics and supply chain management.

With more than 340,000 square metres of warehousing space in Europe, 30 locations and over 2000 team members in Europe. JINCHANG offers customer oriented solutions in the field of Warehousing, value added logistics and supply chain management.
- Warehousing
- Chemical Warehousing
- Value Added Logistics
- Co-packing
- Supply Chain Management

D. Air & Ocean Freight Services

◆ Ocean Freight
Via our global ocean freight network we offer ocean freight services for any destination in the world and for each volume, both LCL as FCL.

◆ Air Freight
JINCHANG Air & Ocean has close working arrangements with a wide range of air freight carriers and agents located on major airports worldwide.

◆ JINCHANG offers air & ocean freight services to and from China. We have an exclusive network of agents in the major ocean and airports worldwide. Furthermore we have our own warehouses in the ports of Rotterdam (NL) Antwerp (BE) and Le Havre (FR).

E. Contact Information

Please contact us for more information regarding JINCHANG

LI li
No. 198, Yueken Road, Tianhe district
Guangzhou, China
Telephone: +86 20-85218888
Fax: +86 20-85218886

【习题】

一、单选题

1. 作为（　　），接受进出口货物委托，以委托人或自己的名义，办理国际货物运输的相关业务，并收取劳务报酬。
   A. 货主　　　　　　B. 托运人　　　　　　C. 收货人　　　　　　D. 货运代理人

2. 作为（　　），接受进出口货物收发货人或其代理人的委托，履行运输合同、签发运输单证并收取运费以及服务费。
   A. 货主　　　　　　B. 托运人　　　　　　C. 独立经营人　　　　D. 货运代理人

3. （　　）属于运输中间人的性质，在承运人和托运人之间起着桥梁作用。
   A. 货主　　　　　　B. 托运人　　　　　　C. 收货人　　　　　　D. 货运代理人

4. （　　）是对公司的货代业务开展具体实际的业务操作，如负责海陆空进出口业务的订舱、装箱、系统录入等。
   A. 操作岗　　　　　B. 单证岗　　　　　　C. 销售岗　　　　　　D. 客服岗

5. （　　）是通过电话、邮件等通信方式对客户提出的疑问与建议做出相应的答复与受理。
   A. 操作岗　　　　　B. 单证岗　　　　　　C. 销售岗　　　　　　D. 客服岗

二、判断题

1. 国际货代还包括国际多式联运、会展与私人物品运输、国际快递、第三方物流等新兴业务。（　　）
2. 国际货代人历来被称为"运输的设计师"。（　　）
3. 国际货代的主要服务客户就是收货人。（　　）
4. 当国际货代作为海关代理办理有关进出口商品的海关手续时，它不代表海关当局。（　　）
5. 拼箱的收、发货人不直接与承运人联系，对承运人来说，货代是发货人。（　　）

三、简答题

1. 国际货运代理在国际货物运输中起到什么作用？
2. 国际货运代理服务对象是哪些？
3. 国际货代企业涉及的业务岗位主要有哪些？各岗位职责是什么？

项目二
认知常见国际贸易术语

【项目概述】

随着全球贸易数额的增加和贸易复杂性的加剧，因贸易合同起草不当而带来的误解和高代价争端也随之增加。合同双方当事人互不了解对方国家贸易习惯的情况时有出现，并引起误解、争议和诉讼，从而浪费当事人的时间和金钱。为了解决这些问题，国际商会定期发布国际贸易术语通则，而最新版本的国际贸易通则"Incoterms 2020"于2020年1月1日正式生效。国际贸易术语涵盖货物从卖方售予买方过程中涉及的所有任务、风险及费用，并保证商业发票上相关信息的一致性，这在很大程度上降低了潜在的交易误解风险，从而简化了交易磋商的手续，促进了对外贸易的发展。

本项目主要讲解常见的国际贸易术语，主要内容包括"E"组、"F"组、"C"组、"D"组，共11个贸易术语，如图2-1所示。

图2-1　11个国际贸易术语

【案例引入】

出口须注意FOB条款下订舱风险

国内出口商在出口的时候有70%使用FOB贸易术语，而因为FOB贸易本身的特性，可能给出口商带来一些风险，出口商在出口时就要注意这些风险。

深圳某家出口企业出口一批货物到印度，使用的是FOB贸易术语。考虑到外汇结汇的安全，该企业要求印度客户使用信用证方式结算货款。印度客户倒是很配合，很快同该企业签订了外贸出口合同，并通过银行开立了信用证。

收到信用证，该企业第一时间审核信用证条款。信用证条款没有任何问题。于是该企业就开始组织将所有的货物存放在仓库中，只等印度客户通知装船，就可以保证在信用证装船期之内装船了。

然而在规定的日期内，印度客户并没有通知订舱的消息（印度客户因为卢比价格贬值，进口换汇成本增加，才违规不按时间去订舱）。该企业等不及了，就联系印度客户，得到的消息是不要着急，他们正在积极联系中。可该企业怎么能不着急呢？眼看信用证规定的装船期已经到了，印度客户还是没有通知订舱的消息。这种状况一直持续到信用证规定的装船期结束，印度客户才通知订舱消息。再想要出口，该企业又担心没有信用证保障，收汇风险太大。最终该企业只得自己承担仓库费用，取消出口。更难受的是，该企业又因为国际诉讼成本较高而放弃追究买方的责任，最终自己承担所有的损失。

因此，在出口的时候，出口企业应该做好充分的措施防范 FOB 条款下的订舱风险。比如出口企业可以在签订外贸合同之后，要求客户预付 30% 的货款。这样，如果客户违约，不去租船订舱，那么出口企业也可以避免出现太大损失。

思考：
出口企业选择 FOB 贸易术语，有何风险？如何才能防范此类风险？

任务一　认知贸易术语"E"组

学习目标

知识目标

1. 了解 EXW 贸易术语下的商品价格构成；
2. 熟悉 EXW 贸易术语下的交货条件。

能力目标

能划分 EXW 贸易术语下的买卖双方所承担的责任、费用和风险。

素养目标

培养学生履行道德准则和行为规范。

知识储备

一、国际贸易术语解释通则

国际贸易术语（Trade Terms of International Trade，简称"Incoterms"），又称贸易条件、价格术语，是用来表示商品的价格构成，说明交货地点、确定风险、责任、费用划分等问题的专门术语。在国际贸易中，买卖双方所承担的义务，会影响到商品的价格。在长期的国际贸易实践中，逐渐形成了把某些和价格密切相关的贸易条件与价格直接联系在一起，形成若干种报价的模式。每种模式都规定了买卖双方在某些贸易条件中所承担的义务，用来说明这种义务的术语，称为贸易术语。

贸易术语所表示的贸易条件，主要分为两个方面：其一，说明商品的价格构成，是否包括成本以外的主要从属费用，即运费和保险费；其二，确定交货条件，即说明买卖双方在交接货物方面彼此所承担的责任、费用和风险的划分。由于贸易术语对买卖双方应该承担的义务，做了完整而确切的解释，因而避免了在合同履约中可能产生的某些争议。

国际商会（International Chamber of Commerce，ICC）于 1936 年首次公布了一套解释贸易术语的国际规则，名为 Incoterms 1936，以后又于 1953 年、1967 年、1976 年、1980 年、1990 年、2000 年、2010 年和 2020 年颁布了更新后的版本，其中 2020 新版已于 2020 年 1 月 1 日生效施行。2020 版的国际贸易术语在 2010 版的基础上，将 DAT 替换为 DPU，仍为 11 个术语：EXW、FOB、FAS、FCA、CFR、CIF、CPT、CIP、DAP、DPU、DDP。11 个贸易术语分成两类、四组，其中，两类包括适用于任何运输方式（EXW、FCA、CPT、CIP、DAP、DPU、DDP）与仅适用于海运

(FOB、FAS、CFR、CIF)；四组包括"C"组、"D"组、"E"组、"F"组。

二、EXW（工厂交货）

EXW（EXWorks），即"工厂交货"，是指当卖方在其所在地或其他指定的地点［如工厂（制造场所）或仓库等］将货物交给买方处置时，即完成交货。

本规则可以适用于各种运输方式。EXW 较适用于国内交易，对于国际交易，则应选 FCA"货交承运人"规则为佳。

EXW 应遵守以下使用规则：

（1）**许可证、批准、安全通关及其他手续**。在需要办理海关手续时，应买方要求并由买方承担风险和费用时，卖方应协助买方办理出口货物必须的出口许可证或其他官方许可。买方必须自担风险和费用，取得任何出口和进口许可证或其他官方许可，并应缴纳办理货物出口的一切关税、税款和其他费用，以及办理海关手续的费用。

（2）**运输合同与保险合同**。卖方没有为买方签订运输合同的义务，也没有义务购买保险合同。然而，当买方请求或由其承担风险与费用时，卖方必须向买方提供其获取保险所需要的信息。

（3）**交货**。卖方应在约定点或在指定地点将未置于任何运输车辆上的货物交给买方处置。卖方需在约定地或约定时间内交货。

（4）**风险转移及费用划分**。EXW 是卖方承担责任最小，而买方承担最大责任的术语。卖方没有义务为买方装载货物。若由卖方装载货物，相关风险和费用亦由买方承担。如果卖方在装载货物中处于优势地位，则使用由卖方承担装载费用与风险的 FCA 术语更合适。因此，本规则中，卖方无须将货物装上任何运输工具，在需要办理出口清关手续时，卖方亦不必为货物办理出口清关手续，即卖方就负责在工厂把货准备好，从工厂装车到最后到达目的地所有费用、责任、风险都由买方自己承担。

（5）**通知买方**。卖方必须提供能使买方提货的所需通知。

（6）**交货凭证**。买方必须向卖方提供已受领货物的适当凭证。

（7）**货物检查、包装、标志**。卖方必须支付以交付货物为目的的查对费用（如查对货物品质、丈量、过磅、点数的费用）。卖方必须支付货物包装费用，除非是不需要包装便可进行运输的特殊货物。卖方应采取适宜运输的包装方式，除非买方在签订买卖合同前便告知卖方特定的包装要求。包装应做适当标记。买方必须支付装船前检验的强制性费用，包括由出口国当局强制检查的费用。

（8）**信息帮助和相关费用**。应买方要求并由其承担风险和费用时，卖方须在合适的情况下帮助买方取得其出口和/或进口货物以及将货物运至最后目的地所需的任何单据和信息，包括与安全有关的信息。

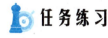
任务练习

一、任务的提出

广州进出口公司是销售玩具的贸易公司，在广东清远设有仓库。2022 年 6 月，广州进出口公司与在中国未取得玩具相关出口许可的德国汉克电子公司签订了一票 3 000 套玩具的销售合同，贸易术语是 EXW 清远。之后，广州进出口公司委托锦长货代公司代理该票货的运输业务，并将销售合同等相关单证及资料发给了锦长货代公司。

> **任务**
> 李立是锦长货代公司的实习生,该公司业务经理要求李立审核客户的销售合同中使用的贸易术语是否合适,并说出理由。

二、任务的实施

实习生李立在认真审读了国际贸易术语 EXW 相关条例或规则后,给出了分析结果。

结论:广州进出口公司(卖方)与德国汉克电子公司(买方)签订的销售合同不合理。

理由:买方在与卖方使用 EXW 术语时应知晓,卖方仅在买方要求办理出口手续时负有协助的义务,卖方并无义务主动办理出口清关手续。因此如果买方不能直接或间接地办理出口清关手续,建议买方不要使用 EXW 术语。据此,德国汉克电子公司不具有出口许可证,就不能办理出口清关手续。EXW 清远意味着广州进出口公司只需在清远仓库准备好货物就算完成了交货任务,从清远仓库出发一直到达德国目的地所有费用、责任、风险都由德国汉克电子公司承担,即出口报关也是由德国汉克电子公司负责,而该公司不具备办理出口清关的能力,故其很难实施该贸易术语下的销售合同。

任务评价

知识点与技能点	我的理解(填制关键词)	掌握程度
EXW 下产品交付点		☆☆☆☆☆
EXW 下风险转移点		☆☆☆☆☆
EXW 下运输费支付		☆☆☆☆☆
EXW 下保险费支付		☆☆☆☆☆

任务二 认知贸易术语"F"组

学习目标

知识目标

1. 了解 FCA、FAS 和 FOB 贸易术语下的商品价格构成;
2. 熟悉 FCA、FAS 和 FOB 贸易术语下的交货条件。

能力目标

能划分 FCA、FAS 和 FOB 贸易术语下的买卖双方所承担责任、费用和风险。

素养目标

培养学生的成本意识。

知识储备

一、FCA(货交承运人)

FCA(Free Carrier),即货交承运人,是指卖方负责办理货物出口结关手续,在合同约定的时间和地点将货物交由买方指定的承运人处置，并及时通知买方。

本规则适用于各种运输方式，也适用于多种运输方式同时使用的情况，包括公路、铁路、江河、海洋、航空运输以及多式联运。此术语是为了适应现代运输，尤其是"多式联运"运输。卖方在指定地点将货物交给买方指定的承运人。当卖方将货物交给承运人照管，并办理了出口结关手续，就算履行了其交货义务。

FCA 应遵守以下使用规则：

（1）许可证、批准、安全通关及其他手续。卖方在需要时办理出口清关手续。卖方应当自担风险和费用，并且在需要时取得任何出口许可证或其他官方许可，并办理货物出口所需要的一切海关手续。但是，卖方没有办理进口清关手续的义务，也无须缴纳任何进口关税或者办理其他进口海关手续。

（2）保险。买方负责支付保险费，卖方没有义务为买方订立保险合同。但是，卖方应当按照买方的要求，向买方提供其所需的有关购买保险的信息，由此产生的任何风险、费用由买方承担。

（3）交货。若有约定具体的交货点，卖方应按照约定，在指定的地点于约定的日期或者期限内，将货物交付给承运人或者买方指定的其他人。在以下情况完成交货：若指定的地点是卖方所在地，则当货物已装载于买方所提供的运输工具时；当装载于卖方的运输工具上的货物已达到卸货条件，且处于承运人或买方指定的其他人的处置之下时的任何其他情况。

（4）风险转移及费用划分。卖方应支付与货物有关的一切费用，承担货物灭失或损害的一切风险，直至卖方已交付货物。当卖方于其所在地或其他指定地点将货物交付给承运人或买方指定人时，风险将在此点转移至买方。同时，卖方应支付与货物出口相关的海关手续费用及出口应缴纳的一切关税、税款和其他费用。

（5）交货凭证。卖方应当自担费用向买方提供证明按照规定已完成交货的通常单据。卖方应当根据买方的要求，必须给予买方一切协助，以取得有关运输合同的运输单据，但卖方没有为买方订立运输合同的义务。

（6）检查、包装、标志。卖方应当支付对实现交货目标必不可少的检查措施（如质量检查、测量、称重、计数）所产生的费用，以及任何为出口国当局规定的装运前检验的费用。卖方应当负担包装货物的成本，除非对该特定种类的交易来说，这种被销售货物无须包装即可运输是相关行业惯例。卖方可以将货物以适宜其运输的方式加以包装，除非买方在销售合同签订前向卖方通知了明确的包装要求。包装应做适当标记。

（7）信息帮助和相关费用。应买方的要求并由其承担风险和费用，卖方应当在需要时及时帮助买方取得进口货物可能要求的和/或在运往目的地的过程中可能需要的包括与安全清关有关的信息在内的任何单据或信息。

二、FAS（船边交货）

FAS（Free Alongside Ship），即船边交货（指定装运港），是指卖方负责在装运港将货物放置于码头或驳船上靠近船边，即完成交货，且货物灭失或损坏的风险发生转移。

本规则仅适用于海运和内河运输。在对外贸易中，当卖方不愿承担货物的实际出口责任，或者货物在装船方面有特殊困难时，往往采取船边交货条件，以使自己免除某些义务。当货物通过集装箱运输时，卖方通常在终点站将货物交给承运人，而不是在船边。在这种情况下，船边交货规则不适用，而应当适用 FCA（货交承运人）规则。

FAS 应遵守以下使用规则：

（1）许可证、批准、安全通关及其他手续。在需要办理出口海关手续时，卖方必须自担风险和费用，取得任何出口许可证或其他官方许可，办理货物出口所需的一切海关手续。但是，卖方没有义务办理任何进口许可证或其他官方许可，支付任何进口税，或者办理货物进口和从他国过境所需的一切海关手续。

（2）**运输合同与保险合同**。买方必须自行承担运费，订立自指定装运港运输货物的合同。卖方没有订立运输合同的义务。卖方没有订立保险合同的义务，但是应买方要求并由其承担风险和费用（如果有费用产生），卖方必须提供给买方订立保险时所需要的信息。

（3）**交货**。卖方必须在买方指定的装运港，在买方指定的装货地点（如果有指定的装货地点），将货物交至买方指定的船边。不论用哪种方式，卖方必须在约定的日期或者期限内，按照该港的习惯方式交付货物。

（4）**风险转移及费用划分**。卖方必须承担货物灭失或损坏的一切风险，直至已按照规定交货为止。船边交货时，卖方需把货物交到港口码头买方指定船只的船边，船舶不能停靠码头需要过驳时，需交到驳船上，卖方的风险、责任和费用均以此为界，以后一切风险和费用均由买方承担。同时，卖方必须支付交货前的与货物有关的一切费用，以及在需要时，办理货物出口海关手续费用，及应缴纳的一切关税、税款和其他费用。买方必须支付任何装运前检验的费用，但出口国有关当局强制进行的检验除外。

（5）**交货凭证**。卖方承担费用并向买方提供关于货物已按规定交付的通常证明。如果上述证明是运输单据，应买方请求并由买方承担风险和费用，卖方必须协助买方取得运输单据。

（6）**货物检查、包装、标志**。卖方必须支付为了按照规定交货所必须进行的核对费用（如核对货物品质、丈量、过磅、点数的费用），还包括出口国有关当局强制进行的任何装运前检验费用。卖方必须自付货物包装费用，除非按照相关行业惯例，该种货物无须包装发运。卖方可以提供符合其安排的运输所要求的包装，除非买方在销售合同成交前已通知卖方具体的包装要求。包装应做适当标记。

（7）**信息帮助和相关费用**。有需要时，应买方要求并由其承担风险和费用，卖方必须及时帮助买方取得任何文件和信息，包括买方为了货物进口和/或运送到最终目的地所需要的与安全有关的信息。买方必须给卖方关于船舶的名称、装船地点以及在约定期限内选定的交付时间的充分通知。

三、FOB（船上交货）

FOB（Free on Board），即船上交货（指定装运港），又称离岸价，是指卖方应负责办理出口清关手续，在合同规定的装运港及规定的期限内，将货物交到买方指派的船上，承担货物在装运港装运上船之前的一切风险，并及时通知买方。

视频：FOB 注意点

本规则只适用于海运或内河运输。FOB 不适用于货物在装船前移交给承运人的情形。比如，货物通过集装箱运输，并通常在目的地交付，在这些情形下，更适用 FCA 的规则。同时，在报价时，一定要加上港口，比如，FOB QINGDAO Price ＄1 100/TON，不要直接写成 FOB Price ＄1 100/TON，这是因为含有部分国内运输费用，比如到青岛港和到厦门港的国内运费不同，港口选择的基本原则是就近原则。

视频：认知 FOB

FOB 应遵守以下使用规则。

（1）**许可证、批准、安全通关及其他手续**。卖方必须自担风险和费用，取得任何出口许可证或其他官方许可，并办理货物出口所需的一切海关手续。但卖方无义务办理货物进口清关手续、缴纳进口关税或是办理任何进口报关手续。

（2）**运输合同与保险合同**。买方自己付费，必须签订从指定装运港运输货物的合同。卖方没有义务为买方订立运输合同。卖方没有义务向买方提供保险合同，但是当买方要求的时候，卖方必须向买方提供买方获得保险时所需要的信息。

(3) 交货。卖方必须将货物运到买方所指定的船只上。卖方必须在约定的日期或期限内按照该港习惯方式运输到港口。买方必须给予卖方有关船名、装船点，以及需要时在约定期限内所选择的交货时间的充分通知。

(4) 风险转移及费用划分。卖方要承担货物灭失或者损坏的全部风险，直至已经按照规定交付货物为止。买方要负责租船订舱，支付运费，并将船期、船名及时通知卖方。在需要办理海关手续时，卖方需承担货物出口需要办理的海关手续费用及出口时应缴纳的一切关税、税款和其他费用。一旦装船，买方将承担货物灭失或损坏造成的所有风险，货物在装运港装上船后的其他责任、费用也都由买方负担，包括取得进口许可证或其他官方证件，以及办理货物入境的手续和费用。

(5) 交货凭证。卖方必须自付费用向买方提供证明货物已按照规定交货的通常单据。应买方要求并由其承担风险和费用，卖方必须给予买方协助，以帮买方取得运输单据。

(6) 货物检查、包装、标志。卖方必须支付为按照规定交货所需的进行核对的费用，以及出口国有关当局强制进行的装运前检验的费用。卖方必须自付费用包装货物，除非按照相关行业惯例，货物无须包装销售。卖方必须以适合运输的形式包装货物，除非买方在订立销售合同前已经告知卖方特定的包装要求。包装应做适当标记。买方必须支付任何装运前检验的费用，但出口国有关当局强制进行的检验除外。

视频：认知船期

(7) 信息帮助和相关费用。在适用的情况下，应卖方要求并由其承担风险和费用，买方必须及时地帮助卖方取得其所需要的货物运送和出口以及过境运输的一切单据及信息（包含与安全因素相关的信息）。

四、贸易术语 F 组差异分析

FCA、FAS、FOB 三者区别分析：①交货方式不一样，FCA 货交承运人，FAS 船边交货，FOB 船上交货；②三者都是买方负责海运费，卖方负责将货物送至转移点及起运港；③卖方都负责出口清关；④风险转移点和费用转移点相同，按 FCA 与 FOB 这两种术语成交的合同均属装运合同，买卖双方责任划分的基本原则是相同的；⑤FCA 适用于各种运输方式，FAS、FOB 仅用于海运和内河运输。

 任务练习

一、任务的提出

广州进出口公司向德国客户（德国汉克电子公司）出口电子玩具，成交价格条款是 FOB 广州。装船时货物经检验符合销售合同要求。玩具出运后，卖方及时向买方发出了装船通知，但在运输过程中，部分玩具被海水浸泡而损坏。玩具到达目的港后，买方要求卖方赔偿玩具损失。锦长货代公司是该票货的国际货代企业。因此，广州进出口公司希望锦长货代公司协助处理此索赔事件。

> **任务**
> 锦长货代公司业务经理交给实习生李立一个任务，即分析德国汉克电子公司要求广州进出口公司赔偿玩具损失是否合理，并说明理由。

二、任务的实施

实习生李立在询问了索赔事件当事方并认真审读了国际贸易术语相关条例或规则后，给出了分析结果。

结论：不合理。

理由：贸易术语 FOB 是指在合同规定的装运港和规定的期限内，将货物交到买方指派的船上，承担货物在装运港装运上船之前的一切风险并及时通知买方，即装运港货物装运上船后，货物损毁或灭失之风险就从卖方转移到了买方。

因此，在本案例中，装船时货物经检验符合销售合同要求，且玩具出运后，卖方及时向买方发出了装船通知。根据 FOB 贸易术语，可知卖方按时将玩具交付到了买方指定的船上，就算履行了交货义务，此时玩具的损毁或灭失风险已经转移给了买方，不由卖方负责。至于部分玩具被海水浸泡而损坏，如果属于保险公司承保责任范围内的损失，则买方应向保险公司提出索赔，卖方可协助办理。

任务评价

知识点与技能点	我的理解（填制关键词）	掌握程度
FCA/FAS/FOB 下产品交付点		☆☆☆☆☆
FCA/FAS/FOB 下风险转移点		☆☆☆☆☆
FCA/FAS/FOB 下运输费支付		☆☆☆☆☆
FCA/FAS/FOB 下保险费支付		☆☆☆☆☆

任务三　认知贸易术语"C"组

学习目标

知识目标

1. 了解 CFR、CIF、CPT 和 CIP 贸易术语下的商品价格构成；
2. 熟悉 CFR、CIF、CPT 和 CIP 贸易术语下的交货条件。

能力目标

能划分 CFR、CIF、CPT 和 CIP 贸易术语下的买卖双方所承担责任、费用和风险。

素养目标

培养学生的风险管控意识。

知识储备

一、CFR（成本加运费）

CFR（Cost and Freight），即成本加运费（指定目的港），是指由卖方安排运输，买方办理货运保险，在装运港船上交货，货物的风险是在装运港船上交货时转移，但卖方需支付将货物运至指定目的地港所需的费用。卖方负责按通常的条件租船订舱并支付到目的港的运费，按合同规定的装运港和装运期限将货物装上船并及时通知买家。

本规定只适用于海路及内陆水运。在国际贸易中，卖方将货物装上运输工具并支付起运港至目的港运费的交易条件，属于装运港交货条件的一种。

视频：认知 CFR

CFR 应遵守以下使用规则。

（1）**许可证、批准、安全通关及其他手续**。卖方应当自担风险和费用，取得任何出口许可证或者其他官方授权，并办妥一切货物出口所必需的海关手续。但是，卖方无义务为货物办理进口清关、支付进口关税或者完成任何进口地海关的报关手续。

（2）**运输合同与保险合同**。卖方应当在运输合同中约定一个协商一致的交付地点，如在目的地的指定港口，或者经双方同意在港口的任意地点。卖方应当自付运费，按照通常条件订立运输合同，经由惯常航线，通过常用的船舶加以运输。卖方并无义务为买方订立一份保险合同。

（3）**交货**。卖方应当通过将货物装至船舶之上进行交付。在任何一种情形下，卖方应当在约定的日期或期限内依惯例交付。卖方应向买方提供货运单据，并及时将运输工具的名称和起航时间通知买方。

（4）**风险转移及费用划分**。卖方只要在装运港把货物装上指定开往目的港的船只，就认为是履行了交货的义务。卖方交付货物于船舶之上，而货物损毁或灭失之风险从货物转移至船舶之上起转移，但卖方应当承担并支付必要的成本加运费以使货物运送至目的港。要特别注意，本规则中的风险转移地和运输成本的转移地不是同一个地点。因此，尽管合同中通常会确认一个目的港，而未必指定装运港，即风险转移给买方的地方，因此，建议双方就此在合同中尽可能确认装运港。

（5）**交货凭证**。卖方在应当自负费用的情况下，应第一时间向买方提供表明载往约定目的港的装运单据（主要是提单）。这一运输单据需载明合同货物，其日期应在约定的装运期内，使买方得以在目的港向承运人提取货物。

（6）**货物检查、包装、标志**。卖方应当支付运输货物所需的进行核对的费用（比如核对货物质量、尺寸、重量、点数），同时还需支付国家出口机关规定的进行装船检查的费用。卖方必须自付费用提供货物的包装，除非在此行业中这种货物无包装发运、销售是普遍的现象。卖方应当用适于运输的方式包装货物，除非买方在交易合同生效前对卖方提出了特殊的包装要求。包装应有恰当标记。

（7）**信息帮助和相关费用**。卖方必须在可能的情况下及时应买方的要求，在卖方承担风险与费用的前提下，向买方提供帮助，以使买方能够获得任何单据与信息，包括买方进口货物或者为保证货物到达目的地所需的安全信息。

二、CIF（成本、保险费与运费）

CIF（Cost, Insurance and Freight），即成本、保险费与运费（指定目的港），是指卖方必须在合同规定的日期或期限内，在装运港将货物交至运往指定目的港的船上，负担货物越过船舷为止的一切费用和货物灭失或损坏的风险，负责租船订舱，支付从装运港到目的港的正常运费，并负责办理货运保险，支付保险费。

本规则仅适用于海运和内河运输。CIF 属于装运交货的术语，而不是目

视频：认知 CIF

的港交货的术语。因此，虽然由卖方安排货物运输和办理货运保险，但卖方并不承担保证把货送到约定目的港的义务。

CIF 应遵守以下使用规则。

（1）**许可证、批准、安全通关及其他手续**。在适用的时候，卖方应自负风险和费用，取得一切出口许可和其他官方许可，并办理货物出口所需的一切海关手续。然而，卖方没有义务办理货物进口清关手续，缴纳任何进口关税或办理进口海关手续。

（2）**运输合同与保险合同**。卖方应订立货物在运输途中由买方承担的货物灭失或损坏风险的保险合同，将货物从约定交付地运输到目的地的指定港口。运输合同需按照通常条件订立，由卖方支付费用，经由惯常航线运输。按一般国际贸易惯例，卖方投保的保险金额应按 CIF 价加成 10%。如买卖双方未约定具体险别，则卖方只需取得最低限度的保险险别，如买方要求加保战争保险，在保险费由买方负担的前提下，卖方应予加保。

（3）**交货**。卖方必须将货物装船运送或者由承运人获取已经运送的货物，在上述任一情况下，卖方必须在规定的期限内依港口的习惯进行交付。

（4）**风险转移及费用划分**。卖方直到货物以规定方式送达（货物在指定装运港已装船）之前都要承担货物灭失或者损坏的风险。卖方将货物装上船，货物灭失或损坏的风险转移给买方。同时，卖方支付将货物装运至指定目的港所需的运费和费用，直至按规定交货为止，包括在港口装载货物的费用以及根据运输合同由卖方支付的在约定卸货港的卸货费，规定所发生的保险费用，货物出口需要办理的海关手续费与出口应缴纳的一切关税、税款和其他费用，以及根据运输合同规定的由卖方支付的货物从他国过境的费用。买方必须支付所有强制性运前检验的费用，但出口国当局强制要求的检验除外。此外，本规则因风险和费用分别于不同地点转移而具有以下关键点：合同惯常会指定相应目的港，但可能不会进一步详细指明装运港，即风险向买方转移地点，如买方对装运港尤为关注，那么合同双方最好在合同中尽可能精确地确定装运港。

（5）**交货凭证**。卖方必须自付费用，毫不迟延地向买方提供表明载往约定目的港的通常运输单据。此单据必须载明合同货物，其日期应在约定的装运期内，使买方得以在目的港向承运人提取货物。如此运输单据有不同形式且有数份正本，则应向买方提供全套正本。

（6）**货物检查、包装、标志**。卖方必须支付为了使运输货物符合要求而产生的所有核对费用（例如核对货物品质、丈量、过磅、点数），以及出口国当局强制要求的运前检验费用。卖方必须自负费用包装货物，但所运输货物通常无须包装即可销售的除外。卖方应当采用使货物适宜运输的包装方式，除非买方在买卖合同签订前告知卖方以特定方式包装。包装应当适当标记。

（7）**信息帮助和相关费用**。当适用的时候，应买方要求，并由其承担风险和费用，卖方必须及时地帮助买方取得其货物进口和运输至最终目的地所需要的，包括安全相关信息在内的一切单据和讯息。

三、CPT（运费付至指定目的地）

CPT（Carriage Paid to），即运费付至指定目的地，是指卖方应自费订立运输契约并支付将货物运至目的地的运费，并向其指定的承运人交货，即货交承运人，买方承担交货之后一切风险和其他费用。

本规则可以适用于各种运输方式。在办理货物出口结关手续后，在约定的时间和指定的装运地点将货物交由承运人处理，并及时通知买方。

CPT 应遵守以下使用规则。

（1）**许可证、批准、安全通关及其他手续**。在装货港所在地需办理出口手续的情况下，卖方必须自担风险和费用，取得任何出口许可证或其他官方核准文件，并办理货物出口以及货物在送达前从他国过境运输所需的一切海关手续。但是，卖方没有义务办理货物进口清关手续、支付进口关税以及办理任何进口所需的任何海关手续。

(2) **运输合同与保险合同**。卖方必须自付运费，按照通常条件订立运输合同，依通常路线及习惯方式，将货物运至指定的目的地的约定点。卖方没有向买方制定保险合同的义务。由于将货物运至指定目的地的费用由卖方承担，因而当事人应尽可能准确地确定目的地中的具体地点，且卖方必须在运输合同中载明这一具体的交货地点。卖方基于其运输合同中在指定目的地卸货时，如果产生了相关费用，卖方无权向买方索要，除非双方有其他约定。

(3) **交货**。卖方必须在约定的日期或期限内依照规定向订立合同的承运人交货。

(4) **风险转移及费用划分**。卖方承担货物灭失或损坏的一切风险，直至已按照规定交货为止（货交承运人）。卖方必须支付按照规定交货之前与货物有关的一切费用；所发生的运费和一切其他费用，包括根据运输合同规定应由卖方支付的装货费和在目的地的卸货费；货物出口需要办理的海关手续费用及出口时应缴纳的一切关税、税款和其他费用。买方需支付货物进口应缴纳的一切关税、税款和其他费用，及办理海关手续的费用，以及从他国过境的费用，除非这些费用根据运输合同应由卖方支付。此外，本规则因风险和成本在不同的地方发生转移，有以下关键点：买卖双方当事人应在买卖合同中尽可能准确地确定发生转移至买方的交货地点，在其须订立的运输合同中载明的指定目的地。如果使用多个承运人将货物运至指定目的地，且买卖双方并未对具体交货地点有所约定，则合同默认风险自货物由买方交给第一承运人时转移。

(5) **交货凭证**。如果依照惯例或者依照买方的要求，卖方必须向买方提供订立的运输合同所签发的通常运输单据，且费用由卖方承担。运输单据必须包括约定货物，其注明日期必须在约定的装运时间内。

(6) **货物检查、包装、标志**。卖方必须支付按照规定为交货所必需的核查（如核查品质、丈量、过磅、计数）费用，同时包括出口国当局强制的装运前的检验费用。卖方必须自行承担费用为货物提供包装（除非在特定贸易中运输此种货物通常无须包装）。卖方应该提供适合运输的包装，除非买方在缔结买卖合同之前已经告知卖方特定的包装要求。包装上应适当地予以标记。买方必须支付强制性的装运前的检验费用，但出口国当局强制进行检验的除外。

(7) **信息帮助和相关费用**。在需要办理相关手续的情况下，应买方的需求并由其承担风险和费用，卖方应及时提供或者实施帮助以使买方获得其在进口和运输货物到最终目的地所需要的任何单据和信息，包括涉及安全的信息。

四、CIP（运费和保险费付至指定目的地）

CIP（Carriage and Insurance Paid to），运费和保险费付至指定目的地，是指卖方应自费订立运输契约并支付将货物运至目的地的运费，负责办理保险手续并支付保险费，在办理货物出口结关手续后，在指定的装运地点将货物交由承运人照管，以履行其交货义务。

本规则适用于各种运输方式。CIP 是在约定的地方，卖方向承运人或是卖方指定的另一个人发货，以及卖方必须签订合同和支付将货物运至目的地的运费。

CIP 应遵守以下使用规则。

(1) **许可证、批准、安全通关及其他手续**。卖方在必要时办理货物出口清关手续。卖方必须自担风险和费用，取得任何出口许可证或其他官方授权，并办理货物出口及交货前货物从他国过境所需的一切海关手续。但是，卖方不承担办理货物进口清关手续，支付任何进口关税，或者履行任何进口报关手续的义务。

(2) **运输合同与保险合同**。卖方必须订立一个货物运输合同，以将货物从交付地区约定的任何的交付点运送至指定的目的地，或者也可以运至指定地区约定的具体地点。卖方还必须自费订立保险合同以防买方货物在运输途中灭失或损坏风险。买方应注意到，CIP 术语只要求卖方投保最低限度的保险险别。如买方需要更多的保险保障，则需要与卖方明确达成协议，或者自行做出额外的保险安排。最低保险金额应包括合同规定价款另加10%（即110%），并应采用合同中约定的货币。

(3) **交货**。卖方必须按照约定日期或期限，按照规定向订立合同的承运人交货。

(4) **风险转移及费用划分**。卖方在按照规定交付商品之前，承担所有的货物毁损或灭失责任。由于风险和费用因地点之不同而转移，本规则有两个关键点：买卖双方最好在合同中尽可能精确地确认出口所在地的交货地点，风险转移至买方，以及卖方必须订立运输合同所到达的指定目的地。若将货物运输至约定目的地用到若干承运人而买卖双方未就具体交货点达成一致，则默认为风险自货物于某一交货点被交付至第一承运人时转移。如果买卖双方希望风险在之后的某一阶段转移（例如在一个海港或一个机场），则他们需要在其买卖合同中明确之。同时，卖方必须支付直至按照规定交货为止前与货物有关的一切费用，包括装船费和根据运输合同应由卖方支付的在目的地的卸货费、所发生的保险费用，货物出口的海关手续费用，以及货物出口时应缴纳的一切关税、税款和其他费用；买方必须承担取得进口许可证、办理海关手续时的风险与费用，及应买方自身要求购买任何额外保险的费用。

(5) **交货凭证**。如果依习惯或按照买方要求，卖方必须自付费用向买方提供按照运输合同所涉及的通常运输单据。这份运输单据必须包括合同货物并且要在约定的运输期间内签署。当这样一份单据以协商的形式订立并且有若干原件的时候，必须向买方提供所有原件。

(6) **货物检查、包装、标志**。卖方必须支付为按照规定交货所需进行的核对费用（如核对货物品质、丈量、过磅、点数的费用）以及出口国有关机关的装运前的强制检验费用。卖方必须自付费用包装货物，除非按照相关行业惯例此类买卖货物无须包装发运。卖方可以以适合运输的方式包装货物，除非买方在销售合同签订前通知卖方具体包装要求。包装应做适当标记。买方必须支付任何强制性装运前检验费用，但出口国有关当局强制进行的检验除外。

(7) **信息帮助和相关费用**。如有需要，应买方的要求并由其负担风险与费用，卖方必须以适时的方法，提供或协助买方取得任何单据或信息，包括与货物出口安全和货物运送至最终目的地所需有关信息。

五、贸易术语"C"组差异分析

贸易术语"C"组都是卖方付运费，买卖双方分别负责当地清关，风险转移点（货交承运人）和费用转移点（目的港或目的地）分离。当使用CFR、CPT、CIF或CIP术语时，卖方在将货物交至已选定运输方式的运送者时，其义务即已履行，而非货物抵达目的地时方才履行，即卖方须在向承运方交付货物之时而非在货物抵达目的地时，履行已选择的术语相应规范的运输义务。CFR对于货物在装到船舶之上即已交付给承运人的情形可能不适用，例如通常在终点站（即抵达港、卸货点，区别于Port of Destination）交付的集装箱货物。在这种情况下，宜使用CPT术语。同样，CIF术语并不适用于货物在装上船就转交给承运人的情况，例如通常运到终点站交货的集装箱货物。在这样的情况下，应当使用CIP术语。

任务练习

一、任务的提出

广州进出口公司向德国客户（德国汉克电子公司）出口电子玩具，成交价格条款是CPT汉堡。广州进出口公司按规定的时间和地点将玩具装到火车上，待玩具抵达目的地后，由货运公司负责分拨。广州进出口公司装货后及时给德国客户发出了装运通知。承运的火车在运输途中遇险，使该批玩具全部损毁，买方要求卖方赔偿玩具损失。锦长货代公司是该票货的国际货代企业，因此，广州进出口公司希望锦长货代公司协助处理此索赔事件。

> **任务**
>
> 锦长货代公司业务经理交给实习生李立两个任务：一是比较 FOB、CFR、CIF、FCA、CPT、CIP 六个贸易术语的差异；二是分析德国汉克电子公司要求广州进出口公司赔偿玩具损失是否合理，并说明理由。

二、任务的实施

锦长货代公司实习生李立对贸易术语 FOB、CFR、CIF、FCA、CPT、CIP 进行了研究，对两个任务的回答如下。

（一）比较 FOB、CFR、CIF、FCA、CPT、CIP 六个贸易术语的差异（见表 2-1）

表 2-1　六个贸易术语的差异

比较项目	FOB、CFR、CIF	FCA、CPT、CIP
负担出口手续的风险和费用	卖方	卖方
负担进口手续的风险和费用	买方	买方
达成的贸易术语下的合同性质	装运合同	装运合同
适合的运输方式	海运及内河运输	任何运输方式
运费付至	进口国目的港（FOB 除外）	进口国指定目的地（FCA 除外）
保险费	CIF、CIP 由卖方购买，其他由买方购买	
风险划分点	货物装上船时	货交承运人处置时
装卸费用的划分	租船时，买卖合同应明确	卖方（包含在运费中）
货运单据	海运单据或内河运单	由运输方式而定

1. 共同点

第一，适用于任何运输方式，包括多式联运，都可适用于海运。在船舷无实际意义时，如在滚装/滚卸或集装箱运输的情况下，使用 FCA、CPT、CIP 比使用 FOB、CFR、CIF 更为适宜。

第二，卖方在规定的日期或期限内在出口国的内地或港口把货物交给承运人或第一承运人照管。

第三，卖方自行负担风险和费用，取得出口许可证或其他官方批准证件，并办理货物出口所必需的一切海关手续。买方自负风险和费用，取得进口许可证或其他官方批准文件，并办理货物进口以及必要时经由另一国家过境运输的一切海关手续。

第四，卖方支付货物出口所需的办理海关手续的费用以及为出口应缴纳的一切关税、税捐等。买方支付货物进口和必要时经另一国家过境运输应缴纳的一切关税、税捐和其他官方费用及办理海关手续的费用。

第五，卖方承担货物灭失或损坏的一切风险，直至货物在指定的出口国内地或港口交给承运人或第一承运人处置时为止；货交承运人或第一承运人处置后的风险则由买方负责。

第六，卖方支付一切费用，直至货物在指定的出口国的内地或港口交给承运人或第一承运人处置时为止；货交承运人处置后费用则由买方负责。例外的是，CPT 贸易术语下，货交承运人后的通常运费由卖方负担；CIP 贸易术语下，货交承运人后的通常运费和保费由卖方负担。

2. 不同点

第一，FCA、CPT 和 CIP 贸易术语适用于多种运输方式，特别是多式联运。其承运人可以是运输公司（铁路、航运、航空），也可以是安排多式联运的经营人。多式联运在国际贸易中已被广泛运用，而且必将进一步扩大。为了适应这一趋势，在我国外贸运输机构能有效地承担"联合运输经营人"的前提下，我国外贸企业应按具体交易情况，选用国际商会制定的适用多式联运的 FCA、CPT、CIP 贸易术语，以代替传统的仅适用于海运和内河运输的 FOB、CFR 和 CIF 术语。

第二，装卸费用负担明确。FOB、CFR、CIF 贸易术语还需用变形方式，分别表明有关装货、卸货费用由谁负担的问题。而在 FCA、CPT 和 CIP 贸易术语中，运费已包含承运人接管货物后装运港的装船费用和目的港的卸货费用，而无须另行说明。

（二）分析德国汉克电子公司要求广州进出口公司赔偿玩具损失案例

实习生李立在询问了索赔事件当事方并认真审读了国际贸易术语相关条例或规则后，给出了分析结果。

结论：不合理。

理由：贸易术语 CPT 是指卖方向承运人（"承运人"是指任何人，在运输合同中，承诺通过铁路、公路、空运、海运、内河运输或上述运输的联合方式履行运输业务。如果还使用接运的承运人将货物运至约定目的地，则风险自货物交给第一承运人时转移）交货，买方承担交货之后一切风险和其他费用。

因此，在本案例中，广州进出口公司按规定的时间和地点将玩具装到火车上，装货后及时给德国客户发出了装运通知。根据 CPT 贸易术语，卖方按时将玩具交付给了第一承运人，就算履行了交货义务，此时玩具的损毁或灭失风险已经转移给了买方，不由卖方负责。如果属于保险公司承保责任范围内的损失，则买方应向保险公司提出索赔，卖方可协助办理。

任务评价

知识点与技能点	我的理解（填制关键词）	掌握程度
CFR/CIF/CPT/CIP 下产品交付点		☆☆☆☆☆
CFR/CIF/CPT/CIP 下风险转移点		☆☆☆☆☆
CFR/CIF/CPT/CIP 下运输费支付		☆☆☆☆☆
CFR/CIF/CPT/CIP 下保险费支付		☆☆☆☆☆

任务四　认知贸易术语"D"组

学习目标

知识目标

1. 了解 DAP、DPU 和 DDP 贸易术语下的商品价格构成；
2. 熟悉 DAP、DPU 和 DDP 贸易术语下的交货条件。

能力目标

能划分 DAP、DPU、DDP 贸易术语下的买卖双方所承担责任、费用和风险。

素养目标

培养学生的责任担当意识。

知识储备

一、DAP（目的地交货）

DAP（Delivered at Place），即目的地交货（指定目的地），是指卖方已经用运输工具把货物运送到买方指定的目的地后，将装在运输工具上的货物（不用卸载）交由买方处置，即完成交货。

本术语适用于任何运输方式。目的地交货的意思是：卖方在指定的交货地点，将仍处于交货的运输工具上尚未卸下的货物交给买方处置即完成交货。卖方应承担将货物运至指定目的地的一切风险和费用（除进口费用外），即 DAP 后面的地点不一定就是在海关关境，其地点完全可以在关境之内，只不过清关部分由收货人负责，清关后卖方继续承担从关境（港口）到内地的运输费用。

DAP 应遵守以下使用规则。

（1）**许可证、批准、安全通关及其他手续**。在需要办理海关手续时，卖方必须自担风险和费用取得任何出口许可证或其他官方许可，并且办理出口货物和交付前运输通过某国所必需的一切海关手续。买方必须自担风险和费用，取得任何进口许可证或其他官方许可，并且办理货物进口的一切海关手续。

（2）**运输合同与保险合同**。卖方必须自付费用订立运输合同，将货物运至指定的交货地点。卖家为了降低自身承担的风险程度，会购买相应的运输保险费用。

（3）**交货**。卖方必须在约定日期或期限内，在指定的交货地点，将仍处于约定地点的交货运输工具上尚未卸下的货物交给买方处置。

（4）**风险转移及费用划分**。卖方必须支付将货物运至指定目的地或指定目的地内的约定地点所发生的运费，承担在指定目的地运输工具上交货之前的一切风险和费用，买方承担在指定目的地运输工具上交货之后的一切风险和费用。同时，卖方支付按照规定在目的地交货前与货物有关的一切费用，以及货物出口要办理的海关手续费用及货物出口时应缴纳的一切关税、税款和其他费用。买方需支付在指定目的地将货物从交货运输工具上卸下的一切卸货费，及货物进口时办理海关手续的费用，应缴纳的一切关税、税款和其他费用。

（5）**交货凭证**。卖方必须自付费用，按照规定向买方提供买方可以据以提取货物的凭证。

（6）**货物检查、包装、标志**。卖方必须支付为按照规定交货所需进行的核对费用（如核对货物品质、丈量、过磅、点数的费用）以及出口国有关当局强制进行的检验的费用。卖方必须自己负担货物包装费用，除非是在特定交易中通常无须包装货物的情况。卖方需要以适合运输的方式包装货物，除非买方在买卖合同缔结之前告知卖方具体的包装方式。包装应做适当标记。买方必须支付任何强制的装船前检验的费用，但出口国有关当局强制进行的检验除外。

（7）**信息帮助和相关费用**。在需要办理海关手续时，应买方要求并由其承担风险和费用，卖方必须及时为买方提供其在货物进口和货物运输过程中所需的各类文本及信息协助，包括相关安全信息。

使用 DAP 贸易术语时应注意以下几点：

（1）DAP 的交货地点既可以是在两国边境的指定地点，也可以是在目的港的船上，也可以是在进口国内陆的某一地点。

（2）卖方在指定目的地交货，买方负责在指定目的地将货物从到达的运输工具上卸下，但卖方要保证货物可供卸载。

（3）由于卖方承担在特定交货地点交货前的风险，买卖双方应尽可能清楚地订明指定目的地的交货地址，最好能具体到指定目的地内特定的点。

（4）卖方对买方没有订立保险合同的义务，但由于整个运输过程的风险要由卖方承担，卖方通常会通过投保规避货物运输风险。

（5）如果买卖双方希望由卖方办理进口所需的许可或其他官方授权，以及货物进口所需的一切海关手续，包括支付所有进口关税，则应该使用 DDP 术语。

（6）对于 DAP/to door，客户还需要提供货物的详细资料：件数、重量、体积、品名（英文）、地址、包装类型和尺寸（纸箱还是木箱托盘等）、海关编码 HS Code。

二、DPU（目的地卸货后交货）

DPU（Delivered at Place Unloaded），目的地卸货后交货，即指卖方在指定的目的地卸货后完成交货。本术语适用于任何运输方式或多式联运，即适用于铁路、公路、空运、海运、内河航运或者多式联运等任何形式的贸易运输方式。

在"Incoterms 2020"贸易术语中，DPU 是"新成员"。它取代了"Incoterms 2010"版本中的 DAT，对其进行修改主要是为了强调卸货地不一定是"终点站"。这个术语的交货方式，和排在它前面的 DAP 进行比较，不难发现，它只是多了一个动作——Unloaded，这也是两个术语最大的区别。

DPU 应遵守以下使用规则。

（1）**许可证、批准、安全通关及其他手续**。要求卖方办理货物出口清关手续。在必要的情况下，卖方必须自担风险和费用，在交货前取得任何出口许可证或其他官方许可，并且在需要办理海关手续时办理货物出口和从他国过境所需的一切海关手续。买方必须自担风险和费用，取得所需的进口许可证或其他官方许可证，并办理货物进口所需的一切海关手续。

（2）**运输合同与保险合同**。卖方必须自付费用订立运输合同，将货物运至指定目的港或目的地。卖方没有为买方签订保险合同的义务。但由于卖方需承担将货物卸载到目的地并交付给买方之前的所有风险和费用，故一般会购买保险。

（3）**交货**。卖方必须在约定的日期或期限内，在目的港或目的地，将货物从交货的运输工具上卸下，并交给买方处置完成交货。

（4）**风险转移及费用划分**。卖方承担用运输工具把货物运送到目的地，并将货物卸载到目的地交付给买方之前的所有风险和费用，包括出口货物时报关手续和货物装船所需的各种费用和风险等。"目的地"包括任何地方，无论约定或者不约定，包括码头、仓库、集装箱堆场或公路、铁路或空运货站。卖方应承担将货物运至指定的目的地或目的港和卸货所产生的一切风险和费用（除进口费用外）。买方承担卖方将货物卸载到目的地并交付给买方之后的所有风险和费用，包括进口货物时清关手续等各种费用和风险，等等。

（5）**交货凭证**。卖方必须自付费用向买方提供提货单据，使买方能够提取货物。

（6）**货物检查、包装、标志**。卖方必须支付为按规定交付货物所需的检查（如质检、度量、称重、计数）费用。同时，卖方也必须支付出口国当局强制进行的任何装船前检查所产生的费用。卖方必须支付费用以包装货物，除非在特定贸易中所售货物通常以不包装的形式运输。卖方应该以适合运输的方式包装货物，除非买方在买卖合同成立之前指定了具体的包装方式。包装应该被合理地标记。买方必须支付装船前强制检验的费用，但出口国当局强制装船前检验的除外。

(7) **信息帮助和相关费用**。在必要的情况下，卖方必须根据买方的要求，及时向买方提供或者协助买方获得其所需的进口货物和将货物运输至目的地的任何单据和信息，包括与安全相关的信息。

三、DDP（完税后交货）

DDP（Delivered Duty Paid），即**完税后交货**，是指卖方在指定的目的地，办理进口清关手续，将在交货运输工具上尚未卸下的货物交予买方，完成交货。

该术语适用于各种运输方式。DDP 客户需要提供货物的详细资料：件数、重量、体积、品名（英文）、地址、包装类型和尺寸（纸箱还是木箱托盘等）、货物价值、HS Code 等。

客户选择 DDP 条款的原因主要有以下几方面：①客户第一次或者刚开始做进口，对运输、海关等环节不太了解，所以依赖出口商帮其处理这些环节。②客户不太愿意处理这些琐事，干脆交给出口商办理。③客户为了降低进口的风险，特别是一些货物容易受进口限制，关税或者贸易壁垒的货物，通过 DDP 条款把这种风险转移到出口商身上。

DDP 应遵守以下使用规则。

(1) **许可证、批准、安全通关及其他手续**。需要办理海关手续时，卖方须自担风险费用，取得所有进出口许可证或其他官方许可，并办理进出口货物在他国运输的一切必要海关手续。若卖方不能直接或间接地取得进口许可证，则不应使用此术语。

(2) **运输合同与保险合同**。卖方必须自付费用订立运输合同，将货物运至指定目的地或者指定地点。卖方对买方没有订立保险合同的义务，但由于整个运输过程的风险要由卖方承担，卖方通常会通过投保规避货物运输风险。

(3) **交货**。卖方必须在约定的日期或者期限内，在位于指定目的地的约定地点，将运输工具上准备卸下来的货物交予买方处置。

(4) **风险转移及费用划分**。DDP 是卖方承担的责任最大、负担的费用最多的一个术语，卖方承担在货物到达指定地点过程中的一切风险和费用，并有义务办理出口清关手续与进口清关手续，对进出口活动负责，以及办理一切海关手续，包括在需要办理海关手续时在目的地应缴纳的任何"税费"（包括办理海关手续的责任和风险，以及缴纳手续费、关税、税款和其他费用）。买方需支付在指定目的地将货物从到达的运输工具上卸下的费用，但卖方要保证货物可供卸载。换言之，DDP 就是卖方把货物送到国外客户的仓库，在此之前的所有费用都由卖方支付，所有手续都由卖方来办理，所有风险都由卖方来承担。

(5) **交货凭证**。卖方必须自付费用向买方提供有提货权的单据。

(6) **货物检查、包装、标志**。卖方必须支付为按照规定交货所需进行的核对费用（如核对货物品质、丈量、过磅、点数的费用）以及任何由出口国当局强制进行的装运前检验费用。卖方必须自付包装货物的费用，除非按照相关行业惯例，运送此类货物无须包装即可销售。卖方可以按习惯用适合运输的方式来包装货物，除非买方在买卖合同签订之前告知了卖方特殊的包装要求。包装应做适当标记。买方无义务向卖方支付由进出口国家相关部门所规定的运前强制性检验货物所引起的任何费用。

(7) **信息帮助和相关费用**。应卖方要求并由其承担风险和费用，买方必须给予卖方一切协助，以帮助卖方取得为按照本规则将货物交付买方需要的、由进口国签发或传递的任何单证或有同等作用的电子讯息。

四、贸易术语 D 组差异分析

DAP、DPU 和 DDP 三者的异同点：

（1）DAP、DPU 和 DDP 术语都规定需在指定地点交货。在 DPU 情况下，从运输工具上卸下货物交由买方处置；在 DAP 或 DDP 情况下同样交由买方处置，但需做好卸货的准备，但需由收货人自己出力去承担卸货。因此，当卖方无法保证能在目的地完成卸货义务时，应尽量避免使用 DPU。

（2）在需要办理海关手续时，DAP 术语要求应由卖方办理货物的出口清关手续，但卖方没有义务办理货物的进口清关手续，支付任何进口税或者办理任何进口海关手续。如果当事人希望卖方办理货物的进口清关手续，支付任何进口税和办理任何进口海关手续，则应使用 DDP 术语。

（3）如果卖方不能直接或间接地取得进口许可，不建议当事人使用 DDP 术语。

（4）如果当事方希望买方承担进口的所有风险和费用，应使用 DAP 术语。

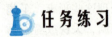

任务练习

一、任务的提出

广州进出口公司（卖方）向德国汉克电子公司（买方）出口电子玩具，成交价格条款是 DAP 德国汉堡铁路货运站。卖方按规定的时间和地点将玩具装到火车上，由于天气原因导致货物未按时到达汉堡铁路货运站。同时，买方在汉堡铁路货运站接收货物时，发现卖方未支付卸货费用，只得自行支付并收货，并经检验发现玩具数量少于合同约定的数量。于是，买方要求卖方支付卸货费用，并指出卖方未按时交货和短交货物，就此提出索赔。但卖方以铁路承运人出具的运输单据证明自己按时按量交了货，因此拒绝赔偿。

锦长货代公司承担该票货的国际货代业务，因此，广州进出口公司希望锦长货代公司协助处理买卖双方因运输而产生的纠纷。

> **任务**
>
> 锦长货代公司业务经理交给实习生李立两个任务：一是分析 DDP 对于出口商而言，存在哪些风险及应对方法；二是分析德国汉克电子公司提出的 2 个诉求是否合理，并说明理由。

二、任务的实施

锦长货代公司实习生李立对 DDP 贸易术语进行分析后，对两个任务的回答如下。

（一）分析 DDP 对于出口商而言存在哪些风险及应对方法

首先，相对于 FOB、CFR 或 CIF 而言，DDP 对卖方的风险要大得多，是风险最大的一种贸易条款。在 FOB、CFR 或 CIF 下，当货物装上船时，风险就转移给了买方。但是在 DDP 下，卖方的风险要一直持续到货物交到客户手中。其间货物出现任何差错，都得由卖方负责。

其次，DDP 的卖方必须要了解进口国海关或其他政府部门对该类货物的政策，如有无限制，需要什么认证，进口关税是多少。不事先了解清楚，等货物到了目的港再去解决，可能比较麻烦。比如将食品运到美国，除了要了解美国海关的关税，还必须了解 FDA（美国食品药品管理局）的规定。

最后，就是报价。DDP 涉及的环节很多，可能有些环节在最初核算成本时没有考虑到，比如目的港海关查验货物产生的查验费，以及超期堆存费，还有其他一些环节产生的额外费用。

降低 DDP 对卖方风险的方法主要有以下几方面：

第一，使用 DDP 贸易术语的卖方，最好能办理一份仓到仓的货物运输险，出现问题时可以找保险公司理赔，以降低运输途中因出现意外而造成的损失。

第二，找一家有经验、有实力的货代。因为 DDP 涉及的费用很多，如果碰到没有经验的货代，出现报错，或者漏报，就会造成损失。发货人向货代询价时，货名必须详细而且用中英文（包括材质、用途，甚至是型号），还要给出货物的海关编码、目的地的详细地址和邮编等。

第三，在核算成本给客户报价时，最好多预留一些空间，以弥补可能产生的意外费用。

（二）分析德国汉克电子公司提出的两个诉求

实习生李立在询问了索赔事件当事方并认真审读了国际贸易术语相关条例或规则后，给出了分析结果。

DAP 贸易术语要求卖方用运输工具把货物运送到买方指定的目的地后，将装在运输工具上的货物（不用卸载）交由买方处置，即完成交货。

由此可知，买方要求的第①点不合理。理由是：在本案例中，卖方将玩具通过火车运输到德国汉堡火车货运站，即将已做好卸载准备的货物交由买方处置时，可视为交货，卖方不负责卸货。

买方要求的第②点合理。理由是：DAP 交货时间和风险划分是以货交买方为转移，卖方应承担德国汉堡火车货运站交货前的费用和风险，故本案例应该以货物到达德国汉堡火车货运站的时间和数量为准。因此，即使铁路承运人出具了运输单据证明卖方按时按量交了货，但卖方仍需对货物未按时及未按量送达德国汉堡火车货运站而承担责任。

任务评价

知识点与技能点	我的理解（填制关键词）	掌握程度
DAP/DPU/DDP 下产品交付点		☆☆☆☆☆
DAP/DPU/DDP 下风险转移点		☆☆☆☆☆
DAP/DPU/DDP 下运输费支付		☆☆☆☆☆
DAP/DPU/DDP 下保险费支付		☆☆☆☆☆

【拓展阅读】

我国成世界经济增长第一动力

国家统计局发布的《党的十八大以来经济社会发展成就系列报告之十三》显示，2013—2021 年，中国对世界经济增长的平均贡献率达 38.6%，超过 G7 国家（美国、英国、法国、德国、日本、意大利和加拿大）贡献率的总和，是推动世界经济增长的第一动力。

党的十八大以来，中国经济持续较快发展，经济增速大大高于世界平均水平。2013—2021 年，中国经济年均增长 6.6%，高于 2.6% 的同期世界平均增速，也高于 3.7% 的发展中经济体平均增速，经济增长率居世界主要经济体前列。2020 年，面对疫情冲击，中国经济增长 2.2%，是主要经济体中唯一保持正增长的国家。

2012 年以来，中国国内生产总值（GDP）稳居世界第 2 位，占世界经济总量比重逐年上升。2021 年中国 GDP 达 17.7 万亿美元，占世界比重达 18.5%，比 2012 年提高 7.2 个百分点。中国经济总量与美国的差距明显缩小，且远远高于日本等世界主要经济体。2021 年中国 GDP 相当于美国的 77.1%，比 2012 年提高 24.6 个百分点，是日本的 3.6 倍、印度的 5.6 倍。

2012 年以来，谷物、肉类、花生和茶叶产量稳居世界第 1 位，油菜籽产量稳居世界第 2 位；粗钢、煤、发电量、水泥、化肥、汽车、微型电脑和手机等工业产品产量稳居世界第 1 位。2021 年，中国原油产量居世界第 5 位，仅次于美国、俄罗斯、沙特阿拉伯和加拿大。2020 年中国对外贸易总额由 2012 年的 4.4 万亿美元升至 5.3 万亿美元，首超美国成为全球第一大贸易国。2021 年，中国对外贸易总额增至 6.9 万亿美元，继续保持世界第一。2021 年，中国人均国民总收入（GNI）达 11 890 美元，较 2012 年增长 1 倍。在世界银行公布的人均 GNI 排名中，中国人均 GNI 由 2012 年的第 112 位上升到 2021 年的第 68 位，提升了 44 位。

中国大力实施创新驱动发展战略，创新型国家建设取得明显成效，国际竞争力显著增强。2021 年，中国创新指数居全球第 12 位，比 2012 年上升 22 位，在中等收入国家中排名首位。2012 年以来，世界 500 强上榜中国企业数量持续增长，并在 2018 年首次超越美国，连续 4 年居世界首位。2021 年，中国上榜企业数量再创新高，达 145 家，比 2012 年增加 50 家，实现了上榜企业数量连续 19 年增长。

（资料来源：我国成世界经济增长第一动力，https://www.163.com/dy/article/HILRN7750514R9NP.html）

素养园地

树立风险管理意识

2021 年是许多货运代理人及托运人都想忘记的一年，运费飙升、全球供应链紧张。德路里的供应链顾问就提出了 2022 年可能出现如下几种供应链风险：一是疫情带来的管控措施对航运市场制约的风险；二是航运企业与货代或无船承运人（NVOCC）之间关系冷淡的风险；三是船货双方在长期合同中存在的争议而导致履约困难等风险。

居安思危，有备无患。安全的对立面不是事故，而是风险。如果企业仅仅把安全管理的重点放在事故上，只能说这是亡羊补牢，事后管理。我们要牢固树立风险管理意识，提升应急处突能力，要提前精准研判风险，做足风险防范，有效控制风险。只有制定完善应急处置预案，才能在预警信息来临时稳重不慌乱；只有坚持底线思维，才能在处理突发事件时更加积极主动和应对自如。

【项目综合实训】

实训一

After reading email from ZHEJIANG MAKEPOWER ELECTRIC. CO., LTD, please write an email in English to reply it in the name of Lili, the trainee of JINCHANG FREIGHT FORWARDING COMPANY. Email from ZHEJIANG MAKEPOWER ELECTRIC. CO., LTD is as below.

Send		
	To...	Lili@jinchang.com
	Cc...	
	Bcc...	
	Subject:	Business Consultation

Dear Lili,

We have a new shipment from Ningbo to Paris, France by sea. The trade term is CPT. By the way, what is CPT? If the trade term is CPT Paris, which of the following expenses shall be covered by us?

- export packaging
- export customs clearance fee
- origin terminal charges
- loading on carriage
- carriage charges to POD
- insurance
- import customs clearance fee
- unloading on carriage
- destination terminal charges

Looking forward to your reply soon! Thank you for your help. Best regards

Yours faithfully,
May Liang
ZHEJIANG MAKEPOWER ELECTRIC. CO., LTD
Email: May Lian@ makepower. cc

实　训

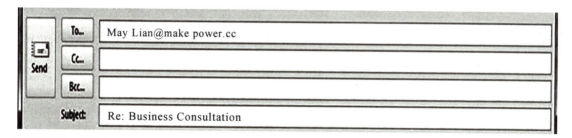

Dear May Lian,

Thank you for your email.

CPT means that the seller delivers the goods to the carrier or another person nominated by the seller and the seller must contract for and pay the costs of carriage necessary to bring the goods to the named place of destination. If the trade term is CPT Paris, we should pay the costs include export packaging, export customs clearance fee, origin terminal charges, loading on carriage, carriage charges to POD, unloading on carriage.

If you have any question, please feel free to contact me.

Best wishes!
Lili
The trainee of JINCHANG FREIGHT FORWARDING COMPANY
Email: Lili@ jinchang. com

实训二

根据国际贸易通则"Incoterms 2020",对11个贸易术语进行对比分析,并补充表2-2中的信息。

表2-2 国际贸易术语对比分析

NO.	Term	Place of Delivery	Risk Transfer Locations	Transport and Freight	Insurance and Premium	Export Declaration	Import Declaration
1	EXW						
2	FCA						
3	FAS						
4	FOB						
5	CFR						
6	CIF						
7	CPT						
8	CIP						
9	DAP						
10	DPU						
11	DDP						

实 训

对于11个贸易术语的对比分析已填入表2-3中。

表2-3 国际贸易术语对比分析

NO.	Term	Place of Delivery	Risk Transfer Locations	Transport and Freight	Insurance and Premium	Export Declaration	Import Declaration
1	EXW	Location of Seller's Factory and Warehouse	at the Disposal of the Buyer	Buyer	Buyer	Buyer	Buyer
2	FCA	A Place in the Exporting Country	at the Disposal of the Carrier	Buyer	Buyer	Seller	Buyer
3	FAS	Alongside the Vessel at the Loading Port	Alongside the Vessel at the Loading Port	Buyer	Buyer	Seller	Buyer
4	FOB	on Board the Vessel at the Loading Port	on Board the Vessel at the Loading Port	Buyer	Buyer	Seller	Buyer
5	CFR	on Board the Vessel at the Loading Port	on Board the Vessel at the Loading Port	Seller	Buyer	Seller	Buyer
6	CIF	on Board the Vessel at the Loading Port	on Board the Vessel at the Loading Port	Seller	Seller	Seller	Buyer
7	CPT	A Place in the Exporting Country	at the Disposal of the Carrier	Seller	Buyer	Seller	Buyer

续表

NO.	Term	Place of Delivery	Risk Transfer Locations	Transport and Freight	Insurance and Premium	Export Declaration	Import Declaration
8	CIP	A Place in the Exporting Country	at the Disposal of the Carrier	Seller	Seller	Seller	Buyer
9	DAP	Destination of Importing Country	at the Disposal of the Consignee	Seller	Seller	Seller	Buyer
10	DPU	Destination of Importing Country	Unloading at the Place and Delivering to the Consignee	Seller	Seller	Seller	Buyer
11	DDP	Destination of Importing Country	Deliver the Goods to the Consignee for Disposal	Seller	Seller	Seller	Seller

【习题】

一、单选题

1. 贸易术语 EXW 中，承担出口报关业务的是（　　）。
   A. 出口方　　　　B. 进口方　　　　C. 承运人　　　　D. 货运代理人
2. 贸易术语 CFR 中，承担运费的是（　　）。
   A. 出口方　　　　B. 进口方　　　　C. 承运人　　　　D. 货运代理人
3. 贸易术语 CIP 中，承担保险费的是（　　）。
   A. 出口方　　　　B. 进口方　　　　C. 承运人　　　　D. 货运代理人
4. 贸易术语 DDP 中，承担进口报关费的是（　　）。
   A. 出口方　　　　B. 进口方　　　　C. 承运人　　　　D. 货运代理人
5. 贸易术语 DPU 中，承担进口报关费的是（　　）。
   A. 出口方　　　　B. 进口方　　　　C. 承运人　　　　D. 货运代理人

二、判断题

1. 贸易术语 CIF 要求卖方承担保证把货送到约定目的港的义务。（　　）
2. 贸易术语 FCA 适用于各种运输方式，包括公路、铁路、江河、海洋、航空运输以及多种联运。（　　）
3. 贸易术语 DPU 要求卖方将货物送到指定的目的地或目的港即完成交货任务。（　　）
4. 贸易术语 FCA 在合同约定的时间和地点将货物交由买方指定的承运人处置，及时通知买方。（　　）
5. 贸易术语 CPT 为装运合同，卖方只需保证按时交货，无须保证按时到货。（　　）

三、简答题

1. 贸易术语与合同约定矛盾怎么办？
2. 贸易术语 CPT 与 CFR 相同点及区别有哪些？
3. 2020 版国际贸易术语中，哪些只适用于海路及内陆水运？

项目三

认知国际海运代理

【项目概述】

国际海运（International Ocean Freight）是国际贸易中最主要的运输方式。根据中国产业研究院发布的《2022—2027年中国海运行业深度发展与"十四五"企业投资战略规划报告》，从世界范围看，中国海运船队控制运力规模已经由2015年的全球第三位上升至全球第二位。中国作为全球贸易大国，其对外贸易中约有95%是由海运完成，强大的海运运力规模是中国继续发展国际贸易的重要支撑。

本项目主要讲解国际海运代理基础知识，主要内容包括认知集装箱、识读集装箱箱体信息、认知集装箱港口、识别国际海运航线、认知集装箱运输等。

【案例引入】

集装箱突出重围，垄断世界市场

集装箱港口是物流的重要场所之一，中国有八个港口进入了全球港口货物吞吐量前十名单。其中，上海港集装箱进出口数量连续12年保持着世界第一，宁波舟山港也不甘示弱，成为全球第三个进出口数量超3 000万标箱的港口。

港口吞吐量能够有如此惊人的成绩，集装箱功不可没。作为海运的关键运输工具，集装箱以其反复使用、超大的存储空间受到各国海洋运输业的青睐。但由于多种原因，2021年全球海运均陷入了"一箱难求"的窘境。与此形成鲜明对比的是，中国港口的空箱短缺量正在不断下降，这也意味着中国集装箱的供应趋向正常。

为何在全球海运面临"一箱难求"的窘境之时，中国却能"独善其身"呢？原因很简单，中国主要生产的干货集装箱占据了全球干货集装箱总产量的96%；此外，目前市面流通的具有冷藏功能的集装箱也是由中国制造。

为避免集装箱出现供不应求的局面，2021年中国加紧了集装箱生产的步伐。因此，在国际贸易中，凭借着自主生产集装箱的优势，中国货物大量出口，保证了外贸经济的正常发展。

尽管中国目前在集装箱生产方面占据了绝对的优势，但在30年前，中国生产集装箱的零件都依靠进口。中国集装箱制造业起步于20世纪80年代，经历了从无到小、从弱到强的过程。在这短短的几十年间，中国集装箱不仅形成了自己的生产供应链，成为集装箱产量第一大国，还在国际上打响了"中国制造"的名头。

相较于其他传统的装备制造业，集装箱制造业更早一步地开启了智能化的转型。为实现订单交付集中、客户交期严格以及研发设计、制造、供应链协调等目标，集装箱制造业利用智能化建设，达成了企业、车间、机器、产品和用户之间全方位、实时的信息共享，如此一来，不仅大大提高了集装箱制造产业的生产效率，还与当下的信息时代完美接轨。

此外，中国集装箱制造行业拥有先天的资源整合优势，即能够将有限的资源聚合起来，做好一件事。也正因此，中集集团刚成立之时就能进军世界集装箱市场，如今仅此一家就占据了世界集装箱产量的 50% 以上。

集装箱是海运运输的核心，是确保货物正常流通的生命基石。在当今时代，某一地区的货物往另一个地区流通已经是再常见不过的事情。因此，如今的货运市场，追求的不仅仅是效率，还有服务以及安全保障。

（资料来源：中国制造再创"神话"，集装箱突出重围，垄断世界市场，https：//baijiahao.baidu.com/s？id＝1745133156239471226&wfr＝spider&for＝pc）

思考：

谈谈中国制造如何再创"神话"，实现集装箱突出重围，垄断世界市场。

任务一　认知集装箱

学习目标

知识目标

1. 了解集装箱的概念；
2. 掌握国际通用集装箱的分类与标准集装箱详细信息；
3. 理解集装箱标准化的好处；
4. 了解集装箱铅封。

能力目标

能够说出常用集装箱的尺寸。

素养目标

培养学生的标准化意识。

知识储备

根据 2021 年 7 月 11 日发布的《2021 年中国航海日公告》，2020 年中国海运进出口量达 34.6 亿吨，占全球海运贸易量的 30%。其中，中国约 95% 的国际贸易货物量是通过海运来完成的，其中绝大部分为集装箱运输。

视频：海洋运输

一、集装箱概念

集装箱（Container）又称为货柜，它的外形像一只箱子，能反复使用，是一种大型装货容器，同时又是一种便于用机械设备进行装卸搬运的成组工具，如图 3-1 所示。

视频：认知集装箱

根据国际标准化组织 104 技术委员会（简称 ISO/TC104）的规定，集装箱作为一种运输设备，它应具备的条件有：①应具有足够的强度，可长期反复使用；②适于一种或多种运输方式运送货物，途中转运不用移动箱内货物，无须中途换装，实现直接换装；③装有便于装卸和搬运的装置，特别是便于从一种运输方式转移到另一种运输方式；④便于货物的装满和卸空；⑤具有 1 立方米（即 35.32 立方英尺）或 1 立方米以上的容积。

在海运集装箱运输中，最常见的集装箱规格是 20GP（俗称 20 英尺普柜）、40GP（俗称 40

英尺普柜）和 40HQ（俗称 40 英尺高柜）。一个 20GP 的集装箱大概可以装 30 立方米（CBM）的货物，一个 40GP 的集装箱大概可以装 65 立方米的货物，一个 40HQ 的集装箱大概可以装 75 立方米的货物。

集装箱运输是以集装箱这种大型容器为运输单位进行的运输。将货物集合组装成集装单元，以便在现代流通领域内运用大型装卸机械和大型载运车辆进行装卸、搬运作业和完成运输任务，是一种现代化的先进的运输方式。集装箱适用于各种运输方式的单独运输和不同运输方式的联合运输。集装箱运输是一种能更好地实现货物"门到门"运输的新型、高效率和高效益的运输方式。集装箱运输拥有加速货物装卸、提高港口吞吐能力、减少货损货差、节省包装材料、减少运杂费用、降低营运成本、简化货运手续、便利货物运输等优势。集装箱运输是运输方式上的大革命，它的出现和广泛运用对国际贸易产生了重大影响。

图 3-1 集装箱

二、集装箱分类

1956 年 4 月，一艘从新泽西到休斯敦的船上，堆放了 58 个金属箱子，5 天以后，它驶入休斯敦港后，58 辆卡车装运这些金属箱子并将它们运往目的地，由此拉开了轰轰烈烈的集装箱革命。集装箱运输经过长期的发展，形成了各式各样的集装箱，其分类方法也多种多样，主要有以下几种分类方法：

（一）按所装货物种类分类

1. 干货集装箱

干货集装箱（Dry Container），是最普通的集装箱，也叫杂货集装箱，主要用于运输普通杂货，一般称通用集装箱。这种集装箱结构特点是封闭式，一般在一端或侧面设有箱门，箱内设有一定的加固货物的装置，在使用时要求箱内清洁、不渗水、不漏水，对装入的货物要求有适当的包装，以便充分利用集装箱的箱容。

这种集装箱使用范围很广，国际上通常使用的干货集装箱有 20 英尺和 40 英尺两种，还有一种加高了的 40 英尺集装箱也属于干货集装箱，具体规格如下：

（1）20 英尺货柜：外尺寸为 6.1 米×2.44 米×2.59 米（20 英尺×8 英尺×8 英尺 6 英寸）；

（2）40 英尺货柜：外尺寸为 12.2 米×2.44 米×2.59 米（40 英尺×8 英尺×8 英尺 6 英寸）；

（3）40 英尺高柜：外尺寸为 12.2 米×2.44 米×2.9 米（40 英尺×8 英尺×9 英尺 6 英寸）。

2. 散货集装箱

散货集装箱（Bulk Container），是用来装载粉末、颗粒状货物等各种散装货物的集装箱，如装运大豆、大米、饲料等，如图 3-2 所示。这种集装箱的顶部设有 2~3 个装货口，在箱门的下部设有卸货口。

3. 冷藏集装箱

冷藏集装箱（Reefer Container），也称冷藏柜。冷藏集装箱是一种具有良好隔热且能维持一定低温要求的集装箱。冷藏集装箱是适用于各类易腐食品运送、储存的特殊集装箱。一般用来装载冷冻、保温、保鲜货物，如运输鱼虾类、肉类、新鲜果蔬类等食品。冷藏集装箱是专为冷冻货或低温货而设计的集装箱。目前国际上采用的冷藏集装箱的基本类型分为带有冷冻机的内藏式机械冷藏集装箱和没有冷冻机的外置式机械冷藏集装箱。冷藏集装箱造价较高，营运费用较高，使用中应注意冷冻装置的技术状态及箱内货物所需的温度。

4. 罐式集装箱

罐式集装箱（Tank Container），又称液体集装箱，是为运输食品、药品、化工品等液体货物而制造的特殊集装箱，如图3-3所示。它由罐体和箱体框架两部分组成。罐式集装箱的国际标准罐是一种安装于紧固外部框架内的不锈钢压力容器，罐体内胆大多采用316不锈钢制造。罐箱的外部框架尺寸完全等同于国际标准20英尺集装箱的尺寸（长20英尺、宽8英尺、高8英尺6英寸），可用于公路、铁路及水上运输，可装载高达到14 300～31 000升（甚至更大）的流体货物。

图3-2　散货集装箱

图3-3　罐式集装箱

5. 特种专用集装箱

特种专用集装箱是指专门用于装载某种货物的集装箱，如汽车集装箱、牧畜集装箱、兽皮集装箱等。

（二）按制造材料分类

制造材料是指集装箱主体部件（侧壁、端壁、箱顶等）材料，主要分成以下四类集装箱。

1. 钢制集装箱

钢制集装箱的框架和箱壁板均用钢材制成。钢制集装箱优点是：刚性强度大，结构牢，不易变形，坚固耐用，焊接性能好，水密性好，气密性好，造价成本低。由于箱子大部分构件是钢质焊结构，因此箱体任何部分产生损伤都易于修理。其缺点是：箱体自重量大，防腐性差；一般用作干货箱。

2. 铝合金集装箱

铝合金集装箱是用铝合金材料制成的，优点是：①重量轻，与相同规格的其他材质的集装箱相比，可装载更多的货物；②外表美观，并且在大气中自然形成氧化铝薄膜，可防腐蚀；③铝合金弹性好，受力时虽易变形，但在外力消除后也易于复原；④加工方便，加工费、修理费低，使用年限长。其缺点是：受碰撞或摩擦时，易于损坏，造价成本高，焊接性能差。

3. 玻璃钢集装箱

玻璃钢集装箱用玻璃钢材料制成，优点是：强度大，刚性好，内容积大，隔热，防腐，耐化学性好，能防止箱内产生结露现象，有利于保护箱内货物不遭受湿损，易清扫，修理简便，维修费用低。其缺点是：重量大，价格也较高，易老化，拧螺栓处强度降低。

4. 不锈钢集装箱

不锈钢是一种新的集装箱材料，优点是：耐腐蚀性能好，强度大，不生锈，外表美观，在整个使用期内一般无须进行维修保养。其缺点是：造价高，初始投资大；材料少，大量制造有困难。目前不锈钢一般用来制作罐式集装箱。

三、国际集装箱标准化

集装箱标准化，是指集装箱在外形、结构、尺寸、标志、强度等方面的标准化、统一化。国际标准集装箱（简称标准集装箱），是指按国际标准化组织（ISO）设计和制造的集装箱。

集装箱标准化，不仅能提高集装箱在海、陆、空运输中的通用性和互换性，而且能够提高集装箱运输的安全性和经济性，促进国际集装箱多式联运的发展。同时，集装箱的标准化还给集装箱的载运工具和装卸机械提供选型、设计和制造的依据，从而使集装箱运输成为相互衔接配套、专业化和高效率的运输系统。

目前，世界上95%的海运集装箱都符合ISO标准，即集装箱规格尺寸主要是第一系列的四种箱型，即A型、B型、C型和D型。表3-1所示为ISO制定的第一系列集装箱规格尺寸和总重量。

表3-1 ISO第一系列集装箱规格尺寸和总重量

规格/英尺	箱型	长		宽		高		最大总重量	
		米制/毫米	英制	米制/毫米	英制	米制/毫米	英制	千克	磅
40	1AAA	12 192	40英尺	2 438	8英尺	2 896	9英尺6英寸	30 480	67 200
	1AA					2 591	8英尺6英寸		
	1A					2 438	8英尺		
	1AX					<2 438	<8英尺		
30	1BBB	9 125	29英尺11.25英寸	2 438	8英尺	2 896	9英尺6英寸	25 400	56 000
	1BB					2 591	8英尺6英寸		
	1B					2 438	8英尺		
	1BX					<2 438	<8英尺		
20	1CC	6 058	19英尺10.5英寸	2 438	8英尺	2 591	8英尺6英寸	24 000	52 900
	1C					2 438	8英尺		
	1CX					<2 438	<8英尺		
10	1D	2 991	9英尺9.75英寸	2 438	8英尺	2 438	8英尺	10 160	22 400

其中最常见的箱型是1AAA、1AA、1CC三种箱型，分别叫作40英尺高柜（40HC或40HQ）、40英尺普柜（40GP）、20英尺普柜（20GP）。

集装箱标准化最成功的地方在于其产品的标准化以及由此建立的一整套运输体系。能够让一个载重几十吨的庞然大物实现标准化，并且以此为基础逐步建立全球范围内的船舶、港口、航线、公路、中转站、多式联运相配套的物流系统，堪称人类有史以来创造的伟大奇迹之一。

四、集装箱铅封

集装箱铅封，也称集装箱封条，是货物装入集装箱并关闭箱门后，由

视频：集装箱封条

特定人员施加的类似于锁扣的设备。集装箱铅封就是集装箱的一个锁，铅封一经正确锁上，除非暴力破坏（即剪开）则无法打开，一个只能用一次，打开之后就不能再重新使用。每个铅封上面都有一个唯一的编号表示，就是封号，是独一无二的，如图3-4所示。一般来说，只要集装箱外观完整，集装箱门正确关闭，铅封正常锁上未经人为破坏，如果客户拿到的集装箱铅封上号码跟提单上一致，就代表集装箱在运输途中未私自开封，货物完好无损。理论上，货柜后门的四个耳朵均可加铅封，一般铅封加在后门的右半边。

图3-4　集装箱铅封

集装箱铅封根据施加铅封的主体的不同可分为厂封、船封、码头临时封和关锁。厂封是指工厂铅封，是由出口工厂加的锁。船封是由船公司铅封，是船公司加的锁。码头临时封是码头临时加的铅封，一般加该铅封主要是货柜卸船后于码头内拆柜，收货人提走第一批货时加的临时铅封。关锁即海关铅封，是由海关加的锁，一般分为两种：一是海关开箱查验，海关查验就是海关人员把集装箱打开，或全部掏出来查看检查货物，检查完后封上一个海关封志，从而告知货主，这是海关封的，同时，海关的查验记录上也必须记下海关的封志号；二是海关转关，海关转关就是从口岸海关进口的货物，需要转送到内陆海关申报纳税，因此由口岸海关加上海关封志，且中途不允许拆封，必须到达内陆口岸后完成纳税等手续后，才允许拆封。

任务练习

一、任务的提出

锦长货代公司的实习生李立在实习过程中，发现集装箱是国际货物运输中常见的一个运输设备，国际海运更是基本以集装箱作为基础运输单元，且集装箱已经广泛运用于国际货物运输当中；同时，在日常生活当中，也随处可见汽车、火车拖挂集装箱进行运输，港口码头的堆场也存放着大批量的集装箱。

> **任务**
> 公司业务经理要求实习生李立分析上述集装箱有什么不同；分析同一个集装箱能否实现铁路、公路、海运等运输方式通用，从而实现门到门运输。

二、任务的实施

锦长货代公司实习生李立认真查阅了相关资料，并咨询了公司业务骨干，针对集装箱做了如下汇报。

集装箱的种类非常多，比如按所装货物种类可以分为干货集装箱、散货集装箱、冷藏集装箱等，还可以按照尺寸大小、集装箱材料等分类。因此日常生活中见到的集装箱不一定是同一种类的集装箱。

集装箱运输是一种现代化的先进的运输方式，它适用于各种运输方式的单独运输和不同运输方式的联合运输，具有加速货物装卸、提高港口吞吐能力、减少运杂费用、降低营运成本、简化货运手续等优势。虽然集装箱种类比较多，但是国际上也根据ISO的标准设计和制定了国际标准集装箱，现在广泛运用于国际运输当中，尤其是国际多式联运。集装箱标准化，能提高集装箱作为共同运输单元在海、陆、空运输中的通用性和互换性。集装箱运输是一种能更好地实现货物"门到门"运输的新型、高效率和高效益的运输方式。

任务评价

知识点与技能点	我的理解（填制关键词）	掌握程度
集装箱概念		☆☆☆☆☆
集装箱分类		☆☆☆☆☆
集装箱标准化		☆☆☆☆☆
集装箱铅封		☆☆☆☆☆

任务二　识读集装箱箱体信息

学习目标

知识目标

1. 熟悉集装箱的识别标记；
2. 熟悉集装箱的作业标记；
3. 了解集装箱的自选标记；
4. 掌握集装箱箱体数据传达的信息。

能力目标

能够准确识别各类集装箱箱体信息。

素养目标

培养和提高学生获取有效信息的能力。

知识储备

对集装箱进行有效的管理至关重要。为了便于集装箱在国际运输中的识别、管理和交接以及单据编制和信息传输，国际标准化组织颁布了《集装箱的代号、识别和标记》（ISO6346—1995），该标准明确规定了集装箱的内容、标记字体的尺寸、标记的位置等。根据此标准，集装箱标记可分为必备标记和自选标记两大类，其中必备标记分为识别标记和作业标记。

视频：识别集装箱门上数字及英文的含义

一、识别标记

识别标记是必备标记，包括箱主代号、设备识别代号、顺序号、核对数字四部分，一般由11位字母和数字组成，如图3-5中的"APRU 507231 3"。

图3-5 集装箱识别标记

（一）箱主代号

箱主代号（Owner Code）是集装箱所有人向国际集装箱局登记注册，用三个大写的拉丁文字母表示的代号。在图3-5中，前三个字母"APR"就是这个集装箱的箱主代号，一般是指船公司或租箱公司，由箱主自己规定，比如"MSK"是马士基集团自有箱的箱主代号，"ESL"是长荣集团的集装箱，"CMA"是法国达飞轮船的集装箱，"MSC"是地中海航运的集装箱，"CSN"是中远海运的集装箱等。

（二）设备识别代号

设备识别代号是紧接着箱主代号的第四位字母，用来表示集装箱的类型，最常见的是"U"，表示常规集装箱。另外，"J"表示可拆卸的集装箱，"Z"表示集装箱的拖车和底盘车。在图3-5中，"APRU 507231 3"的第四个字母为"U"，就表示该集装箱是常规集装箱。

（三）顺序号

顺序号又称为"箱号"或"箱体注册码"（Registration Code），位于设备识别代号后，是集装箱的箱体持有的唯一标识，一般由6位阿拉伯数字组成，如果有效数字不足6位时，则在有效数字前用"0"补足6位。顺序号主要用来区别同一箱主的集装箱，在图3-5中，"APRU 507231 3"的"507231"就是顺序号。

（四）核对数字

核对数字又称"校验码"（Check Digit），是用来验证箱主代号和顺序号在记录或传输时是否准确的依据。它位于顺序号后，以一位阿拉伯数字外加一个方框表示，如图3-5中识别标记"APRU 507231 3"的最后一个数字"3"就是核对数字，它是集装箱的校验码，由前4位字母和6位数字经过校验规则运算得到。

核对数字与箱主代号及设备识别代号中的每一个字母和顺序号中的每一个数字都有直接关系。具体计算过程如下。

（1）将箱主代号和设备识别代号，即前4位大写字母转化为相应的数字，字母与数字转换如表3-2所示。

表 3-2　箱主代号字母与数字转换

字母	A	B	C	D	E	F	G	H	I
数字	10	12	13	14	15	16	17	18	19
字母	J	K	L	M	N	O	P	Q	R
数字	20	21	23	24	25	26	27	28	29
字母	S	T	U	V	W	X	Y	Z	
数字	30	31	32	34	35	36	37	38	

（2）前 4 位字母对应的数字加上后面顺序号的数字共计 10 个数，记为 C_i （$i = 0, 1, 2, 3, \cdots, 9$）。

（3）采用加权系数法进行计算，计算公式为：$S = \sum C_i \times 2^i$ （$i = 0, 1, 2, 3, \cdots, 9$）。

（4）将 S 除以模数 11，再取其余数，所得到的余数即为核对数字。

例如，图 3-5 中的核对数字"3"的计算过程如下。

①将 APRU 四个字母根据表 3-2 转换为数字 10、27、29、32；

②计算：

$$S = 10 \times 2^0 + 27 \times 2^1 + 29 \times 2^2 + 32 \times 2^3 + 5 \times 2^4 + 7 \times 2^6 + 2 \times 2^7 + 3 \times 2^8 + 1 \times 2^9 = 2\ 500$$

③将 S 除以 11，余数为 3，则该集装箱的核对数字就是 3。

二、作业标记

（一）重量及体积标记

重量及体积标记一般需要标识该集装箱的最大毛重、空箱净重、最大载货量和装货的最大体积，重量单位用千克（KG）和磅（LB）同时表示，体积单位用立方米（CU.M.）和立方英尺（CU.FT.）同时表示。

1. MAX.G.W.（额定重量）

MAX.G.W. 又称额定重量，表示集装箱的最大毛重，即该集装箱的重量和其中可以装载的货物重量。图 3-6 所示集装箱的最大毛重是 34 000 千克或 74 960 磅。

图 3-6　集装箱箱体作业标识

2. TARE（空箱净重）

TARE 表示集装箱的空箱净重，即该集装箱的自身重量。图 3-6 所示集装箱的自重是 4 730 千克或 10 430 磅。

3. MAX.C.W.（有效载重量）

MAX.C.W. 表示集装箱的有效载重量，即该集装箱容许装载的最大货物重量，但是并不表示运输中的货物就能够装那么重。图 3-6 所示集装箱的最大载货量为 29 270 千克或 64 530 磅。

4. CU.CAP.（最大体积数量）

CU.CAP. 表示集装箱可以装载货物的内容积数，及可以装货的最大体积数量。图 3-6 所示集装箱的最大载货容积是 68.0 立方米或 2 400 立方英尺。

（二）超高标记

高度超过 2.6 米（8.5 英尺）的集装箱均应贴上超高标记，该标记为在黄色底上标出黑色数字，四周加黑色边框，贴在集装箱每个侧壁上，如图 3-7 所示。

图 3-7　集装箱箱体超高标记

（三）空陆水联运集装箱标记

空陆水联运集装箱标记是指可在飞机、船舶、卡车、火车之间联运的集装箱，其容积为 1 立方米或以上。为适用于空运，这种集装箱自重较轻，结构较弱，仅能堆码两层。为此，国际标准化组织对该集装箱规定了特殊的标志，该标记为黑色，位于侧壁和端壁的左上角，并规定标记的最小尺寸为：高 127 毫米，长 355 毫米，字母标记的字体高度至少为 76 毫米。该标记的意思是：在陆地上堆码时，只允许在箱上堆码两层；在海上运输时，不允许在甲板上堆码；在舱内堆码时，只能堆装一层。

（四）登箱顶触电警告标记

该标记为黄色底三角形，一般设在罐式集装箱登顶箱顶的扶梯处，以警告有触电危险。

三、自选标记

自选标记的识别标记一般由国籍代码、尺寸代码、类型代码三部分组成。

（一）国籍代码

国籍代码是用两个或三个大写字母表示，用以说明集装箱的登记国，如中国为 CN，美国为 US。

1984 年的国际标准中，识别标记有国家代码。1995 年的新国际标准中取消了国家代码。如图 3-5 中的识别标记就没有国籍代码。

（二）尺寸代码

尺寸代码用两个字符表示，第一个字符表示箱长，第二个字符表示箱宽与箱高。尺寸代码各字符或数字具体含义如表 3-3 与表 3-4 所示（本组代码采用 ISO 6346.2 附录 D 中的表 D1 和表 D2）。

表 3-3　集装箱尺寸代码（箱长）

箱长		代码字符
毫米（mm）	英尺（ft）英寸（in）	
2 991	10	1
6 058	20	2
9 125	30	3
12 192	40	4
12 500	41	G
13 106	43	H
13 600	—	K
13 716	45	L
14 630	48	M
14 935	49	N

表 3-4　集装箱尺寸代码（箱高与箱宽）

箱高		代码字符		
		箱宽		
毫米（mm）	英尺（ft）英寸（in）	2.438 毫米（8 英尺）	>2.438 毫米	>2.500 毫米
2 438	8	0		
2 591	86	2	C	L
2 743	9	4	D	M
2 895	96	5	E	N
>2 895	96	6	F	P

根据集装箱尺寸代码表 3-3、表 3-4，可得图 3-5 中的"45"尺寸代码，表示该集装箱长为 40 英尺、宽为 8 英尺、高为 9 英尺 6 英寸（即 9.5 英尺）。

（三）类型代码

1995 年新标准类型代码用两个字符表示，第一个字符为拉丁字母表示箱型，第二个字符为阿拉伯数字，表示某类型集装箱的特征，具体如表 3-5 所示。如图 3-5 中的"R1"即为类型代码，表示该集装箱为可冷藏/加热的保温集装箱。

表 3-5　ISO 箱型代码（1995 年）

代号	箱型	类型组号	主要特征	箱型代码
G	通用集装箱（无通风装置）	GP	一端或两端有箱门	G0
			货物的上方有透气罩	G1
			一端或两端设有箱门，并且在一侧或两端设"全开式"箱门	G2
			一端或两端设有箱门，并且在一侧或两端设"全开式"箱门	G3
V	通风式通用集装箱	VH	无机械排风装置，但上下两侧设有通风窗	V0
			箱内设有机械式通风装置	V2
			外置式机械通风装置	V4
B	干散货集装箱（无压干散货集装箱）	BU	封闭式	B0
			气密式	B1
			备用号	B2
		BX	水平方向卸货，试验压力 150 千帕（kPa）	B3
			水平方向卸货，试验压力 265 千帕（kPa）	B4
			倾斜卸货，试验压力 150 千帕（kPa）	B5
			倾斜卸货，试验压力 265 千帕（kPa）	B6
S	以货物种类命名的集装箱	SN	牲畜集装箱	S0
			汽车集装箱	S1
			活鱼集装箱	S2
R	保温集装箱—冷藏	RE	机械制冷	R0
	—冷藏/加热	RT	机械制冷/加热	R1
	—自备 D 动力的冷藏/加热集装箱	RS	机械制冷	R2
			机械制冷/加热	R3

续表

代号	箱型	类型组号	主要特征	箱型代码
H	保温集装箱	HR	设备置于箱体外部，传热系统 $K=0.4[\text{W}/(\text{m}^2\cdot\text{K})]$	H0
			设备置于箱体内部	H1
			设备置于箱体外部，传热系统 $K=0.7[\text{W}/(\text{m}^2\cdot\text{K})]$	H2
		HI	具有隔热性能，传热系统 $K=0.4[\text{W}/(\text{m}^2\cdot\text{K})]$	H5
			具有隔热性能，传热系统 $K=0.7[\text{W}/(\text{m}^2\cdot\text{K})]$	H6
U	敞顶集装箱	UT	一端或两端开门	U0
			一端或两端开门，加上端框架顶梁可拆卸	U1
			一端或两端开门，加上一侧或两侧开门	U2
			一端或两端开门，加上一侧或两侧开门，加上端框架顶梁可拆卸	U3
			一端或两端开门，加上一侧局部敞开和另一侧全部敞开	U4
			完全敞顶，带固定侧壁和断壁（无门）	U5
P	台架式集装箱	PL	平台集装箱	P0
		PF	有两个完整和固定的端板	P1
			有固定角柱，带有活动侧柱或可拆卸顶梁	P2
		PC	有折叠完整的端结构	P3
			有折叠角柱，带有活动侧柱或可拆卸顶梁	P4
		PS	顶部和端部敞开（骨架式）	P5
T	罐式集装箱	TN	最低试验压力 45 千帕（kPa）	T0
			最低试验压力 150 千帕（kPa）	T1
			最低试验压力 26 545 千帕（kPa）	T2
		TD	最低试验压力 150 千帕（kPa）	T3
			最低试验压力 265 千帕（kPa）	T4
			最低试验压力 400 千帕（kPa）	T5
			最低试验压力 600 千帕（kPa）	T6
		TG	最低试验压力 900 千帕（kPa）	T7
			最低试验压力 2 200 千帕（kPa）	T8

任务练习

一、任务的提出

锦长货代公司实习生李立最近接触集装箱比较多,也花了较多的时间了解及熟悉集装箱箱体标识等常识。公司业务经理拿着一张集装箱图片(见图 3-8),想通过这张图了解李立对集装箱知识的掌握情况。

图 3-8 集装箱箱体信息

> **任务**
>
> 公司业务经理要求实习生李立回答集装箱的箱体上标识了哪些信息。并分别代表什么。

二、任务的实施

观察集装箱,实习生李立将集装箱箱体信息分为了三种。

第一种信息为识别标记。如图 3-8 中的 "KKFU 901485 2",表示这是一个常规集装箱,集装箱是属于日本川崎汽船株式会社的,901485 字符串是集装箱顺序号,数字 2 是核对数字,用来验证箱主代号和顺序号在记录或传输时是否准确的依据。

第二种信息为自选标记。如图 3-8 中的 "L5G0",表示这个集装箱是长 45 英尺、宽 8 英尺、高 9.5 英尺,属于高柜,该集装箱是一端或两端有箱门的通用集装箱。

第三种信息为作业标识。如图 3-8 中右侧的数据,表示这个集装箱的最大载重量(表示该柜的柜重和可以装载货物重量之和的总重)为 30 480 千克或 67 200 磅,箱体净重(表示该柜的自身重量)为 4 850 千克或 10 690 磅,最大货物载重量(有效载荷,表示该柜容许装载的最大货物重量)为 25 630 千克或 56 510 磅,该货柜可以装货的容积数(表示该柜的内容积,也就是可以装货的最大体积）为 86.0 立方米或 3 036 立方英尺。

图 3-8 中箱体左侧的超高标记，表示该集装箱高度超过 2.6 米（8.5 英尺）。

任务评价

知识点与技能点	我的理解（填制关键词）	掌握程度
识别标记		☆☆☆☆☆
作业标记		☆☆☆☆☆
自选标记		☆☆☆☆☆

任务三　认知集装箱港口

学习目标

知识目标

1. 了解集装箱基本港口概念；
2. 熟悉中国重要的集装箱港口及其世界影响力；
3. 熟悉世界主要基本港口。

能力目标

能够准确说出主要国家或地区的基本港口。

素养目标

树立学生的民族自信心和民族自豪感。

知识储备

一、基本港口

集装箱港口是位于海洋、江河、湖泊沿岸，具有一定设备和条件，为舰船停泊、避风、维修、补给和转换客货运输方式的场所。集装箱港口可以分为基本港和非基本港。

基本港（Base Port），班轮运价计费时常用的一种术语，是指班轮运价表中载明的班轮定期或经常靠泊的港口。基本港大多是航线上较大的口岸，一般都是位于中心较大的口岸，港口设施比较完善，承载货量大且稳定，如国内的上海港、广州港等在跨太平洋航线中就属于基本港。基本港不限制货量，运往基本港的货物一般均为直达运输，无须中途转船，不收转船附加费或直航附加费。

视频：认知集装箱港口

国际海运中的"基本港"概念有点类似于铁路运输中的全国性或地区性枢纽大站，而基本港以外的港口都称为非基本港（Non-Base Port）。非基本港一般除按基本港收费外，还需另外加收转船附加费，达到一定货量时则改为加收直航附加费。例如新几内亚航线的侯尼阿腊港（HONIARA），便是所罗门群岛的基本港；而基埃塔港（KIETA），则是非基本港。

二、中国重要集装箱港口

(一) 上海港

上海港是中国上海市港口,位于中国大陆海岸线中部、长江入海口的位置。港口前通中国南北沿海和世界大洋,后连接长江流域和江浙皖内河、太湖流域。海港港区陆域由长江口南岸港区、杭州湾北岸港区、黄浦江港区、洋山深水港区组成。洋山深水港区四期工程的开港,对扩大上海港集装箱吞吐能力、巩固提升上海港国际枢纽地位、推进上海国际航运中心建设发挥十分重要的作用。2020年,上海港集装箱吞吐量达到4 350万标准箱,2021年更是增长了350万标准箱,增幅达8.1%,位居世界第一。2022年1月1日,上海港集装箱吞吐量已经突破4 700万标准箱,连续12年坐稳世界集装箱第一大港的位置。

(二) 宁波港

宁波港位于浙江东海岸,其前身是中国历史上对外贸易的重要港口和海运中转枢纽。宁波港作为中国大陆重点开发建设的四大国际深水中转港之一,在区位、航道水深、岸线资源、陆域依托、发展潜力等方面具有较大优势。

宁波港是中国大陆主要的集装箱、矿石、原油、液体化工中转储存基地,华东地区主要的煤炭、粮食等散杂货中转和储存基地。宁波港由北仑港区、镇海港区、大榭港区、穿山港区、梅山港区、象山港区和宁波老港区组成,是一个集内河港、河口港和海港于一体,大、中、小泊位配套的多功能、综合性的现代化大港,共有生产性泊位311座,其中万吨级以上深水泊位64座(5万~25万吨级的特大型深水泊位33座),是中国超大型船舶最大集散港和全球为数不多的远洋运输节点港,已与世界上100多个国家和地区的600多个港口通航。2020年,宁波港完成货物吞吐量11.72亿吨,2021年增幅达8.3%,位居世界第三。

(三) 深圳港

深圳港是中国广东省深圳市港口,位于广东省珠江三角洲南部珠江入海口,伶仃洋东岸,毗邻香港,是珠江三角洲地区出海口之一。深圳港口的直接腹地为深圳市、惠州市、东莞市和珠江三角洲的部分地区,转运腹地范围包括京广铁路和京九铁路沿线的湖北、湖南、江西、粤北、粤东、粤西和广西的西江两岸。深圳港已与18个内河码头和6个内陆无水港签订组合港协议,开通覆盖52个珠三角支线码头的60条驳船航线(含香港)和14条海铁联运班列线路,挂牌运营4个内陆港。2020年,集装箱吞吐量为2 654.8万标箱,年集装箱吞吐量位于全球第四位,在国内仅次于上海港、宁波港。2021年1—2月,深圳港吞吐量达480.38万标箱,同比增长37.41%,全年增幅达8.3%,位居世界第四。

深圳港作为国家确定的华南地区集装箱枢纽港,广泛服务于珠江三角洲地区、广东省内外其他地区,为这些地方的对外开放和发展外向型经济做出了重要贡献。

(四) 广州港

广州港是中国广东省广州市港口,地处珠江入海口和珠江三角洲地区中心地带,濒临南海,毗邻香港和澳门,东江、西江、北江在此汇流入海。广州港由海港和内河港组成。广州海港包括内港港区、黄埔港区、新沙港区、南沙港区等四大港区和珠江口水域锚地,广州内河港由番禺、五和、新塘三个港区组成。广州港是华南地区最大的综合性主枢纽港和集装箱干线港口，现已开通国际集装箱班轮航线131条。2020年，广州港完成货物吞吐量6.36亿吨。其中内贸4.9亿吨，位居全国第一。2021年以来，广州港净增外贸航线20条，总外贸航线达到140条，已经覆盖东南亚、印巴、东非、欧洲、美洲等方向，联通全球100多个国家和地区的400多个港口，其中南沙港区已开辟外贸班轮航线134条。2022年1—5月，广州港发运7列中欧中亚班列，海铁联运箱量同比增幅49.9%。2022年5月，广州港完成商品车海铁联运运输量同比增长201.6%；南沙港海铁联运箱量单月突破1万标准箱。

广州港处于中国南大门，处于几乎贯通泛珠江经济区域的珠江的入海口，是泛珠江三角洲经济区域的出口通道和中国最重要的对外贸易口岸之一，点辐射和线辐射能力强。

（五）青岛港

青岛港是中国山东省青岛市港口，位于山东半岛胶州湾畔，濒临黄海，与日本和朝鲜半岛隔海相望，是中国沿黄河流域和环太平洋西岸的国际贸易口岸和中转枢纽。青岛港建于1892年，主要分为大港港区、中港港区、黄岛油港港区、前湾新港区等四大港区。2021年6月29日，全球首个智能空中轨道集疏运系统在山东港口青岛港建成投用。该系统做到了集装箱的空中运输，实现了港区交通由单一平面向立体互联的突破升级。与传统集装箱运输模式相比，使用该系统每个自然箱可降低能耗50%以上。截至2021年12月1日，青岛港累计完成集装箱吞吐量3 155万标准箱，位居世界第六。

（六）天津港

天津港位于中国天津市滨海新区，地处渤海湾西端，背靠雄安新区，辐射东北、华北、西北等内陆腹地，连接东北亚与中西亚，是京津冀的海上门户，是中蒙俄经济走廊东部起点、新亚欧大陆桥重要节点、21世纪海上丝绸之路战略支点。天津港是中国重要的现代化综合性港口，由北疆港区、南疆港区、东疆港区、临港经济区南部区域、南港港区东部区域五个港区组成，码头等级达30万吨级，航道水深-22米，拥有各类泊位192个，万吨级以上泊位128个。2021年，天津港集装箱吞吐量突破1 000万标准箱，达到1 002.8万标准箱，同比增长20%以上，创历史最高水平。2022年第一季度，天津港集装箱吞吐量完成462.7万标准箱，同比增长3.5%，创历史同期最好成绩。

中国将打造新亚欧大陆桥和实施"一带一路"倡议作为深化对外开放的重点，而天津港正处于亚欧大陆桥桥头堡的地位，同时又是"一带一路"沿线的重要战略城市。随着东北振兴、中部崛起、西部大开发战略的实施，天津港所辐射的腹地经济不断发展，"北京经济圈""京津冀城市群""天津自贸区"等相关概念的提出，使得天津港处于带动北方，乃至中国发展的重要战略地位。

（七）香港港

香港港是中国天然良港，为远东的航运中心，在珠江口外东侧，香港岛和九龙半岛之间，一共有15个港区，其中维多利亚港区是最大港区且条件最好。香港港是全球最繁忙和最高效率的国际集装箱港口之一，也是全球供应链上的主要枢纽港。香港港有80多条国际班轮，每周可提供约500班集装箱班轮服务，连接香港港至世界各地500多个目的地。2021年，港口集装箱吞吐量增幅为2.7%，达到1 778.8万标准箱，位居世界第十。

三、世界主要基本港口

世界主要基本港口如表 3-6 所示。

表 3-6 世界主要基本港口

地区	港口/国别（英语）	港口/国别（中文）
西欧	ANTWERP/ Belgium	安特卫普/比利时
	FELIXSTOWE/UK	费利克斯托/英国
	SOUTHAMPTON/ UK	南安普顿/英国
	HAMBURG/ Germany	汉堡/德国
	LE HAVRE/ France	勒阿佛尔/法国
	ROTTERDAM/ Netherlands	鹿特丹/荷兰
	DUBLIN/ Ireland	都柏林/爱尔兰
北欧	AARHUS/ Denmark	奥尔胡斯/丹麦
	GOTHENBURG/ Sweden	歌德堡/瑞典
	HELSINKI/ Finland	赫尔辛基/芬兰
	OSLO/ Norway	奥斯陆/挪威
中欧东欧	CONSTANTA/ Romania	康斯坦察/罗马尼亚
	GDYNIA/ Poland	格丁尼亚/波兰
	KOPER/ Slovenia	科佩尔/斯洛文尼亚
	PRAGUE/ Czech	布拉格/捷克
	VILNIUS/ Lithuania	维尔纽斯/立陶宛
地中海西	BARCELONA/ Spain	巴塞罗那/西班牙
	VALENCIA/ Spain	瓦伦西亚/西班牙
	NAPLES/ Italy	那不勒斯/意大利
	LIVORNO/ Italy	里窝那/意大利
	GENOVA/ Italy	热那亚/意大利
	LISBON/ Portugal	里斯本/葡萄牙

续表

地区	港口/国别（英语）	港口/国别（中文）
地中海东	ALEXANDRIA/ Egypt	亚历山大/埃及
	DAMIETTA/ Egypt	达米埃塔/埃及
	ASHDOD/ Israel	阿什杜德/以色列
	BEIRUT/ Lebanon	贝鲁特/黎巴嫩
	ISTANBUL/ Turkey	伊斯坦布尔/土耳其
	LIMASSOL/ Cyprus	利马索尔/塞浦路斯
	PIRAEUS/ Greece	比雷埃夫斯/希腊
澳新	MELBOURNE/ Australia	墨尔本/澳大利亚
	SYDNEY/ Australia	悉尼/澳大利亚
	ADELAIDE/ Australia	阿德莱德/澳大利亚
	BRISBANE/ Australia	布里斯班/澳大利亚
	FREMANTLE/ Australia	弗里曼特尔/澳大利亚
	AUCKLAND/ New Zealand	奥克兰/新西兰
	WELLINGTON/ New Zealand	惠灵顿/新西兰
美加	LOS ANGELES/U.S.A（West Coast）	洛杉矶/美国（西海岸）
	LONG BEACH/U.S.A（West Coast）	长滩/美国（西海岸）
	SEATTLE/U.S.A（West Coast）	西雅图/美国（西海岸）
	OAKLAND/U.S.A（West Coast）	奥克兰/美国（西海岸）
	NEW YORK/U.S.A（East Coast）	纽约/美国（东海岸）
	SAVANNAH/ U.S.A（East Coast）	萨凡纳/美国（东海岸）
	MIAMI/ U.S.A（East Coast）	迈阿密/美国（东海岸）
	NORFOLK/ U.S.A（East Coast）	诺福克/美国（东海岸）
	JACKSONVILLE/ U.S.A（East Coast）	杰克逊维尔/美国（东海岸）
	CHARLESTON/ U.S.A（East Coast）	查尔斯顿/美国（东海岸）
	HOUSTON/ U.S.A（East Coast）	休斯敦港/美国（东海岸）
	TORONTO/ Canada	多伦多/加拿大
	MONTREAL/ Canada	蒙特利尔/加拿大
	VANCOUVER/ Canada	温哥华/加拿大

续表

地区	港口/国别（英语）	港口/国别（中文）
中南美	BUENAVENTURA/ Columbia (West Coast of South America, WCSA)	布韦那文图拉/哥伦比亚（南美西）
	CALLAO/ Peru（WCSA）	卡亚俄/秘鲁（南美西）
	GUAYAQUIL/ Ecuador（WCSA）	瓜亚基尔/厄瓜多尔（南美西）
	IQUIQUE/ Chile（WCSA）	伊基克/智利（南美西）
	VALPARAISO/ Chile（WCSA）	瓦尔帕莱索/智利（南美西）
	SAN ANTONIO/ Chile（WCSA）	圣安东尼奥/智利（南美西）
	BUENOS AIRES/ Argentina（South America East）	布宜诺斯艾利斯/阿根廷（南美东）
	MONTEVIDEO/ Uruguay	蒙得维的亚/乌拉圭
	SANTOS/ Brazil	桑托斯/巴西
	PARANAGUA/ Brazil	巴拉那瓜/巴西
	RIO GRANDE/ Brazil	里奥格兰德/巴西
	RIO DE JANEIRO/ Brazil	里约热内卢/巴西
	ITAJAI/ Brazil	伊塔雅伊/巴西
	PECEM/ Brazil	培森/巴西
	ASUNCION/ Brazil	亚松森/巴拉圭
	COLON FREE ZONE/ Panama	科隆/巴拿马
	MANZANILLO/ Mexico	曼萨尼略/墨西哥
印巴	BOMBAY/ India	孟买/印度
	CALCUTTA/ India	加尔各答/印度
	COCHIN/ India	科钦/印度
	NEW DELHI/ India	新德里/印度
	MADRAS/CHENNAI/ India	马德拉斯/清奈/印度
	NHAVA SHEVA/ India	那瓦西瓦/印度
	KARACHI/ Pakistan	卡拉奇/巴基斯坦
	COLOMBO/ Sri Lanka	科伦坡/斯里兰卡
东北亚	KOBE/ Japan	神户/日本
	OSAKA/ Japan	大阪/日本
	NAGOYA/ Japan	名古屋/日本
	YOKOHAMA/ Japan	横滨/日本
	TOKYO/ Japan	东京/日本

续表

地区	港口/国别（英语）	港口/国别（中文）
东北亚	BUSAN/ South Korea	釜山/韩国
	INCHON/ South Korea	仁川/韩国
	SEOUL/ South Korea	首尔/韩国
东南亚	BANGKOK/ Thailand	曼谷/泰国
	LAEM CHABANG/ Thailand	林查班港/泰国
	YANGON/ Myanmar	阳光港/缅甸
	HAIPHONG/ Vietnam	海防/越南
	HO CHI MINH/ Vietnam	胡志明/越南
	MANILA/Philippines	马尼拉/菲律宾
	JAKARTA/ Indonesia	雅加达/印度尼西亚
	SEMARANG/ Indonesia	三宝垄港/印度尼西亚
	SURABAYA/ Indonesia	泗水港/印度尼西亚
	PORT KELANG/ Malaysia	巴生港/马来西亚
	PENANG/ Malaysia	槟城港/马来西亚
	SINGAPORE/ Singapore	新加坡港/新加坡
	PHNOM PENH/ Cambodia	金边港/柬埔寨
中东	DUBAI/The United Arab Emirates（UAE）	迪拜/阿联酋
非洲	CAPE TOWN/ South Africa	开普敦/南非
	DURBAN/ South Africa	德班/南非
	LAGOS/ Nigeria	拉哥斯/尼日利亚
	PORT LOUIS/ Mauritius	路易港/毛里求斯

任务练习

一、任务的提出

锦长货代公司接到了客户的业务咨询，有一票货要运往欧洲西部地区（简称"西欧"），需要锦长货代公司为其建议适合的卸货港口。

任务

锦长货代公司业务经理将客户疑问交给了实习生李立，要求他详细地回答客户的问题，具体包括西欧地区5个基本港口的中英文名称及所在国籍。

二、任务的实施

实习生李立知道西欧地区有 7 个基本港口，它们分别是：ANTWERP、FELIXSTOWE、SOUTHAMPTON、HAMBURG、LE HAVRE、ROTTERDAM、DUBLIN，上述 7 个中任意 5 个组合都可以，比如表 3-7 所示的组合。

表 3-7　适合的缺货港口

地区	港口/国别（英语）	港口/国别（中文）
西欧	ANTWERP/ Belgium	安特卫普/比利时
	SOUTHAMPTON/ UK	南安普顿/英国
	HAMBURG/ Germany	汉堡/德国
	LE HAVRE/ France	勒阿佛尔/法国
	ROTTERDAM/ Netherlands	鹿特丹/荷兰

任务评价

知识点与技能点	我的理解（填制关键词）	掌握程度
基本港口		☆☆☆☆☆
中国重要集装箱港口		☆☆☆☆☆
世界主要基本港口		☆☆☆☆☆

任务四　识别国际海运航线

学习目标

知识目标

1. 了解国际海运航线的概念；
2. 了解国际海运航线的分类；
3. 掌握常见的国际海运航线路线及特点。

能力目标

能够针对客户的业务推荐和介绍适合的海运航线。

素养目标

培养学生的奋斗精神和家国情怀。

知识储备

一、国际海运航线分类

海运航线是连接各海运要素的纽带，是船舶在系统中运行或行进所循的轨迹，在海运空间系统中起着承上启下的作用。海运航线分布于世界各大洋之间，这也是海运较其他运输方式的优势所在。国际海运航线是指船舶在两个及以上的国家的两个或多个港口之间，从事海上货物运输的线路。海运同其他各种运输方式相比，具有投资少、天然形成的特点，同时也更多地受到自然条件的影响和制约。

根据不同的分类标准（见图3-9），可以将海运航线分为不同的类型。

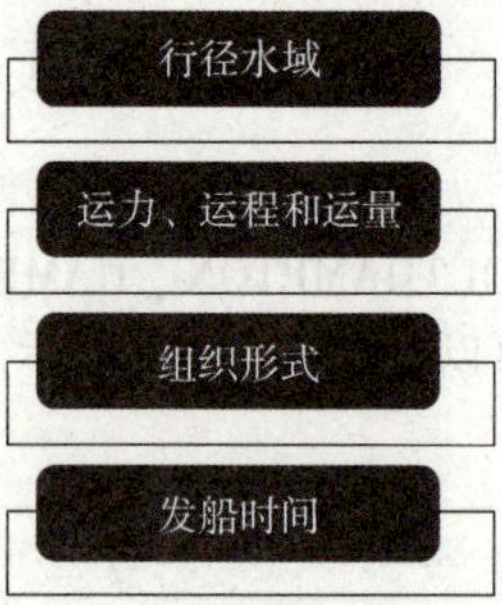

图3-9 海运航线分类标准

（一）根据行径水域分类

1. 远洋航线

远洋航线又称为大洋航线，是指国与国之间或地区间经过一个或数个大洋的国际海上运输。远洋航线航程距离较远，如中国至美国、欧洲的海上运输。

2. 近洋航线

近洋航线是指一国各海港至邻近国家海港间的海上运输航线，如中国至日本、韩国各港口的海上运输航线。

3. 沿海航线

沿海航线是指一国沿海区域各港口间的运输线，如上海港至广州港的海上运输线。

4. 环球航线

环球航线是指将太平洋、大西洋和印度洋连接起来进行航行的航线。

（二）根据运力、运程和运量分类

1. 主干航线

主干航线又称干线，是连接枢纽港口或中心港口的海上航线，一般指的是世界主要的集装箱班轮航线。这类航线连接世界各集装箱枢纽港口，航行大型集装箱船舶，如全球集装箱班轮的主干航线有远东—北美、远东—欧洲、欧洲—北美航线，包括环球钟摆式航线在内。世界主要集装箱枢纽港大多坐落在这三条航线上。

2. 分支航线

分支航线又称支线，是连接分流港口或交流港口的海上航线，是为主干航线提供服务的海上运输线。支线上运行的船舶多为小型船舶。连接的港口多为地方枢纽港或分流港口。

（三）根据组织形式分类

1. 直达航线

直达航线是指在水运范围内，船舶从起运港（始发港）到终点港，不在中途挂靠港口，装卸货物或增减驳船的运输航线。直达航线具有运输速度快、船舶周转快、节省费用等优点，但它要求在两港口之间有较稳定的货流。这类航线在班轮运输中多为主干航线。

2. 中转航线

中转航线是在水运范围内，船舶从始发港至终点港，在中途挂靠港口，装卸货物或使用驳船的运输航线。

（四）根据发船时间分类

1. 定期航线（班轮航线）

定期航线是指在水运范围内，船舶定线、定点、定期的航线。这类航线现在多为集装箱班轮航线，通常是指定时间、定航线、定船舶、定货种、定港口的"五定"航线。在设定航线特别是班轮干线航线时，不仅要考虑到货物情况、航线情况等，还要考虑到港口的综合条件，如自然条件、腹地状况、装卸能力、仓储能力、装卸效率等一系列参数都在必须在考虑的范畴之内。

2. 不定期航线

不定期航线是指相对于定期运输而言的另一种船舶运输方式。和班轮运输不同，不定期航线是临时根据货运的需要而选择的航线。它没有预订的船期表，没有固定的航线和停靠港口，而是追随货源，须依据船舶所有人和承租人双方签订的租船合同安排船舶就航的航线。不定期航线的船主要从事大宗货物的运输，如谷物、木材、石油、矿石、煤炭、化肥等，一般都是整船装运。

二、常见国际海运航线

（一）太平洋航线

1. 远东—北美西海岸航线

远东—北美西海岸航线包括从中国、朝鲜、日本、俄罗斯远东海港到加拿大、美国、墨西哥等北美西海岸港口的贸易航线。从中国沿海港口，经大隅海峡南下东海；向北经台湾海峡穿过日本海，或经金青海峡、宗谷海峡进入太平洋，穿过鄂霍次克海，进入北太平洋。

2. 远东—加勒比、北美东海岸航线

远东—加勒比、北美东海岸航线经常从北到南穿过夏威夷群岛，到达巴拿马运河。从中国北方沿海港口出发的船只，大多经由大隅海峡或琉球安美岛出东海。

3. 远东—南美西海岸航线

从中国北方沿海港口出发的船只，大多穿过赤道，经琉球安美岛、硫磺岛、夏威夷群岛南部的威克岛和莱恩群岛进入南太平洋，到达南美西海岸的港口。

4. 远东—东南亚航线

远东—东南亚航线主要途经东海、台湾海峡、巴士海峡、南海。该航线是中、朝、日东亚各国货船去东南亚各港，以及经马六甲海峡去印度洋、大西洋沿岸各港的主要航线。

5. 远东—澳大利亚、新西兰航线

从远东到澳大利亚东南海岸有两条路线。从中国北方沿海港口到澳大利亚东海岸、新西兰港口的船只，需要走琉球库米岛和加罗林群岛的雅浦岛进入所罗门海和珊瑚海；中澳之间的集装箱船需要在香港装货或转船，然后通过南海、苏拉威西海、班达海、阿拉弗拉海进入珊瑚海，再通过托雷斯海峡。中国、日本至澳大利亚西海岸的航线经民都洛海峡、望加锡海峡和龙目海峡进入印度洋。

6. 澳大利亚、新西兰—北美东西海岸航线

由澳大利亚、新西兰至北美海岸多经苏瓦、火奴鲁鲁等太平洋上重要航站到达。至北美东海岸则取道社会群岛中的帕皮提，过巴拿马运河而至。

（二）大西洋航线

1. 西北欧—北美东海岸航线

西北欧—北美东海岸航线是西欧、北美两个世界工业最发达地区之间的原料、燃料和产品交换的运输线，运输极为繁忙，船舶大多走偏北大圆航线。该航区冬季风浪大，并有浓雾、冰山，可能威胁航行安全。

2. 西北欧、北美东海岸—加勒比航线

西北欧、北美东海岸—加勒比航线主要途经英吉利海峡、莫纳、向风海峡、加勒比海、巴拿

马运河。西北欧—加勒比航线多半出英吉利海峡后横渡北大西洋，它同北美东海岸各港出发的船舶一起经莫纳、向风海峡进入加勒比海。除去加勒比海沿岸各港外，还可经巴拿马运河到达美洲太平洋岸港口。

3. 西北欧、北美东海岸—地中海—苏伊士运河—亚太航线

西北欧、北美东海岸—地中海—苏伊士航线属世界最繁忙的航段。它是北美、西北欧与亚太海湾地区间贸易往来的捷径。该航线一般途经亚速尔、马德拉群岛上的航站。

4. 西北欧、地中海—南美东海岸航线

西北欧、地中海—南美东海岸航线一般经西非大西洋岛屿——加纳利群岛、佛得角群岛上的航站。

5. 西北欧、北美东海—好望角、远东航线

西北欧、北美东海—好望角、远东航线一般是巨型油轮的航线。佛得角群岛、加纳利群岛是过往船只停靠的主要航站。

6. 南美东海—好望角—远东航线

南美东海—好望角—远东航线是一条以石油、矿石为主的运输线。该航线处在西风漂流海域，风浪较大；一般西航偏北行，东航偏南行。

（三）印度洋航线

印度洋航线以石油运输线为主，此外有不少是大宗货物的过境运输航线。

1. 波斯湾—好望角—西欧、北美航线

波斯湾—好望角—西欧、北美航线主要由超级油轮经营，是世界上最主要的海上石油运输线。

2. 波斯湾—东南亚—日本航线

波斯湾—东南亚—日本航线东经马六甲海峡（20万吨载重以下船舶可行）或龙目海峡、望加锡海峡（20万吨载重以上超级油轮可行）至日本。

3. 波斯湾—苏伊士运河—地中海—西欧、北美运输线

波斯湾—苏伊士运河—地中海—西欧、北美运输线目前可通行载重达30万吨级的超级油轮。除了以上三条油航线之外，印度洋其他航线还有：远东—东南亚—东非航线；远东—东南亚、地中海—西北欧航线；远东—东南亚—好望角—西非、南美航线；澳新—地中海—西北欧航线；印度洋北部地区—欧洲航线等。

此外，世界主要集装箱海运干线包括：远东—北美航线，北美—欧洲、地中海航线，欧洲、地中海—远东航线，远东—澳大利亚航线，澳新—北美航线等。

任务练习

一、任务的提出

锦长货代公司实习生李立对国际海运航线已经学习并研究了一段时间，对国际海运航线有了一定的了解。

任务

公司业务经理为了检查李立对国际海运航线的掌握情况，要求他阐述中国的主要远洋航线及相关的港口城市。

二、任务的实施

实习生李立查阅了国际海运航线，整理了与中国相关的远洋运输路线，具体如下所示。

（1）地中海航线。到地中海东部黎巴嫩的贝鲁特、的黎波里，以色列的海法、阿什杜德，叙利亚的拉塔基亚，地中海南部埃及的塞得港、亚历山大，突尼斯的突尼斯港，阿尔及利亚的阿尔及尔、奥兰，地中海北部意大利的热那亚，法国的马赛，西班牙的巴塞罗那和塞浦路斯的利马索尔港等。

（2）西北欧航线。到比利时的安特卫普，荷兰的鹿特丹，德国的汉堡、不来梅，法国的勒阿佛尔，英国的伦敦、利物浦，丹麦的哥本哈根，挪威的奥斯陆，瑞典的斯德哥尔摩和哥德堡，芬兰的赫尔辛基等。

（3）美国、加拿大航线。包括加拿大西海岸港口温哥华，美国西海岸港口西雅图、波特兰、旧金山、洛杉矶，加拿大东海岸港口蒙特利尔、多伦多，美国东海岸港口纽约、波士顿、费城、巴尔的摩、波特兰和美国墨西哥湾港口的莫比尔、新奥尔良、休斯敦等港口。美国墨西哥湾各港也属美国东海岸航线。

（4）南美洲西岸航线。到秘鲁的卡亚俄，智利的阿里卡、伊基克、瓦尔帕莱索、安托法加斯塔等港。

任务评价

知识点与技能点	我的理解（填制关键词）	掌握程度
国际海运航线分类		☆☆☆☆☆
常见国际海运航线		☆☆☆☆☆

任务五　认知集装箱运输

学习目标

知识目标

1. 了解集装箱运输的主要当事人及其关系；
2. 掌握集装箱运输相关术语；
3. 熟悉集装箱运输的交接方式；
4. 了解集装箱业务常见主体。

能力目标

能够识别集装箱运输不同的交接方式。

素养目标

培养学生科学严谨的工作作风。

知识储备

集装箱运输（Container Transport），是以集装箱作为运输单位进行货物运输的一种现代化的运输方式，它适用于海洋运输、铁路运输及国际多式联运等。它是一种新型的、先进的现代化运输。它能将数量众多的货物集中装入一个特制的容器，由发货人仓库直接运到收货人仓库，能做到取货上门，送货到家，铁路、水运、公路、航空联运。

中国集装箱运输始于20世纪50年代中期的铁路集装箱运输，20世纪70年代，中国海上集装箱运输正式开启，自20世纪80年代以来，中国集装箱运输的增长速度始终以远远超过世界平均增幅的水平发展。中国集装箱国际班轮航线已覆盖欧洲、美东、美西、澳大利亚、南非、地中海、波斯湾等区域，已经形成了远东—欧洲、远东—美洲等主干线，已基本形成具有一定规模的环球班轮运输网络，以干线航线、支线航线和喂给航线构成的集装箱海上运输网络已基本覆盖全球。如今中国已初步形成了布局合理、设施较完善、现代化程度较高的国际集装箱货物运输体系。

一、集装箱运输主要关系人

（一）集装箱堆场

集装箱堆场（Container Yard，CY）是指集装箱码头里的堆场，是办理集装箱重箱或空箱装卸、转运、保管、交接的场所，是集装箱通关上船前的统一集合地，是码头堆放整箱货的地方，如图3-10所示。

图3-10 集装箱堆场

集装箱堆场在集装箱运输中起着重要作用，它可以用于集装箱的堆存、保管、交接、装船，以及对特殊集装箱的处理、集装箱修理等。集装箱堆场一般分为前方堆场、后方堆场和空箱堆场。

1. 集装箱前方堆场

集装箱前方堆场是指在集装箱码头的前方，为了加速船舶的装卸作业，暂时堆放集装箱的场地。例如，对于海运集装箱出口来说，堆场的作用就是把所有出口客户的集装箱有计划、有次序地按照要求在某处先集合起来（不论通关与否），过了截港时间之后，再统一上船（此时必定已经通关），以加快装船速度，避免堵塞，同时便于船公司、海关等进行管理；当进行进口业务时，船舶到港前，有计划、有目的地清理一块场地等待卸船，船舶到港卸船时，将进口集装箱暂时堆放在指定的集装箱前方堆场，从而加速船舶卸货作业。

2. 集装箱后方堆场

集装箱后方堆场是重箱或空箱进行交接、保管和堆存的场所，是集装箱装卸区的组成部分。有些国家对集装箱堆场并不分前方堆场或后方堆场，全部统称为堆场。集装箱后方堆场是集装箱运输"CY-CY"交接方式的整箱货办理交接的场所。

3. 集装箱空箱堆场

集装箱空箱堆场是指专门办理空箱收集、保管、堆存或交接的场地，它不办理重箱或货物交接。它可以单独经营,也可以由集装箱装卸区在区外另设。

此外,船公司只负责运至收货人所在地附近的与船公司有合约的内陆集装箱堆场(RAMP),而从内陆集装箱堆场至收货人仓库则由收货人自行安排拖车运输。如运往美国一些内陆的货物,都是经铁路中转,一般只卸到内陆集装箱堆场,需要收货人自己到内陆集装箱堆场去提箱,然后还空箱至内陆集装箱堆场或船公司指定的集装箱堆场。

(二)集装箱货运站

集装箱货运站,又叫拼装货站或中转站,是码头堆放、处理拼箱货的场所,大多设在港口内或港区附近,具体业务通常包括拼箱货的交接、配载积载、装箱、拆箱、分货理货等。对于出口货物,从发货人处接货后,把流向一致的货物拼装在集装箱当中;对于进口货物,负责拆柜并交货给收货人。

集装箱货运站负责拼箱货物的拆箱与装箱,同时为货物办理交接、配载积载等。集装箱货运站的类型根据位置可区分为三种,分别是设置于码头内的集装箱货运站,设置于码头附近的集装箱货运站以及内陆集装箱货运站。

(1) **设置于码头内的集装箱货运站**。一般拼箱货物的进出口都要在集装箱货运站进行拼箱作业和拆箱作业。货物出口时,不满一个柜子的小票货物一般会运输至集装箱货运站,然后将运往同一目的港的货物统一安排拼箱,同时场站要制作装箱单。在海关人员的监督之下,对集装箱加海关封志,并签发场站收据,然后联系码头堆场,将拼装的集装箱运至码头堆场。进口的集装箱货物同样也要在卸船后,运输至集装箱货运站,然后进行拆箱、理货,最后通知收货人前来提货。

(2) **设置于码头外的集装箱货运站**。这种集装箱货运站所承接的业务同码头内的集装箱货运站是一样的,只是在位置上独立于码头外。在码头外设置集装箱货运站主要是为了缓解码头内场地的拥堵,起到缓冲的作用。在海运旺季,或是港口堵塞,堆场使用率过高的情况下,就会将一些需要拼拆箱的货物安排至码头外的集装箱货运站进行处理。

(3) **内陆集装箱货运站**。内陆集装箱货运站不仅承接拼箱货物的拆、装箱作业,还会接一些整箱货物的拆、装箱作业,同时办理空箱的发放和回收工作。内陆的拼箱货物以及整箱货物,在出口前一般会在内陆集装箱货运站完成集货、装箱,然后通过公路运输或者铁路运输的方式,将集装箱货物运往指定码头堆场,等待装船。

二、集装箱运输相关术语

(一)标准集装箱(TEU)

标准集装箱(Twenty-foot Equivalent Unit,TEU),是以长度为20英尺的集装箱作为国际计量单位,一个TEU就是一个20英尺(20′)集装箱,也称国际标准箱单。TEU是世界各港口计算集装箱吞吐量的标准单位,通常用来表示船舶装载集装箱的能力,也是集装箱和港口吞吐量的重要统计和换算单位。业内人士通常所说的一个T指的就是一个TEU。

(二)40英尺(40′)集装箱(FEU)

40英尺(40′)集装箱(Forty-foot Equivalent Unit,FEU),是以长度为40英尺的集装箱作为国际计量单位,其简称是FEU,是集装箱和港口吞吐量的重要统计和换算单位。

（三）重柜与吉柜

重柜是指已经装了货物的集装箱。在我国华南地区（香港、广东、广西等），有"提空还重"的说法。所谓"提空还重"，就是"提取空箱，装完货后，再把重箱还到指定堆场"。在这个意义下，所谓重箱，就是"已经装完货的集装箱"，而不管装了多少货，有多重。即使只有几吨重，也叫重箱/重柜。"提吉还重"是"提空还重"的另外一种说法，吉箱，就是空箱，由于粤语中"空"与"凶"谐音，所以业内约定俗成将"空柜"称作"吉柜"。

（四）整箱货（FCL）

整箱货（Full Container Load，FCL），又称作整柜货或柜货，即一个集装箱的货属于一个货主。发货人自行将货物装满整个集装箱以后，以箱为单位托运货物。一般是在发货人有足够货源装载一个或数个整箱时采用，除公司实力雄厚的发货人自己置备集装箱外，基本都是向船公司或集装箱租赁公司租用一定数量的空集装箱，领用空箱运到工厂或仓库后，在海关人员的监管下，发货人把货装入箱内、加锁、铝封后交承运人并取得站场收据，最后凭收据换取提单或运单。

FCL是由发货人装箱、计数和加封，柜运至目的地后由收货人拆柜，因此承运负责在集装箱外表情况良好、封条完整条件下从发货人处接柜，至目的地后，只要集装箱外表良好、封条完整即可交柜给收货人，至于柜内货物的数量是否与单证上相符、货物质量情况怎样，承运人概不知晓，也不负责。

整箱货流转过程如下：①发货人根据出口货物的数量在自己工厂或仓库装箱地点配置集装箱；②发货人领用空集装箱后运至自己的工厂或仓库装箱地点装箱；③通过内陆运输或内河运输将集装箱运至港口集装箱码头；④在集装箱码头堆场办理交接，根据堆场计划在堆场内暂存集装箱货物，等待装船；⑤根据装船计划将集装箱货物装上船舶；⑥通过水上运输将集装箱货物运到卸货港；⑦根据卸船计划从船上卸下集装箱货物；⑧根据堆场计划在集装箱堆场内暂存集装箱货物；⑨通过内陆运输将集装箱货物运至收货人工厂和仓库；⑩收货人在自己工厂或仓库掏箱地点掏箱；⑪将掏完箱的集装箱空箱运回。

（五）拼箱货（LCL）

拼箱货（Less than Container Load，LCL），又称作拼柜、拼箱货、散货，是指把不够装满整个集装箱的、零散的小票货拼装在同一个20英尺或40英尺的集装箱中（几个发货人的货可装于一个集装箱中），即一个集装箱的货属于两个或两个以上货主。一般来说，国际货代企业在接受的货不足整箱货时，会根据货类性质和目的地进行分类整理，把去往同一目的地的货，集中一定数量的两票及以上的货物拼装在一个集装箱内。拼箱货的分类、整理、集中、装箱（拆箱）、交货等工作均在承运人码头集装箱货运站或内陆集装箱货运站进行。

拼箱可以分为直拼或转拼。直拼是指拼箱集装箱内的货物在同一个港口装卸，在货物到达目的港前不拆箱，即货物为同一卸货港，此类拼箱服务运期短，方便快捷，一般有实力的拼箱公司会提供此类服务。转拼是指集装箱内不是同一目的港的货物，需要在中途拆箱卸货或转船，此类货物因目的港不一，待船时间长，故运期较长，甚至运费偏高。

三、集装箱运输优越性

集装箱运输具有高效益、高效率、高投资、高协作优势，适用于多式联运等。集装箱运输大大大减少了传统运输方式中人力装卸、搬运的次数，避免了人为和自然因素造成的货物破损、丢失等货运事故，减少了经济损失。

集装箱运输具有明显的优越性，主要表现在以下方面。

（一）保证货物安全

由于集装箱实行"门到门"运输，货物自发货人仓库装箱至目的地收货人仓库掏箱，一直保持着原始装载状态，中途不发生货物装卸搬运问题，而且在集装箱装卸时都使用机械作业，大大减少了货物因人工搬运而造成的破损。即使像玻璃这种易碎品，使用集装箱后，货损率也由25%下降到8%以下。

（二）节约包装费用

在集装箱运输中，许多货物可以取消包装，以裸装或简化包装装入集装箱内，从而减少包装材料与费用。如一些原先使用木箱包装的货物，使用集装箱后，不再需要木箱，既节约了成本，又节约了大量木材。

（三）提高装卸效率

集装箱的装卸都是机械化作业，非人力搬运可以相比，效率自然很高。如铁路零担货物运输，每件货物需要两个票签，而且要对每件进行清点，由于件小数多，写票签、拴票签、收货，或在装车、卸车、交付时点件数，都极其烦琐，很容易发生差错事故。改用集装箱运输，小件货物改大箱，每箱两个票签，凭铅封交接，检验与清点都很方便，工效可提高数十倍。

（四）加速资金周转

集装箱货物由于优先受理、优先配装、优先进站、优先装车，因而货物输送快，可以及时供应市场，相应资金周转也较快。此外，集装箱可在露天场地受理、交付，能解决某些车站仓库不足的问题，还能提高汽车装卸效率，加速车辆周转时间等。

四、集装箱运输货物交接方式

在集装箱运输中，根据实际交接地点不同，集装箱货物的交接有多种方式。在不同的交接方式中，集装箱运输经营人与发货方承担的责任、义务不同，集装箱运输经营人的运输组织内容、范围也不同。

集装箱运输货物常见的交接方式有九种，如表3-8所示。

表3-8　集装箱运输货物交接的九种方式

交接方式	简称	起运地陆运负责人	到达地陆运负责人	接货时货物的形态	交货时货物的形态	发货人的人数	收货人的人数
Door–Door	门到门	Carrier	Carrier	FCL	FCL	1人	1人
Door–CY	门到场	Carrier	CNEE	FCL	FCL	1人	1人
CY–Door	场到门	Shipper	Carrier	FCL	FCL	1人	1人
CY–CY	场到场	Shipper	CNEE	FCL	FCL	1人	1人
CFS–CFS	站到站	Shipper	CNEE	LCL	LCL	多人	多人

续表

交接方式	简称	起运地陆运负责人	到达地陆运负责人	接货时货物的形态	交货时货物的形态	发货人的人数	收货人的人数
Door-CFS	门到站	Carrier	CNEE	FCL	LCL	1人	多人
CY-CFS	场到站	Shipper	CNEE	FCL	LCL	1人	多人
CFS-Door	站到门	Shipper	Carrier	LCL	FCL	多人	1人
CFS-CY	站到场	Shipper	CNEE	LCL	FCL	多人	1人

注：以上九种交接方中，CY-CY、Door-Door、CFS-CFS最为常见，其中拼箱货的承运方式80%以上选择CFS-CFS。

（一）门到门（Door-Door）

门到门，是指由发货人的仓库大门到收货人的仓库大门的交接方式。一般是货物批量较大，能装满一个集装箱的货主。发货人把空箱拉到自己的工厂仓库后，由发货人自己负责装载集装箱，并由海关在工厂仓库内加封验收后，在其工厂或仓库交给承运人；承运人验收接货后，把重箱运到集装箱码头堆场，等待装船，并负责接下来的全程运输，到达目的港以后，把货物运到收货人的工厂或仓库，并完成交箱；收货人在其工厂或仓库整箱接货。在这种交付方式下，集装箱货物的交接形态都是整箱交接，发货人和收货人的数量都是一人。

（二）门到场（Door-CY）

门到场，即门到集装箱堆场，是指由发货人的仓库大门到目的港的码头堆场的交接方式。发货人自己提取空集装箱至工厂或仓库，并完成装箱的工作；加封验收后，承运人在发货人工厂或仓库整箱接货，负责起运地的陆运及海运，将集装箱运至目的地或卸货港的集装箱装卸区堆场，在集装箱堆场整箱交货；收货人负责在卸货港集装箱堆场整箱提货。这种交接方式表示承运人不负责目的地的内陆运输。在这种交接方式下，货物也都是整箱交接，发货人和收货人也是一对一的关系。

（三）场到门（CY-Door）

场到门，即集装箱堆场到门，是指由起运港的集装箱码头堆场到收货人的工厂或仓库大门的交接方式。发货人领取空集装箱后负责装箱，并自行运至起运港的集装箱堆场整箱交货；承运人在起运港集装箱码头堆场整箱接货，之后负责将货物运送至收货人的工厂或仓库大门，完成整箱交货；收货人在其工厂或仓库整箱接货。在这种交接方式下，货物也都是整箱交接，发货人和收货人是一对一的关系。

（四）场到场（CY-CY）

场到场，即集装箱堆场到集装箱堆场，是指由起运港的集装箱码头堆场到目的港的集装箱码头堆场的交接方式。发货人负责装箱并运至起运港集装箱堆场整箱交货；承运人在装货港集装箱堆场整箱接货，并负责运抵目的港集装箱堆场整箱交货；收货人负责在目的港集装箱堆场整箱提货。在这种交接方式下，货物的交接形态一般是整箱交接，承运人不负责任何一段内陆运输，发货人和收货人是一对一的关系。

（五）站到站（CFS-CFS）

站到站，即集装箱货运站到集装箱货运站，是指由起运港的集装箱货运站到目的港的集装箱货运站的交接方式。各托运人将小批量不足整箱的货物自行运送到起运港的集装箱货运站，由集装箱货运站接收货物后，将分属于不同托运人和收货人，但目的港或者目的地相同的货物拼装于一个集装箱内，经海关监装、铅封后，送交起运港的集装箱码头堆场装船运至目的港装卸作业区的集装货运站拆箱，各收货人分别提取货物。发货人和收货人是多对多的关系，这种方式是集装箱运输中，拼箱货的最典型交接方式。

（六）门到站（Door-CFS）

门到站，即门到集装箱货运站，是指由发货人的仓库大门到目的港的集装箱货运站的交接方式。发货人负责装箱并在其工厂或仓库整箱交货；承运人在发货人工厂或仓库整箱接货，并负责运抵目的港集装箱货运站，在集装箱货运站拆箱后按件向各收货人交付。在这种交接方式下，承运人一般是以整箱的货物形态接收货物，以拼箱的货物形态交付货物，发货人和收货人也是一对多的关系。

（七）场到站（CY-CFS）

场到站，即集装箱堆场到集装箱货运站，是指由起运港的集装箱码头堆场到目的港的集装箱货运站的交接方式。发货人负责装箱并运至起运港集装箱堆场整箱交货；承运人在起运港的集装箱码头堆场接收经海关铅封的整箱货，重柜运至目的港的集装箱货运站后完成掏箱作业，分别向集装箱内货物的收货人交货。一般存在两个或者两个以上的收货人，收货人到目的港的集装箱货运站接货。这种交接方式一般为一个货主的货足够装满一个集装箱，运往一个目的港，但是在目的港存在多个收货人，即这箱货是两个及以上的人购买的，发货人和收货人是一对多的关系。由于承运人接收的是已经装入箱并加封的货物，这种交接方式可能加重承运人对货物完好交付的责任，在实践中应谨慎使用。

这种交接方式和门到站的交接方式一样，都是一个发货人将分属于两个或两个以上的收货人的货物拼装在一个集装箱内，并运至目的港。不同的是，场到站是发货人从工厂或仓库送交到集装箱堆场。

（八）站到门（CFS-Door）

站到门，即集装箱货运站到门，是指由起运港的集装箱货运场站到收货人的工厂或仓库大门的交接方式。发货人将货物运送至起运港的货运场站，根据拼箱的原则由货运站将两个或者两个以上的托运人都不足整箱的货物装箱，并由承运人将货物运送至同一收货人的工厂或仓库大门。这种形式一般在货运站将货物拼箱，并经海关监装、铅封，按整箱货至收货人的工厂仓库。这种贸易方式一般为多个货主的货均不够装满一个集装箱，运往一个目的港，但是在目的港是一个收货人，即这箱货是由一个买家购买的多个货主的货，发货人和收货人是多对一的关系。

（九）站到场（CFS-CY）

站到场，即集装箱货运站到集装箱堆场，是指起运港的集装箱货运站到目的港的集装箱码头堆场的交接方式。发货人将货物运送至起运港的货运站，根据拼箱的原则由集装箱货运站将两个或者两个以上的托运人都不足整箱的货物拼箱，并由承运人将货物运送至目的港的集装箱堆场。在两个或两个以上的发货人托运属于一个收货人的货物时，可采用这种货物交接方式。

以上九种交接方式，是集装箱运输中集装箱货物基本的交接方式。除起运港码头堆场（或起运港码头内的集装箱货运站）到卸货港码头堆场（或卸货港码头内的集装箱货运站），交接方式适用于海运单一方式运输（包括海上转运）外，其他交接方式，都是集装箱货物多式联运下的交接方式。

五、集装箱运输业务常见主体

集装箱运输业务常见主体包括无船承运人、船公司、船舶代理人、集装箱租赁公司、集装箱堆场、集装箱货运站，如图3-11所示。

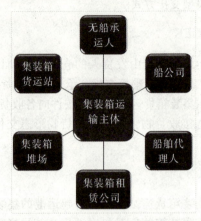

图3-11 集装箱运输主体

（一）无船承运人

无船承运人是专门经营集装货运的揽货、装箱、拆箱、内陆运输及经营中转站或内陆站业务，不具备实际运输工具的运输主体。无船承运人能以承运人的身份发布自己的运价，接受托运人的委托，签发自己的提单或其他运输单证、收取运费，并通过与有船承运人签订运输合同、承担承运人责任、完成国际海上货物运输经营活动的经营者。无船承运人实际上是中间承运商，具有双重身份，对真正的货主，他是承运人，但对船方，他又是托运人。在国际货物运输当中，对于货主来讲，将货物交给无船承运人运输，比交给实际承运人运输在手续上要简便得多。

（二）船公司

船公司是掌握运输工具并参与集装箱运输的实际承运人。海运中的实际承运人是指船公司，也可以称为执行班轮运输的班轮公司，即自己拥有船舶的公司，它是真正的货物承运人。通常船公司拥有大量的集装箱，以利于集装箱的周转、调拨、管理以及集装箱与车船机的衔接。班轮运输又称"提单运输"，是托运人将一定数量的货物交由作为承运人的班轮公司，班轮公司按固定航线，沿线停靠固定的港口，按固定船期、固定运费所进行的国际海上货物运输。班轮运输多用于运输量少、货价高、交接港分散的货物，是海上货物运输中使用最为广泛的一种方式。

视频：认知船公司

世界上著名的船公司有丹麦的马士基航运（MSK）、瑞士的地中海航运（MSC）、法国的达飞轮船（CMA CGM）、中国的中远海运（COSCO SHIPPING）、德国的赫伯罗特（HPL）、日本的海洋网联船务（ONE）、中国台湾的长荣海运（EMC）、韩国的现代商船（HMM）、中国台湾的阳明海运（YML）、以色列的以星航运（ZIM）等。

视频：班轮运输的特点

视频：班轮运输的作用

（三）船舶代理人

船舶代理人是指接受船舶经营人或船舶所有人的委托，为他们在港船舶办理各项业务和手续的人。船舶代理人一般负责船、货及船员相关事宜的安排，如船舶进港泊位，办理进出港手续，补给燃料及淡水和食品等，以及货物方面的揽货与船员上岸，在装卸货港口办理装卸货物手续，保管货物和向收货人交付货物，办理出入境相关手续以及代办船舶修理、船舶检验、集装箱跟踪管理等。

船舶代理人在航运和贸易中具有桥梁作用、协调作用、专业服务作用、降低成本作用。

1. 桥梁作用

船舶代理人可以在委托人、货主方和口岸机构等之间传递信息，起到桥梁作用。如在船舶到港前，船舶所有人或船舶经营人、船舶承租人等将船舶到港装卸时间的情况和预计船期等信息告知船舶代理人。船舶代理人将相关信息转告海关（含检验检疫）、边防和海事局、港口装卸公司、理货公司、船舶公司等口岸各有关单位，而船方和各有关单位也可以根据船舶代理人提供的信息做好船舶抵港前的准备工作。船舶在港期间，船舶代理人及时将船舶在港的动态告知委托人。在船舶离港后，船舶代理人及时告知委托人船舶离港的情况，使委托人及时掌握船舶动态等信息。

2. 协调作用

在船舶运输的各项工作中，或者当发生争议时，船舶代理人可以协助船方、港口方、货主方等各方妥善解决问题，起到协调作用。

3. 专业服务作用

船舶代理人能够及时、准确、高效地完成代理事项，并提供专业服务。国际船舶代理人的本职工作是利用自身的专业知识、经验和资源，为委托人办理船舶进出港口手续，办理船舶、集装箱以及货物的报关手续，代收运费和代办结算，组织货源等。国际船舶代理人熟悉相关法律和港口惯例，通过代办船舶在港事宜，为受托人提供专业服务。

4. 降低成本作用

在完成委托事项的过程中，船舶代理人能够合理安排各项工作，减少委托人不必要的支出，起到降低成本的作用。

另外，集装箱运输业务常见主体还包括集装箱租赁公司、集装箱堆场、集装箱货运站。

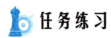

任务练习

一、任务的提出

李立是锦长货代公司的实习生。锦长货代公司收到一笔业务，即需代理一个20英尺集装箱货物的国际运输任务，需要从广州南沙港口运往新加坡。该票货的其他信息：业务只有一个货主，货主仓库在东莞；收货人也只有一个，在新加坡；货物为整装一个20英尺的集装箱。

> **任务**
>
> 公司业务经理要求实习生李立跟踪该票货的运输业务，并要求他指导货主完成货物交接。请问：该货主可以采取哪些交接方式交接集装箱货物？

二、任务的实施

根据该票货的业务信息，实习生李立整理如下。

该业务只有一个货主（即发货人）和一个收货人，货主仓库及货物均在东莞，目的地是新加坡，且是一个20英尺的集装箱货物。根据上述业务信息，该票货可选择四种集装箱交接方式（Door-Door、Door-CY、CY-Door、CY-CY）之一，最后需要与发货人沟通才能确定。①由于该货物是整箱货（FCL），货主可以提一个空集装箱在东莞仓库完成装货，后续手续流程全部委托货代公司和承运人完成，该交接方式就是 Door-Door 或者 Door-CY。如果收货人直接在仓库收货，交接方式就是 Door-Door；如果收货人去往港口码头接货，就是 Door-CY。②货主也可以将货物装好集装箱后，自行运往港口集装箱堆场，则集装箱交接方式就是 CY-Door、CY-CY。如果收货人直接在仓库收货，交接方式就是 CY-Door；如果收货人去往港口码头接货，就是 CY-CY。

任务评价

知识点与技能点	我的理解（填制关键词）	掌握程度
集装箱运输主要关系人		☆☆☆☆☆
集装箱运输相关术语		☆☆☆☆☆
集装箱运输优越性		☆☆☆☆☆
集装箱运输货物交接方式		☆☆☆☆☆
集装箱运输业务常见主体		☆☆☆☆☆

【拓展阅读】

中国是一个有着悠久航海史的航海大国

中国是一个有着悠久航海史的航海大国。中国是世界上最先掌握航海技术的民族之一。中国文化经海洋传播到海外，对东亚、东南亚和沿印度洋的古代国家产生了深远的影响。

中国人开通了由印度洋通往非洲大陆的"海上丝绸之路"。中国的指南针和造船术由阿拉伯人经地中海传到欧洲，为世界航海技术大发展做出了巨大的贡献。中国也涌现出了鉴真、郑和等一大批航海家。在很长的一段历史时期，中国都处在世界航海文明的顶层，只是近代沦为半封建半殖民地社会后，中国航海事业发展受阻，被欧美一些工业强国赶了上来。

1. 最早的航海者

春秋战国时期的吴国、齐国、燕国、鲁国、越国等因邻近大海的航海技术非常发达。吴国和齐国都能制造出长 10 丈、宽 1 丈 5 尺的大船，名叫"翼船"，这是一种有两层甲板的战船，完全可以胜任海上航行。齐国的齐景公曾经乘坐这样的翼船在海上游玩，半年都不用上岸。

2. 最早的大型船队

秦始皇统一六国后，方士徐福为秦始皇去海外寻找不死仙丹，所乘大船搭载了数百名工匠和 3 000 童男童女。徐福曾远航到"平原广泽"。据后世学者考证，他的船队至少到过日本和菲律宾地区，甚至到达过琉球群岛。

唐代有广州、泉州、扬州等世界性码头和港口。唐朝制造的长达 20 余丈、能乘坐 700 多人的远洋大船组成的船队经南海、马六甲海峡，越过印度洋，经过斯里兰卡、印度半岛和巴基斯坦，到达大食。唐朝远航者能利用季风和洋流的变化，每天航行 70 海里以上。

3. 鉴真东渡

大唐开元二十一年（公元 733 年），日本僧人荣睿和普照奉圣武天皇之命，来到大唐，邀请德高望重的鉴真大师东渡日本，弘扬佛法。鉴真大师前五次东渡都因为官府的阻挠或者恶劣天气的影响没有成功，直到二十年后的公元 753 年，鉴真大师终于乘船来到了日本，将高深佛法传播到日本。

4. 指南针的运用

宋元时期，中国人发明了指南针，并将其运用在航海上，这是世界航海史上的一大突破。指南针在航海史上的运用，是一个科技上的大跃进，在世界航海史上有着里程碑式的意义。

5. 郑和下西洋

明朝时，迎来中国古代航海史上最盛大的创举——郑和下西洋（见图3-12）。自永乐二年（公元1405年）起，郑和率领200余艘船只，其中包括62艘长44丈、宽18丈，上设九桅十二帆的大号宝船，带着2.7万余名船员和官兵，航行于西南太平洋和印度洋上，最远航程达到7 000多海里，并绘制带有航路的航海图。无论是船队规模、航海技术还是航海国际影响力，都是当时世界之最。他比哥伦布早87年到达东非，郑和下西洋是中华民族征服海洋的一个重要标志。

图3-12 郑和下西洋

6. 最后的荣光

明朝中叶之后，由于明朝错误地执行了海禁政策，中国古代辉煌的航海事业受到了沉重打击，逐渐走向衰落。虽然在明朝末年出现郑成功这样精通航海技术的民族英雄，收复了台湾，但这不过是中国古代辉煌的航海史上的"回光返照"。

7. 甲午海战

1895年的甲午海战中，清朝北洋海军全军覆没，中国古代海洋史从此画上了句号。从这时起的半个多世纪中，中国人再也没有向大洋深处迈出过自己的脚步，直到中华人民共和国成立，中国航海事业才迎来了自己的春天。

（资料来源：徐福出海、指南针、大明混一图：中国古代航海有多牛，https://www.163.com/dy/article/HI6ABO250553M0OH.html）

素养园地

推进标准化作业

当一项规范、一个做法等被证明是高效可行的、有代表意义的以后，被当作规范（技能）遵守下来，这就是标准作业。

传统海事服务有一个大问题，便是服务没有实现"标准化"，导致效率偏低。基于互联网思维，海运在线将部分海事服务标准化，预订服务就像网上购物一样简单，这不仅能改善用户体验，还能有效提升效率。如通过海运在线网站，实现GMDSS（全球海上遇险与安全系统）无线电设备年度检验、消防设备年度检验、救生艇及艇架年度检验、VDR（船载航行数据记录仪）年度操作试验等多项海事服务的标准化，用户只需选择服务类型，加入购物车即可订购。

海事服务只是海运在线的八大主要服务之一。租船找货、船舶代理、备件物料、海运保险等其他服务也已实现线上化处理。更多海运从业者意识到了互联网与数字化的重要性，海运在线这样的一站式互联网海运平台有望加速发展，进而推动行业标准化作用。

【项目综合实训】

锦长货代公司业务经理为了让实习生李立更快地熟悉海运航线及全球著名的班轮公司，要求李立完成实训一与实训二的实操练习。

实训一

在地图上绘制中远海运集装箱有限公司的一条海运航线（见图3-13）。

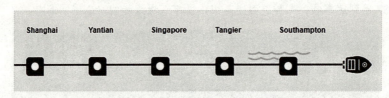

图3-13 中远海运的一条海运航线

实 训

锦长货代公司实习生李立首先打开百度地图，根据海运航线，使用百度地图右上方"工具箱"中的"标记"功能标记海运航线各基本港口，然后按海运航线顺序"工具箱"中的"手绘路线"连接各基本港口，完成了海运航线路径图。

实训二

收集全球班轮公司运力20强信息（时间越近越好，最好是近3年之内的排名信息），包括班轮公司中英文名称、简称、Logo、国籍等，绘制成Word表格，并备注排名信息来源。

实 训

锦长货代公司实习生李立依据最新发布的班轮公司排名信息，完成了包括班轮公司中英文名称，简称，Logo，国籍等在内的全球班轮公司运力20强排行榜表。

备注：本实训任务属于开放性实训类型题目，由于各班轮公司运力一直在动态变动中，各排名不一定完全一致，只要是依据近3年的排名数据即可，表3-9是范例，仅供参考。

表3-9 全球班轮公司运力排行榜示例

排名	船公司名称	简称	Logo	国籍
4	中国远洋海运集团有限公司 CHINA COSCO SHIPPING GROUP	中远海运 （COSCO SHIPPING）	COSCO SHIPPING	中国

【习题】

一、单选题

1. 干货集装箱也称（　　）。

A. 散货集装箱　　　B. 杂货集装箱　　　C. 钢制集装箱　　　D. 罐式集装箱

2. 40英尺高柜的高度是（　　）。

A. 9 英尺 6 英寸　　　B. 8 英尺 6 英寸　　　C. 9 英尺　　　　　D. 8 英尺
3. 20 英尺柜的宽度是（　　　）。
A. 9 英尺 6 英寸　　　B. 8 英尺 6 英寸　　　C. 8 英尺　　　　　D. 7 英尺
4. MAX. C. W. 表示集装箱的（　　　）。
A. 空箱净重　　　　B. 有效载重量　　　　C. 额定重量　　　　D. 最大毛重
5. 以下对基本港描述正确的是（　　　）。
A. 承载货量不稳定　　　　　　　　　　　B. 班轮定期或经常靠泊的港口
C. 可加收转船附加费　　　　　　　　　　D. 可加收直航附加费

二、判断题

1. 集装箱具有 1 立方米或 1 立方米以上的容积。（　　）
2. 集装箱货运站是码头堆放、处理整箱货（FCL）的场所。（　　）
3. 门到场（Door-CY）是指由发货人的仓库大门到目的港的码头堆场的交接方式。（　　）
4. 场到站（CY-CFS）是指由起运港的集装箱货运站到目的港的集装箱堆场的交接方式。（　　）
5. 上海港至广州港的海上运输线属于近洋航线。（　　）

三、简答题

1. 集装箱标准化给国际货物运输带来的好处有哪些？
2. 整箱运输与拼箱运输的不同点有哪些？
3. 集装箱运输货物交接方式有哪些？各交接方式有何区别？

项目四

认知国际空运代理

【项目概述】

国际航空货运,也叫国际空运,是现代物流中的重要组成部分,其提供的是安全、快捷、方便和优质的服务,特别是对于易腐烂与变质的鲜活商品、时效性强的报刊、抢险及救急品等,具有明显优势。国际空运使本地与世界相连,对外的辐射面广,且使从前可望而不可即的鲜活商品打开远距离市场,让消费者享有更多的利益。

本项目主要讲解国际空运代理基础知识,主要内容包括认知国际航空组织及航空港、认知国际航空货运代码、认知国际航空运输及航线、认知国际航空公约等。

【案例引入】

三大海运商布局航空物流 中国物流不只迎战 UPS 和 FedEx

2022 年,全球航空物流市场格外不平静,不只是中国首个综合物流央企——中国物流集团进军航空货运市场,中国最大直营电商物流企业——京东物流旗下京东航空获批。此外,2022年 9 月 26 日,地中海航运(MSC)宣布,全面进军航空货运市场。至此,全球前三大海运物流企业瑞士地中海航运、丹麦马士基、法国达飞海运均已加入航空货运市场。

从登陆到升空:地中海航运与马士基进军航空预示什么?

(一)数字贸易时代呼唤高效运输物流

如今,数字贸易时代全面到来,数字经济下的跨境交易和现代工业需要更高效的运输物流。慢吞吞的集装箱班轮实在装不下国际物流巨头对时效的渴望。

(1)航运巨头都在做航空。地中海航运以 MSC Air Cargo 品牌进入航空货运。地中海航运是第三家进军空运的航运公司。竞争对手法国达飞海运集团(CMA-CGM)已经运营一段时间了,马士基航空也于早前成立。2022 年 4 月,马士基宣布正式成立航空货运公司 Maersk Air Cargo。2022 年 6 月,马士基完成收购空运货代翼源国际(Senator International)。如今,三大集装箱船公司均已进入航空货运领域。

(2)数字经济改变物流需求。马士基全球航空货运负责人表示:"我们越来越发现,客户确实需要一种端到端的物流解决方案,这种一站式服务不仅可以消除物流的复杂性,而且能够使其成为一个优化、高效的解决方案。"虽然全球贸易量中只有约 3% 是通过航空运输完成的,但据估计,全球贸易价值的 35% 需要依托航空货运服务链。

以下几个因素决定航空运输越来越重要:首先是电子商务和网上购物带来的商贸物流的变化。2020 年,国际电子商务总销售额为 4.8 万亿美元。2021 年全球电子商务总销售额为 5 万亿美元。2022 年将超过 6 万亿美元。跨境运输总量的 80% 通过航空运输。航空货运市场增长的另一个驱动力是对时效敏感的高价值货物，如芯片、医疗设备、易腐货物和药品。随着2020年全球芯片短缺的持续，一些主要客运航空公司开始运营纯货运航空，如英国维珍航空、英国航空和芬兰航空。

（二）三个物流"国家队"应对策略

1. 中远海运空运

中国远洋海运集团有限公司（以下简称中远海运集团），在中国物流50强企业中排名第一。截至2022年9月29日，中远海运集团经营船队综合运力287.23万TEU，排名世界第四。其中，干散货船队运力4 475万吨级载重/442艘，油、气船队运力2 929万吨级载重/227艘，杂货特种船队556万吨级载重/167艘，均居世界第一。中远海运集团在全球投资码头57个，集装箱码头50个，集装箱码头年吞吐能力1.32亿TEU，居世界第一。集装箱租赁业务保有量规模达391万TEU，居世界第三。

中远国际航空货运代理有限公司成立于1995年8月18日，是国家经贸部和民航总局批准的国际货代和一类航空货运代理公司，是中远海运集团的全资子公司。2017年6月，公司更名为中远海运航空货运代理有限公司。

早在2004年，由中国东方航空股份有限公司、中国远洋海运集团公司和中国货运航空有限公司三方共同投资组建了上海东方远航物流有限公司，这是中国内地首家依托航空公司的专业物流公司。

2016年9月8日，中远海运集团与东航集团开启战略合作，双方开拓海空联运市场。2021年12月6日，中国物流集团有限公司成立，中国远洋海运集团有限公司战略投资，占股7.3%。

2. 中国外运，中国最大航空货代公司

1999年10月成立的中外运空运发展股份有限公司是国内航空货运代理行业的第一家上市公司。2021年全球航空货代排名第十二位，运量50.2万吨。中国外运是招商局集团旗下物流公司，位列中国物流50强企业中第四名。1986年中国外运与德国敦豪成立合营公司，在中国国际快递市场处于领先地位。

3. 中国物流集团：今年首次进军航空货运

国际快递的主要依托是航空运输，2022年上半年中国物流集团成立国际快递公司，为其进军航空领域铺平道路。中国物流集团第三大股东就是中国东方航空集团，东航旗下东航物流也是中国最大航空货运公司之一。

（资料来源：三大海运商布局航空物流 中国物流不只迎战UPS和FedEx，https://www.ebrun.com/20220930/500841.shtml）

思考：

为何国际航运物流巨头纷纷进军航空物流市场？中国航运物流集团应如何应对？

任务一　认知国际航空组织及航空港

学习目标

知识目标

1. 了解国际航空组织；
2. 理解航空港概念；
3. 熟悉航空港类型及分类。

能力目标

能够分析中国对国际航空组织的贡献。

素养目标

激发学生航空兴国、科技强国的使命担当。

知识储备

一、国际航空组织

（一）国际民用航空组织（ICAO）

国际民用航空组织（International Civil Aviation Organization，ICAO），简称国际民航组织，是 1944 年为促进全世界民用航空安全、有序发展而成立的，是联合国系统中负责处理国际民航事务的专门机构（其标志如图 4-1 所示），总部设在加拿大蒙特利尔，迄今已有 188 个会员。中国在 1974 年正式加入该组织，也是理事之一。

国际民航组织至少三年举行一次全体成员大会，常设机构是理事会。国际民航组织的权利和行为能力主要表现在：①协调国际民航关系。努力在国际民航的各领域协调各国的关系及做法，制定统一的标准，促进国际民航健康、有序地发展。②解决国际民航争议。多年来，国际民航组织充当协调人，在协调各国关系上发挥过不可替代的作用。③缔结国际条约。国际民航组织不仅参与国际条约的制定，还以条约缔约方的身份签订国际条约。④特权和豁免。国际民航组织各成员代表和该组织的官员，在每个成员管辖领域内，享有为达到该组织的宗旨和履行职务所必需的特权和豁免。⑤参与国际航空法的制定。在国际民航组织的主持下，制定了很多涉及民航各方面活动的国际公约，从《芝加哥公约》及其附件的各项修正到制止非法干扰民用航空安全的非法行为，以及国际航空私法方面的一系列国际文件。

图 4-1　国际民航组织标志

（二）国际航空运输协会（IATA）

国际航空运输协会（International Air Transport Association，IATA），简称国际航协，总部设在蒙特利尔，执行机构设在瑞士日内瓦，是一个由世界各国航空运输企业所组成的大型国际组织，会员是航空公司。与监管航空安全和航行规则的国际民航组织相比，它更像是一个由承运人（航空公司）组成的国际航空协调组织，管理在民航运输中出现的诸如票价、危险品运输等问题，主要作用是通过航空运输企业来协调和沟通政府间的政策，并解决实际运作的问题。国际航协每年举行一次全体会议，会议主要审议涉及 IATA 本身的重大问题。

二、国际航空港

航空港（Airport），亦称机场、飞机场，较正式的名称是航空站，是指位于航线上、为保证航空运输和专业飞行作业用的机场及其有关建筑物和设施的总称，是空中交通网的基地。

航空港按照所处位置分为干线航空港和支线航空港，按业务范围分为国际航空港和国内航空港，其中国际航空港需经政府核准，可用来供国际航线的航空器起降营运，航空港内配有海关、移民、检疫和卫生机构，而国内航空港仅供国内航线的航空器使用，除特殊情况外不对外国航空器开放。2020年中国航空港完成货邮吞吐量1 607.5万吨，完成飞机起降904.9万架次，年货邮吞吐量1万吨以上的机场有59个。

（一）中国重要国际机场

1. 北京首都国际机场

北京首都国际机场（IATA代码：PEK，ICAO代码：ZBAA），位于中国北京市东北郊，距北京市中心25千米，距北京大兴国际机场67千米，为4F级国际机场，是中国三大门户复合枢纽之一、环渤海地区国际航空货运枢纽群成员、世界超大型机场。

2. 上海浦东国际机场

上海浦东国际机场（IATA代码：PVG，ICAO代码：ZSPD），位于中国上海市浦东新区，距上海市中心约30千米，为4F级民用机场，是中国三大门户复合枢纽之一、长三角地区国际航空货运枢纽群成员、华东机场群成员、华东区域第一大枢纽机场、门户机场。

3. 广州白云国际机场

广州白云国际机场（IATA代码：CAN，ICAO代码：ZGGG），位于中国广东省广州市白云区人和镇和花都区新华街道、花东镇交界处，距广州市中心约28千米，为4F级民用国际机场，是中国三大门户复合枢纽机场之一、世界前五十位主要机场。

4. 深圳宝安国际机场

深圳宝安国际机场（IATA代码：SZX，ICAO代码：ZGSZ），位于中国深圳市宝安区、珠江口东岸，距离深圳市区32千米，为4F级民用运输机场，是世界百强机场之一、国际枢纽机场、中国十二大干线机场之一、中国四大航空货运中心及快件集散中心之一。

5. 杭州萧山国际机场

杭州萧山国际机场（IATA代码：HGH，ICAO代码：ZSHC），位于浙江省杭州市萧山区，距杭州市中心27千米，为4F级民用运输机场，是中国十二大干线机场之一、国际定期航班机场、对外开放的一类航空口岸和国际航班备降机场。

6. 成都双流国际机场

成都双流国际机场（IATA代码：CTU，ICAO代码：ZUUU），位于中国四川省成都市双流区与武侯区交界处，距成都市中心约16千米，为4F级国际航空枢纽，是中国八大区域性枢纽机场之一、中国内陆地区的航空枢纽和客货集散地。

7. 昆明长水国际机场

昆明长水国际机场（IATA代码：KMG，ICAO代码：ZPPP）位于云南省昆明市官渡区长水村，在昆明市东北24.5千米处，为4F级国际机场，是中国八大区域枢纽机场之一、国际航空枢纽、中国两大国家门户枢纽机场之一。

8. 香港国际机场

香港国际机场（IATA代码：HKG，ICAO代码：VHHH），位于中国香港特别行政区新界大屿山赤鱲角，距香港市区34千米，为4F级民用国际机场，是世界最繁忙的航空港之一，全球超过100家航空公司在此运营，货运量连续18年全球第1位。

（二）国外重要国际机场

1. 新加坡樟宜机场

新加坡樟宜机场（Singapore Changi Airport，IATA代码：SIN，ICAO代码：WSSS），简称樟宜机场，位于新加坡东海岸选区机场大道，距新加坡市中心17.2千米，是4F级国际机场、大型国际枢纽机场。

2. 东京国际机场

东京国际机场（Tokyo International Airport，IATA 代码：HND，ICAO 代码：RJTT），或称羽田机场（Haneda Airport），中国常称东京羽田国际机场，位于日本东京都大田区东京湾多摩川河口左岸，距东京都中心 17 千米，为 4F 级机场、国际航空枢纽、日本国家中心机场、日本最大机场。

3. 仁川国际机场

仁川国际机场（Incheon International Airport，IATA 代码：ICN，ICAO 代码：RKSI），位于大韩民国仁川广域市中区永宗岛，东距仁川广域市中心 23.5 千米，距首尔市中心 49 千米，为 4F 级国际机场、大型国际枢纽机场。

4. 约翰·菲茨杰拉德·肯尼迪国际机场

约翰·菲茨杰拉德·肯尼迪国际机场（John Fitzgerald Kennedy International Airport，IATA 代码：JFK，ICAO 代码：KJFK），也称爱德怀德机场（Idlewild Airport），中国常简称"纽约肯尼迪国际机场"，位于美国纽约州纽约市皇后区爱德怀德，距纽约市中心约 21 千米，为 4F 级国际机场、美国门户级国际航空枢纽。

5. 法兰克福机场

法兰克福机场（Frankfurt Airport，IATA 代码：FRA，ICAO 代码：EDDF），也称法兰克福·美茵机场，位于德国黑森州美茵河畔法兰克福市，距法兰克福市中心 12 千米，是 4F 级大型国际枢纽机场，也是星空联盟的总部所在地。

6. 希思罗机场

希思罗机场（Heathrow Airport，IATA 代码：LHR，ICAO 代码：EGLL），位于英国伦敦希灵登区南部，距伦敦市中心 23 千米，为 4F 级国际机场、门户型国际航空枢纽、欧洲最繁忙的机场。

任务练习

一、任务的提出

中国深化同国际民航组织合作，助力世界成为"地球村"

1971 年，中华人民共和国恢复了在国际民航组织的合法席位；1974 年，当选国际民航组织理事国，并连任至今。作为理事国，中国与国际民航组织一直保持着良好的合作关系。特别是习近平主席提出构建人类命运共同体理念后，中国同国际民航组织的合作愈发密切，做出的贡献也越来越多。如南南合作（援助）基金，其中一个项目就是培养全球民航系统的中高级管理人员，又融入了"一带一路"理念，同时国际民航组织也有一个倡议叫"不让一个国家掉队"，几个方面有效对接，共同支持国际民航组织，支持全球经济的发展。在 2017 年第一届"一带一路"国际合作高峰论坛当中，国际民航组织与中国民航局签订了"一带一路"合作备忘录。中国民航愿意与国际民航组织合作，给相关国家提供技术支持，包括兴建机场、提供技术人员、提供一些力所能及的援助项目，使相关国家能够分享中国民航在航空业发展过程中积累的经验，尤其是发展中国家（可借鉴）的经验，从而使相关国家能够更好地与中国互联互通，与全球互联互通，使全球成为一个大家紧密相连的"地球村"。

当前，全球航空业正面临疫情的严峻挑战。作为全球最大的航空市场之一，中国民航的表现可谓十分亮眼。此外，中国积极加强国际合作，并采取一系列措施，不断推动行业复苏。2020 年疫情史无前例，全球经济受到了疫情影响，中国政府采取了坚决有力的措施，使疫情在国内得到非常快的、有效的控制。所以，中国民航的国内运输市场在 2020 年基本上恢复到 90%，可以说在全球航空业一枝独秀。中国已经成为全球最大的航空运输市场之一。中国能够取得这么巨大的成绩，与中国政府一如既往地推进经济发展，与全球合作，并且制定一系列的规章制度密不可分。中国民航在防疫抗疫过程中，也积累了非常好的经验，这些经验中国民航也正在与世界各国分享，使航空业能够更好更快地得到恢复，从而促进全球经济的发展。

未来，中国同国际民航组织可以在几方面进一步深化合作，将全球航空业恢复到一个更高的层次。更高层次的航空业应当更加绿色、更加便捷、更加可持续、更加安全、更加舒适。无人机、数字化创新，这几点中国政府跟国际民航组织可以加深合作。而且在这几个方面，中国有优势、有经验，可以更好地与国际分享，宣传好的经验和好的做法，以推进国际标准的制定，从而使中国的经验、中国的成果上升为国际上能够使用的一个指南。

（资料来源：国际民用航空组织前秘书长柳芳：中国不断深化同国际民航组织合作 助力世界成为紧密相连的"地球村"，https://baijiahao.baidu.com/s?id=1714860381771474124&wfr=spider&for=pc）

> **任务**
>
> 李立是锦长货代公司的实习生，公司业务经理要求李立分析中国在哪些方面不断深化同国际民航组织的合作，助力世界成为紧密相连的"地球村"。

二、任务的实施

实习生李立结合案例资料，做了如下分析。

基于人类命运共同体理念，国际民航组织与中国民航局签订了"一带一路"合作备忘录，给相关国家提供技术支持，包括兴建机场、提供技术人员、提供一些力所能及的援助项目，使相关国家能够分享中国民航在航空业发展过程中积累的经验，尤其是发展中国家的经验，从而使相关国家能够更好地与中国互联互通，与全球互联互通，使全球成为一个大家紧密相连的"地球村"。

中国民航在防疫抗疫的过程中，也积累了非常好的经验，这些经验中国民航也正在与世界各国进行分享，使航空业能够更好更快地得到恢复，从而促进全球经济的发展。

未来，中国政府可在无人机、数字化创新等方面与国际民航组织加深合作。中国有优势、有经验，可以更好地与国际分享，宣传好的经验和好的做法，以推进国际标准的制定，从而使中国的经验、中国的成果上升为国际上能够使用的一个指南。

任务评价

知识点与技能点	我的理解（填制关键词）	掌握程度
国际航空组织		☆☆☆☆☆
国际航空港		☆☆☆☆☆

任务二　认知国际航空货运代码

学习目标

知识目标

1. 了解国际航协区划分；

2. 理解国际航协区划分的逻辑；
3. 理解航空货运代码的制定逻辑。

能力目标

能准确识别航空运输中的各种代码。

素养目标

增进学生对世界特别是中国民航发展史的认识和了解。

知识储备

一、国际航协区划分

国际航协业务区是协调管理国际航空运输的地理区域。与其他各种运输方式不同的是，国际航空货物运输中与运费相关的各项规章制度、运价水平都是由国际航协统一协调、制定。航协区是国际航协在考虑了世界上各个不同国家、地区的社会经济、贸易发展水平后，为便于航空运输规则和运价公布，将全球分成的三个区域，如表4-1所示。每个航协区内又分成几个亚区。

表4-1 国际航协业务区划分

航协区	区域	亚区
IATA 一区（TC1）	包括南北美洲大陆及其邻近的岛屿、格陵兰、百慕大、西印度群岛及加勒比海群岛、夏威夷群岛（包括中途岛和棕榈岛）	主要有四个亚区：北美、中美、加勒比地区、南美
IATA 二区（TC2）	由欧洲大陆（包括俄罗斯的欧洲部分）及毗邻岛屿、冰岛、亚速尔群岛、非洲大陆和毗邻岛屿，亚洲伊朗及伊朗以西地区组成	主要有三个亚区：欧洲区、非洲区、中东区
IATA 三区（TC3）	由整个亚洲大陆及毗邻岛屿（已包括在二区的部分除外），澳大利亚、新西兰及毗邻岛屿，太平洋岛屿（已包括在一区的部分除外）组成	（1）南亚次大陆区：阿富汗、印度、巴基斯坦、斯里兰卡等。 （2）东南亚区：中国（含港、澳、台）、东南亚诸国、蒙古、俄罗斯亚洲部分及土库曼斯坦等国家、密克罗尼西亚等群岛地区。 （3）西南太平洋区：澳大利亚、新西兰、所罗门群岛等。 （4）日本、朝鲜区：仅含日本和朝鲜

二、航空货运代码

国际航协对世界上的国家、城市、机场和航空公司制定了统一的编码。

（一）国家或地区代码

在航空运输中，世界各国或地区名称是用两个代码表示。世界主要国家或地区代码如表4-2所示。

表 4-2　世界主要国家或地区代码

中文全称（按第一拼音字母排序）	英文全称	两字代码
澳大利亚	Australia	AU
巴西	Brazil	BR
德国	Germany	DE
俄罗斯联邦	Russia	RU
法国	France	FR
韩国	Korea	KR
荷兰	Netherlands	NL
加拿大	Canada	CA
马来西亚	Malaysia	MY
美国	the United States of America	US
墨西哥	Mexico	MX
南非	South Africa	ZA
日本	Japan	JP
瑞士	Switzerland	CH
土耳其	Turkey	TR
新加坡	Singapore	SG
新西兰	New Zealand	NZ
意大利	Italy	IT
印度	India	IN
印度尼西亚	Indonesia	ID
英国	the United Kingdom	UK
越南	Vietnam	VN
智利	Chile	CL
中国	China	CN
中国香港	HONG KONG	HK

（二）城市三字代码

在航空运输中，城市用三个代码表示。世界主要城市代码如表 4-3 所示。

表 4-3　世界主要城市代码

城市英文全称	中文全称	三字代码	所在国家
BEIJING	北京	BJS	中国
GUANGZHOU	广州	CAN	中国
SHANGHAI	上海	SHA	中国

续表

城市英文全称	中文全称	三字代码	所在国家
SHENZHEN	深圳	SZX	中国
CHONGQING	重庆	CKG	中国
TIANJIN	天津	TSN	中国
LONDON	伦敦	LON	英国
MANCHESTER	曼彻斯特	MAN	英国
SOUTHAMPTON	南安普顿	SOU	英国
SEOUL	首尔	SEL	韩国
PARIS	巴黎	PAR	法国
NEW YORK	纽约	NYC	美国
CHICAGO	芝加哥	CHI	美国
LOS ANGELES	洛杉矶	LAX	美国
SAN FRANCISCO	旧金山	SFO	美国
SEATTLE	西雅图	SEA	美国
VANCOUVER	温哥华	YVR	加拿大
FRANKFURT	法兰克福	FRA	德国
BERLIN	柏林	BER	德国
HAMBURG	汉堡	HAM	德国
TOKYO	东京	TYO	日本
NAGOYA	名古屋	NGO	日本
OSAKA	大阪	OSA	日本

（三）机场三字代码

机场代码分三字、四字两种。在空运中以三个英文（大写）字母简写航空机场名，不允许有数字，称"机场三字代码"或"三字码"。由国际航协制定机场三字代码刊登在 IATA 机场代码目录中，是最常用的机场代码，多用于对公众场合。有些机场三字代码与城市三字代码一样，在中国很多城市如此，如广州、天津等。如果一个城市有多个机场，则一般机场三字代码同城市三字代码不一样，例如，北京，城市代码是 BJS，首都机场是 PEK。

表 4-4 列出了中国及世界影响力较大的国际机场，其中北京首都国际机场、广州白云国际机场及上海浦东国际机场是中国主要三大国际门户机场。

表 4-4 世界主要国际机场及代码

中文全称	机场英文全称	三字代码	国家
北京首都国际机场	BEIJING CAPITAL INTERNATIONAL AIRPORT	PEK	中国
广州白云国际机场	GUANGZHOU BAIYUN INTERNATIONAL AIRPORT	CAN	中国
上海浦东国际机场	SHANGHAI PUDONG INTERNATIONAL AIRPORT	PVG	中国

续表

中文全称	机场英文全称	三字代码	国家
上海虹桥国际机场	SHANGHAI HONGQIAO INTERNATIONAL AIRPORT	SHA	中国
深圳宝安国际机场	SHENZHEN BAO'AN INTERNATIONAL AIRPORT	SZX	中国
天津滨海国际机场	TIANJIN BINHAI INTERNATIONAL AIRPORT	TSN	中国
成都双流国际机场	CHENGDU SHUANGLIU INTERNATIONAL AIRPORT	CTU	中国
西安咸阳国际机场	XI'AN XIANYANG INTERNATIONAL AIRPORT	XIY	中国
杭州萧山国际机场	HANGZHOU INTERNATIONAL AIRPORT	HGH	中国
重庆江北国际机场	CHONGQING JIANGBEI INTERNATIONAL AIRPORT	CKG	中国
香港国际机场	HONG KONG INTERNATIONAL AIRPORT	HKG	中国
戴高乐机场	PARIS CHARLES DE GAULLE AIRPORT	CDG	法国
希思罗机场	HEATHROW AIRPORT	LHR	英国
盖特威克机场	GATWICK AIRPORT	LGW	英国
法兰克福机场	FRANKFURT AIRPORT	FRA	德国
慕尼黑机场	FLUGHAFEN MüNCHEN	MUC	德国
肯尼迪国际机场	JOHN FITZGERALD KENNEDY INTERNATIONAL AIRPORT	JFK	美国
洛杉矶国际机场	LOS ANGELES INTERNATIONAL AIRPORT	LAX	美国
迈阿密国际机场	MIAMI INTERNATIONAL AIRPORT	MIA	美国
新加坡樟宜机场	SINGAPORE CHANGI AIRPORT	SIN	新加坡
奥克兰国际机场	AUCKLAND INTERNATIONAL AIRPORT	AKL	新西兰
东京成田国际机场	TOKYO NARITA INTERNATIONAL AIRPORT	NRT	日本
羽田机场（东京国际机场）	TOKYO INTERNATIONAL AIRPORT	HND	日本
关西国际机场	KANSAI INTERNATIONAL AIRPORT	KIX	日本
温哥华国际机场	VANCOUVER INTERNATIONAL AIRPORT	YVR	加拿大
仁川国际机场	INCHEON INTERNATIONAL AIRPORT	ICN	韩国

另一种是 ICAO 机场代码，即四字机场代码，全称为国际民用航空组织机场代码（ICAO Code 或 International Civil Aviation Organization Airport Code）。ICAO 机场代码是国际民航组织为世界上所有机场所订定的识别代码，由四个英文字母组成。ICAO 机场代码较少在公众场合使用，主要用于空中交通管理部门之间传输航班动态，通常用于空中交通管理及飞行策划等。

（四）航空公司代码

国际航协为全球各航空公司指定了两个字母的代码。国际民航组织也为各航空公司规定了三字代码。世界主要航空公司代码如表 4-5 所示。

表 4-5　世界主要航空公司代码

英文全称	中文全称	二字/三字英文代码	国家	运单3位前缀
AIR CHINA	中国国际航空公司	CA/CCA	中国	999
CHINA SOUTHERN AIRLINES	中国南方航空公司	CZ/CSN	中国	784
CHINA EASTERN AIRLINES	中国东方航空公司	MU/CES	中国	112
CATHAY DRAGON AIRWAYS	国泰港龙航空公司	KA/HDA	中国	43
UNITED AIRLINES	美国联合航空公司	UA/UAL	美国	16
NORTHWEST AIRLINES	美国西北航空公司	NW/NWA	美国	12
BRITISH AIRWAYS	英国航空公司	BA/BAW	英国	125
LUFTHANSA GERMAN AIRLINES	德国汉莎航空公司	LH/DLH	德国	20
AIR FRANCE	法国航空公司	AF/AFR	法国	57
KOREAN AIR	大韩航空公司	KE/AKA	韩国	180
ASIANA AIRWAYS	韩亚航空公司	OZ/AAR	韩国	988
JAPAN AIRLINES	日本航空公司	JL/JAL	日本	131
ALL NIPPON AIRWAYS	全日空航空公司	NH/ANA	日本	205
SINGAPORE AIRLINES	新加坡航空公司	SQ/SIA	新加坡	607
ROYAL BRUNEI AIRLINES	文莱皇家航空公司	BI/RBA	文莱	672

　　航空公司向国际航协申请航空公司代码，经批准后使用。中国航空公司成立得比较晚，大部分代码都已被其他航空公司使用，所以中国航空公司的二字代码一般没有具体意义，有的甚至还是数字，如南方航空是CZ，四川航空是3U，东方航空是MU等，而国外航空公司申请较早，故代码与航空公司名称相关性较强，如美国航空公司是AA（American Airlines），联合航空公司是UA（United Airlines），法国航空公司是AF（Air France）。

　　每一家航空公司都有"二字编码"和"三字编码"两种编码。航班号前两位一般采用的是国际航协规定的两字代码。两个字母的航空公司代码表还用于预约、时刻表、票务、征税、航空提单、公开发布的日程表和航空公司间的无线电通信，同时也用于航线申请。

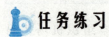任务练习

一、任务的提出

　　李立是锦长货代公司的实习生，近阶段的任务是了解并熟记世界主要国家、城市、航空港及航空公司代码。

任务

　　公司业务经理让实习生李立写出表4-6中国际机场的英文名称、三字代码及国别。

表 4-6　国际机场的英文名称、三字代码及国别

中文全称	机场英文全称	三字代码	国家
北京首都国际机场			中国
广州白云国际机场			中国
上海浦东国际机场			中国
上海虹桥国际机场			中国
深圳宝安国际机场			中国
成都双流国际机场			中国
西安咸阳国际机场			中国
戴高乐机场			
希思罗机场			
法兰克福机场			
肯尼迪国际机场			
洛杉矶国际机场			
新加坡樟宜机场			
东京成田国际机场			
羽田机场（东京国际机场）			
多伦多皮尔逊国际机场			
仁川国际机场			

二、任务的实施

实习生李立按照业务经理要求，将国际机场的英文名称、三字代码及国别填入表 4-7 中。

表 4-7　国际机场的英文名称、三字代码及国别

中文全称	机场英文全称	三字代码	国家
北京首都国际机场	BEIJING CAPITAL INTERNATIONAL AIRPORT	PEK	中国
广州白云国际机场	GUANGZHOU BAIYUN INTERNATIONAL AIRPORT	CAN	中国
上海浦东国际机场	SHANGHAI PUDONG INTERNATIONAL AIRPORT	PVG	中国
上海虹桥国际机场	SHANGHAI HONGQIAO INTERNATIONAL AIRPORT	SHA	中国
深圳宝安国际机场	SHENZHEN BAO'AN INTERNATIONAL AIRPORT	SZX	中国
成都双流国际机场	CHENGDU SHUANGLIU INTERNATIONAL AIRPORT	CTU	中国
西安咸阳国际机场	XI'AN XIANYANG INTERNATIONAL AIRPORT	XIY	中国

续表

中文全称	机场英文全称	三字代码	国家
戴高乐机场	PARIS CHARLES DE GAULLE AIRPORT	CDG	法国
希思罗机场	HEATHROW AIRPORT	LHR	英国
法兰克福机场	FRANKFURT AIRPORT	FRA	德国
肯尼迪国际机场	JOHN FITZGERALD KENNEDY INTERNATIONAL AIRPORT	JFK	美国
洛杉矶国际机场	LOS ANGELES INTERNATIONAL AIRPORT	LAX	美国
新加坡樟宜机场	SINGAPORE CHANGI AIRPORT	SIN	新加坡
东京成田国际机场	TOKYO NARITA INTERNATIONAL AIRPORT	NRT	日本
羽田机场（东京国际机场）	TOKYO INTERNATIONAL AIRPORT	HND	日本
多伦多皮尔逊国际机场	TORONTO PEARSON INTERNATIONAL AIRPORT	YYZ	加拿大
仁川国际机场	INCHEON INTERNATIONAL AIRPORT	ICN	韩国

任务评价

知识点与技能点	我的理解（填制关键词）	掌握程度
国际航协区划分		☆☆☆☆☆
国家（地区）代码		☆☆☆☆☆
城市三字代码		☆☆☆☆☆
机场三字代码		☆☆☆☆☆

任务三　认知国际航空运输及航线

学习目标

知识目标

1. 熟悉航空运输及其分类；
2. 了解航空货物运输代理；
3. 掌握世界主要航线及其特点。

能力目标

能识别世界主要航线及其经停的重要航空站。

素养目标

培养学生"忠诚奉献、逐梦蓝天"的航空报国精神。

知识储备

一、航空运输概念

航空运输（Air Transportation）又称飞机运输，简称空运，是使用飞机、直升机及其他航空器运送人员、货物、邮件的一种运输方式，具有快速、机动的特点，是国际贸易中运输贵重物品、鲜活货物和精密仪器所不可或缺的。航空运输在中国运输业中，其货运量占全国运输量比重还比较小，主要是承担长途客运任务，随着物流的快速发展，航空运输在货运方面也将扮演重要角色。

视频：航空运输

航空运输虽然起步较晚，但发展异常迅速。当今国际市场竞争激烈，航空运输所提供的快速服务也使得供货商可对国外市场瞬息万变的行情即刻做出反应，迅速推出适销产品占领市场，并获得较好经济效益。

航空运输企业经营形式主要有班期运输、包机运输和专机运输。通常以班期运输为主，后两种是按需要临时安排。班期运输是按班期时刻表，以固定机型沿固定航线、按固定时间执行运输任务。航空运输经营质量主要从安全水平、经济效益和服务质量三方面予以评价。

二、航空运输分类与特点

（一）航空运输分类

根据不同的分类标准，航空运输可划分为不同的种类。

1. 从航空运输性质进行分类

根据航空运输性质，一般把航空运输分为国内航空运输和国际航空运输两大类。由《中华人民共和国民用航空法》（以下简称《民航法》）第107条的定义，国内航空运输是指根据当事人订立的航空运输合同，运输的出发地点、约定的经停地点和目的地点均在中华人民共和国境内的运输。国际航空运输，是指根据当事人订立的航空运输合同，无论运输有无间断或者有无转运，运输的出发地点、约定的经停地点和目的地点之一不在中华人民共和国境内的运输。

2. 从航空运输的对象进行分类

根据航空运输对象，可分为航空旅客运输、航空旅客行李运输和航空货物运输三类。较为特殊的是，航空旅客行李运输既可附属于航空旅客运输中，又可看作一个独立运输过程。航空邮件运输是特殊航空货物运输，一级情况下优先运输，受《中华人民共和国邮政法》及相关行政法规、部门规章等调适，不受《民航法》相关条文规范。

（二）航空运输特点

航空运输具有以下特点。

（1）运送速度快，在途时间短，在途风险低。许多贵重物品、精密仪器往往采用航空运输的形式。

视频：认知航空运输

（2）不受地面条件影响，深入内陆地区。航空运输利用天空这一自然通道，不受地理条件的限制，对于地面条件恶劣、交通不便的内陆地区非常合适，有利于当地资源的出口，促进当地经济的发展。

（3）安全性高。与其他运输方式相比，航空运输更加安全。航空公司运输管理制度也较完善，货物破损率较低，如果采用空运集装箱方式运送货物，则更为安全。

（4）节约包装、保险、利息等费用。由于采用航空运输方式，货物在途时间短，周转速度快，企业存货可以相应减少。

当然，航空运输也有自己的局限性，主要表现在：航空货运运输费用较其他运输方式更高，不适合低价值货物；航空运载工具舱容有限，对大件货物或大批量货物的运输有一定限制；飞机飞行安全容易受恶劣气候影响；等等。但随着新兴技术得到更为广泛的应用，产品更趋向薄、轻、短、小、高价值，管理者更重视运输及时性、可靠性，航空运输将会得到更快的发展。

三、航空货物运输代理

航空货物运输代理（以下简称"航空货代"），作为货主和航空公司之间的纽带和桥梁，可以是货主的代理，代替货主向航空公司办理托运或提取货物手续，也可以是航空公司的代理，代替航空公司接收货物，出具航空公司的主运单（Master Air Waybill）和自己的分运单（House Air Waybill）。

采用空运方式进出口的货物，需要办理一定手续，如出口货物在始发站机场交给航空公司之前的揽货、接货、订舱、制单、报关和交运等，进口货物在目的地机场从航空公司接货、接单、制单、报关、送货或转运等。这类业务中有些航空公司不负责办理，而由专门承办此类业务的航空货运代理公司负责。

航空货代的产生和迅速发展，是因为其服务能为货主和航空公司双方都带来好处。首先，航空货代大都对运输环节和有关规章十分熟悉，并与民航、海关、商检以及交通运输部门有着广泛而密切的联系，具备办理运输的基本条件。同时，航空货代在世界各地都设有分支机构和代理人，能够及时联络，随时掌握货物运输动态。因此，委托航空货代办理进出口运输比托运人直接向航空公司办理更为便利。其次，航空货代主要业务是办理集中托运，即把若干单独发运的货物组成一整批货物，用同一份主运单发运到同一个目的站，再由其在当地代理人负责接货，清关后分拨交给实际收货人。这种托运方式可以从航空公司争取到较低运价，代理公司和货主都可以从这种服务中得到好处。

四、空中航线

（一）航线

民航从事运输飞行，必须按照规定线路进行，飞机飞行的路线称为空中交通线，简称航线。航线不仅确定了飞行的具体方向、经停地点，还根据空中交通管理的需要规定了航路的宽度和飞行的高度层，以维护空中交通秩序，保证飞行安全。

按照飞行起讫点，航线可分为国际航线、国内航线和地区航线三大类。飞行线路起讫点、经停点均在国内的称为国内航线，即一个国家内部航线，它又可分为干线、支线和地方航线三大类。地区航线是指在一国之内，连接普通地区和特殊地区的航线，如中国内地与港、澳、台地区之间的航线。飞行路线连接两个或两个以上国家，跨越本国国境，通达其他国家的航线称为国际航线。

另外，航线还可分为固定航线和临时航线。临时航线通常不得与航路、固定航线交叉或是通过飞行频繁的机场上空。

（二）航路

航路是指根据地面导航设施建立的供飞机作航线飞行之用的具有一定宽度的空域。该空域规定有上限和下限高度和宽度。在一望无际的天空中，实际上有着看不见的无数条空中通道，它对高度、宽度、路线都有严格的规定，偏离这条安全通道，就有可能存在失去联络、迷航、与高山等障碍物相撞的危险。

（三）世界主要航线

航线连接世界各地。国际航线主要集中在北半球的中纬地区，大致形成一个环绕纬度带的航空带。在北美、欧洲和东亚等经济发达地区航线密集，跨洲飞行的航线以北大西洋航线、欧亚航线和北太平洋航线最为繁忙。

1. 西欧—北美北大西洋航线

北大西洋航线历史悠久，是连接欧洲与北美之间最重要的国际航线。它主要连接西欧的伦敦（LHR&LGW）、巴黎（CDG）、柏林（TXL）、法兰克福（FRA）、慕尼黑（MUC）、布鲁塞尔（BRU）、阿姆斯特丹（AMS）、苏黎世（ZRH）、维也纳（VIE）等城市和北美的蒙特利尔（YMQ）、多伦多（YYZ）、温哥华（YVR）、纽约（JFK&EWR）、芝加哥（ORD）、西雅图（SEA）、旧金山（SFO）、洛杉矶（LAX）、丹佛（DEN）、休斯敦（HOU）、亚特兰大（ATL）、迈阿密（MIA）、墨西哥城（MEX）等城市。

2. 西欧—中东—远东航线

西欧—中东—远东航线是连接欧洲和远东的航线。它主要连接西欧的伦敦（LHR&LGW）、巴黎（CDG）、柏林（TXL）、法兰克福（FRA）、慕尼黑（MUC）、布鲁塞尔（BRU）、阿姆斯特丹（AMS）、苏黎世（ZRH）、维也纳（VIE），至远东的香港（HKG）、广州（CAN）、上海（PVG&SHA）、北京（PEK）、台北（TPE）、东京（NRT）、首尔（SEL），并途经雅典（ATH/希腊）、开罗（CAI/埃及）、特拉维夫（TLV/以色列）、利雅得（RUH/沙特）、多哈（DOH/卡塔尔）、迪拜（DXB/阿联酋）、德黑兰（THR/伊朗）等重要航空站，也称为欧亚航线。

3. 远东—北美北太平洋航线

北太平洋航线是连接北美和亚洲之间的重要航线。它穿越浩瀚的太平洋以及北美大陆，是世界上最长的航空线。它主要连接远东的香港（HKG）、广州（CAN）、上海（PVG&SHA）、北京（PEK）、台北（TPE）、东京（NRT）、首尔（SEL）、仁川（ICN）等地，经北太平洋上空，至北美西海岸的温哥华（YVR）、西雅图（SEA）、旧金山（SFO）、洛杉矶（LAX）等，并可延伸至北美中东部的纽约（JFK&EWR）、芝加哥（ORD）、蒙特利尔（YMQ）、多伦多（YYZ）等。

4. 西半球航线（北美—南美航线）

西半球航线是指航程中的所有点都在西半球的航线。西半球航线是连接南北美洲的航线，又称拉丁航线。它主要连接：北美洲的温哥华（YVR）、多伦多（YYZ）、蒙特利尔（YMQ）、旧金山（SFO）、洛杉矶（LAX）、西雅图（SEA）、芝加哥（ORD）、纽约（JFK）、亚特兰大（ATL）、迈阿密（MIA）、休斯敦（HOU）及墨西哥的墨西哥城（MEX）等；南美洲哥伦比亚的波哥大（BOG），秘鲁的利马（LIM），委内瑞拉的加拉加斯（CCS），巴西的里约热内卢（RIO）、巴西利亚（BSB）、圣保罗（SAO），阿根廷的布宜诺斯艾利斯（EZE），智利的圣地亚哥（SCL）等；中美洲的巴拿马城（PTY/巴拿马）、科隆（ONX/巴拿马）、圣胡安（SJU/波多黎各）、哈瓦那（HAV/古巴）等。

5. 北极航线

北极航线或南极航线也称极地航线，是穿越北极上空的重要航线，用于连接北美和欧洲、亚洲的城市。远东到北美西海岸（美西）如洛杉矶、旧金山、西雅图、温哥华都是飞越北太平洋，但是远东到北美东海岸（美东）如纽约、底特律、多伦多、蒙特利尔等可能飞的是北极航线。欧洲与北美之间的跨极地飞行早在20世纪20年代就已拉开序幕，商业飞行历史已超过40年。北极航线为国际航班的航空公司提供了比以前更多的直飞航路选择。与传统航线相比，北极航线不仅在缩短航程时间和减少油耗方面更具优势，而且为开通新的直飞航班提供了可能。

比如，从北京直飞纽约的航班，从北京起飞后，不是像人们所想象的那样往东飞行（飞越广阔的太平洋），而是往东北方向飞行，经过俄罗斯，飞越北冰洋和北极圈，再飞越加拿大，最后到达纽约（即走北极航线）。所以，一些航空公司开辟了北极航线。比如，从北京飞美国东部的纽约，北极航线只需要 11 004 千米，但是飞越太平洋的传统航线（在 LAX 经停或中转）却需要 14 042 千米，北极航线比传统的太平洋航线距离短 3 038 千米。这意味着燃油消耗和排放量更少、飞行更快捷、成本更低。

6. 西欧—南美航线

西欧—南美航线主要连接：西欧城市，如伦敦（LHR&LGW）、巴黎（CDG）、柏林（TXL）、法兰克福（FRA）、慕尼黑（MUC）、布鲁塞尔（BRU）、阿姆斯特丹（AMS）、苏黎世（ZRH）、维也纳（VIE）等；南美城市，如哥伦比亚的波哥大（BOG），秘鲁的利马（LIM），委内瑞拉的加拉加斯（CCS），巴西的里约热内卢（RIO）、巴西利亚（BSB）、圣保罗（SAO），阿根廷的布宜诺斯艾利斯（EZE），智利的圣地亚哥（SCL）等。

7. 西欧—非洲航线

西欧—非洲航线主要连接：西欧城市，如伦敦（LHR&LGW）、巴黎（CDG）、柏林（TXL）、法兰克福（FRA）、慕尼黑（MUC）、布鲁塞尔（BRU）、阿姆斯特丹（AMS）、苏黎世（ZRH）、维也纳（VIE）等；非洲城市，如摩洛哥的卡萨布兰卡（CMN），阿尔及利亚的阿尔及尔（ALG），突尼斯（TUN），利比亚的黎波里（TIP），埃及的开罗（CAI），苏丹的喀土穆（KRT），埃塞俄比亚的斯亚贝巴（ADD），肯尼亚的内罗毕（NBO），南非的约翰内斯堡（JNB）和开普敦（CPT），安哥拉的罗安达（LAD），刚果（金）的金沙萨（FIH），尼日利亚的阿布贾（ABV）、拉各斯（LOS），加纳的阿克拉（ACC），塞内加尔的达喀尔（DKR）等。

8. 西欧—东南亚—澳新航线

西欧—东南亚—澳新航线主要连接西欧城市和澳大利亚、新西兰的城市，如澳大利亚的悉尼（SYD）、墨尔本（MEL）、达尔文（DRW）、珀斯（PER），新西兰的奥克兰（AKL）、惠灵顿（WLG）等，并途经东南亚的新加坡（SIN）、曼谷（BKK）、吉隆坡（KUL）、雅加达（JKT）、马尼拉（MNL）、仰光（RGN）等。

此外，也有经过南亚再飞往澳大利亚的，比如，卡拉奇（KHI）、新德里（DEL）、孟买（BOM）、加尔各答（CCU）、科伦坡（CMB）等。

9. 远东—澳新航线

远东—澳新航线主要连接远东的香港（HKG）、广州（CAN）、上海（PVG&SHA）、北京（PEK）、台北（TPE）、东京（NRT）、首尔（SEL）等，经东南亚上空，至澳大利亚的悉尼（SYD）、墨尔本（MEL）、达尔文（DRW）、珀斯（PER），以及新西兰的奥克兰（AKL）、惠灵顿（WLG）等。

10. 北美—澳新航线

北美—澳新航线环球航线主要连接加拿大的温哥华（YVR）、多伦多（YYZ）、蒙特利尔（YMQ），美国的旧金山（SFO）、洛杉矶（LAX）、西雅图（SEA）、芝加哥（ORD）、纽约（JFK）、亚特兰大（ATL）、迈阿密（MIA）、休斯敦（HOU）、达拉斯（DFW），墨西哥的墨西哥城（MEX）等和澳大利亚的悉尼（SYD）、墨尔本（MEL）、达尔文（DRW）以及新西兰的奥克兰（AKL）、惠灵顿（WLG）等。

11. 环球航线

环球航线是指航线经过太平洋和大西洋两大水域，由东向或西向绕地球旅行。一些航空公司联盟推出环球旅行优惠价格，让人们在出行方面更加便捷。

任务练习

一、任务的提出

锦长货代公司准备一周后在某学校举办一次公益活动，主题是宣讲航空线路，目的是普及空中航线知识，并培养学生树立"航空报国"志向。

> **任务**
>
> 公司业务经理让实习生李立整理一份航空路线常识并准备在公益活动中汇报，主要内容包括世界上主要的航空线路、与中国相关的航空线路，以及主要经停的重要航空站。

二、任务的实施

实习生李立查阅有关资料后，整理资料如下。

世界主要的航空线路有三条，分别是西欧—北美北大西洋航线、西欧—中东—远东航线、远东—北美北太平洋航线，与中国相关的航空线路是后两条。

西欧—中东—远东航线主要连接西欧的伦敦（LHR&LGW）、巴黎（CDG）、柏林（TXL）、法兰克福（FRA）、慕尼黑（MUC）、布鲁塞尔（BRU）、阿姆斯特丹（AMS）、苏黎世（ZRH）、维也纳（VIE），至远东的香港（HKG）、广州（CAN）、上海（PVG&SHA）、北京（PEK）、台北（TPE）、东京（NRT）、首尔（SEL），并途经希腊雅典（ATH）、埃及开罗（CAI）、以色列特拉维夫（TLV）、沙特利雅得（RUH）、卡塔尔多哈（DOH）、阿联酋迪拜（DXB）、伊朗德黑兰（THR）等重要航空站。

远东—北美北太平洋航线主要连接香港（HKG）、广州（CAN）、上海（PVG&SHA）、北京（PEK）、台北（TPE）、东京（NRT）、首尔（SEL）、仁川（ICN）等地，经北太平洋上空，至北美西海岸的温哥华（YVR）、西雅图（SEA）、旧金山（SFO）、洛杉矶（LAX）等，并可延伸至北美中东部的纽约（JFK&EWR）、芝加哥（ORD）、蒙特利尔（YMQ）、多伦多（YYZ）等。

任务评价

知识点与技能点	我的理解（填制关键词）	掌握程度
航空运输概念		☆☆☆☆☆
航空运输分类与特点		☆☆☆☆☆
航空货运运输代理		☆☆☆☆☆
空中航线		☆☆☆☆☆

任务四 认知国际航空公约

学习目标

知识目标

1. 熟悉《华沙公约》；

2. 了解《国际民用航空公约》《蒙特利尔公约》等国际航空公约；
3. 理解国际航空公约赔偿额计算的逻辑。

能力目标

能分析国际航空运输案例中的索赔纠纷。

素养目标

培养学生的诚信守法意识。

知识储备

一、《华沙公约》

（一）《华沙公约》的产生、发展和适用范围

《华沙公约》（Warsaw Convention）全称《关于统一国际航空运输某些规则的公约》。该公约于1929年10月12日由德国、奥地利、比利时等23个国家在华沙签署，1933年2月13日生效，中国于1958年正式加入该公约。1955年9月28日，为了进一步完善《华沙公约》在确定航空承运人赔偿责任方面未能妥善解决的若干问题，一些国家又在海牙签署了《修改1929年10月12日在华沙签订的统一国际航空运输某些规则的公约的议定书》，简称《海牙议定书》。该议定书于1963年8月1日生效。

《华沙公约》是调整国际间航空运输合同关系的主要公约，是国际空运的一项基本公约。它规定了以航空运输承运人为一方和以货物托运人与收货人为另一方的法律义务和相互关系，共分5章41条，主要内容包括航空运输的业务范围、运输票证、承运人的责任、损害赔偿标准等，形成了国际航空运输上的"华沙体系"。公约对空中承运人应负的责任确立了三个原则：①负过失责任；②限定赔偿责任的最高限额；③加重空中承运人的责任，禁止滥用免责条款。

《华沙公约》适用范围：①适用于国际航空运输，不适用于一国国内的航空运输；运输对象包括旅客、行李和货物。②国际航空运输，指履行运输义务的航空器依运输合同的规定，在从出发地到目的地的整个运输途中，将在两个以上国家停留或者经过。这两个国家可以是缔约国，也可以是非缔约国。同时，停留或经过的地点应包括出发地和到达地在内。③航空运输的国际性质并不因该运输由几个承运人通过订立几个运输合同完成，其中包括一段国内运输而改变。

《海牙议定书》做出的一点重要修正，即《海牙议定书》的缔约国适用《华沙公约》和《海牙议定书》的条件是，在运输合同规定的出发地、到达地或途中的经停地点中，至少有一个地点位于缔约国境内。因此，根据上述两个文件的规定，如果一批货物从中国空运到国外，或从国外空运到国内，或从某一外国空运到另一外国，但依空运合同在中国经停，中国法院在审理决定承运人赔偿责任的案件时都适用《华沙公约》和《海牙议定书》。

（二）货运单中限制承运人责任的条款的效力

在国际航空货运中，运输合同的订立一般是通过托运人向承运人领取和填制货运单完成。《华沙公约》第11条第2款规定："在没有相反的证据时，航空货运单是订立合同、接收货物和承运条件的证明。"也就是说，除非托运人与承运人曾另行达成货运协议，否则，货运单相当于货运合同。

因此，航空货运合同通常并不是合同双方在自由协商基础上签订的：一份货运单相当于一份格式合同，承运人把事先起草完成的合同条件加入格式合同，托运人只能全盘接受这些条件，

并没有与对方讨价还价的余地。如果承运人在事先拟定好的货运单中加入一个条款，规定承运人对货物在运输途中的灭失不承担责任，或者，规定承运人仅对货物的灭失负有限的责任，这一条款在法律上是否有效？

根据华沙公约第 23 条，"企图免除承运人的责任，或定出一个低于本公约所规定的责任限额的任何条款，均不发生效力"。由此可知，任何从属于《华沙公约》适用范围的货运单中，加入的旨在使承运人承担比《华沙公约》规定的责任更轻的责任的条款都是无效的。因此，货运单中限定承运人责任的条款的有效性取决于，该条款规定的赔偿额是否低于《华沙公约》规定的赔偿额。

（三）赔偿额的计算

就承运人具体损害赔偿原则而言，《华沙公约》确定了三项基本原则，即限制损害赔偿原则、以声明价值金额为根据损害赔偿原则、无限制损害赔偿原则。

《华沙公约》第 22 条第 2 款规定："在载运登记的行李和载运货物时，承运人的责任以每千克 250 法郎为限，除非旅客或托运人在交运包件时，曾特别声明在目的地交付时的利益并缴付必要的附加费。"依这一条款，如果托运人在交运货物时没有就货物的价值进行特别声明并缴付必要的附加费，承运人对货物在航空运输期间发生的灭失的赔偿责任，以每千克 250 法郎为限，即赔偿最高限额为毛重每千克 250 法郎。关于"法郎"的含义，《华沙公约》第 22 条第 4 款规定："上述法郎是指含有千分之九百成色的 65.5 毫克黄金的法国法郎，这项金额可以折成任何国家的货币取其整数。"对《华沙公约》上述规定，《海牙议定书》又做了补充。依该议定书第 11 条，《华沙公约》第 22 条第 4 款中的"法国法郎"一词改称"货币单位"，"发生诉讼时，此项金额与非金本位货币的折合，应以判决当日该项货币黄金价值为准。"

目前，国际上普遍采用 250 金法郎折合 20 美元这一数额。国际航协更是在其决议中建议各承运人将这一限额明确列入运输条件，印在客票或货运单上作为依据，这已成为国际统一惯例。

《华沙公约》在中国生效，因此在跨国的航空运输损害赔偿方面，也适用于中国。对于航空赔偿责任，中国也有相关法律规定，如根据《中国民用航空货物国内运输规则》（1996 年修正）第 45 条的规定，由于承运人原因造成货物丢失、短缺、变质、污染、损坏，应按照下列规定赔偿：①货物没有办理声明价值的，承运人按照实际损失的价值进行赔偿，但赔偿最高限额为毛重每千克 20 美元。已向承运人办理货物声明价值的货物，按声明价值赔偿。②超过货物运输合同约定期限运达的货物，承运人应当按照运输合同的约定进行赔偿。③托运人或收货人发现货物有丢失、短缺、变质、污染、损坏或延误到达情况，收货人应当场向承运人提出，承运人应当按规定填制运输事故记录并由双方签字或盖章。如有索赔要求，收货人或托运人应当于签发事故记录的次日起，按法定时限向承运人或其代理人提出索赔要求。向承运人提出赔偿要求时应当填制货物索赔单，并随附货运单、运输事故记录和能证明货物内容、价格的凭证或其他有效证明。

二、《国际民用航空公约》

（一）《国际民用航空公约》概述

《国际民用航空公约》（Convention on International Civil Aviation），也称《芝加哥公约》（Chicago Convention），为管理世界航空运输奠定了法律基础，是国际民航组织的宪法。《国际民用航空公约》于 1944 年 12 月 7 日于美国芝加哥订立，1947 年 4 月 4 日正式生效。该公约现有加入国约 150 个，中国为该公约缔结国。《国际民用航空公约》是有关国际民用航空最重要的现行国际公约，被称为国际民用航空活动的宪章性文件。根据公约规定：①缔约各国承认每一国家对其领空具有完全的、排他的主权；②航空器必须具有一国国籍，任何缔约国不得允许不具有缔约国国籍的航空器在其领空飞行；③国际航班飞行必须经缔约国许可并遵照许可的条件，非航班飞行则无须经事先获准即可不降停地飞入，飞经缔约国领空；④缔约国有权保留其国内载运权；⑤设立"国际民用航空组织"；⑥公约仅适用于民用航空器而不适用于国家航空器。

（二）《国际民用航空公约》五项权利

《国际民用航空公约》承认缔约国对本国的领空享有主权。国际民用航空组织的缔约国还签订了两项适用于国际定期航班的特别协议，即《国际航空过境协议》和《国际航空运输协议》。这两项协议规定，每一个缔约国应当给予其他缔约国五项权利：①不降停而飞越一国领土的权利。②非运输业务性（比如加油、修理）降停的权利。③卸下来自航空器所属国领土的旅客、货物和邮件的权利。④装载前往航空器所属国领土的旅客、货物和邮件的权利。⑤装卸前往或者来自任何其他缔约国领土的旅客、货物和邮件的权利。

2021年，中国民航业运输总周转量达到近857亿吨千米，在国际民航组织成员国的排名连续16年位居前两位，连续多年对全球航空运输增长的贡献率超过20%。作为国际民航组织创始国之一，中国始终恪守《国际民用航空公约》的宗旨和目标，致力于国际民用航空安全、有序、高效、环保和可持续发展，积极落实全球发展倡议及国际民航组织"不让一个国家掉队"的倡议，加快实现联合国2030年可持续发展目标。

三、《蒙特利尔公约》

《蒙特利尔公约》（The Montreal Convention），全称为《制止危害民用航空安全的非法行为的公约》，于1971年9月23日在蒙特利尔签署，1973年1月26日生效。

《海牙公约》惩治的犯罪主要针对非法劫持或控制正在飞行中的航空器，但是，危害国际航空安全的犯罪无处不在，世界各地还经常发生直接破坏航空器的犯罪，甚至发生破坏机场地面上正在使用中的航空器及其航行设施等犯罪。显然，《海牙公约》不足以维护国际民用航空运输的安全，而《蒙特利尔公约》就是为了通过国际合作，惩治从地面破坏航空运输安全的犯罪行为，使之成为《海牙公约》的姊妹篇。根据《蒙特利尔公约》规定，国际航空承运人应当对旅客的人身伤亡、行李和货物损失，以及由于延误造成旅客、行李或货物的损失承担责任并予以赔偿。

任务练习

一、任务的提出

广州东升公司出口一批共400箱、价值60 000美元的取暖炉。经营单位于2021年9月20日从广州白云机场海关申报出口。该批货物国外运费为2 573美元，保险费为150美元。这批货物需要通过A航空公司办理空运，由广州机场出发，经停香港机场后，再发往美国洛杉矶机场。货物交付后，由B航空公司的代理人A航空公司于2021年9月20日出具航空货运单一份。该货运单注明：第一承运人为B航空公司，第二承运人是C航空公司，货物共400箱，毛重2 100千克，货物未声明价值。B航空公司将货物由广州运抵香港，9月25日准备按约将货物转交C航空公司时，发现货物灭失。为此，B航空公司于当日即通过A航空公司通知了货主货物已灭失。为此，货主向A航空公司提出书面索赔要求，要求A航空公司全额赔偿。

> **任务**
>
> 根据以上案情，请回答以下问题：
> (1) 本案中，A、B、C 航空公司的法律地位是什么？
> (2) 谁应当对货物的灭失承担责任？
> (3) 本案是否适用于《华沙公约》？
> (4) 货主要求全额赔偿有无依据？
> (5) 航空公司应该赔偿的数额是多少？

二、任务的实施

实习生李立查阅有关资料后，分析广州东升公司空运案例如下。

(1) A 是 B 的代理人；B 既是缔约承运人，也是第一区段的实际承运人；C 是第二区段的实际承运人。

(2) B 航空公司应当承担责任，因为货物灭失发生在转交 C 航空公司之前，责任在 B 航空公司。

(3) 适用。此案始发站是广州，中转站为香港，目的站为洛杉矶。根据《华沙公约》规定，由几个连续的航空承运人所办理的运输，如经合同当事人认为是一个单一运输业务，则无论其以一个合同还是一系列合同的形式约定，都应视为一个不可分割的运输，并不因其中一个合同或一系列的合同完全在同一国家的领土内履行而丧失其国际性质。因此，即便香港至苏州段是中国境内，也是国际航空货物运输合同。

(4) 无依据。

(5) 由于此批货物没有声明价值，因此，实际赔偿数额不应超过法定限额，即应赔偿的数额为 2 100×20 = 42 000（美元）。

 任务评价

知识点与技能点	我的理解（填制关键词）	掌握程度
国际航空公约分类		☆☆☆☆☆
《华沙公约》		☆☆☆☆☆
《国际民用航空公约》		☆☆☆☆☆
《蒙特利尔公约》		☆☆☆☆☆
国际航空货运常见专业术语		

【拓展阅读】

中国航空发展

中国是世界文明古国。"嫦娥奔月"是人类最古老的登月幻想。鲁班制作木鸟、西汉时期的滑翔尝试和列子御风的想象，说明古代中国人民已想到利用空气浮力和空气动力升空飞行。中国的风筝和火箭是世界公认的最古老的飞行器，走马灯的原理和现代燃气涡轮的工作原理基本相同，竹蜻蜓则是螺旋桨和直升机的雏形。

中国航空事业的蓬勃发展是从中华人民共和国成立之后开始的。中国航天事业是在 20 世纪

50 年代中期开始。1956 年，中国制定了 12 年科学发展远景规划，把火箭和喷气技术列为重点发展项目。1960 年 2 月，发射成功第一枚探空试验火箭，同年 11 月又发射成功第一枚自制的运载火箭。1964 年 6 月，发射成功自行研制的第一枚运载火箭，在 20 世纪 60 年代后期又研制成功中程和中远程运载火箭，为中国航天事业的发展奠定了基础。中国于 20 世纪 60 年代中期制定了研制和发射人造地球卫星的空间计划。1968 年组建了中国空间技术研究院。1970 年 4 月 24 日，中国第一颗人造地球卫星"东方红一号"发射成功，使中国成为继苏、美、法、日之后世界上第五个用自制运载火箭成功发射卫星的国家。1971 年 3 月 3 日，发射成功的第二颗人造地球卫星向地面发回了各项科学实验数据，正常工作了 8 年。1975 年 11 月 26 日，首次发射成功返回型人造地球卫星，中国成了继美、苏之后世界上第三个掌握卫星回收技术的国家。1980 年 5 月，向南太平洋发射大型运载火箭取得成功。1981 年 9 月 20 日首次用一枚大型运载火箭把三颗空间物理探测卫星送入地球轨道。1982 年 10 月从水下潜艇发射运载火箭成功。1984 年 4 月 8 日，发射了一颗对地静止轨道试验通信卫星"东方红二号"，4 月 16 日卫星定点于东经 125°赤道上空。

第一颗试验通信卫星已用于国内通信广播和电视节目传输，对改善边远地区的通信和广播状况发挥了重要作用。通过一系列航天活动，中国已经建立了各类人造卫星、运载火箭、发射设备和测量控制系统的研究、设计、试验和生产的基地，建成了能发射近地卫星和对地静止轨道卫星，拥有光测、遥测和雷达等多种跟踪测量手段的酒泉和西昌航天器发射场，组成了由控制中心、地面台站和测量船构成的卫星测控网，造就了一支富有经验的航天科学技术队伍，从而有能力不断开拓航天活动的新领域。

航空工业通过不断地创新驱动实现了跨越发展：中国航空装备已经实现从第三代到第四代、从机械化到信息化、从陆基到海基、从中小型到大中型、从有人到无人的跨越；实现了对世界强者从望尘莫及到同台竞技的跨越；实现了中国民机产业从蹒跚起步到振翅欲飞的跨越；实现了航空科技研发从亦步亦趋到自主创新的跨越。

1999 年 11 月 20 日，中国第一艘无人试验飞船"神舟一号"飞船在酒泉发射，并在 21 小时之后于内蒙古着陆完成回收。这次发射和回收圆满成功，为中国载人航天事业打下非常坚实的基础。2003 年 10 月 15 日，"神舟五号"带着中国第一位进入太空的宇航员杨利伟成功前往太空，并在轨运行 14 圈后返回地面。"神舟五号"的成功发射实现了中华民族千年飞天的愿望，是中华民族智慧和精神的高度凝聚，是中国航天事业在 21 世纪的一座新的里程碑。2008 年，"神舟七号"又搭载三名宇航员进入太空，其中翟志刚完成了首次出舱行走。2011 年 11 月 1 日，改进型"长征二号"F 遥八火箭顺利发射升空，与组合"天宫一号"成功实施首次交会对接任务，成为中国空间实验室的一部分。2012 年 6 月 16 日，首次载人交会对接任务由景海鹏、刘旺和刘洋（中国首位女航天员）完成。航天员刘洋操作飞船顺利完成与"天宫一号"的手控交会对接，标志着中国完全掌握了载人交会对接技术。2022 年 6 月 5 日，搭载"神舟十四号"载人飞船的"长征二号"F 遥十四运载火箭在酒泉卫星发射中心发射成功。

新中国航天的发展史，充满了艰辛与坎坷。从第一颗原子弹成功爆炸，到如今领先于世界的航天技术，离不开一代又一代航天人的努力和如此强大的国家的支撑。"功成不必在我，功成必定有我""什么都不说，祖国知道我""祖国终将选择那些忠诚于祖国的人，祖国终将记住那些奉献于祖国的人"……这些话语，说出了航空人的心声，寄托着航空人的信仰。航空工业全线会继续在建设世界航空强国的道路上一路奔跑，一路高歌。

资料来源：1. 我国航空航天发展历史回眸 http://m.toutiao.china.com.cn/article-market/wanneng/finance/3689193.html#

2. 神舟十三号成功发射——回顾中国航天的艰辛发展史 https://baijiahao.baidu.com/s？id=1714037408172787577&wfr=spider&for=pc

3. 砥砺奋进七十载 阔步迈向新征程：党领导新中国航空事业发展 70 年 https://baijiahao.baidu.com/s？id=1697269154609346914&wfr=spider&for=pc

素养园地

岗位就是责任

每个员工从灵魂深处都应该形成"岗位就是责任"这一价值观。中国某国际机场集团物流公司机坪作业部集控场操作岗，管理及负责配发4 100个集装器材，包括集装箱、集装板等承载设备，这些设备来自42家航空公司。集控场操作员每天需驾驶着叉车行驶在板箱中间，执行叉取板箱、转向、降落板箱、码放整齐等操作。驾驶叉车看似威风凛凛，但集控场员工都须保持一颗精细的心，每一步操作都需要小心翼翼、精准到位，旨在避免集装器材受损带来航空运输安全隐患。哪怕是经过长时间的户外作业，他们的精神状态也不能有一丝放松，这也正是集控场员工工作态度的体现。

【项目综合实训】

锦长货代公司业务经理要求实习生李立熟悉国际航空货运代码，并根据表4-8中国际运输任务，完成始发地及目的地相关代码的填制。

表4-8 国际运输任务

运输任务	始发地代码			目的地代码	
	国家（地区）代码	航空公司代码	城市代码	国家（地区）代码	城市代码
1. 中国国际航空公司要将一批奶粉从广州空运到美国芝加哥					
2. 日本航空公司从东京空运20箱相机到北京					
3. 大韩航空从首尔将一批巧克力空运到上海					

实训

锦长货代公司实习生李立根据业务经理的要求，熟记了国际航空货运代码并将各运输任务对应的始发地及目的地代码填入表4-9中。

表4-9 国际运输任务

运输任务	始发地代码			目的地代码	
	国家（地区）代码	航空公司代码	城市代码	国家（地区）代码	城市代码
1. 中国国际航空公司要将一批奶粉从广州空运到美国芝加哥	CN	CA	CAN	US	CHI
2. 日本航空公司从东京空运20箱相机到北京	JP	JL	TYO	CN	BJS
3. 大韩航空从首尔将一批巧克力空运到上海	KR	KE	SEL	CN	SHA

【习题】

一、单选题

1. 在航空运输中，中国的两字代码是（   ）。
 A. CA　　　　B. CH　　　　C. HK　　　　D. CN
2. 下列城市中，属于 IATA 三个航空运输业务区中 TC1 的是（   ）。
 A. 纽约　　　B. 北京　　　C. 伦敦　　　D. 德黑兰
3. 下列城市中，属于 IATA 三个航空运输业务区中 TC3 的是（   ）。
 A. 纽约　　　B. 北京　　　C. 伦敦　　　D. 堪培拉
4. 在航空运输中，城市用三个代码表示，北京的城市代码是（   ）。
 A. BJS　　　B. CAN　　　C. SHA　　　D. TSN
5. 在航空运输中，广州白云国际机场的三字代码是（   ）。
 A. PEK　　　B. PVG　　　C. CAN　　　D. CTU

二、判断题

1. IATA 是各国航空运输企业之间的联合组织，且会员必须是有国际民用航空组织的成员国颁发的定期航班运输许可证的航空公司。（   ）
2. 2018 年足球世界杯在俄罗斯的莫斯科举办，该城市属于 IATA 航空运输业务区中的 TC3 区。（   ）
3. 中转就是"中途转换飞机"（至少有两个航班号）。（   ）
4. 西欧—中东—远东航线主要连接巴黎、伦敦、法兰克福（德国）、纽约、芝加哥、蒙特利尔（加拿大）等航空枢纽。（   ）
5. 航班号的前两位一般采用的是国际航空协会规定的两字代码。（   ）

三、简答题

1. 机场及航空公司代码是如何设定的？各有什么作用？
2. 中国重要的国际机场有哪些（列举 5 例）？各自的航空代码是什么？
3. 世界主要航线有哪些？其中远东—北美北太平洋航线途经哪些重要的航空港？

项目五

操作国际海运整箱货业务

【项目概述】

在国际贸易货物运输中,涉及的运输方式有很多,包括海洋运输、铁路运输、航空运输、河流运输、邮政运输、公路运输、管道运输、大陆桥运输等。其中,国际海运(International Ocean Freight)是国际货运最主要的运输方式,占国际货运总运量的2/3以上。中国绝大部分进出口货物,都是通过海洋运输方式来完成。海洋运输运量大,费用低,航道四通八达,是其优势所在。国际海运根据集装箱货物装箱数量和方式可分为整箱运输和拼箱运输两种。

本项目主要讲解国际海运整箱货业务的操作,主要内容包括委托代理、审单(商业发票)、订舱放舱、装箱集港、报关放行、装船出运、结算费用等。

【案例引入】

外贸旺季不旺 海运费暴跌80%

经历了2021年暴涨的海运费后,2022年以来,海运费持续下降。北美航线集装箱价格已从去年的1.6万美元跌至2 400美元。一般而言,三季度是全球海上集装箱运输的传统旺季,但2022年却遭遇"旺季不旺"的罕见情况。近期订单同比2021年已减少20%。外贸市场正在经历海运费下跌、部分船公司班次停航、欧美国家需求疲软、出口订单减少等状况。

1. 从1.6万美元到2 400美元,海运费暴跌

2022年9月27日,深圳一家货代公司工作人员介绍,一个40英尺的标准集装箱发往美国,不同船公司的价格不同,如HPL为2 000美元,EMC为2 400美元,MSC为2 400美元。2 400美元的集装箱价格,相较2021年可谓暴跌。2021年海运太疯狂了,基本都在1万美元以上,最高的时候到1.6万、1.8万美元。

2022年以来,海运费持续下降。Freightos波罗的海集装箱运价指数(FBX)显示,截至2022年9月26日,FBX集装箱海运价格平均为4 029美元,较2021年9月的历史高点,已下跌63.8%。其中,中国/远东—北美西海岸航线运价较去年最高运价水平下跌85.7%。

据上海航运交易所数据,2022年9月23日最新一期中国出口集装箱运价指数(CCFI)为2 475.97点,较上期下降5.1%,已连续15周下跌。主要航线运价全数走跌,其中,波红、南美、美东、美西航线跌幅较大,周跌幅分别为14.1%、12.2%、6.6%与4.9%。但值得注意的是,目前海运费的价格仍高于疫情前。疫情前集装箱价格为1 500美元上下。

2. 多家船公司已停航 码头装卸量下降

海运费下跌后,首先受到影响的就是船公司,不少船公司陆续开始停航,以改变供给过剩的局面。海运咨询机构德鲁里发布的数据显示,从2022年9月19日到10月23日的5周里,在跨太平洋、跨大西洋、亚洲—北欧和亚洲—地中海等主要航线总共750个预定航次中,取消了122

个航次，取消率为 16%。其中，全球三大航运联盟陆续合计取消了 101 个航次。

船公司取消部分航次后，原本熙熙攘攘的港口码头也变得疏松起来。"因为要给'黑五'、圣诞节备货，按往年规律，三季度确实是出口旺季，但 2022 年确实存在'旺季不旺'的现象。"2022 年 9 月 28 日，广东某港口的管理人员表示，2022 年该港口的散货装卸量同比 2021 年下降了 10% 左右。

3. 外贸订单减少

海运作为国际运输的重要纽带，连接着外贸企业、货代公司、船运公司、港口码头、海外仓储等多个环节，牵一发而动全身。中国海关总署数据显示，2022 年 8 月，中国出口商品总值为 2.12 万亿元，增长 11.8%，环比下滑 5.3%。

企业当前面临的主要困难是物流慢、成本高、订单少，但也有一些积极因素，国家稳经济一揽子政策加快落实，外贸进出口企稳回升，企业预期和信心正在逐步改善。

2022 年 9 月 29 日，义乌市一家小商品外贸公司经理表示，近期订单比 2021 年减少了 20% 左右，但因为接到了 2022 卡塔尔世界杯的相关订单，所以比预期情况要好。

订单数量减少，主要是外国客户的需求下降。由于 2021 年美国港口堵得厉害，大量货物卸不下来，导致 2021 年圣诞节的备货还没清完，如沃尔玛取消数十亿美元订单，塔吉特取消超 15 亿美元订单，以便使库存水平与预期需求保持一致。

4. 专家：供需关系是影响海运费涨跌的主要原因

海运费下跌受到国外货运需求走低、市场运力逐步恢复、欧美国家通胀率高等多方面的影响。海运费下跌的背后是国际贸易需求的下降。因为国际市场疲软，所以海运费下降。

5. 新一轮稳外贸措施密集落地 力保订单履约交付

2022 年 9 月 27 日，商务部发布《关于支持外贸稳定增长的若干措施》。这次支持外贸稳定发展的若干政策措施，有三方面内容：第一方面是增强外贸履约能力，进一步开拓国际市场；第二方面是激发创新活力，助力稳外贸；第三方面是强化保障能力，促进贸易畅通。

（资料来源：1.6 万到 2400！海运费暴跌 80%，外贸旺季不旺订单减少，有船公司停航 https://finance.eastmoney.com/a/202210012523382440.html）

思考：

集装箱价格受国际贸易、集装箱供需水平等多种因素的影响。试分析：2022 年海运费暴跌的因素是什么？你认为国际海运前景如何？

任务一　委托代理

📘 学习目标

知识目标

1. 了解海运整箱运输的概念；
2. 理解信用证意义及操作业务流程；
3. 了解托运单概念及作用；
4. 熟悉托运单各栏位信息；
5. 掌握托运单的填制要领。

能力目标

1. 能识别与海运相关的信用证条款；
2. 能填制托运单。

素养目标

培养学生的诚实守信品质。

知识储备

一、海运整箱运输

整箱运输（Full Container Load，FCL），是指发货方自行将货物装满整箱，以集装箱为单位进行托运的运输方式。整箱货物<u>只有一个发货人运到目的港，由一个收货人来拆箱收货</u>。

整箱运输中使用的集装箱，除有些大的发货人自己置备了集装箱外，一般是向承运人或集装箱公司租用集装箱。空箱运到工厂或仓库后，在海关人员的监管下，发货人把货物装入箱内、加锁、铅封，再由发货人直接送到集装箱堆场。整箱货到达目的港后，送至堆场交承运人并取得站场收据，最后凭收据换取提单或运单。

因此，整箱货是<u>由发货人负责装箱、积载并且加铅封，由收货人负责拆箱</u>，但是也可以委托承运人在货运站进行拆箱。在整箱货的运输情况下，承运人不需要负责箱内的货损和货差，只需要保证集装箱外表没有大变动，并且铅封完整，就完成承运责任了。如果发生问题，除非货主举证，承运人才会进行赔偿。在整箱货运提单上，都要加上"委托人装箱、计数并加铅封"的条款。

<u>海运整箱运输的优点</u>是：①一个集装箱中装载的货物都是一家公司的，通关申请操作非常便利。只要按照海关要求提交相应的单证，在申请合格之后，海关就会放行，因此通关效率很高。②装卸货物方便。因为一整箱都是由一个公司发运，在操作上十分便利。

<u>海运整箱运输的缺点</u>是：①价格比较贵，所有的运输费用包括基础运费、港口附加费用以及燃油附加费用三个项目。②因为是海运整箱运输，为了确保装满整个集装箱，需要设计一定的装载方案，确保所有的货物能够装满整个集装箱。

二、信用证

（一）信用证概念

<u>信用证</u>（Letter of Credit，L/C）是指由开证行依照申请人要求和指示，在符合信用证条款的条件下，凭规定单据向第三者（受益人）或其指定方进行付款的书面文件，即信用证是一种银行开立的有条件的承诺付款的书面文件。

在国际贸易活动中，买卖双方可能互不信任。买方担心预付款后，卖方不按合同要求发货；卖方也担心在发货或提交货运单据后买方不付款。因此，需要两家银行作为买卖双方的保证人，代为收款交单，以银行信用代替商业信用。银行在这一活动中所使用的工具就是信用证。

信用证是当今国际贸易中的一种主要的结算方式。它的出现不仅在一定程度上解决了买卖双方之间互不信任的矛盾，而且能使双方在使用信用证结算货款的过程中获得银行资金融通的便利，从而促进了国际贸易的发展。

视频：国际贸易主要付款方式

（二）识别信用证的装运条款信息

审核信用证中的装运条款：为使出运工作顺利进行，在收到信用证后，<u>必须审核信用证中有</u>

关的装运条款，如装运期、结汇期、货物名称、数量、装运港、目的港、是否能转运或分批装运、议付单证要求以及是否指定船公司、船名、船籍和船级等，有的还要求提供各种证明，如航线证明书、船籍证等。对这些条款和规定，应根据中国政策、国际惯例，以及要求是否合理或是否能办到等来考虑接受或提出修改要求。

跟单信用证在国际贸易中较为常用。MT700信用证是跟单信用证开证所用的格式，其部分代码及其含义如表5-1所示。

表5-1 MT700信用证部分代码及其含义

代码	栏目名称
*20	Documentary Credit Number（信用证号码）
*27	Sequence of Total（报文页码）
*40A	Form of Documentary Credit（跟单信用证类别）
31C	Date of Issue（开证日期，该日期如果没有填制，则开证日期为电文的发送日期）
*31D	Date and Place of Expiry（信用证的有效期及有效地点，该日期为最后交单日期）
*32B	Currency Code，Amount（信用证结算的币种与金额）
39A	Percentage Credit Amount Tolerance（信用证金额允许浮动的范围，数值表示百分比的数值，如5/5表示上下浮动5%）
39B	Maximum Credit Amount（信用证最大限额金额）
*40A	Form of Documentary Credit［跟单信用证形式，跟单信用证有六种形式：（1）Irrevocable 不可撤销信用证；（2）Revocable 可撤销信用证；（3）Irrevocable Transferable 不可撤销可转让信用证；（4）Revocable Transferable 可撤销可转让信用证；（5）Irrevocable Standby 不可撤销备用信用证；（6）Revocable Standby 可撤销备用信用证］
*41A	Available With…By…［指定的有关银行及信用证的付款方式，（1）指定银行付款、承兑、议付；（2）兑付的方式有五种，即 By Payment（即期付款），By Acceptance（远期承兑），By Negotiation（议付），By Def Payment（延期付款），By Mixed Payment（混合付款）；（3）如果是自由议付信用证，对信用证的议付地点不做限制，该项目代号是41D，内容为 Any Bank In］
42A	Drawee-BIC（汇票付款人—银行代码，用于限制议付信用证，必须与42C同时出现）
42C	Drafts at…（汇票付款日期，必须与42A同时出现）
42D	Drawee（汇票付款人，用于自由议付信用证）
43P	Partial Shipments（分装条款，表示该票货是否可以分批装运）
43T	Transshipment（转运条款，表示该票货直接到达还是转运到达）
44A	Loading on Board/Dispatch/Taking in Charge at/Form（装船、发运和接收监管的地点）
44B	For Transportation to（货物发运的最终地）
44C	Latest Date of Shipment（最后装船期，装船的最迟日期）
45A	Description of Goods and/or Service（货物描述，货物的情况，价格条款）
46A	Documents Required（单据要求，各种单据的要求）
48	Period for Presentation（交单期限，表明开立运输单据后多少天内交单）

代码	栏目名称
* 49	Confirmation Instructions（保兑指示）
* 50	Applicant（开证申请人，一般为进口商）
51A	Applicant Bank（信用证开证的银行，即开证行）
57A	Advising Through Bank（通知行）
* 59	Beneficiary（信用证的受益人，一般为出口商）

注："＊"表示必填项目。

（三）信用证业务流程

信用证支付程序如图 5-1 所示。

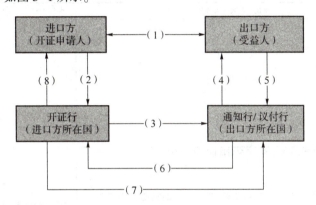

图 5-1　信用证支付流程

（1）进出口双方在买卖合同中规定以信用证方式支付。

（2）进口方在其所在国的银行（开证行）填制开证申请书，并缴纳保证金申请开立信用证。

（3）开证行根据申请书内容，开立以出口方为受益人的信用证并寄交给出口方所在地的代理行或往来行（统称通知行）。

（4）通知行核对印章签字无误后将 L/C 交给出口方。

（5）出口方审核 L/C 与买卖合同相符后，按信用证规定装运货物，备齐信用证所要求的装运单据，开出汇票，一并按信用证规定向其所在地行（议付行，可以是通知行，也可以是其他银行）议付货款。议付行审核单证无误后，进行议付货款并在信用证背面注明议付金额。

（6）议付行将汇票和其他单证寄开证行（或其制定的付款行）索偿。

（7）开证行（或其制定的付款行）审核单证无误后付款给议付行。

（8）开证行通知进口方付款赎单。

三、托运单定义

海运订舱之前，必须备好货物，也就是将货物做好包装待运的状态，然后将货物的全部详细信息填制在托运单（见图 5-2）上并提交给货代。

托运单（Booking Note / Shipping Order），是指由托运人根据贸易合同和信用证的有关内容，向承运人或其代理人申请办理货物运输的书面凭证。承运人根据托运单内容，并结合船舶的航线、挂靠港、船期和舱位等条件考虑，认为合适后，即接受托运。经承运人或其代理人对该单的

付货人 Shipper:(英文)				深圳市硕扬国际货运代理有限公司 SHINE LINE INT'L SHIPPING CO.,LTD
联系电话 TEL: 联系传真 FAX:				
收货人 Consignee（英文）				托运单 SHIPPING ORDER
通知人 Notify Party（英文）				
				订舱电话: 0755-25199152/25199087 传真: 0755-25112307/25112272 地址: 深圳市罗湖区深南东路文华大厦东座29B
收货地点 Place of Receipt		装货港 Port of Loading		B/L NO.
转运港(英文)Port of Discharge		目的地(英文)Place of Delivery		CY—CY　　CY—DOOR　　CY--FO
				可否分批　　　　　可否转船
MARK、柜号		件数、包装种类及货名（英文）		毛重（公斤）G.W.	尺码（立方米）

（表格内容：托运人需提醒特别注意的事项 SPECIAL REMINDER:
20'X　　40'GPX　　40'HQX
船公司 Carrier　　截关日 Closing Date　　起运港 Port of Loading
委托人签名及盖章:（委托人必须签名盖章）

运费支付部分
预付部分 FREIGHT PREPAID　　到付部分 FREIGHT COLLECT
总额 TOTAL:　　总额 TOTAL:
提单要求:　　发票完整抬头:）

特别声明:
1. 托运单是托运货运的依据，我司不接受口头托运。
2. 托运单内容均由托运人提供，其内容必须真实准确，我司不对托运人提供虚假或不准确的信息而引发的相关法律风险和赔偿负责。因托运单填写错误或资料不全而引起的货物不能及时出运、送错目的地、不能提货或结汇等风险均由托运人承担。
3. 代理人按照船东（实际承运人）提供的公布信息进行代理操作，不对实际承运人的船期意外延迟、爆舱甩柜、报关延迟、中转等不可控制的行为负责。
4. 此托运单需托运人加盖公司印章，但无加盖印章的手写托运单亦表明托运人的委托行为有效。

特别注意:
1. 托运人必须注明运费及目的港等必要资料，并注明是否需要委托我司安排拖车、报关。如需要拖车，需提供详细拖车时间、地点及联系人等资料，如托运计划有变，需提前一个工作日告之我司相关操作人员，否则因此而引起的额外费用均由托运人承担。
2. 本单所显示费用通常不包括因为运输环节中而产生的一些额外费用（如海关查柜，改船，超期，压车，压夜费）。
3. 为了更好地操作衔接，如客户自拖自报，请尽量提供拖车公司和报关公司的联系方式给我司相关操作人员。

图 5-2　托运单

签认，承运人与托运人之间对货物运输的相互关系即告建立。

托运单是进/出口企业在报关前向船方或其代理人（承运人）申请租船订舱的单据。它虽然不是出口结汇的正式单据，却是 日后制作提单的主要背景资料。同时，托运单也是承运人和托运人之间对托运货物的合约，其记载有关托运人与承运人之间的权利和义务。承运人签收后，一份给托运人当收据，货物的责任从托运人转至承运人，直到收货人收到货物为止。如发生托运人向承运人索赔时，托运单是必备的文件。

托运单是托运人及其代理人根据贸易合同和信用证条款内容填制。托运单没有固定格式，不同进出口公司填制的托运单不尽相同，但主要内容都包含在内，如托运人、收货人、装货港、卸货港、唛头、货物描述、货物毛重、货物体积、运费支付方式（预付还是到付）、所订船期、箱型、箱量等都要在托运单中体现。

四、托运单填制要领

视频：订舱委托书主要内容

托运单没有统一的格式，一般包括以下内容。

Shipper（发货人）：即托运人，指委托运输人，一般为出口方。所填制托运人名称，需与提单一致。

Consignee（收货人）：填制信用证规定的提单收货人。在信用证支付条件下，对收货人的规定常有记名收货人和指定收货人两种。记名收货人虽然是直接将收货人的名字、地址完整地表达出来，但因给单据的流通带来麻烦而无法转让，因而很少使用。指定收货人则克服了记名收货人的缺点，有相当的流通性，因而普遍使用。

Notify Party（通知人）：填制信用证规定的提单通知人。空白抬头的单据虽然可自由转让，但使船方通知货主提货有了一定的困难，因而又有 Notify Party 一栏进行补充说明。

Place of Receipt（收货地）：有时也叫 Port of Receiving，是指承运人从托运人手中接收货物的地点，一般是内陆的某个地点，特别是内陆港。不需转运时，此栏空白或填场站，例如，DALIAN CY。需转运时，此栏填制起程时接收货物的港口名称或具体地点。比如石家庄是天津港的内陆港，承运人如果从石家庄开始接收货物，则提单上 Place of Receipt 一栏应填 SHIJIAZHUANG，而不是 TIANJIN。

Port of Loading（POL，装货港/装运港/起运港）：是指装船的港口，一般为始发地国家的沿海港口。不需转运时，填制装运港名称。需转运时，填制中转港名称。比如，货物在天津港装船，所以提单上 Port of Loading 一栏应填 TIANJIN。装运包括始发港的装运和中转港的装运，中转港也可以说是 POL。所谓中转，是指在中转港把货物或集装箱卸下，换装到另一艘船上，继续运输。始发港到中转港的运输叫作头程，中转港到目的港的运输叫作续程。

Port of Discharge（POD，卸货港）：是指卸船的港口，一般为目的地国家的沿海港口。不需转运时，填制卸货港（目的港）名称。需转运时，填制二程卸货港（目的港）名称。比如，在石家庄接收货物，在天津港装船，在纽约港（NEW YORK）卸船，那么纽约港就是 POD。注意：如果有中转，比如在韩国釜山（PUSAN）中转，那么釜山也叫 POD。

Place of Delivery（交货地）：有时也叫 Port of Destination，是指最终交货的港口或地点。如果最终交货地不是港口而是内陆点，尤其是海陆联运时，那么最好说 Place of Delivery，这样比较明确。

通常来说，Port of Discharge 是指卸船的港口，Place of Delivery 是指交货的地点。卸船之后不一定意味着交货。如果是 CY-CY 条款，目的港卸船就是交货，此时 Port of Discharge 和 Place of Delivery 是一样的。海陆联运时这两个分得比较明确，比如典型的海陆联运，先通过海运到达洛杉矶，然后转陆运（铁路或公路）到达美国内陆城市科罗拉多州的丹佛市，即 Port of Discharge：USLAX（LOS ANGELES, CA）——卸货港是美国加州洛杉矶。Place of Delivery：USDEN（DENVER, CO）——交货地，即目的地是美国科罗拉多州丹佛市。

Service Type（服务类型）：货物交接方式，一般有九种（CY-CY、CY-Door、Door-CY、

Door-Door、CY-CFS、CFS-CY、CFS-CFS、CFS-Door、Door-CFS）。如为整箱货（FCL），常用的为 CY-CY、CY-Door、Door-CY 或 Door-Door。

Marks & Nos.（标记与号码）：填制货物的装运标志，即通常所说的"唛头"。此栏和"Container No.（集装箱号）"栏的内容可以连在一起写。如果托运时已装好箱，即整箱货，则填集装箱号码及封号（Seal No.）；如果为拼箱货，则先在 Shipping Marks 一栏中填入货物具体唛头，在场站装箱完毕后，填集装箱号码。但如信用证有规定，则必须严格与信用证规定一致。

Description of Goods（货名）：填制货物描述。这一栏里可以只填制统称，例如，①出口各种用途的化工原料，无须逐一列出颜料的成分；②出口尺寸不同、用途各异的竹制品，只需填制"竹制品"；③如果同时出口化工颜料和竹制品，则应分别填制"化工颜料""竹制品"，而不允许只填制其中一种数量较多或金额较大的商品。

Gross Weight 毛重（公斤/千克）：填制货物毛重，以公斤/千克计。

Measurement CBM 尺码（立方米）：此处为货物尺码总数，它不仅包括各种货物之和，还应包括件与件之间堆放时的空隙所占体积。尤其对超大、超高货物应提供详细体积，以便正确计算货物积载因素，安排装卸设备。注：在货物说明类中，毛重、净重和尺码三个栏目将作为填制装箱单（Packing List）的重要依据。

Payment（付款方式）：根据信用证提单条款的规定，勾选"Prepaid"（运费预付）或"Collect"（运费到付）。

任务练习

一、任务的提出

2022年9月20日，广州东升公司向美国进出口贸易公司出口取暖炉并签订了购买合同。本批次取暖炉的远洋运输打算采用集装箱班轮运输，货物正好装满一个40英尺普通货柜。广州东升公司委托锦长货代公司代理该票货的海运业务。东升公司与锦长货代公司双方需要签订一份托运单，以便及时履行货物的委托代理运输业务。

相关业务单证：销售合同、信用证内容。

销售合同
SALES CONTRACT

卖方 SELLER：	GUANGZHOU DONGSHENG CO., LTD 888 YUEKEN ROADTIANHE DISTRICT GUANGZHOU, CHINA TEL：0086-20-88888888 FAX：0086-20-666666	编号 NO.： 日期 DATE： 地点 SIGNED IN：	NEO2022092001 Sept. 20, 2022 GUANGHZOU, CHINA
买方 BUYER：	AMERICAN INTERNATIONAL IMPORT & EXPORT CO., LTD P. O. BOX 99002, NEW YORK, USA TEL：001-212-12345678 FAX：001-212-1234567		

买卖双方同意以下条款达成交易：

This contract is made by and agreed between the BUYER and SELLER, in accordance with the terms and conditions stipulated below.

1. 品名及规格 Commodity & Specification	2. 数量 Quantity	3. 单价及价格条款 Unit Price & Trade Terms	4. 金额 Amount
			CIF NEW YORK PORT, USA
ABOUT 800 CARTONS HEATING STOVE AT USD75 PER CARTON, 6KG NET WEIGHT PER CARTON, 8KG GROSS WEIGHT EACH CARTON, 0.072m^3 EACH CAORTON.	800CTNS	USD75.00	USD60,000.00
TOTAL	800CTNS		USD60,000.00

允许 With	溢短装，由卖方决定 10% More or less of shipment allowed at the sellers' option
5. 总值 Total Value	U.S. DOLLARS SIXTY THOUSAND ONLY.
6. 包装 Packing	EXPORT CARTONS
7. 唛头 Shipping Marks	AIIE NEO2022092001 NEW YORK
8. 装运期及运输方式 Time of Shipment & Means of Transportation	Not Later Than Dec. 30, 2022 BY VESSEL CY-CY
9. 装运港及目的地 Port of Loading & Destination	From：GUANGZHOU PORT, CHINA To：NEW YORK PORT, USA
10. 保险 Insurance	TO BE COVERED BY THE SELLER.
11. 付款方式 Terms of Payment	By Irrevocable Letter of Credit to be opened by full amount of S/C, Payment at sight document to be presented within 21 days after date of B/L at beneficiary's account.
12. 备注 Remarks	1) Transshipment prohibited; Partial shipment prohibited. 2) Shipment terms will be fulfilled according to the L/C finally.

The Buyer	The Seller
AMERICAN INTERNATIONAL IMPORT & EXPORT CO., LTD （进口商签字和盖章）	GUANGZHOU DONGSHENG CO., LTD （出口商签字和盖章）

信用证内容：

```
2022 SEPT. 30 12：18：11                                    LOGICAL TERMINAL E102
MT S700   ISSUE OF A DOCUMENTARY CREDIT                              PAGE 00001
                                                                   FUNCMSG 700
                                                                  UMR 06881051

MSGACK  DWS765I AUTH OK, KEY B198081689580FC5, BKCHCNBJ RJHISARI RECORO
BASIC HEADER F  01   BKCHCNBJA940 0588 550628
APPLICATION HEADER 0700   1057 071001 MIDLGB22BXXX 7277 977367 071001 1557 N
                                  * ABC BANK.
                                     * USA
```

USER HEADER SERVICE CODE	103：	
BANK. PRIORITY	113：	
MSG USER REF.	108：	
INFO. FROM CI	115：	
SEQUENCE OF TOTAL	*	27 1/1
FORM OF DOC. CREDIT	*	40 AIRREVOCABLE
DOC. CREDIT NUMBER	*	20 MLC9088
DATE OF ISSUE		31C 20220930
APPLICABLE RULE	*	40E UCP LATEST VERSION
DATE/PLACE EXP.	*	31D DATE 20221226 PLACE USA
APPLICANT	*	50 AMERICAN INTERNATIONAL IMPORT & EXPORT CO., LTD
		P.O. BOX 89102, NEW YORK, USA
BENEFICIARY	*	59
		GUANGZHOU DONGSHENG CO., LTD
		888 YUEKEN ROAD TIANHE DISTRICT GUANGZHOU, CHINA
AMOUNT	*	32B CURRENCY USD AMOUNT 60,000.00
AVAILABLE WITH/BY	*	41D ANY BANK IN CHINA, BY NEGOTIATION
DRAFTS AT...		42C 90 DAYS AFTER SIGHT
DRAWEE		42D ISSUING BANK
PARTIAL SHIPMTS		43P NOT ALLOWED
TRANS SHIPMENT		43T ALLOWED
PORT OF LOADING		44E
		GUANGZHOU, CHINA
PORT OF DISCHARGE		44F
		NEW YORK, USA
LATEST SHIPMENT		44C 20221030
GOODS DESCRIPT.		45A
		CIF NEW YORK, USA
		800 CARTONS HEATING STOVE AT PRICE OF USD75 PER CARTON

SPECIFICATION：
  6KG NET WEIGHT PER CARTON, 8KG GROSS WEIGHT EACH CARTON.

DOCS REQUIRED	46A	DOCUMENTS REQUIRED: + ORIGINAL COMMERCIAL INVOICE IN QUADRUPLICATE. +FULL SET OF CLEAN ON-BOARD MASTER BILLS OF LADING (BEARING CONTAINER NUMBERS) CONSIGNED TO ORDER, ENDORSED IN BLANK, MARKED 'FREIGHT PREPAID' EVIDENCING AMERICAN INTERNATIONAL IMPORT & EXPORT CO., LTD P.O. BOX 89102, NEW YORK, USA AS NOTIFY PARTY. + PACKING LIST IN QUADRUPLICATE. + MARINE INSURANCE POLICY OR CERTIFICATE FOR FULL INVOICE VALUE PLUS 10% COVERING ALL RISKS AND WAR RISKS FROM WAREHOUSE TO WAREHOUSE UP TO NEW YORK USA. +CERTIFICATE OF ORIGIN ISSUED BY THE CHINA COUNCIL FOR THE PROMOTION OF INTERNATIONAL TRADE. + INSPECTION CERTIFICATE OF QUALITY ISSUED BY CCIB. + ORIGINAL BENEFICIARY'S CERTIFICATE STATING THAT ONE FULL SET OF ALL COPY DOCUMENTS HAVE BEEN SENT TO AMERICAN INTERNATIONAL IMPORT & EXPORT CO., LTD BY COURIER WITHIN 2 DAYS AFTER SHIPMENT.
DD. CONDITIONS	47A	ADDITIONAL CONDITION: +ALL DOCUMENTS MUST BEAR THIS CREDIT NO. DATE AND THE NAME OF ISSUING BANK. +A DISCREPANCY FEE OF USD50.00 WILL BE IMPOSED ON EACH SET OF DOCUMENTS PRESENTED FOR NEGOTIATION UNDER THIS L/C WITH DISCREPANCY. THE FEE WILL BE DEDUCTED FROM THE BILL AMOUNT.
CHARGES	71B	ALL BANKING CHARGES OUTSIDE USA ARE FOR THE ACCOUNT OF BENEFICIARY/EXPORTER INCLUDING TRANSIT INTEREST CHARGES.
PERIOD FOR PRESENTATION	48W	ITHIN 15 DAYS AFTER THE DATE OF SHIPMENT BUT WITHIN THE VALIDITY OF THE CREDIT.

> **任务**
>
> 锦长货代公司业务经理要求实习生李立为客户识别与海运相关的信用证条款,并根据销售合同及信用证内容等信息,协助托运人填制托运单。

1. 识别与海运相关的信用证条款

(1) 本信用证的开证行是(名称地址):

(2) 本信用证的受益人是(名称地址):

(3) 本信用证的开证申请人是(名称地址):

(4) 本信用证的付款行是(名称地址):

(5) 本信用证的交单期是:

(6) 本信用证的最后装船期是:

(7) 本信用证的有效期是:

(8) 本信用证的开证日期是:

(9) 本信用证的号码是:

(10) 本信用证的保险由_____投保。

2. 根据销售合同及信用证内容等信息，协助托运人填制托运单

(1) 托运人／联络人／电话／传真：Shipper/ Tel/Fax No.：		广州锦长货运代理有限公司 BOOKING NOTE 托运单	
(2) 收货人：Consignee		Sales：	
(3) 通知人：Notify Party		TEL：	
(4) 预配船名和航次：Intended vessel/Voy.		EMAIL：	
(5) 收货地点： Place of Receipt	(6) 装货港： Port of Loading	(7) 服务类型：Service Type CY-CY：　　　　CY-Door： CFS-CFS：　　　Door-CY： Door-Door：　　其他：	
(8) 卸货港： Port of Discharge	(9) 交货地： Place of Delivery	(10) 提单类型：B/L Type Master B/L：　　House B/L： Telex Release：	
(11) 箱型箱量：＿＿X 20′GP　　＿＿X 20′加重柜　　＿＿X 40′GP　　＿＿X 40′HQ 其他：＿＿＿＿LCL			
(12) 唛头和号码 Marks &Numbers	(13) 件数和包装种类 Quantity and Type of Packages	(14) 货名 Description of Goods	(15) 毛重（千克） Gross Weight Kilos	(16) 尺码（立方米） Measurement CBM

(表格续)

(17) 报关 Customs Clearance：一般贸易（　）　　转关（　）　　代理出口报关（　）
拖柜资料（如需货代公司安排，请填制此栏）
拖柜具体地址：广州市天河区粤垦路888号
时间：9月23日　　联系电话：020-88885555　　联系人：刘先生
(18) 运费／附加费：Freight & Charges：
付款方式：Payment　　预付 Prepaid　　到付 Collect
付款地点：Payable at　　深圳：　　　香港：　　　其他：

托运单是托运货物，安排运输及出具提单的依据，船名、货名、唛头、件数、重量、尺码等各项内容必须填制无误，因托运单填制或资料不全引起的货物不能及时出运，运错目的地，提单错误不能结汇，不能提货而产生的一切责任、风险、纠纷、费用等概由托运人承担	(19) Signature &Chops By Shipper

二、任务的实施

1. 识别与海运相关的信用证条款

(1) 本信用证的开证行是（名称地址）：
ABC BANK USA

(2) 本信用证的受益人是（名称地址）：
GUANGZHOU DONGSHENG CO.，LTD

888 YUEKEN ROAD, TIANHE DISTRICT GUANGZHOU, CHINA

（3）本信用证的开证申请人是（名称地址）：

AMERICAN INTERNATIONAL IMPORT & EXPORT CO., LTD

P.O. BOX 89102, NEW YORK, USA

（4）本信用证的付款行是（名称地址）：

ABC BANK USA

（5）本信用证的交单期是：

WITHIN 15 DAYS AFTER THE DATE OF SHIPMENT BUT WITHIN THE VALIDITY OF THE CREDIT

（6）本信用证的最后装船期是：

20221030

（7）本信用证的有效期是：

20221226 PLACE USA

（8）本信用证的开证日期是：

20220930

（9）本信用证的号码是：

MLC9088

（10）本信用证的保险由＿＿＿＿投保。

GUANGZHOU DONGSHENG CO., LTD

888 YUEKEN ROAD, TIANHE DISTRICT GUANGZHOU, CHINA

2. 根据销售合同及信用证内容等信息，协助托运人填制托运单

托运单各栏位信息如下：

（1）GUANGZHOU DONGSHENG CO., LTD

888 YUEKEN ROAD, TIANHE DISTRICT GUANGZHOU, CHINA

TEL：0086-20-88888888　FAX：0086-20-666666

（2）TO ORDER

（3）AMERICAN INTERNATIONAL IMPORT & EXPORT CO., LTD

P.O. BOX 99002, NEW YORK, USA

TEL：001-212-12345678　FAX：001-212-1234567

（4）/

（5）/

（6）GUANGHZOU, CHINA

（7）CY-CY

（8）NEW YORK, USA

（9）NEW YORK, USA

（10）Master B/L

（11）1 X 40′GP

（12）AIIE

NEO2022092001

NEW YORK

(13) 800 CARTONS
(14) HEATING STOVE
(15) 6400.00KGS
(16) 57.60CBM
(17) 一般贸易
(18) 预付 Freight Prepaid
(19) GUANGZHOU DONGSHENG CO., LTD

任务评价

知识点与技能点	我的理解（填制关键词）	掌握程度
海运整箱运输		☆☆☆☆☆
信用证		☆☆☆☆☆
托运单定义		☆☆☆☆☆
托运单填制		☆☆☆☆☆

任务二　审单（商业发票）

学习目标

知识目标

1. 了解商业发票的概念；
2. 理解商业发票的作用；
3. 熟悉商业发票各栏位信息；
4. 掌握商业发票的填制要领。

能力目标

能审核或填制商业发票。

素养目标

培养学生忠实履行合同的职业道德。

知识储备

一、商业发票定义

商业发票（Commercial Invoice），是出口贸易结算单据中最重要的单据之一，如图5-3所示。作为买卖双方交接货物和结算货款的主要单证，商业发票是出口方向进口方开具的货款价目清单，是进出口双方记账的依据，及进出口报关交税的总说明。商业发票是全套出口单据的核心。

商业发票是一笔业务的全面反映，是卖方陈述、申明、证明和提示某些事宜的书面文件，内容包括商品名称、规格、价格、数量、金额、价格条件、总值，有时还有包装等。发票无正副本之分，如需正本，加打"Origin"。不同发票名称表示不同用途，要严格根据信用证规定制作发票名称。一般发票都印有"Invoice"字样，前面不加修饰语，如信用证规定用"Commercial Invoice""Shipping Invoice""Trade Invoice"或"Invoice"，均可理解为商业发票。

发票的出票人一般为信用证的受益人，如果是可转让信用证或其表明接受第三方单据，则出票人可为受让人或第三者。

```
............ Imp & Exp Co., Ltd
Export office: ............................ ncheng North Road, Ningbo315021, China
Tel: 0086-574-876.......        Fax: 0086-574-876.......
```

COMMERCIAL INVOICE

INVOICE NO: CI-BT1601
DATE: 17\10\2016

TO:
.... CO., LIMITED

From: JIANGMEN, CHINA   To: MOMBASA, KENYA   By: SHIP

MARKS	DESCRIPTIONS	ITEM NO.	QTY（PCS）	CFR MOMBASA PRICE (USD)	AMOUNT (USD)
LINKA	GAS BBQ GRILL(4 BURNER)	HSQ-A214S	24	281.6125	6758.70
	GAS BBQ GRILL(6 BURNER)	HSQ-A216S	16	341.3500	5461.60
	SPRAE PARTS	NA	45	0.5	22.50
TOTAL					12242.80

SAY US DOLLAR TWELVE THOUSAND TWO HUNDRED AND FOURTY TWO POINT FOUR.

图5-3 商业发票

二、商业发票作用

商业发票的作用有以下几方面：①发票是交易的合法证明文件，是货运的中心，也是装运货物的总说明。②可供进口方了解和掌握装运货物的全面情况。③发票是买卖双方收付货款和记账的单据。④发票是买卖双方办理报关、海关统计、纳税的计算依据。⑤在信用证不要求提供汇票的情况下，发票代替汇票作为付款依据。⑥发票是出口方填制其他出口单证的依据。⑦一旦发生保险索赔时，发票可以作为货物价值的证明等。

三、商业发票填制要领

商业发票没有统一的格式，一般主要包括以下栏位内容。

Issuer（出票人）：填制出票人（即出口商）名称和地址。在信用证支付方式下，应与信用证受益人名称和地址保持一致。原则上名称和地址要分行写。出票人名称和地址相对固定，因此有许多出口商在印刷空白发票时就印刷上这一内容。

To（受票人）：也称抬头人，又称发票收货人。此项须与信用证中所规定严格一致。多数情况下填制进口商名称和地址，且应与信用证开证申请人名称和地址一致。如信用证无规定，即将信用证申请人或收货人名称、地址填入此项。如信用证中无申请人名字则用汇票付款人。在其他支付方式下，可按合同规定填制买方名称、地址。

No.（发票号）：一般由出口企业自行编制。发票号码可以代表整套单据的号码，如出口报关单的申报单位编号、汇票的号码、托运单的号码、箱单及其他一系列同笔合同项下的单据编号都可用发票号码代替，因此发票号码尤其重要。

Date（发票日期）：在全套单据中，发票是签发日最早的单据。它只要不早于合同签订日期，不迟于提单签发日期即可。一般是在信用证开证日期之后、信用证有效期之前。

Transport Details（运输说明）：填制运输工具或运输方式，一般还加上运输工具的名称；运输航线要严格与信用证一致。如果在中途转运，在信用证允许的条件下，应表示转运及其地点。

S/C No.（合同号）：发票的出具都以买卖合同为依据，填制该合同的号码。

L/C No.（信用证号）：信用证方式下的发票需填列信用证号码，作为出具该发票的依据。若不是信用证方式付款，本项留空。

Term of Payment（支付条款）：填制交易付款条件。

Marks and Numbers（唛头及件数编号）：唛头即运输标志，既要与实际货物一致，还应与提单一致，并符合信用证的规定。凡是信用证上规定唛头的，必须逐字逐行按规定填制，并与其他单据的唛头相一致。信用证中没有规定唛头的，则按合同条款中指明的唛头或买方已提供的唛头填制；如果都没有规定的，则由卖方自行设计，并注意单单相符。无唛头时，应注"N/M"或"No Mark"。如为裸装货，则注明"NAKED"或散装"In Bulk"。

件数有两种表示方法：一是直接写出件数；二是在发票中记载诸如"We hereby declare that the number of shipping marks on each packages is 1–10, but we actually shipped 10 cases of goods."（兹申明，每件货物的唛头号码是从1~10，实际装运货物为10箱。）之类的文句。

Number and Kind of Packages, Description of Goods（货物描述、包装种类和件数）：发票的主要部分，包括商品的名称、规格、包装、数量、价格等内容。品名规格应该严格按照信用证的规定或描述填制。货物的数量应该与实际装运货物相符，并符合信用证的要求，如信用证没有详细的规定，必要时可以按照合同注明货物数量，但不能与信用证内容有抵触。

根据《UCP 500》（《跟单信用证统一惯例》国际商会第500号出版物）规定，发票的商品名称不得使用统称，必须完全与信用证相符。有些国家开来的信用证中，商品名称以英语以外的第三国文字表述（如法文、德文、西班牙文等），则发票（包括其他单据）亦应严格按信用证以该文字照抄。

Quantity（数量）：货物的数量，与计量单位连用。注意该数量和计量单位既要与实际装运货物情况一致，又要与信用证要求一致。以件数计算价格的商品，发票要列明件数；以重量计算价格的商品，必须列出重量。如果货品规格较多，每种商品应列出小计数量，最后表示出总数量。

Unit Price（单价）：单价由四个部分组成，包括计价货币、计量单位、单位数额和价格术语。如果信用证有规定，应与信用证保持一致；若信用证没有规定，则应与合同保持一致。

Amount（金额小计）：单价和数量相乘得到货物金额小计，除非信用证上另有规定，货物总值不能超过信用证金额。若信用证没有规定，则应与合同保持一致。

Trade Term（成交条件和港口名称）：填制信用证或者合同规定的价格术语加上起运港或者目的港的名称。当价格术语是FOB时，填制起运港的名称；当价格术语是CFR、CIF等时，填制目的港的名称。港口名称一般由港口名称加上所属国家名称构成，这是为避免同名港口引起争议。

Special Terms（特殊条款）：在很多信用证中，要求在发票中证明某些事项的条款，譬如发票内容正确、真实、货物产地等证明，均应按照信用证要求办理。注意：凡是加注发票内容真实正确声明的，发票下印有的"E. & O. E."（Errors and Omissions Excepted，错误或遗漏不在此限，意思是如有错漏，可加更正）应划掉。

Signature（签名）：根据《UCP 500》条款规定，如果信用证没有特殊要求，发票无须签字，但是必须表明系由受益人出具。如果信用证要求签字（Signed）发票，由出口公司的法人代表或者经办制单人员代表公司在发票右下方签名，并注明公司名称，同时注意使用的图章和签字与其他单据的签章要一致。

 任务练习

一、任务的提出

进出口双方在开立信用证后，出口方即东升公司根据销售合同要求，积极备货。首先根据销售合同及信用证内容（见本项目任务一的任务练习），填制了商业发票（见图5-4），以此作为进出口双方交接货物和结算货款的主要单证。

东升公司在生产产品方面是专家，但不熟悉进出口及国际物流业务，担心自己填制的商业发票出现问题，因此委托锦长货代公司协助审核商业发票的内容。

> **任务**
>
> 锦长货代公司作为该票货的国际货代企业，除了要响应客户的商业发票审核需求外，且对应客户提交的包括商业发票在内的整票货的所有单证，有义务审核它们的一致性、完整性和正确性。因此，锦长货代公司业务经理要求实习生李立完成商业发票的审单任务，即根据销售合同及信用证内容，检查商业发票内容（见图5-4）是否有误。

(1) ISSUER GUANGZHOU DONGSHENG CO., LTD		商业发票 COMMERCIAL INVOICE		
(2) TO AMERICAN INTERNATIONAL IMPORT & EXPORT CO., LTD P. O. BOX 99002, NEW YORK, USA TEL: 001-212-12345678 FAX: 001-212-1234567		(4) NO. DS-CI001	(5) DATE Oct. 18, 2022	
(3) TRANSPORT DETAILS FROM GUANGZHOU PORT TO NEW YORK PORT BY SEA		(6) S/C NO. NEO2022092001	(7) L/C NO.	
		(8) TERMS OF PAYMENT CFR NEW YORK, USA		
(9) MARKS AND NUMBERS	(10) NUMBER AND KIND OF PACKAGE DESCRIPTION OF GOODS	(11) QUANTITY	(12) UNIT PRICE	(13) AMOUNT
GUANGZHOU-DS NEO2022092001 NEW YORK C/NO. 1-800	800 CARTONS HEATING STOVE 6KG NET WEIGHT PER CARTON, 8KG GROSS WEIGHT EACH CARTON.	800CTNS	USD75/ CTN	USD60,000.00
(14) TO TAL: SIXTY THOUSAND (15) SAY TOTAL: WE HEREBY CERTIFY THAT THE CONTENTS OF INVOICE HEREIN ARE TURE AND CORRECT. (16) GUANGZHOU DONGSHENG CO., LTD				

图 5-4 商业发票

二、任务的实施

锦长货代公司实习生李立根据销售合同及信用证内容，认真检查商业发票内容的正确性及完整性，发现六个错误，具体栏位及更正内容如下：

(1) GUANGZHOU DONGSHENG CO., LTD
888 YUEKEN ROAD TIANHE DISTRICT,
GUANGZHOU, CHINA
TEL: 0086-20-88888888 FAX: 0086-20-666666
(7) MLC9088
(8) CIF NEWYORK, USA
(9) AIIE
NEO2022092001
NEWYORK
C/NO. 1-800
(14) 800CTNS   USD60000.00
(15) U.S. DOLLARS SIXTY THOUSAND ONLY

任务评价

知识点与技能点	我的理解（填制关键词）	掌握程度
商业发票定义		☆☆☆☆☆
商业发票作用		☆☆☆☆☆
商业发票填制要领		☆☆☆☆☆

任务三　订舱放舱

学习目标

知识目标

1. 了解订舱确认书的概念；
2. 熟悉订舱确认书中英语术语及其含义；
3. 熟悉订舱确认书各栏位信息；
4. 掌握订舱确认书的填制要领。

能力目标

能识别订舱确认书中的关键信息。

素养目标

培养学生严谨细致的工作态度。

知识储备

一、订舱确认书定义

订舱确认书（Booking Confirmation），是船公司或货代公司对订舱的确认。托运人持有订舱确认书，则表明其有权要求承运人按期运输，如图5-5所示。订舱确认书没有固定格式，不同船公司填制的托运单不尽相同,其中主要包括船名、船次、船期、装货港、卸货港、收货人、货物名称、货物重量、货物体积等。

 中远集装箱运输有限公司   订舱确认书 Booking Confirmation
COSCO CONTAINER LINES CO.,LTD.   Print On: 2016-12-14 09:34 CCT
序列号: CC4738175936

订舱号: COSU6130182450
船名/航次: VALUE 1204-015W
挂靠码头: 盐田国际集装箱码头
订舱方: Shanghai Everest International Logistics Co.,Ltd Guangzhou Branch
运输条款: CY-CY
服务合同号/运价协议号: GAC16452
接货地: Yantian
交货地: Santos,Sao Paulo,Brazil

Container Detail

Quantity	Size/Type	Cargo Description	Sub. Equip	Gross Weight	Soc
1	40HQ	SPARE PARTS FOR CHAIRS AND SCREWS		16999KGS	N

Intended Schedule Plan

Service Loop	Vessel Name	Voyage	POL	ETD	POD	ETA
ESA	VALUE	1204-015W	Yantian	2016-12-22 06:00	Santos	2017-01-19 13:00

请注意:
**您要求的运输路径可能与我公司的标准路径不同,我公司也可能根据实际情况予以调整,敬请关注。
**我公司已经根据我们的路径,尽量安排相近的接转船期,以最大限度避免您的货物在中转港滞留,请关注我们的船期,合理安排您的货物出运。如对转运安排有进一步的要求,请您联系客户服务代表。(请注意,如果要求中转港滞留,将会产生额外费用,具体金额请与您的客服代表确认)

非常感谢您的上述订舱,以下订舱须知请您知晓:
您此票订舱的客服代表为:
孙宇 TEL: 0755-88286586 Email: sunyu1@coscon.com
中远海运集装箱客服中心热线: 4009601919, 公共邮箱: cs.southchina@coscon.com
**请在网上订舱、补料时,务必在备注栏内留下您真实有效的邮箱及电话联系方式,以便我们和您联系。
**如在装港前有拖车、报关等延伸服务需求,请在获得订舱确认单后,邮件通知您的客服代表做安排。
**请注意核查订舱确认书中的船名、航次、中转港、卸货港、交货地、箱型箱量、冷箱温度通风是否与您的订舱申请一致。
**请务必提供详细、真实的货物名称,如含有危险品应提前进行特殊申报,开船后我司不接受对货物性质的更改。
**电子提箱网站: http://ebusiness.COSCON.com
提箱校验码: 4706
**出口空箱免用箱天和超期费率具体请登录http://www.COSCON.com查询,其中普通箱免用箱天数为7个日历天(从提柜当天起算,至船开当天),个别航线特殊政策以我司另行通知为准。
**装柜时请勿超重,否则需要承担由此引起的责任风险和费用。货物限重(货物毛重)参考:美国:17.2吨/20GP、19.9吨/40GP/40HQ/45HQ;其他地区请向您的客服代表咨询或确认。
**40HQ 替代柜,请勿超出我司各航线规定的CBM限制,若超出将按40HQ收取运费。

COSU6130182450

图5-5 订舱确认书

头程船预计开航时间：2016-12-22 06:00
头程船开舱时间：2016-12-16 00:00（仅适用于普通箱）
头程船截止重柜时间：2016-12-20 08:00
头程船截止放行条时间：2016-12-20 12:00
头程船截止单证（补料）时间：2016-12-22 12:00
VGM截止时间：2016-12-20 12:00
放行条交接地：深圳市盐田区进港二路YICT综合服务大楼一楼
注意事项：
1. 以上开舱时间仅适用于普通箱，SOC、RF、OT、FL、DG等特种箱型免堆天不同于上述普通箱，请另行咨询您的客服代表确认开舱时间
2. 如税品货物(酒类/烟草类/碳氢油类中之火水/甲醇)经香港中转或驳船以国际中转方式出运，请提前三天邮件联系客服代表申请报备，如没有提前报备产生罚款和法律责任将由订舱方承担。
3. 请注意在以上"截止补料时间"前提供完整提单资料，如多票订舱合票提单或一票订舱拆分多票提单时，请在网上补料时指定提单号；付款（发票）信息和第三地付费需求，也请您在网上补料时务必在备注栏内明确说明；之后提供或更改，请邮件联系您的客服代表按改单程序操作。
4. 电子单证只能发送一次，截止补料时间之前的更改，请邮件发送更改内容（列明提单号）到邮箱：amddoc@coscon.com；截止补料之后更改，请邮件联系您的客服代表。
5. 收到Debit Note (D/N)后请及时核对，如有问题请在1个工作日内联系您的客服代表处理，过期无反馈将视为默认无误。
6. 如要签发正本提单，协议客户请在船开后，联系您的客服代表安排。非协议客户请在核对D/N后，联系您的客服代表开具发票；并请结清预付费用后，联系提单签发事宜。
7. 如要做电放，电子单证中的提单类型请选择ORIGINAL，并请在备注栏注明。协议客户请在船开后，联系您的客服代表安排。非协议客户请在结清预付费用后，联系您的客服代表安排。（电放须提供正式保函）。
8. 如要出SEAWAY BILL，协议客户在电子单证中的提单类型请直接选择SEAWAY BILL。非协议客户电子单证中的提单类型只可以选择ORIGINAL，如要出海运单（SEAWAY BILL），请在结清预付费用后，联系您的客服代表安排。

银行信息：
收款人名称：华南中远海运集装箱运输有限公司
人民币账号：814781161210003
美金账号：　814781161232001
收款人银行：招商银行股份有限公司深圳安联支行
银行地址：　深圳市福田区金田路4018号安联大厦1B01
**如您与我司有相关的付费协议，以付费协议确定的银行信息为准。
**如您还有额外的付费要求，请联络您的客服代表。（请注意，额外的付费要求可能需要额外的手续和费用，详情请联络您的客服代表了解。）

◆特别提醒：
**贵司应保证向我司及相关港航监管机构提供的各类信息均真实有效，否则须由贵司承担由此产生的相关风险、责任和费用。
◆特别声明：
**因航行易受海上风险、港口操作限制及其他船舶安全航行因素之影响，以上船期信息不应作为承载船舶和船期的最终确认，承运人不承担货物未按预定船期装载的责任和后果，但承运人将竭尽所能安排替代船舶和航次执行本票货物的运输任务。

货物跟踪、船期查询，还有更多服务内容，欢迎扫描以下二维码关注我司微信公众号！

COSU6130182450

图 5-5　订舱确认书（续）

目前多数外贸公司都是委托货代公司订舱配载，所以外贸公司只要提供订舱委托单，其他事情都由货代公司（也称"订舱货代"）完成。订舱货代收到海运委托书后，在船东网上订舱系统里，根据委托的信息，把信息录入，提交订单。船东据此安排舱位或者集装箱，在船开前7天左右开始放舱，订舱确认书（Shipping Order）就下了。如向中远海运订舱后，订舱信息提供完备的情况下，针对普通货及冷藏货，工作日2小时内确认订舱，而对于危险品货及大件货，2个工作日内确认订舱。

在国际货物运输中，S/O 一般是 Shipping Order 的缩写，可理解为装运通知书、装运指示、订舱确认书等。S/O 在华南地区比较流行，而在北方很少说 S/O，而是叫作提箱单、调箱单（仅对集装箱运输而言，如果是散货一般叫"送货通知"或"进仓通知"）。虽然叫法不同，但所指信息完全一样。

订舱货代向船公司订舱后，会收到船公司 S/O，表示船公司已经分配舱位，已经确认订舱货代的订舱，托运人或订舱货代可根据 S/O 指示提箱、装箱。因此，S/O 也叫装货单，因为只要拿到船公司 S/O，就可安排拖车、提柜、装柜、报关、集港。

船东的订舱确认上一般会体现船公司的 Logo 和名称以及 Shipping Order 或 Booking Confirmation 的字样，S/O 号（Shipping Order No.）、船名/航次（Vessel/Voyage）、起运港（POL）、卸货港（POD）、中转港（VIA）、预计开船日期（ETD）、截港日期（Closing Date）、截补料时间（SI Cut Off）、箱型和箱量（Container Type/Size）、提空柜地点（Empty Pick up CY）、最大重量（Gross Weight Limit）、堆场联系方式以及注意事项等。

二、订舱确认书填制要领

（1）订舱前务必仔细阅读客户的委托单，审核货物是否为危险品，重量及尺码是否适用客户要求的柜型，特别注意客户的特殊要求（如船证、信用证、船期、起运码头、免舱期或装载要求等）。

（2）如果是特殊货物应先向客户查询清楚货物的特性（如超重货、食品、冷藏货、危险品等），如不接受，则注明原因退回市场部。

（3）货代公司应尽快向船公司索取订舱确认书或放柜纸，如遇船公司舱位紧张应及时反馈给市场部，市场部应及时与托运人协商其他新的安排。

（4）在收到船公司的订舱确认书后，应将订舱确认书上所预定的船公司、柜型、柜量、目的地、船期等资料与客人的原始订舱委托书一一核对，在确认完全准确后方可进行后续操作，如发现订舱确认书资料有误，则应马上以书面形式通知船公司更改并要求其提供新的订舱确认书，直至完全正确为止。

三、订舱确认书主要英文术语

（1）Vessel/Voyage：船名/航次。
（2）Port of Loading（POL）：装货港。
（3）Port of Discharge（POD）：卸货港。
（4）Transhipment Port（T/S Port）：转运港。
（5）GWT：（货物毛重）限重/柜，一般是柜和货物的总重量。
（6）Place of Delivery：目的地，交货地。
（7）Final Destination：目的港，最终目的地。
（8）Palce of Receipt：收货地。
（9）ETA（Estimated Time of Arrival）：预计到达时间，到港日。

（10）ETD（Estimated Time of Departure）：预计离港时间，开船后。
（11）ETC（Estimated Time of Closing）：截关日。
（12）DOC Cut Time：截文件日期、文件结束时间。
（13）Closing Date：截关日期及时间，截货时间。
（14）CY Cut-Off：截关（截重柜）。
（15）CV（Customs Voucher）Cut-Off Time：截海关放行条时间。
（16）SI Cut Off Date/Time：截提单补料日期/时间。
（17）Cargo Cut-Off Date：截货时间，一般也就是指最晚进港时间。
（18）Freigh Payable at：运费支付地。
（19）SVC（Service）Type：运送方式。
（20）SVC（Service）Mode：运送形态。
（21）Trucker：拖车公司/运输公司。
（22）Equipment Size/Type：设备规格。
（23）Empty Pick up Date：提空柜时间，提柜有效期。
（24）Full Return Location：重柜还柜地点。

任务练习

一、任务的提出

本票货打算采用集装箱班轮运输，故在落实信用证后，东升公司委托锦长货代公司向中远海运订舱。锦长货代公司客服人员在接到东升公司所传的 BOOKING NOTE（B/N）后，根据东升公司的要求做好预配，填制预配清单，并于 10 月 8 日将 B/N 传真给船东即中远海运确认。船东根据锦长货代公司传真过来的 B/N，给出订舱确认，将订舱确认书发给锦长货代公司。锦长货代公司客服接到订舱确认书后，须再审核一遍，看是否符合客户 B/N 的要求，若不符合，须及时向中远海运提出，要求其重新确认。

任务　锦长货代公司业务经理要求实习生李立根据东升公司托运单（B/N，具体见本项目的任务一任务练习），审核并确认中远海运的订舱确认书信息是否正确无误，如错误，请指明原因。

BOOKING CONFIRMATION

TO：JINCHANG FREIGHT FORWARDING COMPANY.
　　　P.I.C：Lili
********配载通知　　　/ REVISE：000 DATE：2022/10/09 17：10：32 PM *********
***** VGM Effective Date：July/1/2022 *****
BOOKING NUMBER：149603178749
APPLICATION NO.：16100907236609
CARRIER：COSCO SHIPPING
ON BEHALF OF：　COSCO SHIPPING LINES CO., LTD
SVC TYPE/SVC MODE：(LCL/LCL) / (PORT/PORT)
PLACE OF RECEIPT：　GUANGZHOU, GUANGDONG, PEOPLE's REPUBLIC OF CHINA

PORT OF LOADING: GUANGZHOU, GUANGDONG, PEOPLE's REPUBLIC OF CHINA
CLOSING DATE: 2022/10/31 12:00 PM
VGM CUT OFF VIA EDI/WEB/APP: 2022/10/31 14:00
SI CUT OFF DATE/TIME: 2022/10/31 12:00 PM
ETD DATE: 2022/11/1
EST. CONNECT VSL/VOY: ITAL LUNARE 0811-063W
PORT OF DISCHARGE: NEW YORK, USA
PLACE OF DELIVERY: NEW YORK, USA
ETA DATE: 2022/11/18 (SUBJECT TO CHANGE WITHOUT PRIOR NOTICE)
SHIPPER: GUANGZHOU DONGSHENG CO., LTD
COMMODITY: GAS BBQ GRILL SPARE PARTS
QTY_TYPE（箱数箱型） GWT（货物毛重） 限重/柜 危险品等级/联合国编码/LQ/SUB RISK

1/40' STANDARD DRY 15,000.00+3,800 23,670 (NON-HAZARDOUS)
空箱提领处：广州港南沙港区
提领空箱请联系张先生，电话：020-55556666
重箱返还处：广州港南沙港区
协约号：SQRA4602881（SQ/SC IS EXPIRED, PLEASE CONTACT OUR SALES IN CHARGE TO FIX FREIGHT RATE AS SOON AS POSSIBLE.）
PAYMENT TERM: PREPAID AT

All Shippers shall follow SOLAS (Safety of Life At Sea) Regulations, commencing July 1, 2016, and/or any local laws or regulations to provide the carrier with the Verified Gross Mass ("VGM") for all export containers tendered to the carrier for shipment before the containers are loaded aboard Carrier's vessel. Since there are different regulations at individual ports regarding the actual time when the VGM has to be provided, Merchants are directed to the websites of Carrier's local agents for the time when the VGM has to be submitted. If the certified VGM is not provided to the Carrier before loading, the affected containers will not be loaded on Carrier's vessel.

For further information regarding SOLAS VGM requirement, please see:
1. SOLAS website at "http://www.imo.org", as well as
2. The World Shipping Counsel website at "http://www.worldshipping.org", which contains a summary explanation of the VGM.

The merchant warrants to the carrier that the particulars and description of cargo furnished by or on behalf of merchant are adequate and correct, especially the cargoes named (Lithium Battery / Power Bank/Power Pack and/or similar description of goods) which might jeopardize common safety of navigation and stowage. The merchant shall indemnify the carrier against any and all loss, damage, expenses, fees and penalties arising or resulting from inaccuracies or inadequacy of such particulars provided by the Merchant.

　　运送人不对本订舱通知中有关船期资料之准确性或正确性做任何保证，并得随时更改或修正不另行通知。

　　提单条款相关规定视为运送契约之一部分，与运送契约有同等效力，提单条款详细内容请浏览本公司网站。

除货主订舱时提供记载危险品和 IMO 编号以及完整、翔实和准确的"委托承运危险品货物通知单"并经承运人同意外，承运人概不接受委托运输任何级别的危险品、爆炸品、腐蚀品、有害品、易燃品、放射品及任何具有危险性质的货物。货主同意：凡瞒报危险货物在任何时间和地点一经发现，将按普通货物运价的三倍或按美元 8 000 元/集装箱向承运人支付罚金和违约金，承运人还有权在任何时间、地点将货物卸下和做任何处置，承运人除无须向货主承担由此给货主造成货物损失和灭失的责任外，还将承担由此给承运人造成的所有费用和损失，包括但不限于装卸费、堆存费、集装箱滞期费，以及货物拍卖、销毁和退运等任何处置而产生的费用。

所有至美国或途经美国之货柜，必须使用符合 ISO/PAS 17712 标准之封条，否则因不符而衍生之一切责任与费用由客户自负。

以上为贵公司订舱资料，敬请核对；如有错漏请致电联系本单位更正为要，否则将视为接受本文件的所有内容。

重要提示：

驳船出口，VGM 申报为装运当天 14:00 前，请登录公司网站进行订舱/提单并提交 VGM。

贵客注意：

1. 查询船期，货柜动态及相关信息等，请直接登录公司网站查询。

2. 凡经香港 HIT 码头中转的普柜最早可以在驳船截关前三天报关出口，经香港 HIT 码头中转的特殊柜只能在驳船截关当天报关出口，香港中流（MID-STREAM）中转的普柜最早可以在驳船截关前一天报关出口。

3. 免舱期查询请登录公司网站。

4. 出口至美国、加拿大的货载请严格遵照该国的道路限重规定，请勿超重，由于超重而产生的一切责任我司概不负责。

查询道路限重请登录公司网站。

5. 如需提领超重柜，请在提柜前直接联系驳船公司或码头安排。

6. 贵公司出口货物必须符合装货港当地的法律规定、相关出口条例及提供当地要求与出口相关的文件等，否则因违反相关规定及条例而引起的一切法律责任及后果，一概由贵公司承担。

7. 本公司要求提交"一次性正确补料"，请通过 EDI 或网上补料方式提供提单资料。

二、任务的实施

锦长货代公司实习生李立根据托运人的托运单要求，发现船公司的订舱确认书存在如下问题（加下画线部分），并指出了错误原因。

错误一

SVC TYPE/SVC MOD：(<u>LCL/LCL</u>) / (PORT/PORT)

错误原因：根据信用证内容 "FULL SET OF CLEAN ON-BOARD MASTER BILLS OF LADING"，出具船东提单，而不是货代提单，可知是整箱运输，即 FCL。

错误二

CLOSING DATE：2022/10/<u>31</u> 12:00 PM

VGM CUT OFF VIA EDI/WEB/APP：2022/10/<u>31</u> 14:00

SI CUT OFF DATE/TIME：2022/10/<u>31</u> 12:00 PM

ETD DATE：2022/11/<u>1</u>

ETA DATE：2022/11/<u>18</u> (SUBJECT TO CHANGE WITHOUT PRIOR NOTICE)

错误原因：最迟开船日期为 2022 年 10 月 30 日，故船公司的订舱确认书中的 ETD DATE 日期应该不晚于 2022 年 10 月 30 日，开船前其他需处理的业务，如 CLOSING DATE、VGM CUT

OFF、SI CUT OFF 等也需早于 2022 年 10 月 30 日完成，ETA DATE 也需随着 ETD 的变更而改变。

错误三
COMMODITY：<u>GAS BBQ GRILL SPARE PARTS</u>
错误原因：根据销售合同或者信用证内容，都可知商品名称为 HEATING STOVE。

任务评价

知识点与技能点	我的理解（填制关键词）	掌握程度
订舱单定义		☆☆☆☆☆
订舱单填制要领		☆☆☆☆☆
订舱单主要英文术语		☆☆☆☆☆

任务四　装箱集港

学习目标

知识目标

1. 了解装箱单的概念、特点及作用；
2. 了解集装箱设备交接单；
3. 熟悉装箱单各栏位信息；
4. 掌握装箱单的填制要领。

能力目标

能填制装箱单。

素养目标

培养学生的团队意识及奉献精神。

知识储备

一、装箱单定义

装箱单（Packing List or Packing Specification）又称包装单、码单，是用来说明<u>货物包装细节的清单</u>，如图 5-6 所示。

装箱单应清楚地表明货物装箱情况，是具体记录每一个集装箱内所装货物的名称、数量、毛重、净重、尺寸及货物积载情况的唯一单证。装箱单说明了信用证（或合同）中买卖双方约定的有关包装事宜的细节，它所列的重量、体积等各项数据和内容必须与提单等单据的相关内容一致，还要与货物实际情况相符，如按外箱尺寸计算出来的总体积要与标明的总体积相符。

装箱单名称应按照信用证规定使用。通常用"Packing List""Packing Specification"或"Detailed Packing List"。如果信用证要求用"中性包装单"（Neutral Packing），则包装单名称为"Packing List"，且包装单内不显示卖方名称，不能签章。类似的单据还有：<u>重量单、规格单、</u>

尺码单等。装箱单及其内容需与信用证一致。因填制的出口公司不同，它包括的内容也大不相同，但主要内容包括：名称、编号、日期、唛头、货名、规格、包装单位、件数、每件的货量、毛净重以及包装材料、包装方式、包装规格及签章等。

PACKING LIST

INVOICE NO: PL-BT1601
DATE: 17\10\2016

TO:
　　　　　　　CO., LIMITED

FROM: JIANGMEN, CHINA		TO: MOMBASA, KENYA		BY: SHIP	
SHIPPING MARKS	DESCRIPTION	ITEM NO.	QTY (CTNS)	G.W. (KGS)	N.W. (KGS)	VOLUME (CBM)
	GAS BBQ GRILL(4 BURNER)	HSQ-A214S	24	1272.00	1128.00	13.104
	GAS BBQ GRILL(6 BURNER)	HSQ-A216S	16	1120.00	1008.00	12.463
	SPRAE PARTS	NA	1	20.00	19.00	0.160
	TOTAL		41	2412.00	2155.00	25.727

图 5-6　装箱单

二、装箱单作用及特点

（一）装箱单作用

装箱单的作用主要是补充发票内容，显示唛头和箱号，有利于买方对进口商品包装和数量的了解，以及在货物到达目的港时，供海关检查和核对货物。在以集装箱为单位进行运输时，装箱单是一张极其重要的单证。它是货物申报、交接等的依据，单证上所记载的货物和集装箱的重量是计算船舶吃水差和稳性的基本数据。当发生货损、货差时，它还是处理事故索赔的原始依据之一。

（二）装箱单特点

（1）装箱单一般不显示货物的单价、总价，因为这涉及商业秘密。

（2）装箱单的制作要以信用证、合同、备货单、出货单为凭据。如装箱单上的总件数和重量单上的总重量，应与发票、提单上的总件数或总数量相一致。

（3）装箱单所列的情况，应与货物的包装内容完全相符，例如，货物用木箱装，每箱200包，每包10个。装箱单着重表现货物的包装情况，从最小包装到最大包装的包装材料，包装方式一一列明。而对于重量和尺码内容，一般只体现累计总额。

（4）如果信用证上要求在装箱单上填制一些特殊条款，应按要求与信用证一致。

三、装箱单填制要领

装箱单无统一格式，各出口企业制作的装箱单大致相同。其主要内容和填制方法如下：

Exporter's Name and Address（出口企业名称和地址）：出口企业的名称、地址应与发票内容一致。

Name of Document（单据名称）：单据名称通常用英文粗体标出。常见的英文名称有：Packing List（Note），Packing Specifications，Specifications。在实际使用中，应与信用证要求的名称相符，倘若信用证未做规定，可自行选择。

No.（号码）：装箱单编号一般填发票号码，也可填合同号。

Date（出单日期）：出单日期填发票签发日，不得早于发票日期，但可晚于发票日期1~2天。

Shipping Mark（唛头）：唛头制作要符合信用证规定，并与发票唛头相一致。L/C没有规定唛头：单据可以显示具体的唛头；也可用"N/M"表示，但不能空着。

Name of Commodity and Specifications（品名和规格）：品名和规格必须与信用证的描述相符。规格包括商品规格和包装规格，例如，Packed in polythene bags of 3kgs each, 20 boxes to a carton（每3千克装一个塑料袋，20盒装一个纸箱）。

Quantity（数量）：数量填制实际件数，如规格型号不同应分别列出，并累计其总数。

Unit（单位）：外包装的包装单位，如箱、包、桶等。

Gross Weight（毛重）：毛重填入外包装重量，规格型号不同要分别列出，并累计其总量。

Net Weight（净重）：净重填制货物的实际重量并计其总量。

Measurement（尺码）：尺码填制包装的体积，并累计总尺码。

Signature（签章）：出单人签章应与商业发票相符，如果信用证没有要求时可以不盖章签名，也可以签名；但如果信用证规定中性包装，此栏可不填。

四、集装箱设备交接单

设备交接单（Equipment Interchange Receipt，EIR），是在设备（集装箱）交接的时候，主要用在堆场提吉柜（空箱）和还重柜（重箱）时。集装箱设备交接单（见图5-7），是指进出港区、场站时，用箱人、运箱人与管箱人或其代理人之间交接集装箱的书面凭证。集装箱设备交接单由承运人或其代理人签发给货主，据此在集装箱装卸区、中转站或内陆站领取或送还重箱或空箱。

拖车公司拿着船公司或货代提供的提箱单/调箱单（S/O）去放单处打单，拿到一份一式多联的"设备交接单"和一个封条，也有的是车队拿着S/O直接去堆场打印。司机凭设备交接单去指定堆场提取空箱并出场站，然后把空箱拉去进行产装或内装。内装是指由发货人把货物送到订舱货代指定的场站或物流仓库，由场站或物流仓库装箱，并集港的操作方式（内装最初限于海运拼箱，后来扩展到海运整箱）。与内装对应的是产装，即直接把空集装箱拉到产地/工厂进行装箱。装完货之后用铅封把箱门锁好，再凭设备交接单进场及还重柜，之后堆场向海关发送运抵信息，海关接收到运抵信息后才可以正式报关。以上所有交接都以设备交接单为依据进行操作。

集装箱所有人或租用人委托集装箱装卸区、中转站或内陆站与货主即用箱人或其代理人之间交接集装箱及承运设备。设备交接单上的内容包括：用箱人名称和地址、进出堆场时间、集装箱箱号和封条号、空箱还是重箱、订舱号、船名航次、集装箱或其他设备是否完好的说明等。交接单第一张背面印有交接使用条款，主要内容是集装箱及设备在货主使用期中，产生的费用以及遇到设备及所装货物发生损坏、灭失的责任划分，及对第三者发生损害赔偿的承担。

设备交接单分出场（港）和进场（港）设备交接单两种。集装箱设备交接单详细操作可参考国家标准《集装箱设备交接单》。选用集装箱时，主要根据货物不同种类、性质、形状、包装、体积、重量及运输要求，决定合适的集装箱。发货人、承运人、收货人以及其他关系人在相

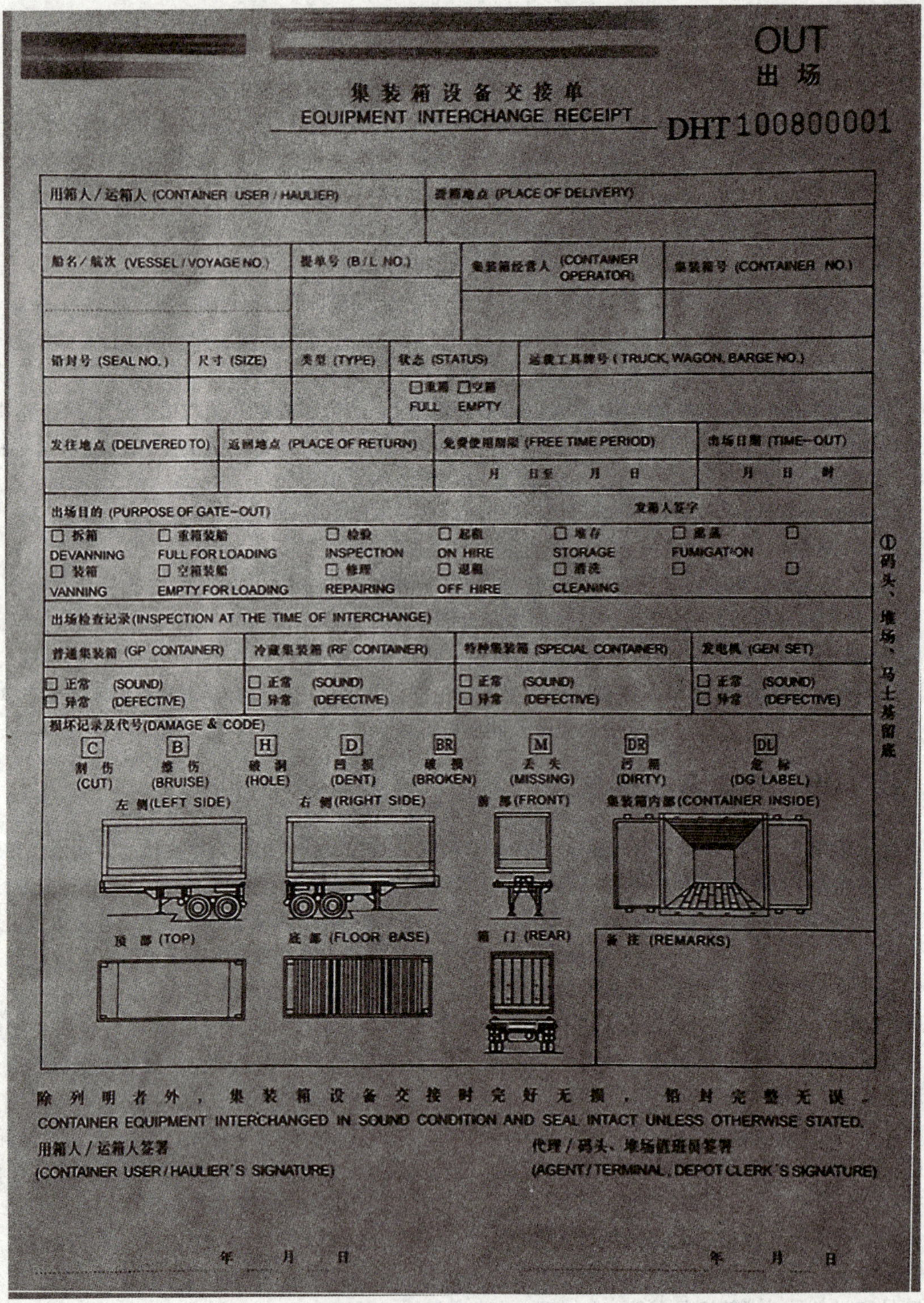

OUT
出场

集装箱设备交接单
EQUIPMENT INTERCHANGE RECEIPT

DHT 100800001

用箱人/运箱人 (CONTAINER USER/HAULIER)
提箱地点 (PLACE OF DELIVERY)
船名/航次 (VESSEL/VOYAGE NO.)
提单号 (B/L NO.)
集装箱经营人 (CONTAINER OPERATOR)
集装箱号 (CONTAINER NO.)
铅封号 (SEAL NO.)
尺寸 (SIZE)
类型 (TYPE)
状态 (STATUS) □重箱 FULL □空箱 EMPTY
运载工具牌号 (TRUCK, WAGON, BARGE NO.)
发往地点 (DELIVERED TO)
返回地点 (PLACE OF RETURN)
免费使用期限 (FREE TIME PERIOD) 月 日至 月 日
出场日期 (TIME-OUT) 月 日 时

出场目的 (PURPOSE OF GATE-OUT)　　发箱人签字
□ 拆箱 DEVANNING　□ 重箱装船 FULL FOR LOADING　□ 检验 INSPECTION　□ 起租 ON HIRE　□ 堆存 STORAGE　□ 熏蒸 FUMIGATION　□
□ 装箱 VANNING　□ 空箱装船 EMPTY FOR LOADING　□ 修理 REPAIRING　□ 退租 OFF HIRE　□ 清洗 CLEANING　□　□

出场检查记录 (INSPECTION AT THE TIME OF INTERCHANGE)
普通集装箱 (GP CONTAINER)　□ 正常 (SOUND)　□ 异常 (DEFECTIVE)
冷藏集装箱 (RF CONTAINER)　□ 正常 (SOUND)　□ 异常 (DEFECTIVE)
特种集装箱 (SPECIAL CONTAINER)　□ 正常 (SOUND)　□ 异常 (DEFECTIVE)
发电机 (GEN SET)　□ 正常 (SOUND)　□ 异常 (DEFECTIVE)

损坏记录及代号 (DAMAGE & CODE)
C 割伤 (CUT)　B 擦伤 (BRUISE)　H 破洞 (HOLE)　D 凹损 (DENT)　BR 破损 (BROKEN)　M 丢失 (MISSING)　DR 污箱 (DIRTY)　DL 危标 (DG LABEL)

备注 (REMARKS)

①码头、堆场、马士基留底

除列明者外，集装箱设备交接时完好无损，铅封完整无误。
CONTAINER EQUIPMENT INTERCHANGED IN SOUND CONDITION AND SEAL INTACT UNLESS OTHERWISE STATED.

用箱人/运箱人签署 (CONTAINER USER/HAULIER'S SIGNATURE)　年 月 日
代理/码头、堆场值班员签署 (AGENT/TERMINAL, DEPOT CLERK'S SIGNATURE)　年 月 日

图 5-7 集装箱设备交接单

互交接时，除对集装箱进行检查外，应以设备交接单等书面形式确认集装箱交接时的状态。对集装箱检查应做到：①外部检查。对集装箱进行六面察看，外部是否有损伤、变形、破口等异样情况，如有，即做出修理部位标志。②内部检查。对箱子内侧进行六面察看，是否漏水、漏光，有无污点、水迹等。③箱门检查。检查箱门是否完好，门的四周是否水密，门锁是否完整，箱门能

否重复开启。④清洁检查。箱子内有无残留物、污染物、锈蚀异味、水湿。如不符合要求,应予以清扫,甚至更换。⑤附属件检查。如集装箱的加固环接状态。

此外,海运危险货物的装箱操作和运输应符合 IMO《国际海运危险货物规则》和《海运危险货物集装箱装箱安全技术要求》等相关规定。

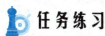

视频:集装箱危险货物装箱注意事项

一、任务的提出

锦长货代公司拿着 S/O 调箱单,下步需要与发货人即东升公司协商是产装还是内装。2022 年 10 月 10 日,锦长货代公司根据与东升公司的沟通,确定产装。据此,锦长货代公司在完成订舱后,安排车队凭集装箱设备交接单提取空箱并将空箱运输到工厂仓库,完成集装箱的装箱业务。东升公司需要锦长货代公司协助填制本票货的装箱单。

任 务

锦长货代公司业务经理将装箱单的填制任务安排给了实习生李立,即需根据销售合同与信用证内容(见本项目任务一任务练习)、商业发票(见本项目任务二任务练习)等,并结合实际装箱的情况,填制装箱单。

GUANGZHOU DONGSHENG CO., LTD
888 YUEKEN ROAD, TIANHE DISTRICT, GUANGZHOU, CHINA
TEL:0086-20-88888888 FAX:0086-20-666666
PACKING LIST

(1) TO:					
		(2) INVOICE NO.:_____			
		(3) DATE:_____			
		(4) S/C NO.:_____			
		(5) L/C NO.:_____			
(6) Marks and Numbers	(7) Number and Kind of Package	(8) Quantity	(9) N.W. (KGS)	(10) G.W. (KGS)	(11) Meas. (M³)
	(12) TOTAL:				
(13) TOTAL PACKAGES (IN WORDS):					

二、任务的实施

锦长货代公司实习生李立根据销售合同与信用证内容、商业发票等,并结合实际装箱的情况,10 月 11 日填制了装箱单,装箱单各栏位信息如下:

(1) AMERICAN INTERNATIONAL IMPORT & EXPORT CO., LTD

P.O. BOX 99002, NEW YORK, USA

TEL:001-212-12345678   FAX:001-212-1234567

(2) DS-CI001

(3) Oct. 11, 2022

(4) NEO2022092001

(5) MLC9088

(6) AIIE

NEO2022092001

NEW YORK

C/NO. 1-800

(7) ABOUT 800 CARTONS HEATING STOVE AT USD75 PER CARTON, 6KG NET WEIGHT PER CARTON, 8KG GROSS WEIGHT EACH CARTON.

(8) 800CTNS

(9) 4,800.00KGS

(10) 6,400.00KGS

(11) 57.60CBM

(12) 800CTNS, 4,800.00KGS, 6,400.00KGS, 57.60CBM

(13) SAY EIGHT HUNDRED CARTONS ONLY

 任务评价

知识点与技能点	我的理解（填制关键词）	掌握程度
装箱单定义		☆☆☆☆☆
装箱单作用及特点		☆☆☆☆☆
装箱单填制要领		☆☆☆☆☆
集装箱设备交接单		☆☆☆☆☆
集装箱装箱操作指南		☆☆☆☆☆

任务五　报关放行

 **学习目标**

知识目标

1. 了解代理报关委托书及报关单的概念；
2. 理解进出口报关时的单证要求；
3. 熟悉报关单各栏位信息；
4. 掌握报关单的填制要领。

能力目标

能填制报关单。

素养目标

要弘扬海关守护中国国门的精神。

知识储备

一、代理报关委托书

代理报关委托书（见图5-8）是在海关进行<u>进出口报关所申报的海关单证文件，是托运人委托货运代理人或报关行办理报关等通关事宜，明确双方责任和义务的书面证明</u>。委托方应及时提供报关报检所需的全部单证，并对单证的真实性、准确性和完整性负责。

图5-8 代理报关委托书

代理报关企业在报关时，必须向海关出示委托人的报关委托书。委托书应载明委托人和被委托人双方的名称、海关注册登记编码、地址、法定代表人姓名，以及代理事项、权限和期限、双方责任等内容，并加盖双方公章。

二、报关单定义

进出口货物报关单（见图5-9）是指进出口货物收发货人或其代理人，按照海关规定的格式对进出口货物的实际情况做出书面申明，以此要求海关对其货物按适用的海关制度办理通关手续的法律文书。进出口货物报关单在对外经济贸易活动中具有十分重要的法律地位，既是海关监管、征税、统计以及开展稽查和调查的重要依据，又是加工贸易进出口货物核销，以及出口退税和外汇管理的重要凭证，也是海关处理走私、违规案件，及税务、外汇管理部门查处骗税和套汇犯罪活动的重要证书。

中华人民共和国海关出口货物报关单

预录入编号:null　　海关编号:null　　页码/页数:1/2

境内发货人	出境关别		出口日期		申报日期	备案号	
境外收货人 WALGREENS CO.	运输方式		运输工具名称及航次号		提运单号		
生产销售单位	监管方式 (0110) 一般贸易		征免性质 (101) 一般征税		许可证号		
合同协议号 ECA6683	贸易国(地区) (USA) 国		运抵国(地区) (CHN) 中国		指运港 (CHN000) 中国境内	离境口岸	
包装种类 (22) 纸制或纤维板制盒/箱	件数 199	毛重(千克) 1953.28	净重(千克) 1750.79	成交方式 (3) FOB	运费	保费	杂费
随附单证及编号							
标记唛码及备注 标记唛码:N/M 备注：无退税							

项号	商品编号	商品名称及规格型号	数量及单位	单价/总价/币制	原产国(地区)	最终目的国(地区)	境内货源地	征免
01	3926909090	平板保护套 3|0|平板保护用|塑料制|0+牌|10寸.8寸型|||	568.0000千克 568.0千克	3.0 1704.0 美元	中国 (CHN)	国 (UK)	(44031)深圳特区	(1)-照章征税
02	3926909090	手机支架 3|0|支撑手机用|塑料制|0+牌|型号ET930/E5445/HU107/E5448/NE5138/NE5131/HU104/E6277|||	294.0000千克 294.0千克	3.0 882.0 美元	中国 (CHN)	国 (UK)	(44031)深圳特区	(1)-照章征税
03	8544421900	连接线 3|0|充电用|有接头，非同轴|0+/M.TK牌|型号AU101|5v|||	270.5000千克 270.5千克	5.0 1352.5 美元	中国 (CHN)	国 (UK)	(44031)深圳特区	(1)-照章征税
04	8471607200	无线鼠标 0|0|无中文及外文品牌名称|无型号|无线|1000DPI|1000CPI(|||	540.0000个 46.2000千克 540.0个	2.0 1080.0 美元	中国 (CHN)	国 (UK)	(44031)深圳特区	(1)-照章征税
05	8517629400	无线耳机 3|0|通话用|无线信号接收、转换、发送|无线网络|MTK牌|型号TC3204/TC3202/TC3203|||	770.0000个 283.2000千克 770.0个	3.0 2310.0 美元	中国 (CHN)	国 (UK)	(44031)深圳特区	(1)-照章征税
06	8518300000	耳塞 3|0|0+牌|型号C5851/NC3170/C5146/NC3144|||	1722.0000个 63.6000千克 1722.0个	1.5 2583.0 美元	中国 (CHN)	国 (UK)	(44031)深圳特区	(1)-照章征税

特殊关系确认：　价格影响确认：　支付特许权使用费确认：：	自报自缴：
报关人员：　报关人员证号：　电话： 兹申明对以上内容承担如实申报，依法纳税之法律责任 申报单位：　申报单位(签章)：	海关批注及签章

图 5-9　报关单

货物出口报关时，经海关关员检查单证和货物，确认单货相符和手续齐备后，即在装货单上加盖放行章，发货人凭此装船起运出境。如果海关发现货物不符合出口要求，则不予放行，直到符合要求为止。

三、关检融合

为了认真贯彻执行党中央国务院下发的《深化党和国家机构改革方案》，海关总署制定了《全国通关一体化关检业务全面融合框架方案》，明确了海关、原国检申报系统及数据合并整合，目标做到五个统一：申报统一、系统统一、风控统一、指令下达统一、现场执法统一。2018 年 8 月 1 日，海关总署宣布，即日起，海关进出口货物整合申报正式实施。原报关单、报检单将合并为“一张大表”进行货物申报，让企业真正实现一次申报、一单通关。

整合申报项目主要是对海关原报关单申报项目和检验检疫原报检单申报项目进行梳理，报关报检面向企业端整合形成“四个一”，即“一张报关单、一套随附单证、一组参数代码、一个申报系统",主要内容包括以下几方面。

1. 整合原报关、报检申报数据项

在前期征求各部委、报关协会、部分报关企业意见的基础上,按照"依法依规、去繁就简"原则,对海关原报关单和检验检疫原报检单申报项目进行梳理整合,通过合并共有项、删除极少使用项,将原报关、报检单合计 229 个货物申报数据项精简到 105 个,大幅减少企业申报项目。

2. 原报关、报检单整合形成一张报关单

整合后的新版报关单以原报关单 48 个项目为基础,增加部分原报检内容形成了具有 56 个项目的新报关单打印格式。此次整合对进口、出口货物报关单和进境、出境货物备案清单布局结构进行优化,版式由竖版改为横版,与国际推荐的报关单样式更加接近,纸质单证全部采用普通打印方式,取消套打,不再印制空白格式单证。修改后的进口、出口货物报关单和进境、出境货物备案清单格式自 2018 年 8 月 1 日起启用,原报关单、备案清单同时废止,原入境、出境货物报检单同时停止使用。

3. 原报关、报检单据单证整合为一套随附单证

整合简化申报随附单证,对企业原报关、报检所需随附单证进行梳理,整理随附单证类别代码及申报要求,整合原报关、报检重复提交的随附单据和相关单证,形成统一的随附单证申报规范。

4. 原报关、报检参数整合为一组参数代码

对原报关、报检项目涉及的参数代码进行梳理,参照国际标准,实现现有参数代码的标准化。梳理整合后,统一了 8 个原报关、报检共有项的代码,包括国别(地区)代码、港口代码、币制代码、运输方式代码、监管方式代码、计量单位代码、包装种类代码、集装箱规格代码等。

5. 原报关、报检申报系统整合为一个申报系统

在申报项目整合的基础上,将原报关、报检的申报系统进行整合,形成一个统一的申报系统。用户由"互联网+海关"、国际贸易"单一窗口"接入。新系统按照整合申报内容对原有报关、报检的申报数据项、参数、随附单据等都进行了调整。

除了关检整合申报之外,报关、报检业务的申报与修撤,审单,填制、签发、补发单证,签发电子底账,报检单位及人员的备案、注销、变更、年审,统计等业务实现一个窗口办理。关检融合改革重点如表 5-2 所示。综合业务集中办公是海关优化营商环境、应对复杂外贸形势、服务外贸企业及地方经济的有利举措。

表 5-2 关检融合改革重点一览

	变化内容	实施前	实施后
业务变化重点	境外收发货人	不做要求	鼓励填制
	境内收发货人	没有强制要求同时具备海关进出口货物收发货人和检验检疫自理报检资质	必须同时具备海关进出口货物收发货人和自理报检资质
	申报企业	没有强制要求必须同时具备报关报检资质	必须同时具备报关报检资质
填制变化重点	数据元	"报关+报检"共 229 项数据元,原报关基本申报项 48 项	105 项申报数据元,基本申报项 76 项
	企业代码	分别填制海关备案号或检验检疫备案号	优先按照"统一社会信用代码"填制
	商品编码	10 位海关商品编码	10 位海关商品编码+3 位检验检疫编码
	集装箱商品项号关系	报关无须填制	填制集装箱商品项号关系
	关检关联号	以"关检关联号"作为关联报关、报检重要的联系编号	取消"关检关联号",以"数据中心统一编号"作为唯一号码

续表

	变化内容	实施前	实施后
随附单据变化重点	上传方式	报关、报检分别上传随附单据	统一上传随附单据
	上传格式	报关支持 PDF 文件上传，报检支持多类型文件上传	只支持 PDF 文件上传
变化的参数	变化的参数	报国别（地区）代码、港口代码、币制代码、运输方式代码、监管方式代码、计量单位代码、包装种类代码、集装箱规格代码	
打印变化重点	打印项目（展示内容）	按照报关单 48 个项目打印，商品 8 项	增加检验检疫申报内容，形成具有 56 个项目的新报关单打印格式，商品变为 6 项
	打印方式	套打（不再印制空白格式报关单和报检单）	取消套打，普通 A4 纸打印，第二页开始无表头信息
	打印版式（布局结构）	竖版	横版，使报关单上能够展示更多信息
	打印内容	右上角打印条形码	右上角同时打印二维码和条形码

关检融合准备工作。①办理新报关单所需卡介质。电子口岸卡介质类型：IC 卡/Ikey。②用户（注册）管理。"单一窗口"标准版用户注册，获取保存企业已备案好的资质信息，绑定 IC 卡信息。③企业资质备案。登录"单一窗口"标准版，进入企业资质备案子系统，新企业一次申请同时备案，存量单一资质企业补全资质备案。

四、报关单填制要求

（1）报关单的填制必须真实，要做到两个相符：一是单证相符，即报关单与合同、批文、发票、装箱单等相符；二是单货相符，即报关单中所报内容与实际进出口货物情况相符。

（2）不同合同的货物，不能填在同一份报关单上；同一批货物中有不同贸易方式的货物，也须用不同的报关单向海关申报。

（3）一张报关单上如有多种不同商品，应分别填报清楚，但一张报关单上最多不能超过五项海关统计商品编号的货物。

（4）报关单中填报的项目要准确、齐全。

（5）电脑预录入的报关单，其内容必须与原始报关单上的内容完全一致。

（6）向海关递交的报关单，事后发现差错，须立即填制报关单更正单，向海关办理更正手续。

（7）对于海关放行后出口货物，由于运输工具配载等原因，全部或部分未能装载上原申报运输工具的，出口货物发货人应向海关递交"出口货物报关单更改申请"。

五、报关单填制要领

（1）**预录入编号**。这是指申报单位或预录入单位对该单位填制录入的报关单的编号，用于该单位与海关之间引用其申报后尚未批准放行的报关单。一份报关单对应一个预录入编号，由系统自动生成。报关单预录入编号为 18 位，其中第 1~4 位为接受申报海关的代码（海关规定的《关区代码表》中相应海关代码），第 5~8 位为录入时的公历年份，第 9 位为进出口标志("1"为进口,"0"为出口;集中申报清单"I"为进口,"E"为出口),后9位为顺序编号。

(2) **海关编号**。这是指海关接受申报时给予报关单的编号。一份报关单对应一个海关编号,由系统自动生成。报关单海关编号为18位,编码规则与预录入编号类似。

(3) **境内收发货人**。填报在海关备案的对外签订并执行进出口贸易合同的中国境内法人、其他组织名称及编码。编码填报18位法人和其他组织统一社会信用代码,没有统一社会信用代码的,填报其在海关的备案编码。

(4) **进出境关别**。根据货物实际进出境的口岸海关,填报海关规定的《关区代码表》中相应口岸海关的名称及代码。

(5) **进出口日期**。进口日期填报运载进口货物的运输工具申报进境的日期。出口日期是指运载出口货物的运输工具办结出境手续的日期,在申报时免予填报。无实际进出境的货物,填报海关接受申报的日期。进出口日期为8位数字,顺序为年(4位)、月(2位)、日(2位)。

(6) **申报日期**。申报日期是指海关接受进出口货物收发货人、受委托的报关企业申报数据的日期。本栏目在申报时免予填报。申报日期为8位数字,顺序为年(4位)、月(2位)、日(2位)。

(7) **备案号**。这是指出口企业在海关办理加工贸易合同备案或征减、免、税审批备案等手续时,海关给予《进料加工登记手册》《来料加工及中小型补偿贸易登记手册》《外商投资企业履行产品出口合同进口料件及加工出口成品登记手册》《进出口货物征免税证明》或其他有关备案审批文件的编号。一份报关单只许填报一个备案号。

(8) **境外收发货人**。境外收货人是指签订并执行出口贸易合同中的买方或合同指定的收货人。境外发货人是指签订并执行进口贸易合同中的卖方。填报境外收发货人的名称及编码,名称一般填报英文名称,检验检疫要求填报其他外文名称的,在英文名称后填报,以半角括号分隔;对于 AEO 互认国家(地区)企业的,编码填报 AEO 编码,填报样式为:"国别(地区)代码+海关企业编码",例如,新加坡 AEO 企业 SG123456789012(新加坡国别代码+12位企业编码);非互认国家(地区)AEO 企业等其他情形,编码免予填报。特殊情况下无境外收发货人,名称及编码填报"NO"。

(9) **运输方式**。这是指载运货物进出关境所使用的运输工具的分类。运输方式包括实际运输方式和海关规定的特殊运输方式,前者指货物实际进出境的运输方式,按进出境所使用的运输工具分类;后者指货物无实际进出境的运输方式,按货物在境内的流向分类。根据货物实际进出境的运输方式或货物在境内流向的类别,按照海关规定的《运输方式代码表》选择填报相应的运输方式。

(10) **运输工具名称及航次号**。填报载运货物进出境的运输工具名称或编号及航次号。填报内容应与运输部门向海关申报的舱单(载货清单)所列相应内容一致。

(11) **提运单号**。这是指出口货物提单或运单的编号。本栏目填报的内容应与运输部门向海关申报的载货清单所列相应内容一致。一份报关单只允许填报一个提运单号,一票货物对应多个提运单时,应分单填报。

(12) **货物存放地点**。填报货物进境后存放的场所或地点,包括海关监管作业场所、分拨仓库、定点加工厂、隔离检疫场、企业自有仓库等。

(13) **消费使用单位/生产销售单位**。消费使用单位填报已知的进口货物在境内的最终消费使用单位的名称。编码填报要求:填报18位法人和其他组织统一社会信用代码。无18位统一社会信用代码的,填报"NO"。

(14) **监管方式**。监管方式是以国际贸易中进出口货物的交易方式为基础,结合海关对进出口货物的征税、统计及监管条件综合设定的海关对进出口货物的管理方式。其代码由4位数字构成,前2位是按照海关监管要求和计算机管理需要划分的分类代码,后2位是参照国际标准编制的贸易方式代码。根据实际对外贸易情况按海关规定的《监管方式代码表》选择填报相应的监管方式简称及代码。一份报关单只允许填报一种监管方式。

(15) **征免性质**。根据实际情况按海关规定的《征免性质代码表》选择填报相应的征免性质简称及代码,持有海关核发的《征免税证明》的,按照《征免税证明》中批注的征免性质填报。一份报关单只允许填报一种征免性质。加工贸易货物报关单按照海关核发的《加工贸易手册》中批注的征免性质简称及代码填报。

(16) **许可证号**。填报进(出)口许可证、两用物项和技术进(出)口许可证、两用物项和技术出口许可证(定向)、纺织品临时出口许可证、出口许可证(加工贸易)、出口许可证(边境小额贸易)的编号。免税品经营单位经营出口退税国产商品的,免予填报。一份报关单只允许填报一个许可证号。

(17) **起运港**。填报进口货物在运抵中国关境前的第一个境外装运港。根据实际情况,按海关规定的《港口代码表》填报相应的港口名称及代码,未在《港口代码表》列明的,填报相应的国家名称及代码。货物从海关特殊监管区域或保税监管场所运至境内区外的,填报《港口代码表》中相应海关特殊监管区域或保税监管场所的名称及代码,未在《港口代码表》中列明的,填报"未列出的特殊监管区"及代码。其他无实际进境的货物,填报"中国境内"及代码。

(18) **合同协议号**。填报进出口货物合同(包括协议或订单)编号。未发生商业性交易的免予填报。免税品经营单位经营出口退税国产商品的,免予填报。

(19) **贸易国(地区)**。发生商业性交易的进口填报购自国(地区),出口填报售予国(地区)。未发生商业性交易的填报货物所有权拥有者所属国家(地区)。按海关规定的《国别(地区)代码表》选择填报相应贸易国(地区)中文名称及代码。

(20) **起运国(地区)/运抵国(地区)**。起运国(地区)填报进口货物起始出发直接运抵中国或者在运输中转国(地)未发生任何商业性交易的情况下运抵中国的国家(地区)。运抵国(地区)填报出口货物离开中国关境直接运抵或者在运输中转国(地区)未发生任何商业性交易的情况下最后运抵的国家(地区)。按海关规定的《国别(地区)代码表》选择填报相应的起运国(地区)或运抵国(地区)中文名称及代码。无实际进出境的货物,填报"中国"及代码。

(21) **经停港/指运港**。经停港填报进口货物在运抵中国关境前的最后一个境外装运港。指运港填报出口货物运往境外的最终目的港;最终目的港不可预知的,按尽可能预知的目的港填报。根据实际情况,按海关规定的《港口代码表》选择填报相应的港口名称及代码。经停港/指运港在《港口代码表》中无港口名称及代码的,可选择填报相应的国家名称及代码。无实际进出境的货物,填报"中国境内"及代码。

(22) **入境口岸/离境口岸**。①入境口岸填报进境货物从跨境运输工具卸离的第一个境内口岸的中文名称及代码;采取多式联运跨境运输的,填报多式联运货物最终卸离的境内口岸中文名称及代码;过境货物填报货物进入境内的第一个口岸的中文名称及代码;从海关特殊监管区域或保税监管场所进境的,填报海关特殊监管区域或保税监管场所的中文名称及代码。其他无实际进境的货物,填报货物所在地的城市名称及代码。②离境口岸填报装运出境货物的跨境运输工具离境的第一个境内口岸的中文名称及代码;采取多式联运跨境运输的,填报多式联运货物最初离境的境内口岸中文名称及代码;过境货物填报货物离境的第一个境内口岸的中文名称及代码；从海关特殊监管区域或保税监管场所离境的，填报海关特殊监管区域或保税监管场所的中文名称及代码。其他无实际出境的货物，填报货物所在地的城市名称及代码。③入境口岸/离境口岸类型包括港口、码头、机场、机场货运通道、边境口岸、火车站、车辆装卸点、车检场、陆路港、坐落在口岸的海关特殊监管区域等。按海关规定的《国内口岸编码表》选择填报相应的境内口岸名称及代码。

（23）**包装种类**。填报进出口货物所有包装材料，包括运输包装和其他包装，按海关规定《包装种类代码表》选择填报相应包装种类名称及代码。运输包装是指提运单所列货物件数单位对应包装；其他包装包括货物各类包装，以及植物性铺垫材料等。

（24）**件数**。填报进出口货物运输包装的件数（按运输包装计）。特殊情况填报要求如下：舱单件数为集装箱的，填报集装箱个数。舱单件数为托盘的，填报托盘数。不得填报为"0"，裸装货物填报为"1"。

（25）**毛重（千克）**。填报进出口货物及其包装材料的重量之和，计量单位为千克，不足1千克的填报为"1"。

（26）**净重（千克）**。填报进出口货物的毛重减去外包装材料后的重量，即货物本身的实际重量，计量单位为千克，不足1千克的填报为"1"。

（27）**成交方式**。根据进出口货物实际成交价格条款，按海关规定的《成交方式代码表》选择填报相应的成交方式代码。无实际进出境的货物，进口填报CIF，出口填报FOB。

（28）**运费**。填报进口货物运抵中国境内输入地点起卸前的运输费用，出口货物运至中国境内输出地点装载后的运输费用。运费可按运费单价、总价或运费率三种方式之一填报，注明运费标记（运费标记"1"表示运费率，"2"表示每吨货物的运费单价，"3"表示运费总价），并按海关规定的《货币代码表》选择填报相应的币种代码。免税品经营单位经营出口退税国产商品的，免予填报。

（29）**保费**。填报进口货物运抵中国境内输入地点起卸前的保险费用，出口货物运至中国境内输出地点装载后的保险费用。保费可按保险费总价或保险费率两种方式之一填报，注明保险费标记（保险费标记"1"表示保险费率，"3"表示保险费总价），并按海关规定的《货币代码表》选择填报相应的币种代码。免税品经营单位经营出口退税国产商品的，免予填报。

（30）**杂费**。填报成交价格以外的、按照《中华人民共和国进出口关税条例》相关规定应计入完税价格或应从完税价格中扣除的费用。可按杂费总价或杂费率两种方式之一填报，注明杂费标记（杂费标记"1"表示杂费率，"3"表示杂费总价），并按海关规定的《货币代码表》选择填报相应的币种代码。应计入完税价格的杂费填报为正值或正率，应从完税价格中扣除的杂费填报为负值或负率。免税品经营单位经营出口退税国产商品的，免予填报。

（31）**随附单证及编号**。根据海关规定的《监管证件代码表》《随附单据代码表》选择填报除本规范第16条规定的许可证件以外的其他进出口许可证件或监管证件、随附单据代码及编号。本栏目分为随附单证代码和随附单证编号两栏，其中代码栏按海关规定的《监管证件代码表》和《随附单据代码表》选择填报相应证件代码；随附单证编号栏填报证件编号。

（32）**标记唛码及备注**。填报要求：①标记唛码中除图形以外文字、数字，无标记唛码的填报N/M。②受外商投资企业委托代理其进口投资设备、物品的进出口企业名称。③与本报关单有关联关系的，同时在业务管理规范方面又要求填报的备案号，填报在电子数据报关单中"关联备案"栏。④与本报关单有关联关系的，同时在业务管理规范方面又要求填报的报关单号，填报在电子数据报关单中"关联报关单"栏。⑤办理进口货物直接退运手续的，填报"<ZT>"+"海关审核联系单号或者《海关责令进口货物直接退运通知书》编号"+">"。办理固体废物直接退运手续的，填报"固体废物，直接退运表××号/责令直接退运通知书××号"。⑥保税监管场所进出货物，在"保税/监管场所"栏填报本保税监管场所编码，其中涉及货物在保税监管场所间流转的，在本栏填报对方保税监管场所代码。⑦涉及加工贸易货物销毁处置，填报海关加工贸易货物销毁处置申报表编号。⑧其他。

(33) **项号**。分两行填报。第一行填报报关单中的商品顺序编号；第二行填报备案序号，专用于加工贸易及保税、减免税等已备案、审批的货物，填报该项货物在《加工贸易手册》或《征免税证明》等备案、审批单证中的顺序编号。有关优惠贸易协定项下报关单填制要求按照海关总署相关规定执行。

(34) **商品编号**。填报由10位数字组成的商品编号。前8位为《中华人民共和国进出口税则》和《中华人民共和国海关统计商品目录》确定的编码；9、10位为监管附加编号。在《商品名称及编码协调制度公约》商品分类目录体系下，以《中华人民共和国进出口税则》为基础，按照《进出口税则商品及品目注释》《中华人民共和国进出口税则本国子目注释》以及海关总署发布的关于商品归类的行政裁定、商品归类决定的要求，确定进出口货物商品编码（简称商品编码），即按照《中华人民共和国进出口税则》规定的目录条文和归类总规则、类注、章注、子目注释以及其他归类注释，对其申报的进出口货物进行商品归类，并归入相应的税则号列；海关应当依法审核确定该货物的商品归类。

(35) **商品名称及规格型号**。分两行填报。第一行填报进出口货物规范的中文商品名称，第二行填报规格型号。

(36) **数量及单位**。分三行填报。①第一行按进出口货物的法定第一计量单位填报数量及单位，法定计量单位以《中华人民共和国海关统计商品目录》中的计量单位为准。②凡列明有法定第二计量单位的，在第二行按照法定第二计量单位填报数量及单位。无法定第二计量单位的，第二行为空。③成交计量单位及数量填报在第三行。

(37) **单价**。填报同一项号下进出口货物实际成交的商品单位价格。无实际成交价格的，填报单位货值。

(38) **总价**。填报同一项号下进出口货物实际成交的商品总价格。无实际成交价格的，填报货值。

(39) **币制**。按海关规定的《货币代码表》选择相应的货币名称及代码填报，如《货币代码表》中无实际成交币种，需将实际成交货币按申报日外汇折算率折算成《货币代码表》列明的货币填报。

(40) **原产国（地区）**。同一批进出口货物的原产地不同的，分别填报原产国（地区）。进出口货物原产国（地区）无法确定的，填报"国别不详"。按海关规定的《国别（地区）代码表》选择填报相应的国家（地区）名称及代码。

(41) **最终目的国（地区）**。最终目的国（地区）填报已知的进出口货物的最终实际消费、使用或进一步加工制造国家（地区）。不经过第三国（地区）转运的直接运输货物，以运抵国（地区）为最终目的国（地区）；经过第三国（地区）转运的货物，以最后运往国（地区）为最终目的国（地区）。同一批进出口货物的最终目的国（地区）不同的，分别填报最终目的国（地区）。进出口货物不能确定最终目的国（地区）时，以尽可能预知的最后运往国（地区）为最终目的国（地区）。按海关规定的《国别（地区）代码表》选择填报相应的国家（地区）名称及代码。

（42）**境内目的地/境内货源地**。境内目的地填报已知的进口货物在国内的消费、使用地或最终运抵地，其中最终运抵地为最终使用单位所在的地区。最终使用单位难以确定，填报货物进口时预知的最终收货单位所在地。境内货源地填报出口货物在国内的产地或原始发货地。

（43）**征免**。按照海关核发的《征免税证明》或有关政策规定，对报关单所列每项商品选择海关规定的《征减免税方式代码表》中相应的征减免税方式填报。加工贸易货物报关单根据《加工贸易手册》中备案的征免规定填报；《加工贸易手册》中备案的征免规定为"保金"或"保函"的，填报"全免"。

（44）**特殊关系确认**。根据《中华人民共和国海关审定进出口货物完税价格办法》（以下简称《审价办法》）第16条，填报确认买卖双方是否存在特殊关系。

（45）**价格影响确认**。根据《审价办法》第17条，填报确认纳税义务人是否可以证明特殊关系未对进口货物的成交价格产生影响。

（46）**支付特许权使用费确认**。根据《审价办法》第11条和第13条，填报确认买方是否存在向卖方或者有关方直接或者间接支付与进口货物有关的特许权使用费，且未包括在进口货物的实付、应付价格中。

（47）**自报自缴**。进出口企业、单位采用"自主申报、自行缴税"（自报自缴）模式向海关申报时，填报"是"；反之则填报"否"。

（48）**申报单位**。自理报关的，填报进出口企业的名称及编码；委托代理报关的，填报报关企业名称及编码。编码填报18位法人和其他组织统一社会信用代码。报关人员填报在海关备案的姓名、编码、电话，并加盖申报单位印章。

任务练习

一、任务的提出

2022年10月15日，东升公司提交代理报关委托书给锦长货代公司，并提供报关相关的箱单、发票、合同，委托货代公司代理报关业务。锦长货代公司接受东升公司的委托报关需求，结合此票货物相关单证，填制报关单。

> **任务**
> 锦长货代公司业务经理要求实习生李立根据信用证及销售合同（见本项目任务一任务练习），填制报关单。

备注：如表5-3所示的报关单模板中，已有数据表示是已知数据，需要填制（1）～（17）栏位数据。

补充资料：集装箱号码COSU0507229。

二、任务的实施

锦长货代公司实习生李立根据客户提供的信用证内容与销售合同，填制了报关单，如表5-4所示。

表5-3 中华人民共和国海关出口货物报关单
（番禺海关）

预录入编号：51062022000000015　　海关编号：51062022000000015

境内发货人(1)	913************	出境关别(5106) 番禺海关	出口日期 20221029	申报日期 20221029	备案号 C0425*******
境外收货人(2)		运输方式(4)	运输工具名称及航次号(5)	提运单号 CNS010108895	
生产销售单位(3)	913************	监管方式(0110)	征免性质(101)(7)	许可证号	
合同协议号(8)		贸易国(地区)(USA)(9)	运抵国(地区)(USA)(10)	指运港( )(11)	离境口岸(442402) 番禺莲花山货运港
包装种类 纸制或纤维制盒/箱		件数(12)	毛重(千克)(13)	净重(千克)(14)	成交方式(15)	运费	保费	杂费

随附单证及编号
随附单证2：代理报关委托协议书（电子）；合同；发票

标记唛码及备注(16)					
项号 商品编号 商品名称及规格型号	数量及单位	单价/总价/币制	原产国(地区)	最终目的国(地区)	境内货源地 征免
(17)					

特殊关系确认：否　　价格影响确认：否　　支付特许权使用费确认：否　　自报自缴：否

兹申明对以上内容承担如实申报、依法纳税之法律责任

报关人员：李立　报关人员证号：531254　电话：
申报单位（914**************）广州锦长国际货运代理有限公司　申报单位（签章）

海关批注及签章

表 5-4 中华人民共和国海关出口货物报关单

预录入编号：5106202200000015　　海关编号：510620220000000015　　（番禺海关）

境内发货人 (913*************) (1) 广州东升公司	出境关别 (5106) 番禺海关	出口日期 20221029	申报日期 20221029	备案号 C0425*******
境外收货人 (2) AMERICAN INTERNATIONAL IMPORT & EXPORT CO., LTD	运输方式 (4) 水路运输	运输工具名称及航次号 (5) ITAL LUNARE/0811-063W	提运单号 CNSO10108895	
生产销售单位 (913*************) (3) 广州东升公司	监管方式 (6) 一般贸易	征免性质 (101) (7) 一般征税	许可证号	
合同协议号 (8) NEO202209001	贸易国（地区）(USA) (9) 美国	运抵国（地区）(USA) (10) 美国	指运港 (USA309) (11) 纽约	离境口岸 (442402) 番禺莲花山货运港
包装种类 (22) 纸制或纤维板制盒/箱	件数 (12) 800	毛重（千克） (13) 6 400	净重（千克） (14) 4 800	成交方式 (15) CIF	运费	保费	杂费

随附单证及编号
随附单证 2：代理报关委托协议书（电子）；合同；发票

标记唛码及备注
(16) 备注：AIIE, NEO202209001, NEW YORK 集装箱标箱数及号码：1; COSU0507229;

项号	商品编号	商品名称及规格型号	数量及单位	单价/总价/币制		原产国（地区）	最终目的国（地区）	境内货源地	征免
1	7321810000	取暖炉	4 800 千克	75.00		中国	美国	(44019) 广州其他	照章征税
(17)		3｜0｜铁制｜取暖炉｜非电热｜烧气体燃料｜无牌｜无型号	800 箱 800 箱	60000.00		(CHN)	(USA)		

特殊关系确认：否　　价格影响确认：否　　支付特许权使用费确认：否　　自报自缴：否

报关员：李立　　报关人员证号：531254　　电话
申报单位 (914**************) 广州锦长国际货运代理有限公司

兹申明对以上内容承担如实申报、依法纳税之法律责任
申报单位（签章）

海关批注及签章

任务评价

知识点与技能点	我的理解（填制关键词）	掌握程度
代理报关委托书		☆☆☆☆☆
报关单定义		☆☆☆☆☆
报关单填制要求		☆☆☆☆☆
报关单填制要领		☆☆☆☆☆

任务六　装船出运

学习目标

知识目标

1. 了解海运提单概念；
2. 了解海运提单分类；
3. 熟悉海运提单各栏位信息；
4. 掌握海运提单的填制要领。

能力目标

能根据已知信息（如销售合同、信用证等）填制海运提单。

素养目标

培养学生的海运情结及职业认同感。

知识储备

一、海运提单定义

海运提单（Marine Bill of Lading or Ocean Bill of Lading），或简称为提单（Bill of Lading，简称 B/L），是国际结算中的一种最重要的单据，如图 5-10 所示。提单是指用来证明海上货物运输合同和货物已经由承运人接收或者装船，以及承运人交付货物的凭证。作为承运人和托运人之间权利和义务的依据，提单虽然不是由承运人和托运人共同签字的一项契约，但构成契约的船名、开航日期、航线、靠港等主要项目众所周知，承运人也事先规定运价和运输条件。因此，在托运人或其代理人向承运人订舱时就已被认为契约即告成立，虽然条款内容是由承运人单方拟定，但托运人也默认同意，即成为运输契约。

海运提单具有三大作用：一是承运人（船公司）收到货物后出具的货物收据；二是承运人所签署的运输契约的证明；三是一种具有物权特性的凭证，即海运提单还代表所载货物的所有权。

提单必须由承运人或船长及其代理签发，并应明确表明签发人身份。提单内容由正面事实记载和提单背面条款两部分组成。各船公司所制定的提单，其主要内容大致相同。

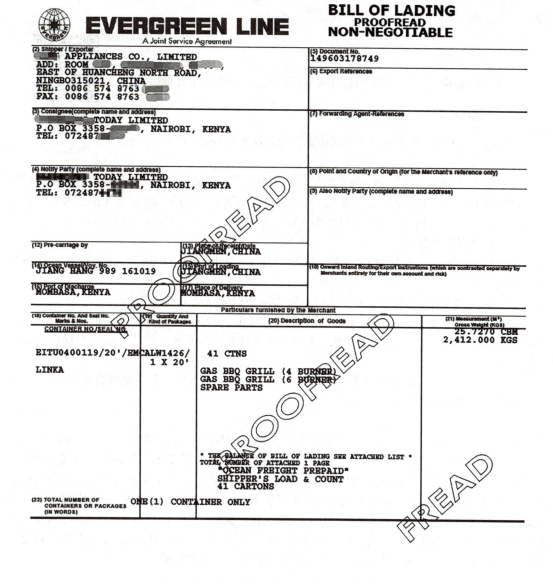

图 5-10　海运提单

提单的主要关系人是签订运输合同的双方：托运人和承运人。托运人即货主，承运人即船方。其他关系人有收货人和被通知人等。收货人通常是货物买卖合同中的买方，提单由承运人经发货人转发给收货人，收货人持提单提货。被通知人是承运人为了方便收货人提货而设置的通知对象，可能不是与货权有关的当事人。如果提单发生转让，则会出现受让人、持有人等提单关系人。

在实际运作中，货代会发来提单草稿给托运人进行核对，主要核对箱唛、订单号、公司信息等有没有错误。货物上船，承运人出具正式提单。

二、海运提单分类

提单种类很多，可以按照不同的形式加以分类，主要有以下几种。

（一）根据收货人抬头分类

根据收货人抬头，提单可分为指示提单、记名提单和不记名提单。

1. 指示提单

指示提单（Order B/L）是一种可以转让的证券（Negotiable Document），即持有这种提单的人可以用背书的方式把提单转让给别人。指示提单是在提单正面的"收货人（抬头人）"栏内填制"To Order"（凭指定，又称空白抬头）或"To Order of..."（凭……人指定）。

指示提单有四种抬头：

（1）凭银行指示，即提单收货人栏填制"To the Order of ××Bank"。凭银行指示提单如图5-11所示。

（2）凭收货人指示，即提单收货人栏填制"To the Order of ××Co., LTD"。

（3）凭发货人指示，即提单收货人栏填制"To the Order of Shipper"，并由托运人在提单背面空白背书。托运人也可不做背书，这种情况下只有托运人可以提货，即卖方保留货物所有权。

（4）不记名指示，即提单收货人栏填制"To Order"，并由托运人在提单背面做空白背书，亦可根据需要做出记名背书。

2. 记名提单

记名提单（Straight B/L），也叫作收货人抬头提单，即提单上的"收货人（Consignee）"栏内填明了特定的收货人名称，只能由该特定收货人提货，或者说承运人在卸货港只能把货物交给提单上所指定的收货人，不能用背书的方式转让给第三者。这种提单失去了代表货物可转让流通的便利，但同时也可以避免在转让过程中可能带来的风险。使用记名提单，如果货物的交付不涉及贸易合同下的义务，则可不通过银行而由托运人将其邮寄收货人，或由船长随船代交。这样，提单就可以及时送达收货人，而不致延误。因此，记名提单一般只适用于运输展览品或贵重物品，特别是在短途运输中使用较有优势，而在国际贸易中较少使用。

3. 不记名提单

不记名提单（Blank B/L，Open B/L，Bearer B/L），又称空白提单，提单收货人栏内没有任何收货人或Order字样，而是"to Bearer"，或这一栏空白，不填制任何人的名称，提单的任何持有人均可向承运人提货，承运人交货凭单不凭人。这种提单转让不需要任何背书手续，仅凭提单交货，所以极为简便，但是一旦这种提单丢失或被窃，风险极大，若转入第三者手中，极易引起纠纷，故国际上较少使用这种提单。

跟单信用证支付方式下，选择提单类型还需与信用证保持一致。信用证在单证条款中一般会对提单进行要求，如"FULL SET OF CLEAN ON BOARD OCEAN BILLS OF LADING MADE OUT TO ORDER OF SHIPPER AND BLANKED ENDORSED..."。

指示提单是一种可转让提单。提单的持有人可以通过背书的方式把它转让给第三者，而不须经过承运人认可，所以这种提单为买方所欢迎。指示提单在国际海运业务中使用较广泛。目前，实际业务中使用最多的是"空白抬头、空白背书"提单。

中远集装箱运输有限公司提单

许可证号：JTL0008

B/L NO. COSUSHA003139

1. Shipper Insert Name, Address and Phone
ABC IMPORT AND EXPORT CO.

2. Consignee Insert Name, Address and Phone
TO THE ORDER OF INDUSTRIAL BANK OF KOREA

3. Notify Party Insert Name, Address and Phone
HANIL SYNTHETIC FIBER CO., LTD.
HANS TOWER, 46-5, GURO DONG,
GURO GU, SEOUL, KOREA

4. Combined Transport Pre-carriage by

5. Combined Transport Place of Receipt

6. Ocean Vessel Voy. No.
KMTC HONGKONG V.416N

7. Port of Loading
SHANGHAI, CHINA

8. Port of Discharge
BUSAN, KOREA

9. Combined Transport Place of Delivery

中远集装箱运输有限公司
COSCO CONTAINER LINES
TLX: 33057 COSCO CN
FAX: -86(021) 6545 8984

ORIGINAL

Port-to-Port or Combined Transport
BILL OF LADING

RECEIVED in external apparent good order and condition except as otherwise noted. The total number of packages or units stuffed in the container, the description of the goods and the weights shown in this Bill of Lading are furnished by the Merchants, and which the carrier has no reasonable means of checking and is not a part of this Bill of Lading contract. The carrier has issued the number of Bills of Lading stated below, all of this tenor and date, one of the original Bills of Lading must be surrendered and endorsed or signed against the delivery of the shipment and whereupon any other original Bills of Lading shall be void. The Merchants agree to be bound by the terms and conditions of this Bill of Lading as if each had personally signed this Bill of Lading.
SEE clause 4 on the back of this Bill of Lading (Terms continued on the back hereof, please read carefully)
*Applicable Only When Document Used as a Combined Transport Bill of Lading

Marks & Nos. Container / Seal No.	No. of Containers or Packages	Description of Goods (If Dangerous Goods, See Clause 20)	Gross Weight Kgs	Measurement
N/M CN:GATU8544340 SN: 3320747	353 ROLLS	PPSPUNBONDED NOWOVEN FABRICS L/C NUMBER :M04G4410NS00228 1x40'HQ CY TO CY FREIGHT COLLECT AGENT FOR DELIVERY: ABC COMPANY 11 FOLLR DONG HWA BLDG 58-7 SEOSOMN-DONG CHOONG-KU, SEOUL, KOREA TEL:+82-12345678	9000 KGS ON BOARD ON BOARD DATE :09 DEC 04	68.00 cbm

Description of Contents for Shipper's Use Only (Not part of This B/L Contract)

10. Total Number of containers and/or packages (in words) Subject to Clause 7 Limitation
SAY THREE HUNDRED AND FIFTY THREE ROLLS ONLY.

11. Freight & Charges	Revenue Tons	Rate	Per	Prepaid	Collect
Declared Value Charge					FREIGHT COLLECT

Ex. Rate:	Prepaid at	Payable at KOREA	Place and date of Issue 09 DEC. 2004 SHANGHAI
	Total Prepaid	No. of Original B(s)/L THREE	Signed for the Carrier, COSCO CONTAINER LINES XYZ COMPANY AS AGENT FOR THE CARRIER

LADEN ON BOARD THE VESSEL
DATE   BY

图 5-11　凭银行指示提单

（二）根据货物是否已装船分类

根据货物是否已装船，提单可分为已装船提单和备运提单。

1. 已装船提单（on Board B/L 或 Shipped B/L）

已装船提单是指货物装船后由承运人或其授权代理人根据大副收据签发给托运人的提单。如果承运人签发已装船提单，就是确认货物已装上船。这种提单通常还必须注明装载货物的船舶名称和装船日期。

2. 备运提单（Received for Shipped B/L）

备运提单又称收货待运提单，收到托运货物与待装船期间签发。签发这种提单时，说明承运人确认货物已交由承运人保管并存在其所控制的仓库或场地，但还未装船。无装船日期，在跟单信用证支付方式下，银行一般不予接受。货装船后，凭其换取已装船提单或通过加注装船批注，如批注为"ON BOARD MAY 24, 2022"，则转变为已装船提单。

（三）根据提单由谁来签发分类

根据提单由谁来签发，提单可分为船东提单和货代提单。

船东提单（Master Bill of Lading，MBL）是船东签发的提单，又称主单。货代提单（House Bill of Lading，HBL）是货代签发的提单，又称分单，严格意义上应称为无船承运人提单，是经交通部门批准并备案取得NVOCC资格的货代所签发的提单，一般签发给直接货主。船东提单可以签发给直接货主，也可签发给货代，再由货代出货代提单给直接货主。

船东提单和货代提单的主要区别是：第一，不能直接凭货代提单向船公司提货；但可以直接凭船东提单向船公司提货。第二，在目的港提货时，要用货代提单来换船东提单才能提到货物。第三，货代提单的托运人是实际出口商（直接货主），收货人一般按照信用证的规定填制托运单同栏目内容。而船东提单在签发给实际出口商时，托运人填制出口商，收货人按照托运单内容填制；在签发给货代时，托运人填制货代，收货人填制货代在目的港的代理人。第四，船东提单往往较死板，较难根据客户的要求签发提单，服务灵活性不如货代提单。如DDP业务下，船公司只会负责把货物运到目的港，如果发货人要求货代做一条龙服务，这时货代就需要出分单，主单出给自己在目的港的代理，由代理负责目的港清关、送货，甚至代垫税金。又如，FOB条款下运费到付的业务，货代往往需要把主单的收货人指定为目的港代理，然后出分单给客户，目的港代理再从其他收货人那里收取运费。

此外，两者在目的港收货方式不同，船东提单可以直接向船公司提货，货代的代理单（即拼箱货，LCL）则由目的港客户凭货代提单直接找货代的代理提货，或者提货时必须先在目的港凭货代提单向货代的代理换取船东提单，然后再凭船东提单去提货，俗称换单。

最后，是适用范围不一样，船东提单适用于FCL，因为船公司不会签发拼箱提单；如果是LCL，只能由货代给客户签发货代提单，或者电放。

（四）根据有无不良批注分类

根据提单有无不良批注，提单可分为清洁提单和不清洁提单。

1. 清洁提单（Clean B/L）

清洁提单是指货装船时表面状况良好，船公司未在提单上加注任何有关集装箱破损、货物残损、包装不良、件数、重量和体积，或其他妨碍结汇的批注。使用清洁提单在国际贸易实践中非常重要，买方要想收到完好无损的货物，首先必须要求卖方在装船时保持货物外观良好，并要求卖方提供清洁提单。在以跟单信用证为付款方式的贸易中，通常卖方只有向银行提交清洁提单才能取得货款。清洁提单是收货人转让提单时必须具备的条件，同时也是履行货物买卖合同规定的交货义务的必要条件。承运人一旦签发了清洁提单,货物在卸货港卸下后,如发现有残损,除非是承运人可以免责的原因所致,承运人必须负责赔偿。

2. 不清洁提单(Unclean B/L, Foul B/L)

不清洁提单是指承运人在货物装船时,若发现集装箱损伤、变形、破口等异样情况,以及货物包装不牢、破残、渗漏、玷污、标志不清等现象时,大副将在收货单上对此加以批注,并将此批注转移到提单上,这种提单称为不清洁提单,如"……件损坏""铁条松失"等。

(五)根据提单签发日与交单日之间关系分类

根据提单签发日与交单日之间关系,提单可分为过期提单、预借提单和倒签提单。

1. 过期提单(Stale B/L)

一是指提单晚于货物到达目的港;二是指出口商在装船后延滞过久才交到银行议付的提单。在任何情况下,交单不得晚于信用证到期日。银行一般不接受过期提单,但过期提单并非无效提单,提单持有人可凭单提货。由于过期提单造成货比单早到的局面,进口商可能须向船方支付过期保管费,故一般不愿接受。

2. 预借提单(Advanced B/L)

因 L/C 规定的装运期和交单期(即信用证的有效期)即将过期,而货物因故未能及时装船,但已在承运人掌握之下或已开始装船,托运人为了能及时结汇,由托运人出具保函而要求承运人或其代理人提前签发的已装船清洁提单,即托运人为了能及时结汇而从承运人那里借用的已装船清洁提单。签发这种提单承运人要承担更大的风险,可能构成承运人、托运人双方合谋对善意的第三者收货人进行欺诈。

3. 倒签提单(Anti-Dated B/L)

倒签提单是指货物装船完毕后,因实际装船日晚于 L/C 规定的最晚日期,托运人要求承运人签发提单的日期早于实际装船完毕日期的提单。当货物实际装船日期晚于信用证规定的装船日期,若仍按实际装船日期签发提单,托运人就无法结汇。为了使签发提单的日期与信用证规定的装运日期相符,以利于结汇,承运人应托运人的要求,在提单上仍以信用证的装运日期填制签发日期,以免违约。

预借提单与倒签提单都违反了提单法和海上货运法,属于欺诈行为。买方如有证据证明此类行为,有权拒付货款、拒收货物或要求退还已付货款。

(六)根据运输方式不同分类

根据运输方式,提单可分为直达提单、转船提单、联运提单和多式联运提单。

1. 直达提单(Direct B/L)

直达提单又称直运提单,是指货物从装货港装船后,中途不经转船,直接运至目的港卸船交货于收货人的提单。直达提单上不得有"转船"或"在某港转船"批注。凡合同和信用证规定不准换船,均需使用直达提单。

2. 转船提单(Transshipment B/L)

转船提单是指从装运港装货的轮船,不直接驶往目的港,而需在中途换装另外船舶所签发的提单。在此种提单上要注明"转船"或"在某港转船"字样。转船提单往往由第一程船的承运人签发。

3. 联运提单(Through B/L)

联运提单是指货物运输需经两种或两种以上的运输方式来完成,如海陆、海空或海铁等联合运输所使用的提单。由第一承运人所签发包括全程运输提单。货物在中途转换运输工具和进行交接,由第一承运人向下一承运人办理。

4. 多式联运提单（Multimodal Transport B/L，Intermodal Transport B/L）

这种提单主要用于集装箱运输，是指一批货物需要经过两种以上不同运输方式，由一个承运人负责全程运输，负责将货物从接收地运至目的地交付收货人，并收取全程运费所签发的提单。提单内的项目不仅包括起运港和目的港，而且列明一程二程等运输路线，以及收货地和交货地。

三、海运提单填制要领

海运提单部分栏位与托运单类似，对于相同的栏位内容，已在托运单填制要领中说明的本部分不再重复，只进行补充。

B/L No.（提单号码）：提单上必须注明承运人及其代理人规定的提单编号，以便核查，否则提单无效。

Shipper（托运人）：托运人是指委托运输的人，一般为出口商，即将卖方的名称和地址填入此栏。若 L/C 有规定从其规定，一般为受益人。

Consignee（收货人）：习惯上称为抬头人。如 L/C 结算，必须与其规定一致，即这一栏的填制应严格按照 L/C 的规定在记名收货人、凭指示和记名指示中选一个。如要求是记名提单，则可填制具体的收货人；如属指示提单则填为 "To order"；如需在提单上列明指示人，则可填制 "To order of…"。

例如，信用证要求：① "Full set of B/L made out to order"，提单收货人一栏则应填 "To order"（不记名指示提单）。② "Full set of B/L issued to order of applicant"，若 Applicant 为信用证的申请开证人 Big A. CO., LTD，则提单收货人一栏填制 "To order of Big A. CO., LTD"（记名指示提单，凭信用证申请人指示）。③ "Full set of B/L made out to our order"，若开证行名称为 Small B Bank，则应在收货人处填 "To order of Small B Bank"（记名指示提单，凭银行指示）。④ "Full set of B/L made out to order of shipper"，若 Shipper 为信用证的受益人 Sam Co., LTD，则提单收货人一栏填制 "To order of Sam CO., LTD"（记名指示提单，凭发货人指示）。

Notify Party（被通知人）：船公司在货物到达目的港时，发送到货通知的收件人，有时即为货物进口人，但被通知人无权提货。通知栏为接收船方发出货到通知的人的名址。遵从 L/C 规定：具体名称、地址、电话。如果 L/C 未说明哪一方为被通知人，那么就将 L/C 中的开证申请人名称、地址填入副本 B/L 中，正本保持空白，以便货到目的港时船方通知其办理提货手续。如果 L/C 要求两个或两个以上的公司为被通知人，出口公司应把这两个或两个以上的公司名称和地址完整地填入。若地方太小，则应在结尾部分打 "＊"，然后在提单中 "描述货物内容" 栏的空白地方做上同样的记号 "＊"，接着打完应填制的内容。这一方法对其他栏目的填制也适用。

Pre-Carriage by（前程运输）：如货物需要转运，在这一栏中填制第一程船的船名；如果货物不需转运，保持空白。

Place of Receipt（交货地点）：如货物需要转运，填制收货港口名称或地点；如果货物不需要转运，则空白。一般只有多式联运提单有此项目。如提单上 Place of Receipt 与 Port of Loading 不同，则不论是已装船提单或备运提单都须加注已装船批注、装船日期、实际船名和装货港名称。

Ocean Vessel & Voy. No.（船名及航次）：如货物需要转运，填制第二程船的船名（但 L/C 并无要求时，则不需填制第二程船的船名及航号）；如果货物不需要转运，填制第一程船的船名及航号。

Port of Loading（装运港）：如果货物需要转运，填制中转港口名称；如果货物不需要转运，填制装运港名称。

Port of Discharge（卸货港）：填制卸货港（指目的港）名称。

Place of Delivery（收货地点）：填制最终目的地名称。如果货物目的地是目的港，此栏可保持空白。

Container Seal No. or Marks and Nos.（唛头和集装箱号码/封志号）：填制集装箱号和唛头；若无，填"N/M"。遵从 L/C 规定或与其他单据一致；至少填制一个集装箱的箱号和封号。

No. of Containers or Packages（箱数或件数）：与实际相符，并与 L/C 及其他单据一致。须在大写合计栏内填制英文大写文字数目。若有两种或两种以上不同包装单位，则应分别填制后再合计（以 Packages 为计量单位）。

Description of Goods（If Dangerous Goods, See Clause 20）（货物名称与包装种类）：与其他单据相符。在 L/C 项下货物名称必须与 L/C 上规定的一致。例如某公司在一次购买花生交易中，信用证货名为"GROUNDNUTS"，但出口商用了"PEANUTS"，结果遭到拒付。如品名较多可使用与 L/C 不矛盾的统称。此外，L/C 通常情况要求在此声明"运费预/（到）付"或加注 L/C 号码，此时可照办。例如，来证写明"FULL SET OF 3/3 CLEAN ON BOARD OCEAN BILLS OF LADING AND TWO NONNEGOTIABLE COPIES MADE OUT TO ORDER OF BANGKOK BANK PUBLIC COMPANY LIMITED, BANGKOK MARKED FREIGHT PREPAID（注明运费预付）AND NOTIFY APPLICANT AND INDICATING THIS L/C NUMBER（标明信用证号码）"。

Gross Weight（毛重）：填制货物毛重，以公斤/千克计。如 L/C 无规定，填制总毛重。集装箱应加上集装箱的皮重。

Measurement（体积）：填制货物尺码，以立方米（m³）为单位。

Total Number of Containers and/or Packages（in words）：用大写表示集装箱或其他形式最大外包装的件数，与"No. of Containers or Packages"栏的件数一致。

Freight and Charges（运费支付）：运费条款。一般填"Freight Prepaid /Freight Collect"，具体由价格术语来确定。若使用 CIF 或 CFR，要求卖方在交货前把运费付清，并填"Freight Paid or Freight Prepaid"。若使用 FOB，"Freight Collect"或"Freight to be Collected"（运费到付）。

Place and Date of Issue（签发地点与日期）：填制提单签发时间和地点。提单签发时间，是指货物实际装运的时间或已经接受船方监管的时间。提单签发的地点，是指货物实际装运的港口或接受监管的地点。一般在装运港所在地，日期按 L/C 要求，应早于或等于规定的装运日期，要避免倒签提单和预借提单。

No. of Original B(s)/L（提单签发份数）：填正本提单签发的份数。用英语大写来填写，如"ONE、TWO…"。收货人凭正本提单提货，为避免因正本提单在递交过程中丢失而造成提货困难，承运人多签发两份或两份以上的正本提单，正本提单的份数应在提单上注明。每份正本提单的效力相同，凭其中一份提货后，其余各份失效。L/C 下从其规定，若无规定，可任意份（一般按惯例 2~3 份）。信用证中要求提供"全套正本提单"（Full set or complete set of B/L），则须提供承运人签发的所有正本。近年来，L/C 中有如下语句出现："BENEFICIARY'S CERTIFICATE CERTIFYING THAT THEY HAVE SENT BY SPEED POST ONE OF THE THREE（1/3 ORIGINAL）B/L DIRECT TO THE APPLICANT LMMEDIATELY AFTER SHIPMENT AND ACCOMPANIED BY RELATIVE POST RECEIPT"，是指开证申请人要求卖方在货物装船后寄其一份正本提单。这种做法对买方提货和转口贸易以及较急需或易腐烂的商品贸易有利，但对卖方却有货权已交出而被拒付的危险。因而，此处应慎重处理。

Signed for the Carrier（承运人签章）：提单必须有船方或其代理的签字才能生效，即须由承运人或其代理人签发或证实。

Laden on Board the Vessel（已装船批注）：如要求提供已装船提单，必须由船长签字并注明开船时间"Date：…"和"Laden on Board"字样。提单须注明是已装船提单，即须有"On Board"的表示，且须显示装船日期，不得迟于 L/C 的最迟装运日。

四、提单确认和货物交付

（一）提单确认和发货通知

最迟在开船后两天内，托运人要将提单补料内容传真给货运代理。根据客户提供的补料，货代先与客户核对清楚后再向船公司提供补料，并给出正确的货物数量。

货代需督促船公司尽快出提单样板，争取在短时间内将提单资料核对清楚，并根据客户的要求签发 HB/L（小提单）或 MB/L（大提单）。提单要仔细检查，一定要和合同、L/C 对应检查，出现错误，及时修改，仔细核对样本无误后，向船公司书面确认提单内容。如果提单需托运人确认的，要先将提单样板传真给托运人，得到确认后再要求船公司出正本，如中远海运在订单指示信息提供完备的情况下，船开后 1 个工作日内可签发正本提单。

在装运货物后，按照国际贸易的习惯做法，发货人应立即（一般在装船后 3 天内）发送装运通知给买方或其指定的人，从而方便买方能及时跟踪货物的运输状况，并安排接货等事宜。装运通知是通知客人发货的细节，包括船名、航班次、开船日、预计抵港日、货物及数量、金额、包装件数、唛头、目的港代理人等。有时 L/C 要求提供发送证明，如传真报告书、发函底单等，注意要在托运人要求的时间内办理。

视频：货物跟踪与查询

（二）货物到达和交付的操作

货物运至到达站后，除另有约定外，承运人或其代理人应当及时向收货人发出到货通知。通知包括电话和书面两种形式。急件货物的到货通知应当在货物到达后 2 小时内发出，普通货物应当在 24 小时内发出。自发出到货通知的次日起，货物免费保管 3 日。逾期提取，承运人或其代理人按规定核收保管费。货物被检查机关扣留或因违章等待处理存放在承运人仓库内，由收货人或托运人承担保管费和其他有关费用。

收货人凭到货通知单和本人居民身份证或其他有效身份证件提货。委托他人提货时，凭到货通知单和货运单指定的收货人及提货人的居民身份证或其他有效身份证件提货。如承运人或其代理人要求出具单位介绍信或其他有效证明时，收货人应予提供。承运人应当按货运单列明的货物件数清点后交付收货人，如发现货物短缺、损坏时，应当会同收货人当场查验，必要时填制货物运输事故记录，并由双方签字或盖章。收货人提货时，对货物外包装状态或重量如有异议，应当场提出查验或者重新过秤核对。收货人提取货物后并在货运单上签收而未提出异议，则视为货物已经完好交付。

托运人托运的货物与货运单上所列品名不符或在货物中夹带政府禁止运输或限制运输的物品和危险物品时，承运人应当按下列规定处理：①在出发站停止发运，通知托运人提取，运费不退。②在中转站停止运送，通知托运人，运费不退，并对品名不符的货件，按照实际运送航段另核收运费。③在到达站，对品名不符的货件，另核收全程运费。

货物自发出到货通知的次日起 14 日无人提取，到达站应当通知始发站，征求托运人对货物的处理意见；满 60 日无人提取又未收到托运人的处理意见时，按无法交付货物处理。对无法交付的货物，应当做好清点、登记和保管工作。凡属一般的生产、生活资料应当作价移交有关物资部门或商业部门；凡属国家禁止和限制运输物品、贵重物品及珍贵文史资料等货物应当无价移交国家主管部门处理；凡属鲜活、易腐或保管有困难的物品可由承运人酌情处理。如做毁弃处理，所产生的费用由托运人承担。经作价处理的货款，应当及时交承运人财务部门保管。从处理之日起 90 日内，如有托运人或收货人认领，扣除该货的保管费和处理费后的余款退给认领人；如 90 日后仍无人认领，应当将货款上交国库。对于无法交付货物的处理结果，应当通过始发站通知托运人。

 任务练习

一、任务的提出

东升公司根据销售合同填制了商业发票、装箱单等报关单据，并委托锦长货代公司办理该票货的报关。锦长货代公司收到了东升公司的代理报关委托书及相关报关资料后，向海关申请报关并完成了报关手续。货物做好并验货通过后，委托拖车公司提柜、装柜。接着，船公司完成集装箱的装船但还未开具海运提单。

> **任务**
>
> 由于发货人急需此票货的海运提单，锦长货代公司业务经理要求实习生李立协助船公司根据信用证、商业发票、装箱单（分别详见本项目的任务一、任务二与任务四对应的任务练习）等信息填制一份海运提单样单，以便提供给发货人进行核对与确认，如无误后则再要求船公司出正本提单。
>
> 其他补充信息：集装箱铅封号为 08135，2022 年 10 月 29 日签发提单。

	（2）Shipper	（1）B/L No.：
		中远集装箱运输有限公司
	（3）Consignee	COSCO CONTAINER LINES
		OCEAN BILL OF LADING
	（4）Notify Party	SHIPPED on board in apparent good order and condition (unless otherwise indicated) the goods or packages specified herein and to be discharged at the mentioned port of discharge or as near there to as the vessel may safely get and be always afloat. The weight, measure, marks and numbers, quality, contents and value, being particulars furnished by the Shipper, are not checked by the Carrier on loading. The Shipper, Consignee and the Holder of this Bill of Lading hereby expressly accept and agree to all printed, written or stamped provisions, exceptions and conditions of this Bill of Lading, including those on the back hereof. IN WITNESS where of the number of original Bills of Lading stated below have been signed, one of which being accomplished, the other（s）to be void.
（5）Pre-Carriage by	（6）Place of Receipt	
（7）Vessel Voy. No.	（8）Port of Loading	
（9）Port of Discharge	（10）Place of Delivery	

续表

(11) Container Seal No. or Marks and Nos.	(12) No. of Containers or Packages	(13) Description of Goods	(14) Gross Weight (KGS)	(15) Measurement (M³)

(16) Total Number of Containers and/or Packages (in words):			
(17) Freight and Charges		REGARDING TRANSSHIPMENT INFORMATION PLEASE CONTACT	
Ex. Rate	Prepaid at	Freight Payable at	(18) Place and Date of Issue
	Total Prepaid	(19) No. of Original B/L	(20) Signed for the Carrier

(21) LADEN ON BOARD THE VESSEL
DATE: BY:

二、任务的实施

实习生李立根据货物的信用证、商业发票、装箱单等信息，填制海运提单，各栏位内容如下：

(1) CNS010108895

(2) GUANGZHOU DONGSHENG CO., LTD
　　888 YUEKEN ROAD, TIANHE DISTRICT GUANGZHOU, CHINA
　　TEL: 0086-20-88888888 FAX: 0086-20-666666

(3) TO ORDER

(4) AMERICAN INTERNATIONAL IMPORT & EXPORT CO. LTD
　　P.O. BOX 99002, NEW YORK, USA
　　TEL: 001-212-12345678 FAX: 001-212-1234567

(5) /

(6) /

(7) ITAL LUNARE/0811-063W

(8) GUANGZHOU, CHINA

(9) NEW YORK, USA

(10) AIIE
　　NEO2022092001
　　NEW YORK
　　C/NO. 1-800
　　COSU0507229/08135

(11) 800 CARTONS

(12) HEATING STOVE
　　FREIGHT PREPAID

(13) 6,400KGS

(14) 57.60CBM
(15) SAY EIGHT HUNDRED CARTONS ONLY
(16) FREIGHT PREPAID
(17) OCT. 29,2022 GUANGZHOU
(18) THREE (3)
(19) COSCO SHIPPING LINE CO., LTD
(20) DATE：OCT. 29, 2022, COSCO SHIPPING LINE CO., LTD

任务评价

知识点与技能点	我的理解（填制关键词）	掌握程度
海运提单定义		☆☆☆☆☆
海运提单分类		☆☆☆☆☆
海运提单填制要领		☆☆☆☆☆
提单确认和货物交付		☆☆☆☆☆

任务七　结算费用

学习目标

知识目标

1. 了解附加费的作用；
2. 理解班轮运费的构成。

能力目标

能根据账单信息计算班轮运费。

素养目标

培养学生节约成本与控制成本的理念。

知识储备

一、班轮运费

班轮费用主要由基本运费、海运附加费及本地费用三部分构成。

（一）基本运费

基本运费（Basic Freight）是指运输每批或每个集装箱的货物承运人所应该收取的最基本的运输费用，它是整个运费的主要构成部分。基本运费是货物运往班轮航线基本港口所收取的费用，是班轮公司为运输货物而向货主收取的费用。普通杂货的基本运费是根据基本运价（Basic Freight Rate）和计费吨计算得出。集装箱拼箱货物基本运费的计算与普通杂货基本运费的计算方法相似。基本运价按航线上基本港之间的运价给出，是计算班轮基本运费的基础。这里的基本港是指国际大型班轮公司定期挂靠，进出口贸易及海运量需求较大，具有相当规模的港口。

基本运价的确定主要反映了成本定价原则，确定费率的主要因素是各种成本支出，主要包括船舶的折旧或租金、燃油、修理费、港口使用费（如装卸费、吨税和靠泊等费用）、管理费、职工工资等。各种突发因素产生的额外费用通过附加费形式收取。集装箱运输的大量各种后期费用，如空箱的调拨、堆存等费用，也应该包括在基本运价中，但如何量化比较困难，所以基本成本较难准确控制。同时，市场供求关系也是影响费率的一大主要因素。

此外，在集装箱运输中还有按每一个集装箱计算收取运费的规定，此计费方式主要针对整箱运输。

（二）海运附加费

航运市场的兴衰受到世界经济形势和国际贸易情况的左右，航运市场的竞争同样也会影响承运人的经营状况。历年来，燃油价格的涨落、货币汇率的波动、国际恐怖活动的猖獗等，都影响了承运人的收益。承运人为了在特定情况下保持一定的收益，应对各种不稳定因素引起的额外成本支出，就需要通过附加费的形式，按照合理分担有关费用的定价原理确定附加运费。

因此，附加费（Surcharge）是船方根据不同情况为弥补运输中额外开支或费用而加收的费用。附加费的标准因航线和货种的不同而有不同的规定。附加费是根据货物种类或不同的服务内容，视不同情况而加收的运费，可以按每一计费吨加收，也可按基本运费的一定比例计收。附加费种类繁多，而且随着一些情况的改变，会取消或制定新的附加费。

以下是部分常见的附加费类别：

（1）AMS：Automatic Manifest System（自动舱单系统录入费），用于美加航线。
（2）BAF：Bunker Adjustment Factor（燃油附加费），大多数航线都有，但标准不一。
（3）CAF：Currency Adjustment Factor（货币贬值附加费）。
（4）DDC：Destination Delivery Charge（目的港卸货附加费），常用于美加航线。
（5）EBA：Emergency Bunker Additional（紧急燃油附加费），常用于非洲、中南美航线。
（6）EBS：Emergency Bunker Surcharge（紧急燃油附加费），常用于澳洲航线。
（7）FAF：Fuel Adjustment Factor（燃油价格调整附加费），日本航线专用。
（8）GRI：General Rate Increase（综合费率上涨附加费）。
（9）IFA：Interim Fuel Additional（临时燃油附加费）。
（10）ORC：Origin Receipt Charge（原产地收货费），一般在广东地区使用。
（11）PCS：Panama Canal Surcharge（巴拿马运河附加费）。
（12）PCS：Port Congestion Surcharge（港口拥挤附加费）。
（13）PSS：Peak Season Surcharge（旺季附加费），大多数航线在运输旺季时可能临时使用。
（14）SPS：Shanghai Port Surcharge（上海港附加费），船挂上海港九区、十区。
（15）THC：Terminal Handling Charge（码头处理费）。
（16）VGM：Verified Gross Mass（核实的集装箱总重）。
（17）WARS：War Surcharge（战争附加费）。

（三）本地费用

本地费用（Local Charge）一般是指在除了国际海运费以外的港口等收取的费用。不同的港口收费项目不同，如大连港常见的本地费主要包括以下几方面。

(1) 保安费（Port Security Charge）：也叫港安费、港口安全费，通常为 20 尺柜 20 元，40 尺柜 30 元。

(2) 文件费（Document Charge）：也叫提单费、单证费，通常为 200 元/票。

(3) 文件处理费（DHC）：Document Handling Charge，通常为 50 元/票。

(4) 报关费（Customs Clearance）：也叫清关费（习惯上出口叫报关，进口叫清关），通常为 150 元/票。

(5) 外理费（Tally Fee）：通常为 20 尺柜 10 元，40 尺柜 20 元，由外轮代理公司收取。

(6) 装箱费（Container Stuffing）：Container Loading，也叫内装费，通常为 20 尺柜 380 元，40 尺柜 750 元。

(7) 卸车费（Unloading Fee）：也叫卸货费，通常为 20 尺柜 50 元，40 尺柜 100 元。

(8) 提箱费（Container Picking）：也称调箱费。实报实销，不同场地提箱费价格有所不同，也会经常调整，通常为 20 尺柜 135 元，40 尺柜 185 元。有的货代在报价时把提箱费和装箱费合并，只报一个价格。

(9) 商检检疫费（Inspection Charge）：随着 HS 编码和货值的不同而不同，实报实销。一般法检货物（出口监管条件有 B-出境货物通关单）才需要。

(10) 商检代理费（Commodity Inspection Agent）：由货物 HS 编码决定。一般法检货物（出口监管条件有 B-出境货物通关单）才需要。

(11) 验箱费（Container Inspection Fee）：针对食品、饮料、药品等特殊货物，通常为 20 尺柜 133 元，40 尺柜 237 元。

(12) 电放费（Surrender Charge）：不同船公司收取的电放费有所不同，实报实销，通常为 200 元/票。

(13) 拖车费（Transport Charge）：根据柜型、地址、货物等不同而不同。拿到提箱单后，去指定窗口打单，然后派拖车去提取空箱，拉到工厂或仓库装货，装完后再把箱子交还指定的堆场，这个过程所产生的拖车费用。有时这个费用包括集港费。所谓集港，就是把装了货物的重箱从之前的堆场拉到码头的堆场等待装船，它一般在开船前两三天进行，并不是一装完货马上拉到码头堆场。集港就是把某一条船要装的所有箱子先集中起来，以便船一到，第一时间高效率地尽快装船，尽量减少船舶的在港时间。

二、运费支付

如由货代公司安排拖车、报关，货代客服人员应在船公司的免堆期内安排拖柜还场，避免发生额外费用。若发生超堆费、改船费、超期柜租等额外费用，需立即通知客户，即发货人，要求其书面确认，并在台账上登记。

将提单号、提单日期填在台账上，并将文件费、电放费、拖车费、报关费、超堆费、改船费、改单费等货物在港期间发生的费用输入电脑，核对无误后通知财务，同时也将与发货人核对无误后的正本提单提交给财务，以便财务在收妥运费后放提单给客户。

根据贸易条款，运费支付可分为预付（Frelght Prepaid）和到付（Freight Collect）。①预付运费：在签发提单前即须支付运费，其贸易条款为 CIF 和 CNF（由出口方订舱），这些报价时已经将运费算在内，所以发货人自己安排运输自己付运费。②到付运费：发货人只需要付国内费用，其余费用由收货人承担，合同体现为 FOB 价，即发货人只需要付国内拖柜、THC 和报关的费用，以及特殊情况下产生的费用，如海关查验等费用，海运费由收货人承担，一般由收货人指定船公司（或指定货代）。

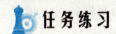

一、任务的提出

在货物装船出运后,锦长货代公司需结算此票货的费用。锦长货代公司需要在统计及计算各项收费后,形成 Debit Note(费用账单),且与电脑资料核对无误后,立即传真给东升公司,并告知东升公司,如果收货人想尽早在目的港提货,东升公司需认真审核并尽快确认此账单,并第一时间安排付款,以便锦长货代公司能及时发放正本提单给东升公司。

> **任务** 锦长货代公司业务经理要求实习生李立根据业务信息填制费用账单。

DEBIT NOTE

TO:
ATTN:
DATE:

起运港:		提单号:		
卸货港:		箱型箱量:		
收费项目	20′ GP	40′ GP/HC	单位	总价
THC 集装箱码头装卸作业费(CNY)	725	1 000	每集装箱	
集装箱管理费(CNY)	80	110	每集装箱	
EIR 设备交接单打印单费(CNY)	45	45	每票	
DOC 单证费(CNY)	450	450	每票	
封条费(CNY)	30	30	每集装箱	
订舱费(CNY)	100	200	每集装箱	
提货拖车费(CNY)	1 000	1 200	每集装箱	
报关费(CNY)	150	150	每票申报	
VGM 申报管理费(USD)	20	20	每票	
ENS/AMS/AFR 舱单附加费(USD)	250	250	每票	
保险费(CNY)	货物价值110%的千分之三(MIN CNY100)		每票	
海运费(USD)	1 000	1 600	每集装箱	
CHARGE TOTAL(各币种汇总)			USD	
			CNY	

汇率 CNY:USD=6.3:1
如贵公司支付美金,费用共为(USD):
如贵公司支付人民币,费用共为(CNY):

备注：
1. 东升公司需在 24 小时之内确认以上费用及发票抬头，并盖章回传，否则视为默认以上费用。开航后如需更改费用或者发票等，将收取改单费 CNY150.00。
2. 东升公司汇款后在水单上注明提单号，出正本还是电放，传真到锦长货代公司。
3. 如果需要锦长货代公司开发票，需注明发票抬头、币别、金额、寄发票地址

二、任务的实施

锦长货代公司实习生李立根据各项收费要求填制了费用账单，具体如下。

DEBIT NOTE

TO：广州东升公司				
ATTN：				
DATE：NOV. 20，2022				
起运港：GUANGZHOU		提单号：CNS010108895		
卸货港：NEW YORK		箱型箱量：1×40′GP		
收费项目	20′ GP	40′ GP/HC	单位	总价
THC 集装箱码头装卸作业费（CNY）	725	1 000	每集装箱	1 000
集装箱管理费（CNY）	80	110	每集装箱	110
EIR 设备交接单打印单费（CNY）	45	45	每票	45
DOC 单证费（CNY）	450	450	每票	450
封条费（CNY）	30	30	每集装箱	30
订舱费（CNY）	100	200	每集装箱	200
提货拖车费（CNY）	1 000	1 200	每集装箱	1 200
报关费（CNY）	150	150	每票申报	150
VGM 申报管理费（USD）	20	20	每票	20
ENS/AMS/AFR 舱单附加费（USD）	250	250	每票	250
保险费（CNY）	货物价值 110%的千分之三（MIN CNY100）		每票	1 247.4
海运费（USD）	1 000	1 600	每集装箱	1 600
CHARGE TOTAL（各币种汇总）			USD	1 870
			CNY	4 432.4

汇率 CNY：USD-6.3∶1

如贵公司支付美金，费用共为（USD）：2 573.56

如贵公司支付人民币，费用共为（CNY）：16 213.4

备注：
1. 东升公司需在 24 小时之内确认以上费用及发票抬头，并盖章回传，否则视为默认以上费用。开航后如需更改费用或者发票等，将收取改单费 CNY150.00。
2. 东升公司汇款后在水单上注明提单号，出正本还是电放，传真到锦长货代公司。
3. 如果需要锦长货代公司开发票，需注明发票抬头、币别、金额、寄发票地址

任务评价

知识点与技能点	我的理解（填制关键词）	掌握程度
班列运费		☆☆☆☆☆
运费支付		☆☆☆☆☆

【拓展阅读】

海关人：奋战在"抗疫"一线的国门卫士

中共中央宣传部定于 2021 年 5 月 19 日上午 10 时举行中外记者见面会，请海关党员代表围绕"当好让中央放心、让人民满意的国门卫士"与中外记者见面交流。参加交流会的海关党员代表有北京海关所属首都机场海关旅检一处副处长高延军、上海海关所属上海外高桥保税区海关关长张宏、乌鲁木齐海关所属红其拉甫海关办公室副主任马艳辉、成都海关所属青白江海关监管二科科长夏纪，他们分别汇报了多年的工作经历并回答记者问。

2020 年，海关外防输入、严守国门第一防线，做了大量工作，四位海关党员代表分别介绍了他们在抗击疫情中做出的贡献。

"在抗击疫情过程中，我印象最深刻的就是，我和团队一起仅用了 72 小时完成了全国首个口岸防疫专区的建设。"高延军说。2020 年 3 月初，北京市决定把 T3D 航站楼划设成专区，集中停靠入境高风险航班，目的是有效防范输入风险。不眠不休干了 72 个小时后，高延军等 9 人在规定时间内完成了 4 000 多平方米场地的改造，实现了入境人员专区检疫、闭环管理。T3D 专区同时也成为全国各大口岸疫情防控专区建设的标杆。

张宏回忆，当得知外高桥保税区即将要进一批 ECMO（体外膜肺氧合），是用在各大医院的急诊病人当中时，海关相关部门第一时间启动了相关预案，针对商品检验检疫问题，提出了"预检验"模式，即在货物进入外高桥保税区，在进境备案状态下海关就开始检验和下库核查，企业同步开展进口报关，审核以后即可立马出区。"2020 年 3 月 5 日，企业正式向我们进行了申报，我们第一时间完成了电子数据的审结，下午 2 时，海关关员已经在查验场地等待货物的查验，下午 4 时，我们全部完成了所有的通关手续，ECMO'零等待'出区，奔赴了抗疫一线。"

2020 年 3 月，当时正是马艳辉所在的红其拉甫海关帕米尔高原上的隆冬季节，红其拉甫海关的党员抗疫先锋队在海拔 5 100 米的国门一线连续奋战了 6 个小时，验放了首批中国援助巴基斯坦的医疗物资。"当时是零下 30 多（摄氏）度的天气，凛冽的寒风把大家的手和脚都冻僵、冻伤了，但是没有一个同事离开岗位，一直到任务完成之后，大家在返程路上才瘫软在座位上。"

夏纪介绍，2020 年，国际海运空运受到了很大影响，不少外贸企业将目光投向了中欧班列。夏纪所在的青白江海关组建了党员突击队，全天候保障班列开行，支持企业应对疫情影响。夏纪和同事们一边向班列公司了解开行计划，一边指导企业不见面在线办理各项业务，与阿拉山口、霍尔果斯等班列出境地海关合力保障通关顺畅。经过多方努力，在疫情期间，成都中欧班列保持了常态化开行，各项指标逆势增长，有力支持了国内的复工复产。

（资料来源：海关人：奋战在"抗疫"一线的国门卫士，https://baijiahao.baidu.com/s? id = 1700178648337057758&wfr=spider&for=pc）

素养园地

中方管理团队重焕希腊千年古港活力

自 2016 年 8 月 10 日，中远海运希腊比雷埃夫斯港中方管理团队顺利平稳地接管了欧洲十大港口之一的比港，将东方管理智慧灌输到西方文明的发源地。

比港中方管理团队严格遵守当地法律法规，将一切工作放在阳光下，确保工作"公开、公平、公正"，赢得了客户、员工以及希腊社群的广泛赞誉和高度评价。

文化力量，穿越时空，辉耀古今。在比港，不论是中方员工还是当地员工，都生活在"家庭式"的文化氛围中，希腊的文化、风俗、习惯得到了充分尊重，希腊员工对人权、对自由、对法律的追求得到了充分满足。中方团队和大家成了朋友，成了兄弟。

全心投入、深化改革、整合资源、运筹帷幄，比港中方管理团队倾力打造中欧陆海快线，惠及巴尔干乃至中南欧地区的人民；优势互补、互利共赢，他们用真诚赢得信赖，架起了中希人民友谊之桥。十年磨一剑，砺得梅花香。如今，比雷埃夫斯港，最终迎来了古港重生，这颗"一带一路"上的明珠愈发光彩夺目。

【项目综合实训】

1. 业务信息

广州东升公司（913411241234512×××）向海关申报出口，货物信息如下。

商品名称：立式双门冷藏冷冻一体式冰箱；商品编码：8418103000；容量：95L；压缩机式，家用，冷藏和保鲜食品，无品牌。

商品名称：立式双门冷藏冷冻冰箱；商品编码：8418102000；容量：225L；压缩机式，家用，冷藏和保鲜食品，无品牌。

2. 出运信息

航名：JI HAI RONG　　航次：2002E

提单号：COSU2633509030，2022 年 1 月 15 日签发

件数：422CARTONS，毛重：13 423KGS，体积：136.12CBM

集装箱相关信息：COSU7629335/00LFND4267　　134CARTONS/6 338.2KGS/67CBM

COSU7036032/00LFND4268　　288CARTONS/7084.8KGS/69.12CBM

FREIGHT PREPAID

信用证写明：FULL SET OF 3/3 CLEAN ON BOARD OCEAN BILLS OF LADING MADE OUT TO ORDER OF SHIPPER MARKED FREIGHT PREPAID AND NOTIFY THE BUYER

3. 单证信息

GUANGZHOU DONGSHENG CO., LTD

888 YUEKEN ROAD, TIANHE DISTRICT, GUANGZHOU, CHINA

TEL：0086-20-88888888　FAX：0086-20-666666

COMMERCIAL INVOICE

TO: GLOBAL ELECTRIC CO., LTD	INVOICE NO.: B08190508
DAR-ES-SALAAM, TANZANIA	DATE: 2022-1-9

BY SEA	From NANJING	To DAR-ES-SALAAM, TANZANIA		
Marks and Nos.	Description	Quantity	Unit Price	Amount
N/M	REFRIGERATOR PT BCD95 （BCD-95）	288PCS	CIF DAR-ES-SALAAM	
			$84.087	$24,217.00
	REFRIGERATOR PT BCD225G （BCD-225G）	134PCS	$142.940	$19,154.00
		TOTAL AMOUNT：$43 371.00		

PACKING LIST

DATE：2022-1-12　　　　　　　　　　INVOICE NO.：B08190508

Marks & Nos.	Name of Commodity	Size （CBM）	Quantity	PKGS	Total	
					G.W.	N.W.
N/M	REFRIGERATOR PT BCD95 （BCD-95）	69.12CBM	288PCS	288CTNS	7,084.80KGS	6,336.00KGS
	REFRIGERATOR PT BCD225G （BCD-225G）	67.00CBM	134PCS	134CTNS	6,338.20KGS	5,829.00KGS
	TOTAL	136.12CBM	422PCS	422CTNS	13,423.00KGS	12,165.00KGS

SALECONTRACT

Description	Custommode No.	Factorymodel No.	Quantity（unit）	Unit Price（USD）	Amount（USD）
REFRIGERATOR	PT BCD 95	BCD-95	288	$84.087	$24,217.00
REFRIGERATOR	PT BCD225G	BCD-225G	134	$142.940	$19,154.00
TOTAL：			422		$43,371.00

SAY TOTAL（USD）：FOURTY THREE THOUSAND THREE HUNDRED AND SEVENTY ONE ONLY

PRICE TERM　　　　CIF DAR-ES-SALAAM

With 5% more or less both in amount and quantity allowed at the seller's option.

Payment Term：30% T/T deposit and 70% balance against B/L copy

Port of Loading：　NANJING

Port of Destination：DAT-ES-SALAAM, TANZANIA

Partial Shipment：PROHIBITED

Transshipment：　PROHIBITED

Transportation Method：BY SEA

BUYER：　　　　　　　　　　　　**SELLER**：

实训一

根据业务背景和相关单据,锦长货代公司业务经理要求实习生李立判断报关单是否存在错误。如有错误,进行修改。

出口报关单整合申报(部分内容)

申报地海关			申报状态			
统一编号			预录入编号			
海关编号			出境关别			
备案号			合同协议号			
出口日期			申报日期			
境内收发货人	18位社会信用代码	10位海关代码		10位检验检疫编码	企业名称(中文)	
境外收发货人		境外收发货人代码			企业名称(外文)	
生产销售单位	18位社会信用代码	10位海关代码		10位检验检疫编码	企业名称(中文)	
申报单位						
运输方式	水路运输2	运输工具名称	JI HAI RONG	航次号	2002E	
提运单号	COSU2633509030	监管方式	一般贸易0110	征免性质	一般征税101	
许可证号		运抵国(地区)	泰国THA	指运港		成交方式
运费		保险费		杂费		
件数	422	包装种类	其他包装	毛重(KG)	13 423	净重(KG)	12 165
贸易国(地区)	泰国THA	集装箱数		随附单证		
货物存放地点				离境口岸		
报关单类型		备注			其他事项确认	
>>		标记唛码			业务事项	
检验检疫受理机关			企业资质		< > …	
领证机关			口岸检验检疫机关			
目的地检验检疫机关			关联号码及理由	关联号码	关联理由	
特殊业务标识			所需单证		检验检疫签证申报要素	

序号	商品编号	备案序号	商品名称	规格型号	目的地	数量	单价	币制	总价	征免
项号	1	备案序号		商品编号	8418103000		检验检疫名称		…	
商品名称	立式双门冷藏冷冻一体式冰箱			规格型号						
成交数量	288	成交计量单位	台	单价		总价	24 217	币制	美元	
法定第一数量	288	法定第一计量单位	台	加工成品单耗版本号		货号		最终目的国(地区)	泰国THA	
法定第二数量	5 829	法定第二计量单位	千克	原产国(地区)						
>>		境内货源地		境内货源地代码		产地代码		征免方式	照章征税1	
检验检疫货物规格					…		产品资质			
货物属性				…	用途		危险货物信息			
项号	2	备案序号		商品编号	8418103000		检验检疫名称		…	
商品名称	立式双门冷藏冷冻一体式冰箱			规格型号						
成交数量	134	成交计量单位	台	单价		总价		币制	美元	
法定第一数量	134	法定第一计量单位	台	加工成品单耗版本号		货号		最终目的国(地区)	泰国THA	
法定第二数量	6 336	法定第二计量单位	千克	原产国(地区)						
>>		境内货源地		境内货源地代码		产地代码		征免方式	照章征税1	
检验检疫货物规格					…		产品资质			
货物属性				…	用途		危险货物信息			

实 训

锦长货代公司实习生李立根据业务背景和相关单据，将报关单存在错误的栏位进行了修改，具体见灰色填充部分。

出口报关单整合申报(部分内容)

申报地海关				申报状态			
统一编号				预录入编号			
海关编号				出境关别			
备案号				合同协议号			
出口日期				申报日期			
境内收发货人	18位社会信用代码	10位海关代码			10位检验检疫编码		企业名称(中文)
境外收发货人		境外收发货人代码				企业名称(外文)	
生产销售单位	18位社会信用代码	10位海关代码			10位检验检疫编码		企业名称(中文)
申报单位							
运输方式	水路运输2	运输工具名称	JI HAI RONG		航次号	2002E	
提运单号	COSU2633509340	监管方式	一般贸易0110		征免性质	一般征税101	
许可证号		运抵国(地区)	坦桑尼亚TZA		指运港		成交方式
运费		保险费			杂费		
件数	422	包装种类	其他包装	毛重(KG)	13 423	净重(KG)	12 165
贸易国(地区)	坦桑尼亚TZA	集装箱数		随附单证			
货物存放地点				离境口岸			
报关单类型		备注				其他事项确认	
	>>		标记唛码			业务事项	
检验检疫受理机关				企业资质			< >...
领证机关				口岸检验检疫机关			
目的地检验检疫机关				关联号码及理由		关联号码	关联理由
特殊业务标识				所需单证		检验检疫签证申报要素	

序号	商品编号	备案序号	商品名称	规格型号	目的地	数量	单价	币制	总价	征免
项号	1	备案序号		商品编号	8418103000		检验检疫名称			...
商品名称		立式双门冷藏冷冻一体式冰箱		规格型号						
成交数量	288	成交计量单位	台		单价		总价	24 217	币制	美元
法定第一数量	288	法定第一计量单位	台		加工成品单耗版本号		货号		最终目的国(地区)	坦桑尼亚TZA
法定第二数量	6 336	法定第二计量单位	千克		原产国(地区)					
	>>	境内货源地		境内货源地代码		产地代码		征免方式		照章征税1
检验检疫货物规格							...	产品资质		
货物属性				...	用途			危险货物信息		
项号	2	备案序号		商品编号	8418102000		检验检疫名称			...
商品名称		立式双门冷藏冷冻冰箱		规格型号						
成交数量	134	成交计量单位	台		单价		总价		币制	美元
法定第一数量	134	法定第一计量单位	台		加工成品单耗版本号		货号		最终目的国(地区)	坦桑尼亚TZA
法定第二数量	5 829	法定第二计量单位	千克		原产国(地区)					
	>>	境内货源地		境内货源地代码		产地代码		征免方式		照章征税1
检验检疫货物规格							...	产品资质		
货物属性				...	用途			危险货物信息		

实训二

锦长货代公司业务经理要求实习生李立根据业务背景和相关单据，填制海运提单。

	(2) Shipper	(1) B/L No.：
	(3) Consignee	中远集装箱运输有限公司 COSCO CONTAINER LINES OCEAN BILL OF LADING
	(4) Notify Party	SHIPPED on board in apparent good order and condition (unless otherwise indicated) the goods or packages specified herein and to be discharged at the mentioned port of discharge or as near there to as the vessel may safely get and be always afloat. The weight, measure, marks and numbers, quality, contents and value, being particulars furnished by the Shipper, are not checked by the Carrier on loading. The Shipper. Consignee and the Holder of this Bill of Lading hereby expressly accept and agree to all printed, written or stamped provisions, exceptions and conditions of this Bill of Lading, including those on the back hereof.
(5) Pre-Carriage by	(6) Place of Receipt	
(7) Vessel Voy. No.	(8) Port of Coading	
(9) Port of Discharge	(10) Place of Delivery	

(11) Container Seal No. or Marks and Nos.	(12) No. of Containers or Packages	(13) Description of Goods	(14) Gross Weight (KGS)	(15) Measurement (M³)

(16) Total Number of Containers and/or Packages (in words):

(17) Freight and Charges		REGARDING TRANSHIPMENT INFORMATION PLEASE CONTACT	
Ex. Rate	Prepaid at	Freight Payable at	(18) Place and Date of Issue
	Total Prepaid	No. of Original B(s)/L	Signed for the Carrier

LADEN ON BOARD THE VESSEL
DATE： BY：

实 训

锦长货代公司实习生李立根据业务背景和相关单据，填制了海运提单各栏位信息，具体如下：

(1) COSU2633509030

(2) GUANGZHOU DONGSHENG CO., LTD
888 YUEKEN ROAD, TIANHE DISTRICT GUANGZHOU, CHINA
TEL：0086-20-88888888　FAX：0086-20-666666

(3) TO ORDER OF SHIPPER

(4) GLOBAL ELECTRIC CO., LTD
DAR-ES-SALAAM, TANZANIA

(5) /

(6) /

(7) JI HAI RONG/ 2002E
(8) NANJING, CHINA
(9) DAT-ES-SALAAM, TANZANIA
(10) DAT-ES-SALAAM, TANZANIA
(11) N/M
COSU7629335/ 00LFND4267
COSU7036032/ 00LFND4268
(12) 2×40′, 422CTNS
(13) REFRIGERATOR PT BCD95（BCD-95）
REFRIGERATOR PT BCD225G（BCD-225G）
FREIGHT PREPAID
(14) 13 426.00KGS
(15) 136.12CBM
(16) SAY FOUR HUNDRED AND TWENTY TWO CARTONS ONLY
(17) FREIGHT PREPAID
(18) 15 JAN. 2022

【习题】

一、单选题

1. Consignee 是（　　）。
   A. 通知人　　　　B. 承运人　　　　C. 发货人　　　　D. 收货人
2. Place of Delivery 是（　　）。
   A. 交货地　　　　B. 收货地　　　　C. 卸货港　　　　D. 装运港
3. Place of Receipt 是（　　）。
   A. 交货地　　　　B. 收货地　　　　C. 卸货港　　　　D. 装运港
4. Port of Discharge 是（　　）。
   A. 交货地　　　　B. 收货地　　　　C. 卸货港　　　　D. 装运港
5. Port of Loading 是（　　）。
   A. 交货地　　　　B. 收货地　　　　C. 卸货港　　　　D. 装运港

二、判断题

1. 商业发票是出口方向进口方开列的载有货物名称、数量、价格等内容的货款价目清单。（　　）
2. 唛头即运输标志，既要与实际货物一致，还应与提单一致，可以不符合信用证的规定。（　　）
3. 无唛头时，应注"N/M"或"No Mark"。（　　）
4. 装箱单又称包装单、码单，是用以说明货物货款细节的清单。（　　）
5. 在提单正面的"收货人（抬头人）"栏内填制"to Order"是记名提单。（　　）

三、简答题

1. 海运整箱运输的作用是什么？
2. 海运提单根据收货人抬头分哪几类？各自的含义是什么？
3. 海运整箱运输的运费由哪几部分构成？

项目六

操作国际海运拼箱货业务

【项目概述】

从货量上可以将国际海运分为拼箱运输（LCL）和整箱运输（FCL）。拼箱运输已成为许多供应链应对挑战的解决方案的一部分，拼箱运输为托运人节省了成本和时间。如今，为提高实效性，解决成本高、舱位运力不足等难题，越来越多的托运人开始选择海运拼箱。在交通网络愈加完善的当下，简单快捷的海运拼箱越来越受欢迎，它势必会成为托运人货物运输的优质替代方案。

本项目主要讲解国际海运拼箱运输业务的操作，主要内容包括认知海运拼箱业务流程、计算海运拼箱运费、填制海运拼箱单证等。

【案例引入】

拼箱不仅有效降低海运成本，还有时效优势

美国第三方物流巨头罗宾升国际货运（CH Robinson）于近期进行了一项全球调查。该调查显示，在当今的海运环境中，拥堵和运力是托运人的主要痛点，越来越多的托运人转向拼箱来应对运输困境。

1. 应对2021年紧张的空运和海运市场

消费者需求继续处于历史最高水平，预计这种需求将在圣诞节和2022年年初持续增加，洛杉矶和长滩港口延误还在继续，平均等待10~15天才能靠泊。

虽然延误似乎不可避免，但托运人可以采用创造性的解决方案来减轻影响，通过拼箱等不同模式实现货运多样化。事实上，CH Robinson帮助数百名客户的部分货运从整箱转移到拼箱，以保持他们的产品运输。

例如，澳大利亚最大的汽车零部件进口商和批发商CoolDrive Auto Parts与Robinson的全球专家团队合作，通过拼箱运输为供应链提供了更大的灵活性。

"LCL不仅为托运人提供了难以置信的灵活性，而且为Robinson的业务提供了灵活性。在不过度投入的情况下，了解新产品的表现。它帮助我们扩大了业务范围，与新供应商建立了关系，并使我们能够更加灵活地满足客户的需求。"CH Robinson的LCL海运服务总监说。

现实情况是，拼箱运输的空间通常更容易获得，只需要一些集装箱舱位而不是整个空集装箱，而在当今集装箱持续短缺的市场上，这可能是稀缺的舱位。与CH Robinson这样拥有全球服务组合和规模来运行的拼箱装载的供应商合作，不仅可以装载货物灵活，而且可以在高峰时段更好地处理货物运输。

2. 加急拼箱选项

传统海运运输货物的方式已成过去，零售商可将加急拼箱作为一种选择，以避免完全依赖

空运。当然，这将取决于这些货物的原产地和目的地。更快的海运服务在电子商务托运人中也越来越受欢迎，空运一度被视为唯一可行的选择。

虽然加急拼箱运输不如空运快，但是某些货运的替代方案。虽然运输时间比空运长，但通过正确的规划，建立适当数量的库存作为操作空间，可节省一些成本。

3. 节约运输成本

从空运到海运的转换节省运输成本，拼箱运输是首选产品。事实上，与当今的空运环境相比，加急拼箱服务仍可节省60%~75%的费用。而且只需为使用的舱位付费，拼箱服务甚至可以减少未充分利用的整箱货件。

拼箱还可以帮助节省存储费用，通过将在途货件用作在途库存，拼箱运输甚至可以降低仓储和库存成本，从而有助于降低货件的关税支出。

作为百年的物流企业巨头CH Robinson在全球范围内拥有约15 000名员工，2020年的收入为162亿美元，管理着约210亿美元的货运业务。其主要的大客户包括微软、百事可乐、通用磨坊（General Mills）、Lowe's（家庭装修零售公司）。CH Robinson通过北美、南美、欧洲、亚洲和大洋洲的办事处网络为105 000名客户提供货运和物流、外包解决方案、产品采购和信息服务。

（资料来源：拼箱有效解决海运费成本？节约多项费用，时效上还有优势，https://baijiahao.baidu.com/s?id=1716538028248545788&wfr=spider&for=pc）

思考：

根据案例，试分析为何拼箱运输是一个好的解决方案？

任务一　认知国际海运拼箱业务流程

学习目标

知识目标

1. 了解国际海运拼箱概念；
2. 了解国际海运拼箱模式；
3. 熟悉国际海运拼箱运输流程。

能力目标

能够根据客户需求，制定合理的拼箱运输方案。

素养目标

培养学生客户至上的职业态度。

知识储备

一、海运拼箱运输

（一）国际海运拼箱货概念

海运拼箱（Less than Container Load，LCL）是整箱的相对用语，俗称"拼箱""拼箱货"，是指承运人（或代理人）接受货主托运的数量不足整箱的小票货后，把去同一目的地的货，集中到一定数量拼装入箱。由于一个箱内有不同货主的货拼装在一起，所以被称为拼箱。拼箱货的分类、整理、集中、装箱（拆箱）、交货等工作均在承运人码头集装箱货运站或内陆集装箱转运站进行。海运拼箱通常是由承运人分别揽货并在集装箱货运站集中，而后将货物拼装在一个集装箱内，同样要在目的地的集装箱货运站拆箱分别交货，即承运人要负担装箱与拆箱作业，装拆箱费用向发货方收取。

从当前形势来看，海运拼箱已成为"空转海"模式节约运输成本的首选解决方案。对于客户来说，由于只需要为使用的舱位付费，相较于整箱运输能够更充分地利用空间，能节省 60% 以上的成本。

（二）国际海运拼箱货特点

1. 拼箱是不同发货人和收货人货物的集成

拼箱和整箱的一个重要差别就是整箱中的货物是一个发货人、一个收货人，而拼箱中的货物，由不同的发货人和收货人的货物组成。因此，海运拼箱时效性相对较慢，需要与客户做好确认沟通。

2. 各种货物容易受到"牵连"

由于进出口国家对各类商品的限制和政策法规有所不同，因此有的时候会出现一个商品在出口国出口的时候并没有什么限制，但是到了进口国的时候，就被拦截下来，而拼箱的时候，各个出口商和进口商的货物是在一个箱子中，如果一个货物被拦截，那么其他的货物也会受到影响。

3. 货物信息需要更加精准

在整箱运输中，整个集装箱中的货物都属于同一个出口商，因此在货物的长度和宽度上有所偏差也不是非常重要。但是在拼箱过程中，因为不同货物是属于不同的所有人，因此对每个货物尺寸、重量都有严格的要求，比如重量或体积方面，如果每一票货物都有轻微超重，就会导致整个集装箱的大幅超重，从而影响集装箱顺利出运。

（三）拼箱货和整箱货的区别

1. 两者形式不同

拼箱货主要有三种形式：①一个发货人对应多个收货人；②多个发货人对应一个收货人；③多个收货人对应多个收货人。而整箱货是一个发货人对应一个收货人。

2. 二者操作不同

拼箱货是多票报关，而整箱货是一票报关；拼箱货需要考虑货物体积，合理安排，必要时还需要绘制装箱图，而整箱货不用过多考虑体积问题。

3. 两者流程不同

拼箱货承运人接到货物后，按性质和目的地进行分类，把同一目的地、性质相同的货物拼装进同一个集装箱进行运输。而整箱货则由发货人负责装箱、计数、填制装运单，并由海关加铅封。

4. 两者通关手续不同

拼箱货通关要烦琐一些，只要集装箱中有一票货物的单证出现问题，海关就不会对该货物放行，而整箱货正好符合出口和进口国家的海关查验、封关、放行的最小单位，只要进出口人提交的货物单据合法且完整无缺，进出口海关办妥相关手续后，便会予以通关放行。另外，拼箱货物需要运输公司额外搭配一些装运港、目的港、交货期以及货物的品种、体积、重量等各方面都很适合装进同一集装箱的出口货物。这样做起来难度很大，需要的时间也比较长。

5. 两者费用不同

在通常情况下，海运货物中拼箱货的运费一般是根据体积或重量及运费率计算得出，还有拼装及拆箱等费用，而整箱货运费一般是按每个集装箱计算收取运费。

二、海运拼箱运输服务模式

按照拼箱货的交接方式和运输路线，拼箱运输服务可以分为不同的模式。

（一）按照交接方式

1. 门到门（Door-Door）

门到门交接方式，是指货运代理人到发货人的工厂或仓库接收货物，负责将货物运至收货人的工厂或仓库交付。

2. 门到集装箱货运站（Door-CFS）

货运代理人在发货人的工厂或仓库接收货物，并负责将货物运至卸货港码头的集装箱货运站，或其在内陆地区的货运站，经拆箱后向各收货人交付。

3. 集装箱货运站到门（CFS-Door）

货运代理人在装货港码头的集装箱货运站或其内陆的集装箱货运站接收货物（经拼箱后），负责运至收货人的工厂或仓库交付。

4. 集装箱货运站到集装箱货运站（CFS-CFS）

货运代理人在装货港码头集装箱货运站，或内陆地区的集装箱货运站接收货物（经拼箱后），负责运至卸货港码头集装箱货运站，或其内陆地区的集装箱货运站，经拆箱后向收货人交付。

5. 集装箱货运站到集装箱堆场（CFS-CY）

货运代理人在起运地或装箱港的集装箱货运站接收货物，负责运输至目的地或卸货港的集装箱装卸区堆场，经拆箱后向收货人交付。

6. 集装箱堆场到集装箱货运站（CY-CFS）

货运代理人在起运地或装箱港的集装箱堆场接收货物，负责运输至卸货港码头集装箱货运站，或其内陆地区的集装箱货运站，经拆箱后向收货人交付。

7. 集装箱堆场到集装箱堆场（CY-CY）

货运代理人在起运地或装箱港的集装箱堆场接收货物，负责运输至目的地或卸货港的集装箱装卸区堆场，经拆箱后向收货人交付。

从实际操作来看，拼箱货的承运方式80%以上选择CFS-CFS，然后是Door-Door、Door-CFS、CFS-Door。

（二）按货物运输路线

拼箱可以分为直拼或转拼。直拼是指拼箱集装箱内的货物在同一个港口装卸，在货物到达目的港前不拆箱，即货物为同一卸货港。直拼运输期短，方便快捷。转拼是指同一个集装箱的货是分开运往不同的港口，因为需要在转运港卸柜、拆柜、分货等，然后转运航班，所以时效相对较慢。

三、海运拼箱运输流程

（一）海运拼箱整体业务流程

海运拼箱业务流程共包括八个步骤，具体如图6-1所示。

①A、B等不同发货人（货主）将不足一个集装箱的货物交货运代理人。

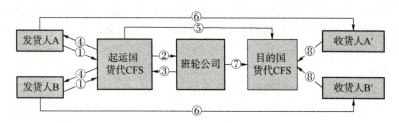

图 6-1 海运拼箱业务流程

②货运代理人将拼箱货物拼装成整箱后，向班轮公司办理整箱货物运输。

③整箱货装船后，班轮公司签发海运提单（B/L）或其他单据给货运代理人。

④货运代理人在货物装船后也签发自己的货代提单（House B/L）给每个发货人（货主）。

⑤货运代理人将货物装船并把船舶预计抵达卸货港信息告知其卸货港的货代（代理人）的同时，还将班轮公司 B/L 及 House B/L 的复印件等单据交卸货港代理人，以便向班轮公司提货和向收货人交付货物。

⑥发货人与收货人之间办理包括 House B/L 在内的有关单证的交接。

⑦货运代理人在卸货港的代理人凭班轮公司的提单提取整箱货。

⑧货主 A、货主 B 等不同收货人凭 House B/L 在集装箱货运站（CFS）提取拼箱货。

（二）海运拼箱具体操作流程

拼箱业务主要涉及三个当事人，分别是发货人（货主）、货运代理人和船公司。拼箱业务的具体操作流程如下。

1. 订舱

发货人把托运单（托书）传给货运代理人，写明整箱还是拼箱，并提供货名、包装类别、数量、重量、体积、目的港等资料。货运代理人根据贸易合同或信用证条款的规定，在货物托运之前一定时间（最迟在船舶到港前 5 天）内，填制订舱单，向船公司或其代理人申请订舱。

2. 安排货物入仓

货运代理人预订船舱位后，根据船泊港情况，制作"拼箱货物入仓单"，并传真一张进仓图给发货人，发货人必须在进仓图上注明的时间以前将货物送到海关监管仓库（拼箱仓库，集装箱货运站）。

货物必须凭"拼箱货物入仓单"入仓。按照要求，拼箱货物包装上必须印刷清晰的唛头。入仓前需交齐填制完整的报关资料，否则仓库不予收货。

3. 在仓报关

拼箱货入仓后安排报关。可以发货人自己报关，也可以委托货运代理人代理报关业务，如，深圳监管仓库的拼箱不能由发货人自报，必须将填制完整的报关资料在货物入仓前及时交货运代理人代理报关。

发货人提供的报关资料包括发票、装箱单、报关委托书和核销单等。报关时间应该在船开前 2~3 天。货运代理人凭发货人所提供的资料，先打出报关单，并进行报关单预录入。申报数据录入电脑，海关接收到后，才可以向海关正式递交相关报关单证，整个报关过程需要 0.5~1 个工作日。如果出口商品为国家规定需要做商检的物品，则需要发货人提供有关报检换单的相关单证。

4. 出仓装箱

所有货物均入库报关放行后，货运代理人制作出仓单给仓库通知装箱。同时安排可转关车辆提取集装箱并在指定的时间到仓库装箱，并将司机本、司机纸（进出境载货清单）等资料交到仓库。仓库按指示在配载装箱完毕后，打印出库装箱清单，连同司机本及其他所有报关资料交仓库直属海关申报后，拖车司机交箱到出口口岸码头，然后由货运代理人或其指定的报关行向出口口岸直属海关进行转关申报。

5. 整箱海运

出口港海关放行后，码头根据装船计划将集装箱装船，通过海上运输将集装箱运至卸货港。货物出运后，货运代理人应提供目的港代理资料、二程预配信息给托运人，托运人可根据相关资料联系目的港办理清关提货事宜。

6. 提单签发

船公司签发提单给货运代理人，货运代理人根据发货人的装箱单分别签发相对应的货代提单（House B/L、分提单），交付或电放给每个发货人。

7. 提货

发货人将货代提单等单据提交给收货人，收货人凭货代提单向货运代理人在目的港的代理人提货。另外，货运代理人可能需完成目的港的延伸服务。如贸易术语 DDP 下就包括"送货+清关+报税"等服务，需要发货人提供货物重量、体积、件数、英文名称，收货人详细地址，以及货物的总金额与海关编码。

（三）集装箱货运站操作工作流程

集装箱货运站负责出口拼箱的验箱、装箱、理货、封箱等操作。在操作过程中，对影响质量的环节进行控制，保证出口拼箱货操作能够满足发货人的要求。

1. 准备工作

仓库理货人员应通过货运代理人的出口业务员了解当天的出口拼箱订舱情况，通知箱管人员在仓库周边区域合理摆放一定数量的空箱。

2. 出口拼箱货物入库前登记收费

出口业务员根据发货人的"入货通知单"在业务系统中查找该票货物的订舱信息，详细登记入货单位、联系电话和车号，根据系统提示收取码头处理费和装卸费（打印相应的发票），并打印"出口拼箱入库单"（内容包括船名、航次、提单号、件重尺、入库位置、入货单位和车号等）一式两联交发货人。

3. 出口拼箱货物卸车入库

发货人根据"出口拼箱入库单"中指定的卸货入库位置找现场理货员，现场理货员凭"出口拼箱入库单"核对车号并收货，卸货完毕后在"出口拼箱入库单"上签字交发货人一联。如实际收货数量与"出口拼箱入库单"不符，应予更改并让发货人签字确认，补缴相关费用。

4. 出口拼箱卸货完毕处理

现场理货员卸车完毕后，将实际收货信息通过移动终端反馈给出口业务员，以便出口业务员及时进行放行信息查询比对。

5. 出口货物放行信息查询比对

出口业务员根据现场理货员反馈的实际收货信息，将数据换成 EDI 场站报文传输到电子口岸进行海关审结信息预定，查询到审结信息的，需核对与比对数据，没有查到审结信息的或者数量不符的通知发货人。

6. 出口拼箱货物出库装箱

经闸口比对放行的，出口业务员将放行信息通过移动终端发送给现场理货员，现场理货员根据放行信息将放行货物安排出库装箱，并将装箱完毕信息发送给出口业务员。

7. 出口拼箱货物的查验和扣货

经闸口比对禁行的，出口业务员在系统中做禁行处理，报告给驻站海关，并通知发货人前来办理查验手续，收取查验服务费后，由现场理货员陪同海关和货主进行查验服务。

8. 库内出口拼箱货物的移动

入库未上船的出口拼箱货物，出口业务员凭"海关监管货物移动通知单"在系统中做移动处理，现场理货员收到移动信息后方可将货物出库交发货人；对于海关扣留货物，出口业务员还需凭"海关解除扣留货物通知单"做解扣处理。

9. 货物盘存和封存

当天装完船后理货人员对所有库内未上船货物盘存清点并进行封存。

10. 收集客户信息

理货人员每月月底前与重点客户（发货人）以面谈、电话、信函等方式取得反馈信息，并填制在"顾客信息反馈记录"中，进行分析后报送部门经理。

四、海运拼箱运输注意事项

（一）一般货物拼箱运输注意事项

1. 拼箱货一般不能接受指定某具体船公司

一般船公司只接受整箱货物的订舱，而不直接接受拼箱货的订舱，只有通过货运代理（个别实力雄厚的船公司）将拼箱货拼整后才能向船公司订舱。在成交拼箱货时，尽量不要接受指定船公司，以免在办理托运时无法满足要求。

2. 注意信用证等相关运输条款的限制

在与客户洽谈成交时，应特别注意信用证相关运输条款，以免对方的信用证开出后在办理托运时才发现无法满足运输条款。如信用证规定拼箱货运输不接受货运代理的提单，因船公司不直接接受拼箱货的订舱，船公司的海运提单是出给货代，而由货代再签发 House B/L 给发货人。若信用证规定不接受货代 B/L，那么实际运输办理时就无选择空间，就会造成信用证不符。

3. 关注最低收费标准

有些港口因拼箱货源不足、成本偏高等原因，专做拼箱的货代公司对货量较少的货物采取最低收费标准。如最低起算为 2 个运费吨，即不足 2 个运费吨，一律按 2 个运费吨计价收费。因此对货量较小、港口较偏的货物在成交时要多考虑这样的因素，以免日后陷入被动。

4. 确认船公司及货代公司可承接偏僻港口、内陆点交货能力

对于一些航线及港口较偏僻，且要交货到内陆点的货物，成交签约前最好先咨询，确认有船公司及货代公司可承接办理这些偏僻港口、内陆点交货后再签约。

（二）危险品拼箱注意事项

（1）危险品能拼箱出口的类别，常见的包括3类、6类、8类、9类和部分4.1类。

（2）危险品拼箱出口，一个集装箱里不能同时有酸性和碱性两种性质的货物，并且两种性质货物也要和4.1类（含易燃固体、自反应物质、固态退敏爆炸品和聚合物质四类）分开，不能装进同一个集装箱中。

（3）3类危险品（易燃液体）的危险属性是闪点，根据闪点分为低闪点、中闪点、高闪点3类。除了闪点太低的在夏季不宜拼箱外，其他都可以。

（4）危险品拼箱订舱需要的资料：货运委托书、英文版的化学品安全技术说明书（Material Safety Data Sheet，MSDS）以及危包证扫描件。

（5）危险品订舱需提前14天。危险品预配审核大概需要3天；船公司还要与目的港进行确认，考虑船公司提前4~5天截危申报，以及截申报时间一般在船期前7天等因素，所有时间加起来至少需要7天，故需控制好时间节点。

任务练习

一、任务的提出

广州锦长国际货运代理公司收到佛山市顺德区一家家具生产制造公司13箱休闲沙发的托运书（B/N）。因货量较少，要求拼箱运输，目的港是墨西哥的曼萨尼略（MANZANILLO），毛重373.5千克，尺寸4.59立方米，客户要求运输交接方式为CY-CY，业务员接受了该项工作任务。

> **任务**
> 锦长货代公司业务经理要求实习生李立根据客户的需求和海运拼箱要求，确定拼箱运输业务流程。

二、任务的实施

锦长货代公司实习生李立分析了客户需求，因目的港为墨西哥重要港口曼萨尼略，交接方式为CY-CY，所以此票货物可以采取直拼的方式运输，具体的拼箱操作流程如图6-2所示。

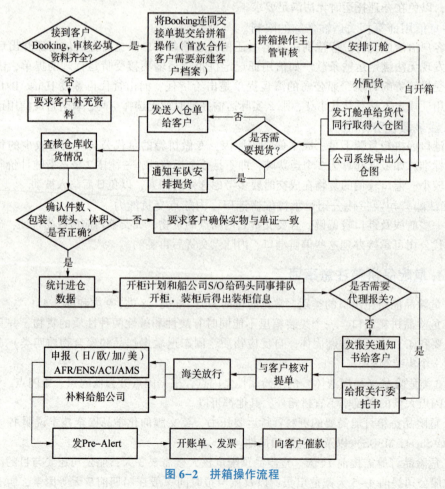

图6-2 拼箱操作流程

补充说明：

（1）"自开箱"与"外配货"。货代做拼箱的一种说法，有的货代公司有实力可以自己在某条航线上自己开一个箱子，自己的货可以满足一个集装箱；而有的货代自己的货不能满足一箱，就需要配给其他货代公司一起凑成一箱，此时就为"外配货"。

（2）Pre-Alert（P/A），可以理解为发货通知，是指发货人或其代理人在货物发出后，通过电子邮件、传真等方式，告诉收货人或其代理人等有关方，让他们知道货物已经出运，以便他们提前做好清关和提货的准备。通常是货物出运之后，货到目的港之前，发货人或其代理人都会向收货人或其代理人发送 Pre-Alert 信息。如果是 DDP 等成交方式，由货运代理负责目的港清关时，通常由起运港代理向其目的港代理发送 Pre-Alert 信息，以便让目的港代理提前做好相关准备。

任务评价

知识点与技能点	我的理解（填制关键词）	掌握程度
海运拼箱运输		☆☆☆☆☆
海运拼箱运输服务模式		☆☆☆☆☆
海运拼箱运输流程		☆☆☆☆☆
海运拼箱运输注意事项		☆☆☆☆☆

任务二　计算海运拼箱运费

学习目标

知识目标

1. 了解海运拼箱的运费构成要素和相关行业规则；
2. 了解航线特殊费用；
3. 理解海运拼箱运费的计算逻辑。

能力目标

能够准确计算海运拼箱运费。

素养目标

培养学生精益求精的工匠精神。

知识储备

一、海运费重要名词解释

在海运业中，常将公吨称为"重量吨"（Weight Ton，WT），立方米称为"尺码吨"（Measurement Ton，MT）或"容积吨"。

RT 是 Revenue Ton 的缩写，意为计费吨、运费吨，是重量吨和尺码吨的统称。比如 Freight Charges 50USD/RT 表示每个计费吨的运费为 50 美元。RT 在货代当中很常见，尤其是海运拼箱散货运输中。RT 计费吨的计算方法通常是，对实际体积和重量体积进行比较，哪个大就按照哪个计收运费。此外，Freight Ton，缩写为 FT，也表示运费吨，在中国更常用 FT 来表示运费吨。

二、海运拼箱运费计算

（一）计算方法

拼箱运输海运运费=基本运费+各项附加费，其中基本运费=基本运价×运费吨，所以，拼箱海运费=基本运价×运费吨+各项附加费。图6-3、图6-4为国际货代企业使用的海运拼箱运费账单。

视频：计算班轮运费例题

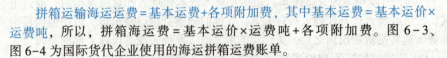

```
            深圳市■■■■国际货运代理有限公司
            SHENZHEN ■■■■■ LOGISTICS CO., LTD.
            深圳市罗湖区■■大厦B座
            TEL:0755-826■■■■    FAX:0755-826■■■■

                         DEBIT NOTE

TO        : 深圳■■■■国际货运
ATTN      :
FROM      :
DATE      : 2021-05-10

H B/L.NO    : 1KSZ032678
POL         : YANTIAN,CHINA
POD         : FELIXSTOWE,UNITED KINGDOM
FINAL DEST  : FELIXSTOWE,UNITED KINGDOM
CARGO DETA  : 1X40HQ
```

IDNO	Charge Item	Qty	Qnit Price		Amount
1	海运费（收）	1	9500.00	USD	9500.00
2	单证费/DOC	1	450.00	RMB	450.00
3	封条费	1	30.00	RMB	30.00
4	设备交接单打印费	1	45.00	RMB	45.00
5	ENS	1	35.00	USD	35.00
6	码头费	1	996.00	RMB	996.00
7	集装箱管理费	1	110.00	RMB	110.00
8	电放费	1	450.00	RMB	450.00
			CHARGE TOT	USD	9535.00
				RMB	2081.00

汇率 USD:RMB - 1:6.7 RMB:USD - 6.3:1
如贵司支付美金，费用共为（USD）：   9865.32
如贵司支付人民币，费用共为（RMB）：   65965.50

备注：
1. 请贵司在24小时之内确认以上费用及发票抬头，并盖章回传到FAX NO:0755-826■■■■
   否则视为贵司默认以上费用。开航后如需更改费用或发票等，我司将收取改单费RMB150.00
2. 请贵司汇款后在水单上注明货代提单号，出正本还是电放，传真到我司！
3. 如需我司开发票，请注明发票抬头、币别、金额、寄发票地址。
4. 境外付款，请在银行付款申请单上标注我们的JOB NR 或 HBL NR。
5. **即日起不接受私对公的付款，请大家配合。**
TO:深圳■■■■国际货运代理有限公司_____ 先生/小姐
我司确认以上费用
发票抬头为：
币别、金额：
寄件地址：
联系人：   电话：

                              签字(盖章)：_____
                                   日期：

图6-3 拼箱费账单（一）

```
        FREIGHT INTERNATIONAL CORP., GUANGZHOU BRANCH
                   广州■■■国际货运代理有限公司
    Room■■■, Dongbao Building, No.767, Dongfeng Dong Road, Yuexiu District, Guangzhou City, China
                   广州市越秀区东风东路767号东宝大厦■■■室
                    Tel: 86-20-3836■■■  Fax: 86-20-38361■■■

                            - INVOICE -
                                                    No.  : HPEI16121085
                                                    Date : 16-DEC-20■■
    Messrs. :                                       Page : 1 of 1
    上海■■■国际物流有限公司广州分公司(CRAFT BUE  RO)
    广州市越秀区环市东路371-375号广州世贸大厦■■■
     TEL: 1862041■■■    FAX: 22378■■■
     ATTN: NANSON

     JOB FILE NO.        : HP/E16/12/00111
     VESSEL/VOYAGE       : HONG HAI 3 / V.161215
     PORT OF LOADING     : GUANGZHOU
     PORT OF DISCHARGE   : BUENOS AIRES
     PLACE OF DELIVERY   : BUENOS AIRES
     E.T.D. DATE         : 15-DEC-2016
     E.T.A. DATE         : 16-DEC-2016
     HOUSE B/L NO.       : JXNBUE16C0740
     CONTAINER NO.       : XJLU4513033/128814/40'HQ
     SHIPPING ORDER NO.  : HKG■心 12-15//A
     TOTAL QUANTITY      : 1 PKG / 2,559.00 KGS / 4.650 CBM

                    Particular                              Amount
     CFS: RMB 60.00 / RT x 4.650                      RMB     279.00
     文件费: RMB 350.00 / SET x 1                      RMB     350.00
     报关费: RMB 300.00 / SET x 1                      RMB     300.00
     HANDLING CHARGES: RMB 150.00 / SET x 1           RMB     150.00
     重量申报费: RMB 100.00 / SET x 1                   RMB     100.00
                                             Total :RMB    1,179.00

     SAY RMB ONE THOUSAND ONE HUNDRED SEVENTY NINE ONLY
```

图 6-4 拼箱费账单（二）

（二）基本运费

1. 计费标准

（1）**重量（W）**，按照货物的毛重（Gross Weight）计，以公吨（T）为单位，重货常采用这种计费标准。

（2）**体积（M）**，以立方米（M^3）或 40 立方英尺为单位，轻泡货常采用这种计费标准。

（3）**从价法（AV 或 Ad Val）**，按照货物的 FOB 价的一定百分比（一般不超过 5%）计，价值较高的货物常采用这种计费标准。

（4）**选择法**，即从两种以上的计费标准中选择一种。最常见的是 W/M，表示在货物的毛重和体积中选择较大的作为计费标准，类似的还有 W or Ad Val 或 M or Ad Val 或 W/M or Ad Val。

（5）**计件法**，按货物的件数计，如卡车按辆（Per Unit）、活牲畜按头（Per Head）计。

（6）**综合法**，如 W/M plus Ad Val，表示首先在货物的毛重和体积中选择一个大的计算运费，然后加上按 FOB 价的一定百分比计算运费。

（7）**议定法**（Open Rate），价格由承托双方临时议定，一般适用于大宗低值货物，如粮食、豆类、煤炭、矿砂等。

2. 费率（运价）

费率反映在班轮公司运价本的航线费率表中，杂货班轮的费率按货物等级、航线和目的港制定。

（三）附加费

附加费的计算一般有两种规定：一是在基本运费的基础上，加收一定百分比；二是按每运费吨加收一个绝对值计算。

在班轮运输中，常见的附加费有下列几种：

（1）超重附加费（Heavy Lift Additional）。货物单件重量超过一定限度而加收的费用。

（2）超长附加费（Long Length Additional）。单件货物长度超过规定长度而加收的费用。

各班轮对超重或超长货物的规定不一。中远海运公司规定每件货物达到 5 吨或 9 米以上时，加收超重或超长附加费。超重货一般以吨计收，超长货按运费吨计收。无论是超重、超长或超大件，托运时都须注明。如船需转船，每转船一次，加收一次附加费。

（3）选卸附加费（Optional Surcharge）。选卸附加费是指装货时尚不能确定卸货港，要求在预先提出的两个或两个以上港口中选择一港卸货，船方因此而加收的附加费。所选港口限定为该航次规定的挂港，并按所选港中收费最高者计算各种附加费。货主必须在船舶抵达第一选卸港前（一般规定为 24 小时或 48 小时）向船方宣布最后确定的卸货港。

（4）转船附加费（Transshipment Surcharge）。凡运往非基本港的货物，需转船运往目的港，船舶所收取的附加费，其中包括转船费（包括换装费、仓储费）和二程运费。但有的船公司不收此项附加费，而是分别另收转船费和二程运费，即收取一、二程运费再加转船费。

（5）直航附加费（Direct Additional）。运往非基本港的货物达到一定的数量，船公司可安排直航该港而不转船时所加收的附加费。一般直航附加费比转船附加费低。

（6）港口附加费（Port Additional or Port Surcharge）。港口附加费是指船舶因需要进入港口条件较差、装卸效率较低或港口船舶费用较高的港口及其他原因而向发货方增收的附加费。

（7）港口拥挤附加费（Port Congestion Surcharge）。有些港口由于拥挤，致使船舶停泊时间增加而加收的附加费。该项附加费随港口条件改善或恶化而变化。

（8）燃油附加费（Bunker Surcharge or Bunker Adjustment Factor，B.A.F）。燃油附加费是指因燃油价格上涨而加收，一般是按基本运价的一定百分比加收的附加费。

（9）货币贬值附加费（Devaluation Surcharge or Currency Adjustment Factor，C.A.F）。在货币贬值时，船方为保持其实际收入不致减少，按基本运价的一定百分比加收的附加费。

（10）绕航附加费（Deviation Surcharge）。绕航附加费是指因战争、航道阻塞等造成正常航道受阻，须临时绕航才能将货物送达目的港而增加的附加费。

除以上各种附加费外，还有一些附加费需船货双方议定，如洗舱费、熏舱费、破冰费、加温费等。各种附加费是对基本运价的调节和补充，可灵活地对各种外界不测因素的变化做出反应，是班轮运价的重要组成部分。

（四）普通班轮运费计算

班轮运费由基本运费和附加费两部分组成，计算公式为：

$$F = F_b + \sum F_b \times S_i (i = 0,1,2,3,\cdots,n)$$

上式中，$S_i(i=0,1,2,3,\cdots,n)$ 表示第 i 种运费附加费收取的百分比（以基本运费为基数），如 S_1 为燃料附加费收取的百分比；F_b 表示基本运费，$F_b = FT \times r$，其中 r 为基本费率，FT 表示运费吨，运费吨需要查询货物等级表来决定计算标准，比如计算标准是 W/M 则表示取重量与体积的最大者为运费吨。

视频：班轮运费的计收标准

普通班轮运费计算步骤如下：

（1）选择相关的运价本。

（2）根据货物名称，在货物等级表中查到运费计算标准（Basis）和等级（Class）。

(3) 在等级费率表的基本费率部分，找到相应的航线、起运港、目的港，按等级查到基本运价。

(4) 再从附加费部分查出所有应收（付）的附加费项目和数额（或百分比）及货币种类。

(5) 根据基本运价和附加费算出实际运价。

(6) 运费=运价×运费吨。

【例题一】 从上海运输一批门锁到肯尼亚蒙巴萨港，共 300 箱，每箱体积 20 厘米×30 厘米×40 厘米，毛重 20 公斤，燃油附加费 30%，港口拥挤附加费 10%，门锁属于小五金类，计费标准是 W/M，等级为 10 级，10 级货的航线费率为每运费吨 433 港元，计算运费。

解题思路：

总体积=0.2×0.3×0.4×300=7.2（立方米）

总毛重=20 公斤=0.02（公吨）

因为计费标准是 W/M，总体积>总毛重，所以选择货物的总体积计费。

基本运费=433×7.2=3 117.6（港元）

附加费=3 117.6×30%+3 117.6×10%=1 247.04（港元）

总运费=3 117.6+1 247.04=4 364.64（港元）

因此，此票货的海运运费为 4 364.64 港元。

【例题二】 某货物计费标准为 W/M or Ad Val，甲地至乙地的基本运费费率为每运费吨 25 美元或 FOB 价格的 1.5%。现装运一批货物，体积为 4 立方米，毛重为 3.6 公吨，FOB 价为 8 000 美元，请计算运费。

解题思路：

因为计费标准是 W/M or Ad Val，总体积>总毛重，所以首先选择货物的总体积计费。

基本运费=25×4=100（美元）

其次按照 FOB 价格的 1.5%计费

基本运费=8 000×1.5%=120（美元）

经过比较，择其高者，基本运费为 120 美元。

因此，此票货的海运运费为 120 美元。

三、航线特殊费用

在拼箱运费中，部分国家还收取额外的费用项目。

DDC（Destination Delivery Charges），即目的港交货费，也称到港提货费。具体收取标准为：美东 USD31/RT，美西 USD28.1/RT，加拿大 USD18/RT。

AMS（Automated Manifest System），即自动舱单系统，现被称为自动舱单系统的录入费。具体收取标准为：美国 USD25/BL，墨西哥 USD30/BL。"9·11"以后，因反恐需要，美国海关要求 2003 年 2 月 1 日开始启程运往美国港口的集装箱货物，其承运人必须在国外港口装货前至少 24 小时以电子方式通过美国设置的"自动舱单系统"，向美国海关提交准确完整的货物申报单。现在所收的 AMS，即自动舱单系统录入费。

ACI（Advance Commercial Information），即预申报商业信息系统。这是加拿大海关的规定，即所有运至加拿大的货物或经加拿大至第三国货物都必须在装船前 24 小时向加拿大海关申报。与美国海关 AMS 申报制度一样，主要是为了防止恐怖分子利用船舶对港口发动袭击，所以 ACI 跟 AMS 又俗称反恐舱单，只是 ACI 专指加拿大海关反恐舱单，AMS 专指美国海关反恐舱单，收取标准为 USD25/BL。

AFR（Advance Filing Rules），即预申报制。对于计划进入日本港口的船舶上装载的集装箱货物，船公司或无船承运人原则上必须在船舶离开境外装船港 24 小时前，以电子数据形式向日本海关预先申报集装箱货物的舱单资料,收费标准为 USD30/BL。

ENS（Entry Summary Declaration）,即欧洲海关提前舱单规则。自 2011 年 1 月 1 日起,欧盟对前往或途经欧盟港口的所有货运强制执行"舱单提前申报"规则,该规则适用于全部 27 个欧盟成员国。凡大船到达或挂靠欧盟国家海港的都产生 ENS,收费标准为 USD25/BL。

ISF（Importer Security Filing）,即进口安全申报,又名 10+2 申报。美国国土安全局推出的《进口商安全申报及承运人附加要求》规定进口商及承运人在取得进口许可证前,必须先向海关及边境护局提交 10 项进口商安全申报资料及 2 项货轮积载图与货柜状态信息,即为 10+2,也要在开船前 24 小时申报,规定于 2009 年 1 月 26 日正式实行,收费标准为 USD50/BL。

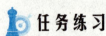

任务练习

一、任务的提出

广州锦长国际货运代理公司收到佛山顺德区一家家具生产制造公司 13 箱休闲沙发（Leisure Sofa）的海运拼箱运输业务,目的港是墨西哥的曼萨尼略（MANZANILLO）,毛重 373.50 千克,尺寸 4.59 立方米,费率 1 197.00 元每运费吨,除海运费外还需收取以下费用：提货费 490 元每票,拼箱费 50 元每运费吨,电放费（电放提单）300 元每票,报关费 420 元每票,文件费 400 元每票。

> **任务**
> 锦长货代公司业务经理要求实习生李立准确计算出海运成本并向客户报价。

二、任务的实施

锦长货代公司实习生李立根据客户资料及需求,分析得到此批货物的海运成本主要由以下部分组成：海运费、提货费、拼箱费、电放费、报关费和文件费。

海运费：因体积吨>重量吨,所以,此票货物的运费吨（FT）为 4.59,因运费率为 1 197.00 元每运费吨,故海运费为 1 197.00×4.59＝5 494.23（元）。

除海运费外,还包含以下费用：

提货费：490 元/票;

拼箱费：每运费吨 50 元,共 4.59 运费吨,故拼箱费为 4.59×50＝229.50（元）;

电放费：300 元/票;

报关费：420 元/票;

文件费：400 元/票。

此票货物的拼箱运输成本为上述 6 项费用的加总,即：

$$5\ 494.23+490+229.50+300+420+400=7\ 333.73（元）$$

因此,此票货的海运运费为 7 333.73 元。

任务评价

知识点与技能点	我的理解（填制关键词）	掌握程度
海运费重要名词解释		☆☆☆☆☆
海运拼箱运费计算		☆☆☆☆☆
航线特殊费用		☆☆☆☆☆

任务三　填制海运拼箱单证

学习目标

知识目标

1. 了解国际海运拼箱业务涉及的重要单证；
2. 熟悉国际海运拼箱单证流转过程；
3. 熟悉货代提单的补料。

能力目标

能根据相关信息准确填制提单补料信息。

素养目标

培养学生的责任担当意识。

知识储备

一、货物运输单证流转

货物由发货人托运开始至收货人提取货物为止，几种主要海运单证及其流转程序如下。

（一）装船单证

托运人填制托运联单（包括托运单、装货单等）后，向承运人的代理人办理托运；承运人的代理人接受承运后，将承运的船名填入联单内，留存托运单，其他联退还托运人，托运人凭此到海关办理出口报关手续。海关同意放行后，即在装货单上盖放行章，托运人凭此向港口仓库发货或直接装船；然后将装货单、收货单送交理货公司，船舶抵港后，凭此理货装船，每票货物都装上船后，大副留存装货单，签署收货单；理货公司将收货单退还托运人，托运人凭收货单向代理人换取提单，托运人凭提单等到银行办理结汇，并将提单寄交收货人。

承运人办理装船单证：承运人的代理人依据托运单填制装货清单和载货清单，根据承运人要求，依据装货清单编制货物积载图，船舶抵港后，送大副审核签字后，船方留存一份，转寄承运人的卸货港代理人；编制分舱单；承运人或其代理人根据装船实际情况，修编载货清单，经大副签字后，向海关办理船舶离境手续；依据载货清单填制运费清单，寄往承运人的卸货港代理人和船公司。

（二）卸船单证

收货人收到正本提单后，向承运人的代理人换取提货单；代理人签发提货单后，须保持正本提单、舱单和提货单内容相一致；收货人凭提货单向海关办理放行手续后，再到港口仓库或船边提取货物；货物提取后，提货单留存港口仓库备查；收货人实收货物少于提单或发生残损时，须索取货物溢短单或货物残损单，并凭此通过代理人向承运人索赔。

承运人办理卸船单证：承运人的代理收到舱单、货物积载图、分舱单后向海关办理船舶载货入境手续，并向收货人发出到货通知书，同时将上述单证分送港口、理货等单位；船舶抵港后，理货公司凭舱单理货，凭货物积载图指导卸货，当货物发生溢短或原残时，编制货物溢短单或货物残损单，经大副签认后，提供有关单位。

二、海运主要货运单证

海运主要货运单证包括托运单、装货单、收货单、装货清单、提货单及海运提单等，如图6-5所示。

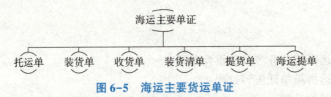

图6-5　海运主要货运单证

（一）托运单（Shipping Note or Booking Note）

托运单，有的地方也称"**下货纸**"，是托运人根据贸易合同与信用证条款内容填制，向承运人或其代理办理货物托运的单据。承运人根据托运单内容，并结合船舶的航线、挂靠港、船期与舱位等条件，认为合适后，即接受托运。

托运单制作应注意：①目的港。名称须明确具体，并与信用证描述一致，如有同名港时，须在港口名称后注明国家。②运输编号，即委托书的编号。每个具有进出口权的托运人都有一个托运代号，以便查核与财务结算。③货物名称。应根据货物的实际名称，用中英文两种文字填制，更重要的是要与信用证所列货名相符。④标记及号码，又称唛头。为了便于识别货物，以防错发货，通常由收货单位简称、目的港、件数或批号等组成。⑤重量尺码。重量的单位为公斤，尺码为立方米。托盘货要分别注明托盘的重量，尺码与货物本身重量及尺码；对超长、超重、超高货物，应提供每件货物的详细体积（长、宽、高）以及每件的重量，以便货运公司计算货物积载因素，安排特殊的装货设备。⑥运费付款方式。一般有运费预付与运费到付。⑦可否转船、分批、装船日期及有效期等均应按信用证或合同要求注明。⑧通知人、收货人，按需要决定是否填制。⑨有关的运输条款、订舱、配载、客户有特殊要求的也要列明。

（二）装货单（Shipping Order，S/O）

装货单是接受了托运人提出装运申请的船公司，签发给托运人凭此要求船长将承运的货物装船的单据。装货单既可作为装船依据，又是货主凭此向海关办理出口申报手续的主要单据之一。

（三）收货单（Mates Receipt，M/R）

收货单又称大副收据，是船舶收到货物的收据及货物已经装船的凭证。

由于托运单、装货单、收货单的主要项目基本一致，故国内一些主要港口的做法是将它们制成联单，一次制单，既可减少工作量，又可减少差错。

（四）装货清单（Loading List）

装货清单是承运人根据装货单留底，将全船待装货物按目的港与货物性质归类，依航次、靠港顺序排列编制的装货单汇总清单，是船上大副编制配载计划的主要依据，又是供现场理货人员进行理货，港方安排驳运、进出库场以及承运人掌握情况的业务单据。

（五）提货单（Delivery Order，D/O）

提货单又称小提单。收货人凭正本提单或副本提单随同有效的担保向承运人或其代理人换取提货单，是向港口装卸部门提取货物的凭证。

发放提货单时应做到：①正本提单为合法持有人所持有；②提单上的非清洁批注应转上提货单；③当发生溢短残情况时，收货人有权向承运人或其代理获得相应的签证。④运费未付的，在收货人付清运费及有关费用后，方可放提货单。

视频：认知提货单

（六）海运提单（Bill of Lading，B/L）

海运提单是承运人或其代理人应托运人要求所签发的货物收据（Receipt of Goods），在将货物收归其保管后签发，证明已收到提单上所列明的货物，是一种货物所有权凭证。提单持有人可据此提取货物，也可凭此向银行押汇，还可在载货船舶到达目的港交货之前进行转让，是承运人与托运人间的运输合同证明。

三、提单补料

（一）截单与提单补料

在学习补料之前，先认识与补料相关的"截单"。

截单是指船公司截止提交或修改提单样本的时间点，也就是提交提单样本的最晚时间，晚于这个时间提交提单样本就会产生改单费。在最后更改提单时间之前，提单资料可以多次修改。在此之后，修改提单将会产生改单费用，截单时间没有标准，各个船公司不一样，有的是开船日，有的是开船后一周之内。

此外，因为发货人实际装柜的货物信息（如品名、数量、重量、体积），与订舱单上显示的货物信息可能不一致，则发货人就需在正本提单出来之前给货代一个详细且准确的装箱清单（Packing List），包括箱号、铅封号等，货代就能根据这些信息制作最终的提单。

因此，为了能及时完成提单样本，就需要发货人将提单内容先提供给货代（或船公司），他们据此制作提单样本发给发货方确认，这个过程就称为提单补料。

提单补料（Bill of Lading Supplement，Shipping Instructions，SI），就是发货人向承运人提供这票货物详细且正确的资料。简单来说，就是要求发货人提交提单（Bill of Lading）上要求填制的各项内容，包括发货人、收货人、通知人的详细信息，以及集装箱号、铅封号、毛重、总立方数（CBM）、唛头、货物描述等。提供了SI，意味着作为发货方已经确认了提单信息。补料是确认提单样本的最后一步，补料最晚不能超过截单时间。如果是信用证，补料就要严格按照信用证或客户的要求来做，确保提单上的信息和信用证要求完全一致。

提供提单补料一般是南方的做法，尤其是华南地区。在北方一般是货代（或船公司）根据订舱委托书制作提单草本，不必提供补料单。

（二）提单补料主要信息

由于拼箱货提单信息与整箱货提单信息基本一致，故下面只说明拼箱货有差别或需要补充的栏位信息。

1. Shipper（托运人）

可以是信用证上的受益人或是受益人之外的第三者，也可能是货代或报关行。

2. Consignee（收货人）

可以是信用证上的申请人，也可以是货代或报关行在目的港的代理人。

3. Notify Party（被通知人）

提单上显示了被通知人，则可以让承运人在目的地的分公司或代理及时通知买方提货。被通知人可能是买方的报关行、买主本身、银行，也可能是中间商或者是卖方。

4. Also Notify Party（次被通知人）

当一个"被通知人"不足以满足发货人或信用证的要求时，就可以将"次被通知人"的资料记载在此栏位。此栏位有没有填制均不影响承运人的作业，只要 Consignee 或 Notify Party 有详细地址以供联络即可。

5. Place of Receipt（收货地）

当运送人发全程提单（Through B/L）时，若在此栏位打上收货地点，那么此地点就成为运送人对该票货负责的起始点。比如货代公司在西安收货并负责安排陆运到新港装船出运，那么收货地就可以显示"西安"。如果陆运不是由货代公司安排，则此栏位就可空白。

6. Pre-Carriaged by

此栏显示内陆的运送人名称。它可能是卡车公司、铁路公司或内河航运公司。

7. Place of Delivery（目的地）

有些货物在卸货港卸船以后还得转到内陆点或其他小港口。当地海关为了解货物的流向，往往规定提单上要有内陆的"目的地"才可以办理转运手续。发货人也会据此要求承运人在提单上标示"目的地"。在此会发生两种情况：①运费只付到卸货港而货主要求标示目的地。此时要在提单的适当位置加注"（卸货港）到（目的地）的费用与风险由收货人负责"。②运费付到目的地。此时也得注明"Freight Paid up to（目的地）"，以便清楚地说明承运人的责任范围。否则承运人在卸货港的分公司或代理可能会再向收货人收取内陆运费。

8. Marks And Numbers（唛头及数字）

出口货物的外包装上都有其用来辨认的数字文字或符号，这些字体或符号的组合就称为唛头。在提单上体现唛头及数量才能让买方在提货时确认哪些货是属于自己的。尤其是拼箱货（LCL/LCL）的情况下，唛头的重要性就更为明显。

9. No. of Container/Packages（箱数及件数）

整箱运送（FCL/FCL）的情况下，此栏位仅标示所运送的集装箱数目。而真正的货品数量则标注在其后（Description of Goods）的栏位；而在拼箱运送的情况下，若总数未满一个集装箱，则可以在此栏位标示货品数量。在此涉及的除了箱数以外还有箱型、运送方式、计件单位以及件数的表示方式等。

10. Description of Goods（品名内容）

在此栏位通常记载品名、件数及包装等内容，同时也对付款条件加以标注。最常见的付款条件有三种：①运费预付（Freight Prepaid）；②运费到付（Freight Collect）；③第三地付费（Freight Payable at）。

任务练习

一、任务的提出

广州锦长国际货运代理公司收到佛山市顺德区一家具生产制造公司 13 箱休闲沙发的海运拼箱运输业务，目的港是墨西哥的曼萨尼略（MANZANILLO），并附上客户托运书、入仓单。

1. 客户托运书

托运人/联络人/电话/传真：Shipper/ Tel/Fax No.： FOSHAN SITZONE FURNITURE CO., LTD ADD：NO.8 OF CHAOHAI ROAD, XIQING VILLAGE, LONGJIANG TOWN, SHUNDE DISTRICT, FOSHAN CITY, GUANGDONG PROVINCE, CHINA. Tel：0086-757-23875888, VANNINA HUANG			
收货人：Consignee METAL WORK INTERNATIONAL SA DE CV BERNARDO REYES 5620 NORTE COL. FERROCARRILERA MONTERREY, NL MEXICO 64250. 9999 MWI040726SD9	**BOOKING NOTE** JINCHANG FREIGHT FORWARDING COMPANY 广州锦长国际货运代理公司		
通知人：Notify Party RODOMONT ONLINE SA DE CV TAX ID: RON1708055D0 ADD：VILLA DEL TULE 145, VILLAS DE SAN MIGUEL, SALTILLO, COAHUILA, MEXICO, CP 25204. CONTACT：FEDERICO MONTUFAR, TEL +52 812108 7078 EMAIL F. MONTUFAR@ FELANA. COM. MX			
预配船名和航次：Intended Vessel/Voy.			
收货地点：Place of Receipt FOSHAN	装货港：Port of Loading SHENZHEN	服务类型：Service Type CY-CY：　　　　CY-DOOR： CFS-CFS：√　　DOOR-CY：　DOOR-DOOR：　　其他：	
卸货港：Port of Discharge MANZANILLO, MEXICO	目的港：Port of Delivery MANZANILLO, MEXICO	提单类型：B/L Type Master. B/L：　　House. B/L：　　Telex Release：	
箱型箱量：____×20′ GP　____×20′ 加重柜　____×40′ GP　____×40′ HQ　其他：__LCL__			
唛头和号码 Marks & Numbers	件数和包装种类 Quantity and Type of Packages	货名 Description of Goods	毛重（千克） Gross Weight Kilos	尺码（立方米） Measurement CBM
MEWORK HS CODE：9401619000 （请提供 HS CODE，否则无法订舱）Door-Door, 有报关资料提供	13CTNS	LEISURE SOFA 休闲沙发	374.25	4.61
报关 Customs Clearance：　一般贸易（　）　　　转关（　）　　　代理出口报关（　）			
拖柜资料（如需 Cargotrans 安排，请填制此栏）			
拖柜具体地址：广东××家具有限公司，佛山市顺德区××镇			
时间：2022.4.23　　　联系电话：13178588888　　　联系人：张小姐			
运费/附加费：Freight & Charges：			
付款方式：Payment　　预付 Prepaid　　　　到付 Collect			
付款地点：Payable at　　深圳：　　　　香港：　　　　其他：			
托运单是托运货物，安排运输及出具提单的依据。船名、货名、唛头、件数、重量、尺码等各项内容必须填制无误。因托运单填制或资料不全引起货物不能及时出运，运输目的地、提单错误不能结汇，不能提货而产生的一切责任、风险、纠纷、费用等概由托运人承担	Signature & Chops By Shipper 托运人签名盖章		

2. 货物入仓单

【Logo】	广州锦长国际货运代理公司						
	联系人：		电话：		传真：		
中外运国际集拼运营平台—佛山顺德乐从仓【平湖物流中心进仓通知书】					申报地	平湖物流中心	
中外运订仓号	B220177041	预约时间			车牌号		
订单号	MIYA20220301	截仓时间	2022-05-08 00:00		目的港	曼萨尼略	
货物类型：	普通货物	流向			目的国	墨西哥	
中文名称(必填)	唛头(必填)	数量(必填)	包装	体积	重量	备注	
LEISURE SOFA	MEWORK	13	纸箱	4.61	374.25		
如实申报及非危险品申明							

我方承诺上述货物名称、唛头、尺码、重量等相关信息与实际货物一致，不存在虚报和隐瞒的情况；承诺并保证办理入仓货物为一般物品，非易燃、非易爆、非腐蚀性、非有毒有害物质、非氧化剂、非麻醉品、非精神性药品、无放射性，亦非用于制造化学武器的原料，不属于《国际海运危险货物规则》（IMDG Code）和国家标准《危险货物品名表》（GB12268）所列之危险品；亦非外运仓公告禁止入仓货物。以上申报俱属实，如有任何因此货物存储运输中产生的一切后果，由我方承担全部责任

送货人签名		联系电话		发货方签章		日期： 年 月 日

一、发车班次　每周一至周六下午4:00截仓，当天发车；收货时间：周一至周六 8:30—12:00/13:00—18:00

二、特殊说明

1. 货物单边长度大于等于3米；摆高大于等于2米；单件重量大于等于2.5公吨；以及粉末、颗粒、液体、玻璃、大理石、电池等特殊货物入仓前需由货代提前发起申请。单件重量大于等于50千克且无法机械作业的货物，须安排打托才可进仓卸货；单件重量大于等于25千克小于50千克，件数大于等于30件且无法机械作业的货物，须安排打托才可进仓卸货；
2. 需要机械作业的货物，铲口应大于或等于10厘米，确保叉车可以正常作业

三、入仓注意事项

1. 收费标准：入仓办单收取130元/票，如需拆托/箱验货收取50元/托/箱的现结费用，所有收费均开具正式发票（广东省外的卫星仓仓点免收进仓登记费、过磅费和拆托验货费）；2. 请准确填制此进仓单信息（如目的港、订单号、货名、件数、唛头、重量等），信息不全的将不予收货；3. 注意：2018年4月16日起实施网上无纸化交单，不再接收纸质报关资料；4. 进仓货物必须有清晰的唛头，不接收无唛货物；5. 送货人（司机）在卸货期间不得离开车辆，否则仓管员有权拒绝卸货；6. 仓库不接受腐蚀品、易燃、易爆等危险物品及易腐烂物品；7. 如属于限制类进仓货物，需由货代提前发起申请，审核通过后方可入仓；8. 单票货物超5种唛头（我司强制有偿刷唛），一车多个订单号货物的唛头栏空白或内容错误的，将有偿加工分货；9. 收货单项明细大于等于0.2CBM，且件数/体积大于等于100，货物入深圳平湖仓后我司将收取月结围膜费用；10. 进仓验货时如被发现违反我司明令禁止入仓货物的，我司将通知贵司当日退仓并额外收取CNY1000/票的特殊货物服务费用，进仓登记费不予退还，同时我司将保留追究相关方责任的权利

四、敏感货物须知（申请途径：委托货代公司，准备齐全相关图片资料在中外运国际集拼e站通平台：http://icop.y2t.com/os，进行敏感货物特殊申请）

续表

需申请货物	含液体粉末类	含电池类	易碎品	超长超高类	超重类	其他
备注说明	货物内含液体、货物箱内带液体的货物	电池≤20 000毫安时（mAh），功率≤100瓦时（Wh）（锂电池、移动电源禁止入仓）	单边长度≥1.5米；外包装为纸箱；单件重量≥1.5吨	单边长度≥3米，在7米内的货物；摆高≥2米	单重≥2.5吨，在7吨内的货物	1. 外包装特殊，不规则的大件货物（如桶装、上锁包装）；2. 包装简陋不确认是否合格或存在运输及装卸风险的货物；3. 外包装无法拆箱的货物
需要资料：需提供的图片都是默认提供一张即可，要求清晰，非截图类的图片	实物图片、货物外箱图片、货物的MSDS、商品信息表、货物入仓保函	实物图片、货物外箱图片、货物的MSDS、商品信息息表、货物入仓保函、运输鉴定报告	货物外箱图片、易碎货物保函	货物外箱图片、超长货物保函（加收40%的仓储运输费作为困难作业费）	货物外箱图片、超重货物保函（加收40%的仓储运输费作为困难作业费）	实物图片、货物外箱图片 货物包装清单：包含规格、件数、单重 简易入仓保函

五、预约方式及送货地址（★从2020年1月2日开始，所有送货车辆凭有效预约短信才能进仓）

收货地址：广东省佛山市乐从镇水藤工业区菜鸟陆通物流园D区。服务热线电话：400-100-0000，服务时间：08：30—21：00

★公共关务平台：http：//icop.y2t.com/os/（建议使用Google浏览器，用户注册登录，报关单自助录入，关务状态自助查询，无须递交纸质报关资料，全程无纸化）

电子代理报关委托协议授权公司：深圳中外运物流报关有限公司   海关注册编号：4403180495

任务

锦长货代公司业务经理要求实习生李立根据客户托运书、入仓单和相关补充资料进行货代提单的补料信息录入，即补充 House B/L SI 中的栏位（1）～（10）中的内容。

补充信息：拼箱货物入仓后，重新得到了最新的货物毛重为373.50千克，尺寸为4.59立方米。货代公司提单号码是001GZH2203001。

HOUSE B/L SI

SHIPPER/EXPORTER (2)	B/L NO.：(1)
	EXPORT REFERENCES
CONSIGNEE (3)	FORWARDING AGENT REFERENCES
NOTIFY PARTY (4)	POINT AND COUNTRY OF ORIGIN

续表

PLACE OF RECEIPT (5)	PRE-CARRIEAGE BY (6)	ALSO NOTIFY	
VESSEL VOY	PORT OF LOADING (7)		
PORT OF DISCHARGE (8)	PLACE OF DELIVERY (9)	FINAL DESTINATION	
PARTICULAR DECLARED BY THE SHIPPER			
MARK & NUMBER	NO. OF PKGS	KING OF PKGS DESCRIPTION OF GOODS	G. W. (KGS)	MEAS. (CBM)
(10)				
SAY TOTAL:	SAY TOTAL THIRTEEN CARTONS ONLY			
FREIGHT&CHARGES	RATED AS	RATE	PER	PREPAID
FREIGHT COLLECT SHIPPED ON BOARD			ISSUE DATE	
^			PLACE OF ISSUE	GUANGZHOU, CHINA
^			NO. OF B (S) L	THREE (3)

二、任务的实施

锦长货代公司实习生李立根据客户托运书和入仓单及补充信息进行提单补料,填制 House B/L 如下。

HOUSE B/L SI

SHIPPER/EXPORTER FOSHAN SITZONE FURNITURE CO., LTD ADD: NO. 8 OF CHAOHAI ROAD, XIQING VILLAGE, LONGJIANG TOWN, SHUNDE DISTRICT, FOSHAN CITY, GUANGDONG PROVINCE, CHINA TEL: 0086-757-23875888, VANNINA HUANG		B/L NO.: 001GZH2203001
^		EXPORT REFERENCES
CONSIGNEE METAL WORK INTERNACIONAL SA DE CV BERNARDO REYES 5620 NORTE COL. FERROCARRILERA MONTERREY, NL MEXICO 64250. 9999 MWI040726SD9		FORWARDING AGENT REFERENCES
NOTIFY PARTY RODOMONT ONLINE SA DE CV TAX ID: RON1708055D0 ADD: VILLA DEL TULE 145, VILLAS DE SAN MIGUEL, SALTILLO, COAHUILA, MEXICO, CP 25204. CONTACT: FEDERICO MONTUFAR, TEL +52 812108 7078 EMAIL F. MONTUFAR@ FELANA. COM. MX		POINT AND COUNTRY OF ORIGIN
^		ALSO NOTIFY
PLACE OF RECEIPT FOSHAN, CHINA	PRE-CARRIEAGE BY	
VESSEL VOY /	PORT OF LOADING SHENZHEN, CHINA	

续表

PORT OF DISCHARGE MANZANILLO, MEXICO		PLACE OF DELIVERY MANZANILLO, MEXICO			FINAL DESTINATION	
PARTICULAR DECLARED BY THE SHIPPER							
MARK & NUMBER	NO. OF PKGS	KING OF PKGS DESCRIPTION OF GOODS			G. W. (KGS)	MEAS. (CBM)
MEWORK	13CARTONS	SHIPPER's LOAD & COUNT LCL-LCL LEISURE SOFA			373.50	4.59
SAY TOTAL:	SAY TOTAL THIRTEEN CARTONS ONLY					
FREIGHT&CHARGES	RATED AS	RATE	PER	PREPAID		
FREIGHT COLLECT SHIPPED ON BOARD					ISSUE DATE	
^					PLACE OF ISSUE	GUANGZHOU, CHINA
^					NO. OF B (S) L	THREE (3)

任务评价

知识点与技能点	我的理解（填制关键词）	掌握程度
货物运输单证流转		☆☆☆☆☆
海运主要货运单证		☆☆☆☆☆
提单补料		☆☆☆☆☆

【拓展阅读】

义乌到格丁尼亚无纺布袋海运拼箱

波兰位于中欧东北部，西接德国，南邻捷克和斯洛伐克，东北和东南与白俄罗斯和乌克兰、立陶宛相连，其地理位置十分优越，是欧洲的"十字路口"。波兰虽地处中东欧，但能直接辐射西欧、南欧和北欧，是欧洲真正的"东大门"。

波兰在连接中国和欧洲的铁路运输中所起的作用十分重要。波兰不但是连接中国和欧洲的重要中转地，而且关系到从中国向欧洲内地出口产品的交通运输、仓储和再分配等环节。

波兰主要海港有格但斯克（GDANSK）、格丁尼亚（GDYNIA）、希维诺乌西切（SWINOUJSCIE PLSWI）、什切青（SZCZECIN）、华沙（WARSAW）等，其中格丁尼亚、格但斯克和什切青为波兰三大港口城市，内陆港口的货物基本由这三个港口中转进去。

以杭州义乌到波兰的海运拼箱为例。发货地为义乌，目的港为格丁尼亚港，产品是无纺布袋。根据客户提供的货物相关信息，该货物在外地，发货人没有进出口权。可知，①客户是要自己安排送货进仓；②需要进行买单报关；③产品为普货，无须做商检；④货物量不够一个集装箱。因客户是自己送货进仓，所以选择宁波到格丁尼亚拼箱运费。正常情况下，义乌到格丁尼亚拼箱运费主要是由义乌到宁波仓库的拖车费用和宁波到格丁尼亚的海上航程费用组成，再加上仓库的偏远费用。

查询班列船期，宁波到格丁尼亚拼箱每周只有一班船，船期是3/1（周三截关，周一开船），航程40天，预配船公司是HMM。于是，后面的工作都是按部就班进行，如报价、客户接受报价、接受客户委托、订舱、客人送货、根据清单做报关资料、报关、提单确认、结清费用和寄送提单，一切都很顺利，客户也很满意。

不过，后面发生的一件事情给客户留下了一些不好的印象，就是客户反映货到目的港后，收货人投诉目的港费用比之前核算的要高出很多。于是，向客户索取了目的港费用账单并与国外代理取得联系，经核查国外确实存在乱收费情况，最后目的港代理退回了乱收的费用。像这种目的港代理乱收费现象，在拼箱运输中很常见，主要还是因为国外代理跟国内拼箱公司一般也只是合作关系，所以没办法控制。因此，在遇到目的港代理乱收费时，发货人要第一时间联系货代公司，让货代公司及时去跟目的港代理沟通，还有就是在报价的时候，记得找货代公司要目的港收费标准，就可知道大概会有多少目的港费用产生，做到心里有数，这样才能更好地维护自身利益。

视频：查询船期操作

（资料来源：杭州义乌到波兰格丁尼亚（GDYNIA）无纺布袋海运拼箱，https：//baijiahao.baidu.com/s?id=1702071401436949522&wfr=spider&for=p）

补充资料：**买单报关**，通常指的是没有进出口权的公司，或者有进出口权公司因为各种各样原因，借用其他进出口公司名义出口的办理出口报关手续。

（1）买单报关的优点：报关便捷、省事，无须对报关环节了解透彻，一切交给报关行即可，比如只需提供SO（入舱纸）、柜号、封号、装箱单、发票给报关行即可。

（2）买单报关的缺点：由于退税需要三个必备条件（企业有进出口权、企业规模为一般纳税人、企业的供应商有提供增值税票）。因此，不能办理退税，出口收汇须开类似的XT账号才能收汇结汇，不能直接用公账收汇和结汇。

素养园地

以客为尊，优质服务彰显企业价值

作为当今第三大集装箱班轮公司，中远海运集运在全球范围内推出覆盖国际班轮运输服务全过程的九项服务标准，全面提升了包括订舱、放箱、提单签发、船舶准班率等环节在内的国际班轮运输服务全流程的水平，能更好地满足客户需求，呈献给全球客户值得信赖的服务质量保证。在2020年6月复工期间，还制订了详细运输计划，以"大船+驳船+卡车"的模式，紧急协助汽车行业龙头企业运输海外断供零件，保障客户生产不断线；为太阳能行业定制用箱保障方案，保障出口需求；为家电行业知名企业开通加班船，保证产品及时出运，并在全球按时交付销售。2020年9月，中远海运集运又推出了太平洋航线中小客户服务专线，跳过中间环节，直接挂钩上海集装箱出口指数的运价机制，公开透明，主动帮助中小企业降低价格波动的风险。此外，还主动推出了客户免用箱天数及滞期费减免等一系列优惠措施。2021年，为了帮助客户打通堵点、连接断点，化解客户出运困局，中远海运集运在中国本土和海外先后推出"陆改铁""陆改水""水水中转、水铁联运"服务，打通了客户供需两端，让中国制造在中远海运的加持下远销海外，展现中国企业的风采。

【项目综合实训】

锦长货代公司业务经理要求实习生李立完成拼箱运费计算、案例分析、海运提单填制三个实训任务。

实训一

广州东升公司出口到某国一主要港口五金件 100 箱,每箱毛重 30 公斤,每箱尺寸为 50 厘米×10 厘米×70 厘米,加货币贬值附加费 30%,燃油附加费 20%,港口拥挤费 25%,请计算拼箱运费(相关数值可参考表 6-1、表 6-2)。

表 6-1　某轮船公司班轮运价表规定的货物等级

货名	计算标准	等级
农机(包括拖拉机)	W/M	9
未列名豆	W	3
五金及工具	W/M	10
人参	AV/M	20
玩具	M	11

表 6-2　班轮运价表规定由中国口岸至某国一主要港口的费率

等级	1	2	3	…	9	10	11	…
费率(CNY)	243.00	254.00	264.00	…	404.00	443.00	477.00	…

实 训

按货物名称查出运费计算方式、费率等级:五金件的运费计算方式是 W/M,费率等级是 10;
按费率等级查出费率:10 级=CNY443.00/FT
总毛重=30×100=3 000(公斤)= 3(公吨)
总体积=0.5×0.1×0.7×100=3.5(立方米)
因为计费标准是 W/M,总体积>总毛重,所以选择货物的总体积计费。
拼箱运费=[443.00×3.5×(1+20%+25%)]×(1+30%)
　　　　=2 248.225×(1+30%)
　　　　=2 922.69(元)
因此,此票货的海运拼箱运费为 2 922.69 元。

实训二

案例分析:宁波五矿机械进出口公司,出口一批机械设备到 HAMBURG,货物体积 6 立方米,重量 7 吨,货物采用拼箱方式运输,货物已经装船后,卖方接到国外客户的紧急通知,要求货物改运到 ROTTERDAM。
问:这批货物能不能改运?为什么?

实 训

答：不能，因为在拼箱运输中，承运人一般不接受货主提出的选港和变更目的港的要求。

实训三

Complete the Following Bill of Lading with the Information Given.

发货人：CHINA WEIFANG RC OIL AND FAT CO., LTD.
　　　　2, BEIHAI, KUIWEN, WEIFANG, SHANDONG, 261041 CHINA
收货人：TO OPENING BANK's ORDER
通知方：KAYBE MACHINE COMPANY
　　　　126 ROOM STREET, ANTERWEIP, BELGIUM
提单号：COS271234
船名及航班号：YUN FENG 9455
装货港：QINGDAO
卸货港：ROTTEDAM
货物毛重：180,000KGS
货物尺寸：180CBM
签发时间及地点：QINGDAO OCT 23, 2021
运费支付地点：QINGDAO

Shipper (1)		B/L NO.: (4)	
Consignee (2)		中国××运输总公司 CHINA×× SHIPPING CO. DIRECT TRANSPORT BILL OF LADING ORIGINAL	
Notify Party (3)			
Pre-Carriage by	Place of Receipt		
Ocean Vessel Voy. No. (5)	Port of Loading (6)		
Port of Discharge (7)	Final Destination	Freight Payable at (8)	Numbers of Original B/L THREE (3)
Marks & Nos. or Container No./Seal No.	No. of Containers or Packages	Description of Goods	Gross Weight (KGS)	Measurement (CBM)
KMC Container No./Seal No. FBZU0032453/0032462	180 PALLETS 3600 BAGS 1×20FT	FIRST GRADE 12-HSA IN 50KG/BAG	(9)	(10)
Total Packages (in words): (11)			
Freight & Charges CLEAN ON BOARD FREIGHT PREPAID	Place and Date of Issue: 　QINGDAO OCT 23, 2021 Signed for the Carrier:		

实训

根据已有信息，海运提单各栏内容填制如下：
（1）CHINA WEIFANG RC OIL AND FAT CO．，LTD.
　　　BEIHAI，KUIWEN，WEIFANG，SHANDONG，261041 CHINA
（2）TO OPENING BANK's ORDER
（3）KAYBE MACHINE COMPANY
　　　126 ROOM STREET，ANTERWEIP，BELGIUM
（4）COS271234
（5）YUN FENG 9455
（6）QINGDAO
（7）ROTTEDAM
（8）QINGDAO
（9）180,000KGS
（10）180CBM
（11）SAY ONE HUNDRED AND EIGHTY PALLETS ONLY

【习题】

一、单选题

1. 下列属于集装箱出口货运特有的单证是（　　）。
   A. 交货记录　　　B. 场站收据　　　C. 设备交接单　　　D. 装箱单
2. 在国际海上集装箱班轮运输中，运价本中没有的内容是（　　）。
   A. 条款和规定　　B. 船期　　　　　C. 基本运价　　　　D. 附加运价
3. 美国海关 24 小时预申报规则要求船公司或无船承运人以电子数据方式向美国海关递交（　　）。
   A. 装货清单　　　B. 载货清单　　　C. 货物积载图　　　D. 集装箱装箱单
4. 卸货地订舱的货物通常称为（　　）。
   A. 指定货　　　　B. 特定货　　　　C. 合约货　　　　　D. 原产地货
5. 美国海关 AMS 规则，船公司或无船承运人在（　　）前 24 小时应以电子数据方式向美国海关递交载货清单。
   A. 装港开航前　　　　　　　　　　B. 装港装货
   C. 抵达美国港口前　　　　　　　　D. 离开美国港口前

二、判断题

1. 承运人一旦对托运人货物运输申请给予承诺，则货物运输合同订立。（　　）
2. 根据各国的管理规定（如果有的话），国际海上货运代理人通常也可与班轮公司签订协议运价。（　　）
3. 集装箱装箱单是详细记载集装箱内货物的名称、数量等内容的单据，每个载货集装箱都要制作这样的单据，它是根据计划装进集装箱内的货物制作的。（　　）
4. 中美之间的无船承运业务，不仅要遵守中国国务院颁布的《国际海运条例》，而且要遵守美国有关法律、法规的规定。（　　）
5. 混拼运输方式比直拼运输方式在运输路线、相关手续、收费项目和费用等方面更为简单、

更为节省。( )

三、简答题
1. 海运拼箱运输的意义有哪些？
2. 海运拼箱运输的业务操作流程是什么？
3. 什么是截单与提单补料？

项目七

操作国际空运业务

【项目概述】

航空运输又称飞机运输，简称"空运"，它是在具有航空线路和飞机场的条件下，利用飞机作为运输工具进行货物运输的一种运输方式。航空货运集成运输、仓储、配送、信息等多种服务功能，是现代产业体系的重要支撑。发展航空货运，对促进形成强大国内市场，深度参与国际分工与合作，保障供应链稳定，服务重大战略实施和实现经济高质量发展具有重要意义。

本项目主要讲解国际空运业务的操作，主要内容包括认知国际航空货物运输业务流程、计算国际航空货物运输运费、填制国际航空货物运输运单等。

【案例引入】

青岛航空货运取得"突破式"发展

2022年第二季度，青岛胶东机场共完成国内、国际货运航班起降1 517架次，环比第一季度增长43.1%。其中，国内货运航班环比增长105.3%，国际货运航班环比增长8.78%。2022年上半年，青岛航空自胶东机场出发共运输海鲜800余吨，快件产品1 000余吨，工业制成品600余吨，同比分别提升了10%、14%、5%。

2022年9月10日，胶东机场开通至捷克俄斯特拉发货运航线。俄斯特拉发是捷克重要重工业中心。该航线填补胶东机场至中东欧地区定期货运航线空白，为山东省与中东欧之间的货物运输开辟了一条畅通的空中通道，对推进"一带一路"建设等具有重要意义。2022年9月20日，青岛至莫斯科全货机航线正式复航，为促进中俄贸易往来架起便捷的空中通道。

2022年以来，民航业遭遇了疫情等多种不利因素冲击。按照青岛建设国际性综合交通枢纽城市和国际门户枢纽城市部署要求，青岛机场集团主动出击，加大国际货运航线开发力度。这既折射了全球经济正在加快复苏的迹象，也反映了青岛机场集团深度匹配城市发展战略，以转场为契机推动航空货运板块补短板强弱项，努力为青岛打造国际门户枢纽城市架起更多"空中桥梁"。

最新统计显示，截至2022年8月底，胶东机场共开通仁川、东京、阿拉木图、伦敦、多伦多、莫斯科、洛杉矶、芝加哥、河内、大阪等国际货运航线13条。2022年1—8月，胶东机场完成货邮吞吐量14.28万吨，货量在全国机场排名第13位，较2021年同期提升两位，航空货运呈现"突破式"的发展势头。

1. 不进则退，日趋激烈的城市竞争赛道

一直以来，航空货运都是城市竞争比拼的重要赛道。目前，中国已形成以京津冀、长三角、粤港澳大湾区为主的"半弧形"航空物流版图。2021年货邮吞吐量排名全国前十位的机场分别为：上海浦东（398万吨）、广州白云（204万吨）、深圳宝安（156万吨）、北京首都（140万

吨)、杭州萧山（91万吨）、郑州新郑（70万吨）、成都双流（62万吨）、重庆江北（47万吨）、西安咸阳（39万吨）、上海虹桥（38万吨）。

2. 航空货运赛道上的城市竞争更加激烈

2021年，郑州机场货邮吞吐量首次突破70万吨，居国内第六位。郑州机场货运站总面积达到19.8万平方米，货机位25个，年货邮保障能力由50万吨跃升至110万吨，郑州打造国际航空货运枢纽和内陆开放新高地有了新引擎。

2022年7月17日，随着一架顺丰公司波音767-300全货机从湖北鄂州花湖机场起飞前往深圳，标志着花湖机场正式投运。鄂州花湖机场是亚洲第一个、全球第四个专业货运枢纽机场，定位为货运枢纽的机场。

3. 优势叠加，疫情冲击下的转型"进阶"

2022年8月7日，青岛酷特智能股份有限公司出口的一批定制西装产品完成通关手续，分别搭乘飞往欧洲、北美的货运航班，送到客户手中。这已是2022年以来这家企业采用跨境电商方式出口的第5 000票"数字化智造"定制服装产品。疫情发生以来，航空货运在稳定供应链、畅通产业链、提升价值链中的作用愈发明显。面对外贸企业旺盛的货运需求和航空企业运力释放需求，胶东机场加大国际航线市场开发力度。其中，2022年4月和6月相继开通的洛杉矶和芝加哥全货机航线，为酷特智能等企业进出口提供了有力支撑。

异地货站是推进航空物流业务联动发展的一项创新举措。异地货站发运货物，能将机场航空货物运输服务延伸至周边城市，让货运代理和货主就近办理业务，并通过机场航线直接将货物运送至目的地机场。为强化对胶东经济圈一体化发展的辐射带动作用，提升胶东机场货源吸附力，青岛机场集团积极对接省内各生产企业，延伸功能链条，加快异地货站建设布局。2022年6月30日，潍坊歌尔异地货站正式成立，这是青岛机场首次与终端生产企业合作成立的异地货站，每年可保障歌尔货站到胶东机场运输的国际货物达1 600吨以上。2022年7月27日，寿光蔬菜基地异地货站成立，每年可保障至胶东机场运输的国内货物达2 600吨以上。

不久前闭幕的上海合作组织成员国元首理事会第二十二次会议上发表的撒马尔罕宣言中明确提出，"成员国将举行并继续拓展上合组织成员国地方领导人论坛形式，包括利用青岛的中国—上合组织地方经贸合作示范区平台，进一步深化地方合作"。无疑，肩负"国之重任"的青岛，将成为中国开放发展的重要前沿窗口，布局更多的国际货运航线将成为青岛更高水平开放的重要支撑。

（资料来源：全国排名跃升，青岛做大航空物流版图，http://news.iqilu.com/shandong/shandonggedi/20220927/5245469.shtml）

思考：

在国外疫情形势严峻的情况下，国际航空货运可以起到哪些作用？疫情冲击下青岛机场集团如何进行航空货运的转型"进阶"？

任务一　认知国际航空货物运输业务流程

学习目标

知识目标

1. 了解国际航空货物运输方式；
2. 熟悉国际航空货物运输进口业务流程；
3. 熟悉国际航空货物运输出口业务流程。

能力目标

能分析国际航空货物运输在航空复苏中的作用。

素养目标

促进学生更多地热爱航空货运事业。

一、国际航空货物运输方式

(一) 班机运输

班机运输（Scheduled Airline）是指具有固定开航日期、固定航线、固定停靠港和在一定时间内相对固定的收费标准的运输模式。班机运输通常为客货混合型飞机，货舱容量较小，运价较贵，但由于航期固定等，对进出口商而言，可以在贸易合同签署之前预期货物的起运和到达时间，并核算运费成本，合同的履行也较有保障，因此成为多数贸易商的首选航空货运形式。国际货物流通也多使用班机运输方式。

特别是货运业竞争加剧，航空公司为体现航空货运的快速、准确的特点，不断加强航班的准班率（航班按时到达的比率），强调快捷的地面服务，在吸引传统的鲜活、易腐货物、贵重货物、急需货物的基础上，又提出为企业特别是跨国企业提供后勤服务的观点，正努力成为跨国公司分拨产品、半成品的得力助手。

(二) 包机运输

包机运输（Chartered Carrier）是指航空公司根据约定的条件和费率将整架飞机租给一家或几家包机运营商，并将货物从一个或几个航空站运送到指定的目的地。包机运输适用于大宗货物运输，费用低于定期航班，但运送时间则比班机运输要长。应该注意的是，虽然有些包机有固定的时间表，但由于其他原因，它们往往不能按时起飞，所以时间相对较长。另外，各国政府为了维护本国航空公司的利益，多对从事包机业务的外国航空公司进行各种限制。如包机的活动范围比较狭窄，降落地点受到限制。在指定地点以外的地方降落时，必须在降落前向当地政府有关部门申请批准。

(三) 集中托运

集中托运（Consolidation）是指航空货运代理公司将若干批单独发运的货物集中成一批向航空公司办理托运，填制一份总运单送至同一目的地，然后由其委托当地的代理人负责分发给相关实际收货人。这种托运方式，可降低运费，是航空货运代理的主要业务之一。

(四) 航空快递业务

航空快递业务（Air Express Service）是指由快递公司与航空公司合作，向货主提供的快递服务（图7-1所示为顺丰航空）。由快递公司派专人从发货人处提取货物后以最快航班将货物出运，飞抵目的地后，由专人接机提货，办妥进关手续后直接送达收货人，称为"桌到桌运输"（Desk to Desk Service）。这是一种最为快捷的运输方式，特别适合各种急需物品和文件资料。

图 7-1 顺丰航空

二、国际航空货物进口运输代理业务流程

航空货物进口运输代理业务流程,是指代理公司对于货物从入境到提取或转运整个流程的各个环节所需办理的手续及准备相关单证的全过程。

(一) 代理预报

在国外发货前,由国外代理公司将运单、航班、件数、重量、品名、实际收货人及地址、联系电话等内容发给目的地代理公司,以便代理公司做好接货前的所有准备工作。

(二) 交接清单与核对货物

航空货物入境时,与货物相关的单据也随机到达,运输工具及货物处于海关监管之下。货物卸下后,将货物存入航空公司或机场的监管仓库,并进行进口货物舱单录入,将舱单上总运单号、收货人、始发站、目的站、件数、重量、货物品名、航班号等信息通过电脑传输给海关留存,供报关用。同时根据运单上的收货人地址寄发取单、提货通知。若运单上收货人或通知人为某航空货运代理公司,则把运输单据及与之相关的货物交给该航空货运代理公司。

航空公司的地面代理人向货运代理公司交接的有:国际货物交接清单、总运单、随机文件、货物。交接时做到单单核对,即交接清单与总运单核对;单货核对,即交接清单与货物核对。

(三) 理货

货代公司对从航空公司接收的货物逐一核对每票件数,再次检查货物破损情况,以便能及时发现问题并向航空公司提出交涉。按大货、小货、重货、轻货、单票货、混载货、危险品、贵重品、冷冻品、冷藏品等,分别堆存与进仓,及登记每票货储存区号,并输入电脑。

(四) 入库仓储

入库仓储时,应注意防雨、防潮、防重压、防变形、防变质、防暴晒,独立存放危险品。

(五) 理单与到货通知

理单:包括集中托运,总运单项下拆单;分类理单、编号;编制各类单证。货物到目的港后,货运代理人应从航空运输的时效出发,为减少货主仓储费、避免海关滞报金,尽早、尽快、尽妥地通知货主到货情况,提请货主配齐有关单证,尽快报关。此外,电脑打印海关监管进口货物入仓清单一式五份,用于商检、卫检、动检各一份,海关两份。

（六）制单与报关（报检）

制单、报关、运输的形式：①货代公司制单、报关及运输；②货主自行办理制单、报关及运输；③货代公司制单、报关，货主自办运输；④货主自行办理制单、报关后，委托货代公司运输；⑤货主自办制单，委托货代公司报关和办理运输。

报关大致分为初审、审单、征税、验放四个主要环节。进口货物报关期限为自运输工具进境之日起的14日内，超过这一期限报关的，由海关征收滞报金，征收标准为货物到岸价格的万分之五。

（七）发货、收费

办完报关、报检等手续后，货主须凭盖有海关放行章、动植物报验章、卫生检疫报验章的进口提货单到所属监管仓库付费提货。付费内容包括到付运费及垫付佣金，单证费，报关费，仓储费，装卸费，铲车费，航空公司到港仓储费，海关预录入、动植检、卫检报验等代收代付费，关税及垫付佣金。

（八）送货与转运

送货与转运包括三种情况：一是送货上门业务，主要是指进口清关后货物直接运送至货主单位，运输工具一般为汽车。二是转运业务，主要是指将进口清关后货物转运至内地的货运代理公司，运输方式主要为飞机、汽车、火车、水运、邮政。三是进口货物转关及监管运输，货物入境后不在进境地海关办理进口报关手续，而运往另一设关地点办理进口海关手续，在办理进口报关手续前，货物一直处于海关监管之下，转关运输亦称监管运输，因为此运输过程置于海关监管之中。

三、国际航空货物出口运输代理业务流程

国际航空货物出口运输代理业务流程主要包括以下几个步骤。

（一）承揽货物

承揽货物是空运代理业务的核心。在具体操作时，应及时向发货人介绍航空货运代理公司的业务范围、服务项目、各项收费标准，特别是向发货人介绍航空货运代理公司的优惠运价、服务优势等。

（二）委托运输

航空货运代理公司与发货人就出口货物运输事宜达成意向后，可以向发货人提供所代理的有关航空公司的"货运代理委托书/国际货物托运书"，让发货人填制，并加盖公章，作为发货人委托代理承办航空货运出口业务的依据。

托运书（Shippers Letter of Instruction，SLI）是托运人用于委托承运人或其代理人填制航空运单的一种表单，表单上列有填制航空运单所需的各项内容，并印有授权于承运人或其代理人代其在航空运单上签字的文字说明。航空货运代理公司根据委托书要求办理出口手续，并据以结算费用。因此，托运书是一份重要的法律文件。对于长期出口或出口货量大的单位，航空货运代理公司一般都与之签订长期的代理协议。

托运书包括下列内容栏。

（1）托运人（Shipper）。填托运人的全称、街名、城市名称、国名，以及便于联系的电话号码、电传号码或传真号码。

(2) 收货人（Consignee）。填收货人的全称、街名、城市名称、国名（特别是在不同国家内有相同城市名称时，必须要填上国名）以及电话号码、电传号码或传真号码。本栏内不得填制"To Order"或"To Order of the Shipper"（按托运人的指示）等字样，因为航空货运单不能转让。

(3) 始发站机场（Airport of Departure）。填始发站机场的全称。若机场名称不明确，可填城市名称。

(4) 目的地机场（Airport of Destination）。填目的地机场（不知道机场名称时，可填城市名称）。如果某一城市名称用于一个以上国家时，应加上国名。例如："LONDON UK 伦敦，英国"；"LONDON KY US 伦敦，肯塔基州，美国"；"LONDON TO CA 伦敦，安大略省"。

(5) 要求的路线/申请订舱（Requested Routing/Requesting Booking）。本栏用于航空公司安排运输路线时使用，但如果托运人有特别要求时，也可填入本栏。

(6) 供运输用的声明价值（Declared Value for Carriage）。填制供运输用的声明价值金额，该价值即为承运人负赔偿责任的限额。承运人按有关规定向托运人收取声明价值费，但如果所交运的货物毛重每千克不超过20美元（或其等值货币），无须填制声明价值金额，可在本栏内填入"NVD"（No Value Declared，未声明价值）。如本栏空着未填制时，承运人或其代理人可视为货物未声明价值。

(7) 供海关用的声明价值（Declared Value for Customs）。国际货物通常要受到目的站海关的检查，海关根据此栏所填数额征税。

(8) 保险金额（Insurance Amount Requested）。中国民航各空运企业暂未开展国际航空运输代保险业务，本栏可空着不填。

(9) 处理事项（Handling Information）。填附加的处理要求，例如，另请通知（Also Notify）。除填收货人之外，如托运人还希望在货物到达的同时通知他人，请另填制通知人的全名和地址。

(10) 货运单所附文件（Document to Accompany Air Waybill）。填随附在货运单上往目的地的文件，应填上所附文件的名称，例如，托运人的动物证明（Shipper's Certification for Live Animals）。

(11) 件数和包装方式（Number and Kind of Packages）。填该批货物的总件数，并注明其包装方法，例如，包裹（Package）、纸板盒（Carton）、盒（Case）、板条箱（Crate）、袋（Bag）、卷（Roll）等。如货物没有包装时，就注明为散装（Loose）。

(12) 实际毛重（Actual Gross Weight）。本栏内的重量应由承运人或其代理人在称重后填入。如托运人已经填上重量，承运人或其代理人必须进行复核。

(13) 运价类别（Rate Class）。本栏可空着不填，由承运人或其代理人填制。

(14) 计费重量（千克）（Chargeable Weight/KG）。本栏内的计费重量应由承运人或其代理人在量过货物的尺寸（以厘米为单位），由承运人或其代理人算出计费重量后填入。

(15) 费率（Rate/Charge）。本栏可空着不填。

(16) 货物的品名及数量（包括体积及尺寸）（Nature and Quantity of Goods, Incl. Dimensions or Volume）。填货物的品名和数量（包括尺寸和体积）。

若一票货物包括多种物品时，托运人应分别申报货物的品名，需要注意的是，填制品名不能使用"样品""部件"等比较笼统的名称。货物中的每一项均需分开填制，并尽量填制详细，如，"9筒35毫米的曝光动画胶片""新闻短片"（美国制）等。本栏所属填制内容应与出口报关发票和进口许可证上所列明的相符，所填制的货物尺寸应注明计量单位。对于危险物品，则应注明其专用名称和包装级别。

(17) 托运人签字（Signature of Shipper）。托运人必须在本栏内签字。

(18) 日期（Date）。在接受托运人委托后，航空货运代理公司通常会指定专人对托运书进行审核。审核重点是价格和航班日期。审核后，审核人员在托运书上签名并注明日期以示确认。

货运公司接受客户委托后，要根据委托书填制航空运单。根据《华沙公约》相关规定，航空运单应由托运人填制，也可由承运人或其代理人代为填制。在实际业务中，航空运单均由承运人或其代理人填制。为此，作为填开航空运单的依据—托运书/委托书，必须由托运人自己填制，并在上面签字或盖章。

航空货运代理公司从发货人处取得货代所需单据，会指定专人对单证进行认真核对，审核重点是单证是否齐全，内容填制是否完整规范。主要单证应包括：发票、装箱单、托运书、报关单、外汇核销单、许可证、商检证、进料/来料加工核销本、索赔/返修协议、到会函、关封。其中关封是用于海关内部联系、交接有关单证所使用的印有"海关关封"字样的可以加封的信封，不可以私自拆开。

（三）预配舱

航空货运代理公司汇总所承接的委托和客户的预报，并输入电脑，计算出各航线的件数、重量、体积，按照客户的要求和重/泡货物情况，根据各航空公司不同机型对不同板箱的重量和高度要求，制定预配舱方案，并对每票货配上运单号。

（四）预订舱

航空货运代理公司根据所指定的预配舱方案，按航班、日期打印出总运单号、件数、重量、体积，向航空公司预订舱。之所以称为预配舱、预订舱，是因为此时货物还没有进入仓库。客户的预报数据和实际数据会有所差别，可能需要再做调整。

（五）填制单证

承接托运人或其代理人送交的已经审核确认的托运书及报关单证和收货凭证。航空货运代理公司将收货记录与收货凭证核对，制作操作交接单，填上所收到的各种报关单证份数，给每份交接单配一份总运单或分运单。最后，航空货运代理公司将制作好的交接单、配好的总运单或分运单、报关单证移交制单。

（六）填制航空运单

航空运单包括总运单和分运单。填制航空运单的主要依据是发货人提供的国际货物委托书，委托书上的各项内容都应表达在航空运单项式上，一般用英文填制。填制航空运单是空运出口业务最重要的环节，航空运单填制的准确与否直接关系到货物能否及时、准确运达目的地。航空运单也是发货人结汇的主要有效凭证，因此必须单货一致、单单一致。

（七）接收货物

接收货物，是指航空货运代理公司把即将发运的货物从发货人手中接过来并运送到自己的仓库。

接收货物一般与接单同时进展。对于通过空运从始发地运往出境地的出口货物，航空货运代理公司按照发货人提供的运单号、航班号及接货地点日期，代其提取货物。如货物已在始发地办理了出口海关手续，发货人应同时提供始发地海关的关封。接货时应对货物过磅和丈量，并根据发票、装箱或送货单清点货物，核对货物的数量、品名、合同号或唛头等是否与航空运单上所列一致，并检查包装是否符合要求。

（八）标记和标签

标记主要是指货物外包装上由托运人书写的有关事项和记号，包括托运人、收货人的姓名、地址、联系电话、传真、合同号、操作注意事项等。

标签根据其作用可分为识别标签、特种货物标签、操作标签。识别标签标明货物的航空运单号码、始发地、经停地、目的地、件数、重量等，按使用的不同，有挂签和贴签两种。特种货物标签是说明特种货物性质的各类识别标志。按照特种货物种类的不同，分为活动物标签、危险品标签和鲜活易腐物品标签。操作标签说明货物储运过程中的注意事项，如易碎品、不得倒置、防潮等。

标签按类别分为航空公司标签和分标签。每件货物贴一张航空公司标签，有分运单的货物，再贴一张分标签。

（九）配舱

核对货物的实际件数、重量、体积与托运书上预报数量的差异。按照各航班机型、板箱型号、高度、数量进行配载，以便有效利用及合理搭配预订的舱位、板箱。

（十）订舱

接到发货人的发货预报后，向航空公司吨控部门领取并填制订舱单，同时提供相应的信息，包括货物的名称、体积、重量、件数、目的地，要求出运的时间等。航空公司根据实际情况安排舱位和航班。

航空货运代理公司订舱时，可依照发货人的要求选择最正确的航线和承运人，同时为发货人争取最低、最合理的运价。订舱后，航空公司签发舱位确认书（舱单），同时给予装货集装器领取凭证，以表示舱位订妥。

（十一）报关报检

报关就是向海关申报出口货物、交验单据证件，并接受海关的监管和检查等。报检是指根据出口商品的种类和性质，按照出口或进口国家或地区的有关规定，由检验检疫机构对其进行商品检验、卫生检疫、动植物检疫等。

（十二）出仓单

配舱方案制定后就可着手编制出仓单。出口仓库依据出仓单制订出仓计划，安排货物出仓，与装板箱环节交接。

（十三）提板箱与装货

向航空公司申领板箱并办理相应的手续。提板箱时，应领取相应的塑料薄膜和网套。对所使用的板箱要登记、销号。

（十四）签单

航空运单在盖好海关放行章后还需要到航空公司签单，只有签单确认后才允许将单、货交给航空公司。

（十五）交接发运

交接发运是向航空公司交单交货，由航空公司安排航空运输。首先，将随机单据和应由承运人留存的单据交给航空公司。随机单据包括第二联航空运单正本、发票、装箱单、产地证明、品质鉴定证书。其次，把与单据相符的货物交给航空公司，交货前必须粘贴或拴挂货物标签，清点和核对货物，填制货物交接清单。

（十六）航班跟踪

需要联程中转的货物，在货物运出后，要求航空公司提供二程、三程航班中转信息，确认中转情况，并及时将上述信息反馈给发货人。

（十七）信息传递

从多个方面做好信息服务，包括订舱，审单及报关信息，仓库收货信息，交运称重信息，一程、二程航班信息，单证信息。

（十八）费用结算

在运费预付的情况下，向发货人收取航空运费、地面运输费、各种服务费和手续费。向承运人支付航空运费及代理费，同时收取代理佣金。此外，与国外代理相关的费用结算主要涉及付运费和利润分成。

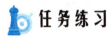

一、任务的提出

航空货运能否挑起民航业发展大梁

2022年7月17日，在湖北鄂州花湖机场（以下简称"花湖机场"）航站楼大厅内举办的投运仪式上，民航中南地区管理局向湖北国际物流机场有限公司颁发机场使用许可证。11时35分，随着一架搭载着由鄂州发往深圳快件的顺丰航空全货机起飞，这座亚洲第一、世界第四的专业货运枢纽机场正式投入运营。

1."空中出海口"有哪些新作用

花湖机场总体定位为货运枢纽机场。货运首期开通鄂州至深圳、上海两条航线，待全面开启国际货运功能后，将开通大阪、法兰克福等国际货运航线，打造便利空中通道。其中，货运航班运输高峰期将集中在夜间11时至次日凌晨4时。最繁忙时段，每小时预计超过40架飞机依序群起群落。预计到2025年，花湖机场开通国际货运航线10条左右、国内航线50条左右，货邮吞吐量达到245万吨，形成辐射全国、畅达全球的国际航空货运枢纽。根据规划，花湖机场2030年货邮吞吐量330万吨；2050年满足年货邮吞吐量908万吨、飞机起降27万架次。

目前，花湖机场备受关注的转运中心仍在紧张施工，预计2023年全面投用。据介绍，转运中心将设置7条分拣线，每小时分拣货物峰值可达50万件，自动化程度在业内领先。这将是花湖机场内最为显著的地标，也是其作为中国首座航空货运枢纽的与众不同之处。一般客运机场以值机和候机大厅为主体，专业货运机场则以转运中心为主体。超大航空转运中心，将助力湖北参与全球物流体系。

值得注意的是，在中国电信5G定制网技术支持下，花湖机场在国内率先探索大规模运用AGV机器人进行快递自动分拣；采用轻量级的UPF网元和MEC设备，对数据流进行本地转发，避免数据迂回；将转运中心网络时延控制到低至12毫秒，远远优于机场预期的25毫秒，确保AGV机器人分拣快递协同作业"不撞车"。

此外，花湖机场多式联运依托顺丰速运布局的三条多式联运通道，将开通包括空铁联运、空公联运、公铁联运、江海铁联运等多条多式联运线路。

空公联运以深圳宝安机场为起点，经航空运输至花湖机场后，顺丰速运在机场公司的协助下完成卸货等程序。通过公路运输将航空快件由花湖机场运输至南昌分拣中心后，继续通过公路短驳运输至末端配送网点，并完成"最后一公里"配送活动。

花湖机场的投入会将顺丰旗下的产品时效和行业平均时效再拉开3小时以上的距离，这个时效网络不仅是国内的时效网络，也是服务全球和供应链产品的核心优势；花湖机场也将在中国中部地区形成辐射全国的速递物流型货运枢纽，重塑航空货运市场结构。

2. 货运成为航空复苏重要推手

疫情发生以来，航空客、货运呈两极分化，客运需求萎缩，货运的支撑作用进一步凸显。航空公司采取客改货的方式提供腹舱运力，发展货运的同时也能减少客机闲置，提高利用率，对冲客运带来的巨额亏损。"客改货"主要有两种模式，一种是拆除全部或部分客舱座椅，改变客舱构型，在腹舱和客舱均载货运输；另一种是客舱未做任何改装，既可只用腹舱载货，也可腹舱和客舱同时载货。目前国内航司客改货基本采取第二种模式。数据显示，2021年，中国东方航空公司投入客改货航班1.53万班，中国南方航空公司投入客改货航班7023班。

目前航空货运恢复至较高水平，其中国际货运实现正增长。2022年上半年，全行业共完成货邮运输量307.7万吨，恢复至2019年同期的87.5%。6月，民航货邮运输总体规模已恢复至2019年同期的89.7%，其中，国际航空货运规模较2021年同期增长1.8%，民航国际货运市场需求仍处于较高水平。

中国民航业需要统筹好"客货关系"，当前乃至今后一段时期，客机腹舱仍然是最现实的选择之一；要通过"航空+卡车航班""城市货站"，打通"最后一公里"。此外，中国民航局还在研究支持"航空+高铁""航空+中欧班列"等联运，提升物流设施增值服务能力，并加大多式联运航空集装运输设备应用与推广，建设空铁、公空等联运转运场站和装卸设施。

随着花湖机场正式投运，航空货运也将不断发展壮大。花湖机场将助力构筑国内1天送达、周边国家2天送达、全球主要城市3天送达的"全球123快货物流圈"，为民航业的整体复苏再"添一把火"。

（来源：中国网记者　张真齐，中国青年报，2002年8月4日，11版）

> **任务**
>
> 李立是广州锦长国际货运代理公司的实习生。业务经理让李立解答以上业务情景中的困惑点：
> （1）花湖机场作为"空中出海口"有哪些新作用？
> （2）为何说货运成为航空复苏的重要推手？
> （3）评价湖北鄂州花湖机场定位为货运枢纽机场的做法。

二、任务的实施

广州锦长国际货运代理公司的实习生李立认真阅读了《航空货运能否挑起民航业发展大梁》，对航空货运发展有了新的认识。

（1）花湖机场作为"空中出海口"有哪些新作用？

花湖机场总体定位为货运枢纽机场、超大航空转运中心，将助力湖北参与全球物流体系。货运首期开通鄂州至深圳、上海两条航线，待全面开启国际货运功能后，将开通大阪、法兰克福等国际货运航线，打造便利空中通道。

此外，借助顺丰全球业务的布局，花湖机场转运中心是其航网的核心，目标是构建全球供应链中心、全国仓配中心。花湖机场多式联运依托顺丰速运布局的三条多式联运通道，将开通包括空铁联运、空公联运、公铁联运、江海铁联运等多条多式联运线路。花湖机场的投入会将顺丰旗下的产品时效和行业平均时效再拉开3小时以上的距离，这个时效网络不仅是国内的时效网络，也是服务全球和供应链产品的核心优势;花湖机场也将在中国中部地区形成辐射全国的速递物流型货运枢纽,重塑航空货运市场结构。

(2) 为何说货运成为航空复苏的重要推手?

疫情发生以来,航空客、货运呈两极分化,货运的支撑作用进一步凸显。航空公司开始采取客改货的方式提供腹舱运力,发展货运的同时也能减少客机闲置,提高利用率,对冲客运带来的巨额亏损。

很多航空公司都实施"客改货",继续提升客改货航班规模并取得了较好业绩。如2021年,中国东方航空公司投入客改货航班1.53万班,中国南方航空公司投入客改货航班7 023班。目前航空货运恢复至较高水平,其中国际货运实现正增长。2022年上半年,全行业共完成货邮运输量307.7万吨,恢复至2019年同期的87.5%。2022年6月,民航货邮运输总体规模已恢复至2019年同期的89.7%,其中,国际航空货运规模较2021年同期增长1.8%,民航国际货运市场需求仍处于较高水平。

(3) 评价湖北鄂州花湖机场定位为货运枢纽机场的做法。

(略)

任务评价

知识点与技能点	我的理解(填制关键词)	掌握程度
国际航空货物运输方式		☆ ☆ ☆ ☆ ☆
国际航空货物进口运输代理业务流程		☆ ☆ ☆ ☆ ☆
国际航空货物出口运输代理业务流程		☆ ☆ ☆ ☆ ☆

任务二 计算国际航空货物运输运费

学习目标

知识目标

1. 了解国际航空货物运输的分类;
2. 掌握国际航空货物运输的运价构成和运费计算;
3. 理解普通商品运价、指定商品运价、等级商品运价的计算逻辑。

能力目标

能根据不同货物分类计算航空运费。

素养目标

培养学生的计算思维和逻辑思维。

知识储备

一、国际航空货物运输分类

国际航空货运按形式大致可以分为五类:普通货物运输、急件货物运输、航空快递、特种运输、包机运输。

（一）普通货物运输

普通货物是指托运人没有特殊要求，承运人和民航当局没有特殊规定的货物。这类货物按一般运输程序处理，运价为基本价格。

（二）急件货物运输

急件货物是指必须在 24 小时之内发出，收货人急于得到的货物。急件货物运费率是普通货物运费率的 1.5 倍，航空公司要优先安排舱位运输急件货物。

（三）航空快递

航空快递是由承运人组织空乘专业人员，以最早的航班和最快的方式把快递件送交收货人的货运方式。快递的承运人可以是航空公司、航空货运代理公司或专门的快递公司。快递的方式有三种：第一种是机场到机场，收货人在机场等候；第二种是门到门的快递服务，承运人从发货人处取货，并将货物在规定时间直接送到收货人所在地址；第三种是由快递公司派专人随机送货。快递运输安全、快速、准确，目前已经成为航空货运中的一个重要部分，其中大部分的运量是以第二种方式进行，运输的货物以文件、样品、小件包裹为主。快递的费用相对昂贵，一般按距离分档计价，除运费外还要加收中转费和地面运杂费。

（四）特种运输

特种运输是指用空运运输一些在运输上有特殊要求的货物。特种货物是与普通货物相对而言，是在运输、装卸、保管中需采取特殊措施的货物。由于特种货物运输作业过程涉及不同载运工具、运输线路、运输要求和方法，对特种货物及其作业也有一些细节上的差异。因此，为保证特种货物的运输安全，必须具有其特定的运输、装卸、保管、监控等技术、组织条件和安全防护措施，满足特种货物运输、储存、装卸及其他要求。

特种货物的类别包括：私人物品（无人陪伴行李），超大货物和超重货物，贵重货物，具有强烈气味的货物，危险品，活体动物，鲜活易腐货物，潮湿货物，尸体和骨灰，武器、弹药和战备物资，菌种和生物制品。

1. 私人物品（无人陪伴行李）

私人物品（无人陪伴行李），是旅客托运的行李，包括免费托运行李（一般头等舱不超过 40 千克、商务舱不超过 30 千克、经济舱不超过 20 千克）和旅客因超过免费重量而需付费的超重行李。无人陪伴行李和其他货物的一个重要区别是，行李物品的托运人和收货人通常是同一个人（旅客本人）。而其他空运货物则托运人是托运人，收货人是收货人，两者不一样。

2. 超大货物和超重货物（操作代码 BIG & HEA）

航空货运超大货物（Outsized Cargo），操作代码 BIG；超重货物（Heavy Cargo），操作代码 HEA。根据不同航班机型，超大货物和超重货物的标准不同。空运的超大货物是指必须装在两个或以上航空集装板上的货物，或者是由于货物体积或重量的原因，必须要特殊的搬运设备才能装卸的货物。空运的超重货物一般指单件超过 150 千克的货物。

3. 贵重货物（操作代码 VAL）

贵重货物（Valuable Cargo），一般是指单件体积在 0.1 立方米以下，价值在 8 000 元以上的货物，包括贵重金属、宝石、文物、现钞等。常见的贵重货物有：中高档手表、手机、相机、电脑（含笔记本电脑）等 IT 类产品以及小型精密仪器等高科技产品。

贵重货物的运输时间要尽量缩短，包装坚固，并要注意安全和防范。贵重货物空运时，必须在航空运单的货物描述"Nature and Quantity of Goods"栏内注明"Valuable Cargo"字样。贵重货物不能和其他货物混运，混运货物中不能含有贵重货物。贵重货物对包装也有特殊要求，应使用硬质木箱或铁箱包装，要坚固完好，不能使用纸质包装，因为纸质包装容易被盗，不满足安全性要求。

4. 具有强烈气味的货物（操作代码 OBX）

具有强烈气味的货物（Obnoxious Cargo），如硫化物、香油、大蒜浓缩物、某些热带水果等。这类货物一旦因包装不严或破损等而漏出气体，可能扩散到其他货物上。这些气味很难清除，可能还会造成飞机几天内都不能正常飞行的严重后果。

5. 危险品

危险品（Dangerous Goods or Hazardous Material），就是那些具有易燃、易爆、易感染、有毒性、有腐蚀性、有放射性等性质的物质或物品的总称，如煤气、汽油、黄磷、白磷、硝酸铵、硝化棉、过氧化物、氯酸钾、金属铀、烟花爆竹、打火机、火柴等。除此之外，某些货物和设备名称上不属于危险品，但实际上包含着危险成分或因素，如设备中的蓄电池，或危险液体，以及用易燃材料制造的玩具、底片等。

自 20 世纪 70 年代之后，随着航空技术的进步，航空不仅可以安全地运输危险品，而且成为运输危险品最安全的方法之一，且航空危险品运输成为货运中利润很高的部门。对于危险品的运输，首先空乘专业人员要严格按运输规程办理，危及飞行安全的坚决不运，其次应该按危险品的性质采取恰当措施来保证飞行安全。常见的危险品代码，如 RCL 代表低温液体，RCM 代表易腐蚀的货物，REL 代表易燃液体，RPG 代表有毒气体。

除此之外，空运货物中可能还会有一些隐含的危险品。隐含危险品是指从航空运单（AWB）上的货物名称来看，并不属于危险品，但是有可能含有属于危险品的物质或物品。例如，实验室/试验设备，特别是易燃液体或易燃固体、氧化剂或有机过氧化物、毒性或腐蚀性物质等。电子设备或仪器的开关，可能含有汞。探险设备，可能含有爆炸品如照明弹、易燃液体如汽油、易燃气体如丙烷、野营用气体，或其他危险品。摄影用品，特别是热发生装置、易燃液体或固体、氧化剂或有机过氧化物、毒性可腐蚀性物质。汽车、汽车零部件，可能含有磁性物质，虽然不符合磁性物质定义，但由于对飞机的仪器有影响而需要特殊装载；也可能装有燃料或残余燃料的发动机、化油器或油料箱；以及电池、轮胎充气装置中的压缩气体、灭火器、含氮气的减震器、气囊冲压泵等。

6. 活体动物（操作代码 AVI）

活体动物（Live Animal）运输，是指活的家禽、野生动物、实验用动物、两栖动物、鱼类、昆虫，以及其他活体动物的运输。要求检疫证明，保证通风，底部要防止便外溢。

7. 鲜活易腐货物（操作代码 PER）

鲜活易腐货物（Perishable Cargo），是指在一般运输条件下，容易死亡或腐败变质的货物，例如，水产品、海产品、蔬菜、水果、乳制品、禽蛋、花卉、绿植、肉类以及其他易腐的食品等。包装要保证不污染、损坏飞机或其他货物，有不良气味的不能装在客运班机货舱内。

鲜活易腐货物一般要求在运输和保管中采取特别措施，例如冷藏、冷冻、保湿、保温、阴凉等，以便确保货物鲜活。鲜活易腐货物空运时，必须在航空运单的"Nature and Quantity of Goods"栏内注明"Perishable"字样。鲜活易腐货物的每个外包装上，还应贴上"鲜活易腐（Perishable）"和"向上（This Side up）"的标签。

8. 潮湿货物（操作代码 WET）

潮湿货物是指那些含有液体的货物（危险品除外），或者由于其性质能够产生液体的货物。例如，密封容器中盛装的液体；非密封容器中盛装的潮湿货物，如与冰块包装在一起的鱼类或水生贝壳类。因为潮湿货物的液体会污染飞机或其他货物，所以运输潮湿货物必须遵守对潮湿货物的特殊规定，比如包装必须防漏。

9. 尸体和骨灰

航空运输中有一类特殊"货物"——人的尸体/灵柩（未火化）和骨灰（已火化）。火化后的骨灰必须装在骨灰盒或骨灰罐中，未火化的遗体必须装在内部用铅皮或锌皮制作的棺材里，然后装入木制棺材内，外加木箱或帆布包裹。

运输灵柩或骨灰需要托运人提供一些必需文件，如有效的死亡证明、殡仪馆的入殓证明、火葬场开的火化证明等。

10. 武器、弹药和战备物资

通常情况下，武器、弹药和战备物资一般属于禁运品，不管是用于军事目的，还是打猎目的，都要有公安和军方的证明，包装应牢固，还要有严格的包装手续。在托运这类物品时，必须首先了解有关出口国、进口国、过境国、飞越国的规定，以及承运人的规定，甚至机场的规定。

11. 菌种和生物制品

菌种和生物制品要开具无毒证明才能运输，运输时要远离食物。有毒或对人体有害的这类物品要经特殊批准才予运输。

（五）包机运输

包机是指包机人和承运人签订包机合同，机上的吨位由包机人充分利用。包机吨位包括机上座位和货运吨位，包机的计费按里程计算，如果飞机由其他机场调来，回程时没有其他任务时还要收取调机费。调机费按里程收费，调机计费里程包括调机里程和回程。

二、国际航空货物运价体系

航空货物运费是指在航空货物运输过程中产生的、应向托运人或收货人收取的费用，一般包括航空运费、声明价值附加费、地面运费、保管费、包装整修费等。航空货物运费一般按民航局及各地方物价部门的相关规定及对外公布的收费标准计算。

由于航空运输货物的种类繁多，货物运输的起讫地点所在航空区域不同，每种货物所适用的运价亦不同。同时，由于飞机业务载运能力受飞机最大起飞全重和货舱本身体积的限制，货物的计费重量需要同时考虑其体积重量和实际重量两个因素。又因为航空货物运价的"递远递减"的原则，产生了一系列重量等级运价，而重量等级运价的起码重量也影响着货物运费的计算。

此外，在组织一票货物自始发地至目的地运输的全过程中，除了航空运输外，还包括地面运输、仓储、制单、国际货物的清关等环节，提供这些服务的部门所收取的费用即为其他费用，如提货费、报关费、制单费（AWC）、仓储费等。其他费用（Other Charges）是指由承运人、代理人或其他部门收取的与航空货物运输有关的费用。

按运价的制定方式来划分，国际货物运价包括协议运价、国际航协运价（公布直达运价和非公布直达运价）。按货物的性质划分，国际货物运价包括普通货物运价、指定商品运价、等级运价和集装货物运价。

（一）协议运价

协议运价是指航空公司与托运人签订的协议，托运人保证每年向航空公司交运一定数量的货物，航空公司则向托运人提供一定数量的运价优惠。当前，航空公司给予航空货运代理的大多是协议运价。

（二）国际航协运价

国际航协运价是指 IATA 在空运货物运价表（The Air Cargo Tariff, TACT）上公布的运价。

国际货物运价使用 IATA 的运价手册（TACT Rates Book），结合并遵守国际货物运输规则（TACT Rules）共同使用。按照 IATA 货物运价公布的形式划分，国际航协运价可分为公布直达运价和非公布直达运价，如表 7-1 所示。

视频：航空公司运价和费用的种类

表 7-1 航空货物运价形式

IATA 运价	公布直达运价	普通货物运价（General Cargo Rate，GCR）
		指定商品运价（Specific Commodity Rate，SCR）
		等级货物运价（Commodity Classification Rate，CCR）
		集装货物运价（Unit Load Device Rate）
	非公布直达运价	比例运价（Construction Rate）
		分段相加运价（Combination of Rates and Charges）

1. 公布直达运价

公布直达运价是指承运人直接在运价资料中公布从运输始发地至运输目的地的航空运价。在计算航空运费时，最优先适用的是指定商品运价，然后是等级货物运价，最后才是普通货物运价。

普通货物运价又称一般货物运价。当一批货物不适用指定商品运价和等级货物运价时，则适用普通货物运价。指定商品运价是特定航线上运输特种货物的运价，代号为 C，自指定的始发地至指定的目的地而公布的适用于特定商品、特定品名的低于普通货物运价的某些指定商品的运价。等级货物运价是用于指定地区内部或地区之间的少数货物的运价，通常是在普通货物运价的基础上减少或增加一定的百分比。集装货物运费是指根据航空运价计得的发货人或收货人应当支付的每批集装箱货物的运输费用。

指定商品运价与普通货物运价同时公布在 TACT Rates Book 中。等级货物运价计算规则在 TACT Rules 中公布，需结合 TACT Rates Book 一起使用。

公布直达运价的运价结构如表 7-2 所示。

表 7-2 公布直达运价的运价结构

Date/Type	Note	Item	Min. Weight	Local Currency
BEIJING	CN	BJS		
Y. RENMINBI	CNY	KGS		
TOKYO	JP		M	230.00
			N	37.51
			45	28.13
		0 008	300	18.80
		0 300	500	20.61
		1 093	100	18.43
		2 195	500	18.80

2. 非公布直达运价

非公布直达运价是指航空公司在运价本上未注明甲乙两地的运价，可选择比例运价或分段相加运价。分段相加组成运价时，不考虑实际运输路线，不同运价组成点组成的运价相比取其低者。

（三）国际货物运价使用注意事项

（1）使用顺序：优先使用协议运价；如果没有协议运价，使用公布直达运价；如果没有协议运价和公布直达运价，使用比例运价；最后采用分段相加运价（最低组合）。

（2）货物运价应为填开航空运单当日承运人公布的有效货物运价。

（3）货物运价的使用必须严格遵守货物运输路线的方向性，不可反方向使用运价。

（4）使用货物运价时，必须符合货物运价注释中的要求和规定条件。

（5）每票货物是指使用同一份航空运单的货物。

（6）各种不同航空运价和费用有下列共同点：①运价是指从一个机场到另一个机场，而且只适用于单一方向。②航空运费是机场与机场之间的空中费用，不包括承运人、货运代理人和机场等收取的其他额外费用，如机场管理费、建设费、提货、报关和仓储费用等。③运价通常使用当地货币公布。④运价一般以千克或磅为计算单位。⑤航空运单中的运价是按出具运单之日所适用的运价。

（四）计费标准

计费重量（Chargeable Weight）是指用来计算货物航空运费的重量。货物的计费重量有以下几种。

视频：空运货物尺寸规定的种类

1. 实际毛重（Gross Weight）

实际毛重包括货物包装在内的货物重量。因为飞机最大起飞重量和可用来装货的舱位的限制，一般情况下，对于高密度货物，应考虑货物的实际毛重可能会成为计费重量。

2. 体积重量（Volume Weight）

根据国际航协规则，将货物的体积按运单的比例折合成的重量，就是体积重量，简写为VW。鉴于货舱体积的限制，对于低密度的货物，即轻泡货物，其体积重量会成为其计费重量。不管货物的体积是长方形还是正方形，测量出货物的最长、最宽和最高部分的尺寸，三者相乘算出体积，尾数四舍五入。

体积重量的折算公式是：体积重量=货物体积÷6 000 立方厘米/千克。

由计算公式可看出，体积重量的换算标准是按每6 000立方厘米折合成1千克。

计费重量的确定。航空公司规定，在货物体积小、重量大时，按实际重量计算；在货物体积大、重量小时，按体积计算。在集中托运时，一批货物由几件不同的货物组成，有轻泡货也有重货，计费重量则采用整批货物的总毛重或总的体积重量两者之中较高的一个计算。

举例：一批货物空运至巴黎，重量与尺寸如下，请分别计算其体积重量。

服装1箱，每箱毛重40千克，外箱尺寸80厘米×70厘米×50厘米。

可得，体积=80×70×50=280 000（立方厘米），体积重量=280 000（立方厘米）÷6 000（立方厘米/千克）=46.67（千克）。

3. 计费重量（Chargeable Weight）

国际航协规定，国际货物运费的计费重量是以0.5千克作为最小单位，重量尾数不足0.5千克的，按0.5千克计算；0.5千克以上不足1千克的，按1千克来计算。例如，计费重量为46.67千克，由于其重量尾数超过0.5千克，按1千克计算，因此计费重量是47.0千克；如果计费重量是30.1千克或30.04千克，其重量尾数不足0.5千克，按0.5千克计算，因此计费重量都是30.5千克。

当使用同一份运单，收运两件或两件以上可以采用同样种类运价计算运费的货物时，其计费重量规定为：计费重量为货物总的实际毛重与总的体积重量两者较高者。然而，当货物按较高重量分界点的较低运价计算的航空运费较低时，那么该较高重量分界点的货物起始重量作为货物的计费重量。

（五）最低运费

最低运费（Minimum Charge），也叫起码运费，是指一票货物自始发地机场至目的地机场航空运费的最低限额，也是航空公司办理一批货物所能接受的最低运费。货物按其适用的航空运价与计费重量计算所得的航空运费，应与货物最低运费相比，取最高者。

如果承运人收取的运费低于起码运费，就不能弥补运输成本。因此航空公司规定若计算出来的实际运费低于起码运费，就根据起码运费收取，另有规定除外。

最低运费与起运港和目的港两点间所属的IATA区域密切相关。如根据TACT Rule 3.4.2的规定：从中国（不含港澳台）飞往欧洲和中东的最低运费为320元，飞往南亚次大陆的最低运费为230元。

（六）货物航空运价

1. 航空运价定义

运价也称为费率（Rate）。承运人为运输货物对规定的重量单位（或体积）收取的费用称为运价。航空运价（Air Freight Rate）就是航空公司所收取的从始发地机场到目的地机场的运输费率，即指机场与机场间的空中费用，不包括承运人，代理人或机场收取的其他费用。

2. 航空运价类别

航空运单（AWB）上有收发货人（Consignee, Shipper）、始发港（Airport of Departure）、目的港（Airport of Destination）、运输路线（Routing）、货物描述（Nature and Quantity of Goods）、件重尺以及运价等信息。

其中，运价信息包括运价类别（Rate Class）、费率（Rate）和运费（Total）等。运价类别一栏显示的是M、N、Q、C、S或R等代码。这些不同的代码，代表了不同的运价类别。

（1）"M"代表最低运费。

（2）"N"代表45千克以下普通货物运价，即Normal Rate。适用此运价必须同时满足两个条件：①必须是45千克以下；②必须是普通货物。如果适用指定商品运价的商品，或适用等级货物运价的货物就不适用此运价。同时，根据"N"运价计算出来的金额不能小于起码运费（"M"运价）。如果低于起码运费，就要使用"M"运价。

（3）"Q"代表45千克以上普通货物运价，即Quantity Rate。与"N"运价同理，适用此运价必须同时满足两个条件：①必须是45千克以上；②必须是普通货物。根据重量等级，"Q"运价通常又分为+45、+100、+300、+500、+1 000等不同级别，重量越大，费率越低，大于1吨的通常叫"吨上"。"Q"运价在实际中最常见，因为空运货物大多数都大于45千克。如果小于45千克，可能走快递更加划算，尤其是快递清关比较便捷，时效性一般也会好于空运。要注意的是,"N"和"Q"运价都是根据计费重量(Chargeable Weight)来计费,而不是实际重量(Actual Weight)。

(4)"C"代表指定商品运价。

(5)"S"代表等级货物附加运价。

(6)"R"代表等级货物附减运价。

3. 航空运价货币

航空运价通常以始发地的本国货币表示(与海运不一样,海运费基本以美元 USD 表示)。国际航空运输中,用到的货币代号由国家两字代码和货币代码组成,如人民币是 CNY,美元是 USD,欧元是 EUR,澳元是 AUD,日元是 JPY。

三、普通货物运价

普通货物运价是等级货物和指定商品货物以外一般货物运价,代码为 N、Q。该运价公布在 TACT Rates Book Section 4 中。

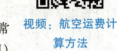

视频:航空运费计算方法

普通货物运价适用于各种货物,以货物重量计算运费。航空公司通常对普通货物设置货物重量等级,根据承运货物数量多少,分常规运价(N)和若干千克以上不同重量分界点优惠运价(Q),即托运货物越多,航空公司所给的运价越低,这也是航空公司广泛吸引货源的措施之一,并且当一批货物计费重量接近下一个较高重量分界点时,必须进行两次计算,以保证所收运费最低。

例如,"N"指的是 45 千克以下的普通货物运价(无 45 千克以下运价时,N 表示 100 千克以下普通货物运价)。同时,普通货物运价还公布了"Q45""Q100""Q300""Q500"等不同重量等级分界点的运价,如"Q45"表示 45 千克以上(包括 45 千克)普通货物的运价,依此类推。对于 45 千克以上的不同重量分界点的普通货物运价均用"Q"表示。

此外,用货物的计费重量和其适用的普通货物运价计算而得的航空运费不得低于运价资料上公布的航空运费的最低收费标准(M)。

可知,航空货物运费计算过程:①计算整票货物的体积重量;②计算整票货物的实际毛重;③取实际毛重与体积重量的最大者作为计费重量,计费重量尾数以 0.5 千克为单位向上取整;④确定运价;⑤计算航空运费 A(航空运费 A=运价×计费重量);⑥按较高重量分界点的重量及对应运价,计算得到航空运费 B;⑦航空运费 A 与航空运费 B 比较,取其低者为航空运费 C;⑧航空运费 C 与最低运费 M 相比取其高者,为此票货最终的航空运费。

视频:计算航空运费例题

【例题一】 客户将从广州空运一箱普通货物(台式电脑)到日本大阪,毛重 71.4 千克,货物尺寸为 155 厘米×95 厘米×45 厘米。

公布的运价如下:

GUANGZHOU	CN		CAN
Y. RENMINBI	CNY		KGS
OSAKA	JP	M	230.00
		N	41.10
		45	32.20
		100	29.50
		300	26.20

要求：

（1）请计算航空运费。

（2）请根据计算结果，填制航空运单运费计算栏。

No. of Pieces RCP	Gross Weight	KG LB	Rate Class		Chargeable Weight	Rate/Charge	Total	Nature and Quantity of Goods
			Commodity Item No.					

解题思路：

（1）按实际重量计算。

货物体积（Volume）：155×95×45＝662 625（立方厘米）

体积重量（Volume Weight）：662 625（立方厘米）÷6 000（方立厘米/千克）＝110.437 5（千克）

实际毛重（Gross Weight）：71.4千克

（实际毛重）71.4千克<110.437 5千克（体积重量）

计费重量取体积重量，根据重量尾数不足0.5千克，按0.5千克计算。

计费重量（Chargeable Weight）：110.5千克

适用运价（Applicable Rate）：GCR Q100 29.50CNY/KG

航空运费（Weight Charge）：110.5×29.5＝CNY3 259.75

（2）采用较高重量分界点的较低运价计算。

计费重量（Chargeable Weight）：300.0千克

适用运价（Applicable Rate）：GCR Q300 26.20CNY/KG

航空运费（Weight Charge）：300×26.20＝CNY7 860.00

（1）与（2）比较，取运费较低者，故航空运费为CNY3 259.75。

（3）航空运费与最低运费相比取其高者计算。

由于最低运费为CNY230.00，小于航空运费CNY3 259.75。

因此，本票货的计费重量是110.5千克，航空运费是CNY3 259.75。

No. of Pieces RCP	Gross Weight	KG LB	Rate Class		Chargeable Weight	Rate/ Charge	Total	Nature and Quantity of Goods
			Commodity Item No.					
1	71.4	K	Q		110.5	29.50	3 259.75	COMPUTER DIMS：155CM×95CM×45CM

此次航空运费计算中，由于较高重量分界点为300千克，远大于计费重量110.5千克，在较高重量分界点运价又不非常低的情况下，第二步（采用较高重量分界点的较低运价计算）也可省略，如下面的例题二所示（计费重量6.5千克远小于较高重量分界点的重量45千克，且Q45段运价"29.00"并不比N段运价"35.00"优惠很多）。

【例题二】 客户将从广州空运一箱普通货物到新加坡，毛重6.3千克，体积为30 000立方厘米，该支付多少空运运费呢？

公布的运价如下：

GUANGZHOU Y. RENMINBI	CN CNY		CAN KGS
SINGAPORE	SG	M N 45	230.00 35.00 29.00

解题思路：

实际毛重（Gross Weight）：6.3千克

货物体积（Volume）：30 000立方厘米

体积重量（Volume Weight）：30 000（立方厘米）÷6 000（立方厘米/千克）=5（千克）

（实际毛重）6.3千克>5千克（体积重量）

重量尾数不足0.5千克，按0.5千克计算。

计费重量（Chargeable Weight）：6.5千克

适用运价（Applicable Rate）：GCR N 35.00CNY/KG

航空运费（Weight Charge）：6.5×35.00=CNY227.50<CNY230.00

可知，该票货物的航空运费为CNY230.00。

【例题三】 客户将从广州空运一箱普通货物到美国芝加哥，适用CAN到CHI普通货物运价：M630元，N66.86元，Q48.35元，300千克45.19元，500千克41.80元，计费重量是450千克，计算该批货物航空运价是多少？

解题思路：

根据以上中国北京（BJS）到美国芝加哥（CHI）的航空普通货物运价表，计算航空运费如下。

（1）按实际重量计算。

计费重量（Chargeable Weight）：450.0千克

适用运价（Applicable Rate）：GCR Q300 45.19 CNY/KG

航空运费（Weight Charge）：450.0×45.19=CNY20 335.50

（2）采用较高重量分界点的较低运价计算。

采用较高重量分界点的较低运价计算

计费重量（Chargeable Weight）：500.0千克

适用运价（Applicable Rate）：GCR Q500 41.80CNY/KG

航空运费（Weight Charge）：500.0×41.80=CNY20 900.00

（1）与（2）比较，取运费较低者，故航空运费为CNY20 335.50。

（3）航空运费与最低运费相比取其高者计算。

由于最低运费为CNY630.00，小于航空运费CNY20 335.50。

因此，本票货的计费重量是300.0千克，航空运费是CNY20 335.50。

从以上计算过程不难发现，本次航空运费的计费重量就是实际重量。

四、指定商品运价（SCR）

指定商品运价（Specific Commodity Rates，SCR），适用于自规定始发地至规定目的地之间运送的某些指定特征、名称的商品运价。指定商品运价是一种优惠性质的运价，通常适用那些批量大、季节性强、单位价值低的货物，比普通货物运价水平低，代码为C。航空公司通过提供指定物品运价来鼓励顾客采用航空运输，以达到充分利用机舱舱位的目的，并解决方向性运输不平衡问题，提高运载率，以降低运输成本。

指定商品类别由4位数字顺序组成，共分10大类：0001~0999为食用动植物及其产品，1000~1999为活动物和非食用动植物产品，2000~2999为纺织品、纤维及其制品，3000~3999为金属及其制品，4000~4999为机器、车辆和电子设备类，5000~5999为非金属矿物及其产品类，6000~6999为化工产品类，7000~7999为纸张、芦苇、橡胶和木材制品类，8000~8999为科学专业方面的精密仪器、设备及配件类，9000~9999为杂项、其他。

从中国始发的常用指定商品代码：0008——新鲜的水果、蔬菜；0300——鱼、海鲜、海产品；2199——纱、线、纤维、纺织原料。

指定商品运价的分组和编号，在TACT Rates Book Section 2中。在始发地和目的地间运输的货物满足下述三个条件时可直接使用指定商品运价：①运输始发地至目的地之间有公布的指定商品运价；②托运人所交运货物的品名与有关指定商品运价的货物品名相吻合；③货物的计费重量满足指定商品运价使用时的最低重量要求。

指定商品运价计算步骤如下：

第一步：先查询运价表，如始发地至目的地之间有公布的指定商品运价，则考虑使用指定商品运价。

第二步：查找Tact Rates Book的品名表，找出与运输货物品名相对应的指定商品代号。

第三步：计算计费重量。此步骤与普通货物的计算步骤相同。

第四步：找出适用运价，然后计算出航空运价。此时需要比较计费重量与指定商品运价的最低重量。

（1）如果货物的计费重量超过指定商品运价的最低重量，则优先使用指定商品运价作为商品的适用运价，此时航空运价=计费重量×适用运价。

（2）如果货物的计费重量没有达到指定商品运价的最低重量，则需要比较计算：①按普通货物计算，适用运价为GCRN或GCRQ的运价，航空运价=计费重量×适用运价；②按指定商品运价计算，适用运价为SCR的运价，航空运价=计费重量×适用运价；③比较①和②计算出的航空运价，取最低者。

第五步：比较第四步计算出的航空运费与最低运费M，取高者。

此外，使用指定商品运价计算航空运费的货物，航空运单的"Rate Class"一栏用字母"C"表示。

【例题一】 客户将从北京空运5箱新鲜柑橘到韩国首尔，每箱毛重49.0千克，每箱货物尺寸为130厘米×42厘米×35厘米。

公布的运价如下：

BEIJING	CN		BJS
Y. RENMINBI	CNY		KGS
SEOUL	KR	M	230.00
		N	37.51
		45	28.13
	0008	300	18.80
	0300	500	20.61
	1093	100	18.43
	2195	500	18.80

要求：

（1）请计算其航空运费。

（2）请根据计算结果，填制航空运单运费计算栏。

No. of Pieces RCP	Gross Weight	KG LB	Rate Class		Chargeable Weight	Rate/Charge	Total	Nature and Quantity of Goods
			Commodity Item No.					

解题思路：

货物体积（Volume）：130×42×35×5＝955 500（立方厘米）

体积重量（Volume Weight）：955 500（立方厘米）÷6 000（立方厘米/千克）＝159.3（千克）

货物毛重（Gross Weight）：49.0×5＝245.0千克

计费重量（Chargeable Weight）：245.0千克

由于计费重量没有满足指定商品代码0008的最低重量要求300千克，因此只能先用普货来算。

（1）按普通运价使用规则计算。

适用运价（Applicable Rate）：GCR Q45 28.13CNY/KG

航空运费（Weight Charge）：245.0×28.13＝CNY6 891.85

（2）按指定商品运价使用规则计算。

计费重量（Chargeable Weight）：300.0千克

适用运价（Applicable Rate）：SCR 0008/Q300 18.80CNY/KG

航空运费（Weight Charge）：300.0×18.80＝CNY5 640.00

对比（1）与（2），取运费较低者。

可知，该票货物的计费重量为300.0千克，航空运费为CNY5 640.00。

No. of Pieces RCP	Gross Weight	KG LB	Rate Class		Chargeable Weight	Rate/Charge	Total	Nature and Quantity of Goods
				Commodity Item No.				
5	245.0	K	C	0008	300.0	18.80	5 640.00	FRESH ORANGE DIMS：128CM×42CM×36CM×5

【例题二】 客户将从北京空运日本名古屋20箱可食用的海鲈鱼共580.00千克，每件体积长、宽、高分别为85厘米、55厘米、35厘米。

公布的运价如下：

BEIJING Y. RENMINBI	CN CNY		BJS KGS
NAGOYA	JP	M	230.00
		N	39.53
		45	29.21
	0008	300	19.85
	0300	500	21.64
	1093	100	19.45
	2195	500	19.83

要求：

（1）请计算其航空运费。

（2）请根据计算结果，填制航空运单运费计算栏。

No. of Pieces RCP	Gross Weight	KG LB	Rate Class		Chargeable Weight	Rate/Charge	Total	Nature and Quantity of Goods
				Commodity Item No.				

备注：查找 Tact Rates Books 的品名表，可食用的海鲈鱼可以使用 0300（可食用的鱼、海鲜、海产品）的指定商品运价。

解题思路：

海鲈鱼可以使用 0300（可食用的鱼、海鲜、海产品）的指定商品运价。由于货主交运的货物重量符合"0300"指定商品运价使用时的最低重量要求，运费计算如下：

货物体积（Volume）：85×55×35×20＝3 272 500（立方厘米）

体积重量（Volume Weight）：3 272 500（立方厘米）÷6 000（立方厘米/千克）＝545.42（千克）

货物毛重（Gross Weight）：580.0 千克＞545.42 千克

计费重量（Chargeable Weight）：580.0 千克

适用运价（Applicable Rate）：SCR 0300/Q500 21.64CNY/KG

航空运费（Weight Charge）：580.0×21.64＝CNY12 551.20

该票货物的计费重量是 580.0 千克，航空运费为 CNY12 551.20。

No. of Pieces RCP	Gross Weight	KG LB	Rate Class		Chargeable Weight	Rate/Charge	Total	Nature and Quantity of Goods
				Commodity Item No.				
20	580.0	K	C	0300	580.0	21.64	12 551.20	SEA BASS DIMS：85CM×55CM×35CM×20

五、等级货物运价

航空等级货物运价（Class Cargo Rates，CCR），是指在规定的业务区内或业务区之间运输指定等级的货物所适用的运价。当某货物没有指定商品运价（特种货物运价）时，方适用等级运价，代码为 S 或 R。

（一）使用规则

等级货物运价是在普通货物运价（N级运价）的基础上增加或减少一定百分比而构成，也就是对某些商品或货物在一般运价基础上提价或优惠的价格。

IATA 规定，等级货物运价主要包括两类：①**等级运价加价**：用运价代号"S"（Surcharged Class Rate）表示，适用商品包括活动物、贵重物品、尸体、骨灰等，如鲜活商品、贵重物品、尸体的运价按 45 千克以下的一般运价的 150% 计收。②**等级运价减价**：用运价代号"R"

（Reduced Class Rate）表示，适用商品包括报纸、杂志、书籍及出版物、作为货物托运的行李，如报纸、杂志、出版物、行李的运价按 45 千克以下的一般运价的 50% 计收。

（二）活动物运价

航空公司按国际航空运输协会所制定的三个区划费率收取国际航空运费。一区主要指南北美洲、格陵兰等；二区主要指欧洲、非洲、伊朗等；三区主要指亚洲、澳大利亚。

活动物运价（Living Animals）如表 7-3 所示，其中：①Baby Poultry 为幼禽类，使用时严格按照 Tact Rules 的规则要求确定运价。②the Normal GCR：使用 45 千克以下的普通货物运价，即 N 运价（当不存在 45 千克重量点时，N 运价表示 100 千克以下普通货物运价），此情况运价使用与货物计费重量无关。③ * % of Normal GCR：运价是普通货物 N 运价的百分比，比如 150%N，此情况运价使用与货物计费重量无关。④Appl. GCR：使用相适应的普通货物运价（N，Q45，Q100，Q300……）。⑤ * % of Appl. GCR：在普通货物运价基础上乘以该百分比，如 150%N，150%Q45，150%Q100，150%Q300……。⑥活动物运输最低收费标准（Rule 3.7.2./2）：活体动物最低运费标准为 200%（不包括 ECAA 国家之间）。⑦动物容器及食物等包含在活体动物的计费重量中。

表 7-3 活动物运价

All Live Animals Except: Baby Poultry	Within 1	Within 2 (see also Rule 3.7.1.3)	Within 3	Between 1&2	Between 2&3	Between 3&1
	IATA AREA（see Rule1.2.2. Definitions Areas）					
Less Than 72 Hours Old	175% of Normal GCR	175% of Normal GCR	150% of Normal GCR Except: 1 below	175% of Normal GCR	150% of Normal GCR Except: 1 below	150% of Normal GCR Except: 1 below
Baby Poultry Less Than 72 Hours Old	Normal GCR	Normal GCR	Normal GCR Except: 1below	Normal GCR	Normal GCR Except: 1below	Normal GCR Except: 1below

（资料来源：中国国际货运代理协会，《国际货运代理理论与实务》中国商务出版社）

【例题一】 客户将从上海空运到美国芝加哥一只大熊猫，共 460.00 千克，货物尺寸为 160 厘米×135 厘米×125 厘米。

公布的运价如下：

SHANGHAI	CN		SHA
Y. RENMINBI	CNY		KGS
CHICAGO	US	M	430.00
		N	60.63
		45	46.72
		100	52.85
		300	39.81
		500	36.78

要求：

（1）请计算其航空运费。

（2）请根据计算结果，填制航空运单运费计算栏。

No. of Pieces RCP	Gross Weight	KG LB	Rate Class		Chargeable Weight	Rate/Charge	Total	Nature and Quantity of Goods
				Commodity Item No.				

解题思路：

查找活动物运价表（见表7-3），从上海运往美国芝加哥，属于自三区的中国运往一区的美国，运价构成形式是"150% of Normal GCR"。

运费计算如下：

货物体积（Volume）：160×135×125＝2 700 000（立方厘米）

体积重量（Volume Weight）：2 700 000（立方厘米）÷6 000（立方厘米/千克）＝450（千克）

货物毛重（Gross Weight）：460.0千克＞450千克

计费重量（Chargeable Weight）：460.0千克

适用运价（Applicable Rate）：S 150% of Normal 千克

150%×60.63＝90.95 CNY/KG

航空运费（Weight Charge）：460.0×90.95＝CNY41 837.00

因此，计费重量是460.0千克，航空运费是CNY41 837.00。

No. of Pieces RCP	Gross Weight	KG LB	Rate Class		Chargeable Weight	Rate/Charge	Total	Nature and Quantity of Goods
				Commodity Item No.				
1	460.0	K	S	N150	460.0	90.95	41 837.00	PANDA DIMS：160CM×135CM×125CM LIVE ANIMAL

（三）贵重货物运价

在所有IATA区域，除个别例外，贵重货物（Valuable Cargo）运价为普通货物运价的2倍（200% of Normal GCR）。最低运费是普通货物最低运费的200%。

【例题二】 客户将从上海空运到法国巴黎黄金手表，共12.00千克，货物尺寸为45厘米×35厘米×25厘米。

公布的运价如下：

SHANGHAI	CN		SHA
Y. RENMINBI	CNY		KGS
PARIS	FR	M	320.00
		N	55.14
		45	41.75
		100	37.55
		300	35.83

要求：

（1）请计算其航空运费。

（2）请根据计算结果，填制航空运单运费计算栏。

No. of Pieces RCP	Gross Weight	KG LB	Rate Class		Chargeable Weight	Rate/Charge	Total	Nature and Quantity of Goods
				Commodity Item No.				

解题思路：

货物体积（Volume）：45×35×25＝39 375（立方厘米）

体积重量（Volume Weight）：39 375（立方厘米）÷6 000（立方厘米/千克）＝6.56（千克）

货物毛重（Gross Weight）：12.0千克＞6.56千克

计费重量（Chargeable Weight）：12.0千克

适用运价（Applicable Rate）：S 200% of Normal GCR

200%×55.14＝110.28 CNY/KG

航空运费（Weight Charge）：12.0×110.28＝CNY1 323.36

因此，此票货的计费重量是12.0千克，航空运费是CNY1 323.36。

航空运费计算中，由于适用运价是200% of Normal GCR，即运价与货物的计费重量无关，无须与较高重量分界点的运费进行比较。

No. of Pieces RCP	Gross Weight	KG LB	Rate Class		Chargeable Weight	Rate/Charge	Total	Nature and Quantity of Goods
				Commodity Item No.				
1	12.0	K	S	N200	12.0	110.28	1 323.36	GOLD WATCH DIMS：45CM×35CM×25CM VALUABLE CARGO

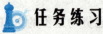 **任务练习**

一、任务的提出

锦长货代公司实习生李立接到客户询价，航空运输一批设备自 CAN（中国广州）到 TYO（日本东京），适用 CAN 到 TYO 普通货物运价（M230元，N35.00元，Q28.00元，100千克25.00元，300千克23.00元），货物毛重是42.6千克，货物尺寸为80厘米×65厘米×36厘米。

任务

锦长货代公司业务经理让实习生李立计算客户询问的货物航空运费。

二、任务的实施

实习生李立根据货物的重量及尺寸,以及公布的运价表,计算此票货的航空运费如下。

(1)按实际重量计算。

货物体积(Volume):80×65×36 = 187 200(立方厘米)

体积重量(Volume Weight):187 200(立方厘米)÷6 000(立方厘米/千克)= 31.2(千克)

实际毛重(Gross Weight):42.6 千克

(实际毛重)42.6 千克>31.2 千克(体积重量)

计费重量(Chargeable Weight):43.0 千克

适用运价(Applicable Rate):GCR N 35.00 CNY/KG

航空运费(Weight Charge):43.0×35.00=CNY1 505.00

(2)采用较高重量分界点的较低运价计算。

因为 43 千克接近 45 千克,故采用较高重量分界点的较低运价计算。

计费重量(Chargeable Weight):45.0 千克

适用运价(Applicable Rate):GCR Q45 CNY28.00/千克

航空运费(Weight Charge):45×28.00=CNY1 260.00

(1)与(2)比较,取运费较低者,故航空运费为 CNY1 260.00。

(3)航空运费与最低运费相比取其高者计算。

由于最低运费为 CNY230.00,小于航空运费 CNY1 260.00。

因此,本票货的计费重量是 45.0 千克,航空运费是 CNY1 260.00。

从以上计算不难发现,本次航空运费计费重量是较高重量分界点的重量。

任务评价

知识点与技能点	我的理解(填制关键词)	掌握程度
国际航空货物运输分类		☆☆☆☆☆
国际航空货物运价体系		☆☆☆☆☆
普通货物运价(GCR)		☆☆☆☆☆
指定商品运价(SCR)		☆☆☆☆☆
等级货物运价(CCR)		☆☆☆☆☆

任务三 填制国际航空货物运输单

学习目标

知识目标

1. 了解航空运单概念;
2. 熟悉航空运单分类;
3. 理解航空运单各栏位信息。

能力目标

能填制航空运单。

素养目标

培养学生善于钻研、一丝不苟的工匠精神。

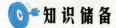

视频：航空运单

一、航空运单概念

航空运单（Air Waybill，AWB），又称为航空货运单或货运单，是指航空承运人与托运人之间签订的运输合同，也是承运人或其代理人签发的货物收据，如图7-2所示。航空运单是由承运人或其代理人签发的重要货物运输单据，是承托双方的运输合同，其内容对双方均具有约束力。

航空运单与海运提单有很大不同，却与国际铁路运单相似。在航空运单的收货人栏内，必须详细填制收货人的全称和地址，而不能做成指示性抬头。航空运单不是物权凭证，不能凭此提货，持有航空运单并不说明可以对货物拥有所有权，也不能背书转让（运单右上方即有"NON NEGOTIABLE"字样）。收货人提货不是凭借航空运单，而是航空公司的提货通知单。

航空运单作用如下。

1. 航空运单是发货人与航空承运人之间的运输合同

与海运提单不同，航空运单不仅证明航空运输合同的存在，而且航空运单本身就是发货人与航空运输承运人之间缔结的货物运输合同，在双方共同签署后产生效力，并在货物到达目的地交付给运单上所记载的收货人后失效。

2. 航空运单是承运人签发的已接收货物的证明

航空运单也是货物收据，在发货人将货物发运后，承运人或其代理人就会将其中一份交给发货人（即发货人联），作为已经接收货物的证明。除非另外注明，它是承运人收到货物并在良好条件下装运的证明。

3. 航空运单是承运人据以核收运费的账单

航空运单分别记载着属于收货人负担的费用，属于应支付给承运人的费用和应支付给代理人的费用，并详细列明费用的种类、金额，因此可作为运费账单和发票。承运人往往也将其中的承运人联作为记账凭证。

4. 航空运单是报关单证之一

出口时航空运单是报关单证之一。在货物到达目的地机场进行进口报关时，航空运单也通常是海关查验放行的主要单证之一。

5. 航空运单同时可作为保险证书

如果承运人承办保险或发货人要求承运人代办保险，则航空运单也可用来作为保险证书。

6. 航空运单是承运人内部业务的依据

航空运单随货同行，证明了货物的身份。运单上载有该票货物发送、转运、交付的事项，承运人会据此对货物的运输做出相应安排。

目前国际上使用的航空运单少的有9联，多的有14联。中国航空运单一般由3联正本、6联副本和3联额外副本共12联组成。

正本单证具有同等法律效力，副本单证仅是为了运输使用的方便。航空运单的3份正本，第一份注明"交承运人"，由托运人签字、盖章；第二份注明"交收货人"，由托运人和承运人签字、盖章；第三份由承运人在接收货物后签字、盖章，交给托运人，作为托运货物及货物预付运费时交付运费的收据，同时也是托运人与承运人之间签订的具有法律效力的运输文件。

999 | LAX | 7693 8816 999-7693 8816

Shipper's Name and Address	Air Waybill Issued by
DL NATUREGENE LIFE SCIENCES,INC. 587 N VENTU PARK ROAD, SUITE E535 NEWBURY PARK,CA 91320 UNITED STATES Tel : 805-499-2589 -Anruo Zou Fax: 805-499-2593 ID: 45-318160800	AIR CHINA CARGO 5625 West Imperial Highway, 2nd Floor LOS ANGELES,, CA90045, UNITED STATES
Consignee's Name and Address	Notify's Name and Address It is agreed that the goods described herein are accepted in apparent good order and condition (except as noted) for carriage SUBJECT TO THE CONDITIONS OF CONTRACT ON THE REVERSE HEREOF, ALL GOODS MAY BE CARRIED BY ANY OTHER MEANS INCLUDING ROAD OR ANY OTHER CARRIER UNLESS SPECIFIC CONTRARY INSTRUCTIONS ARE GIVEN HEREON BY THE SHIPPER, AND SHIPPER AGREES THAT THE SHIPMENT MAY BE CARRIED VIA INTERMEDIATE STOPPING PLACES WHICH THE CARRIER DEEMS APPROPRIATE. THE SHIPPER'S ATTENTION IS DRAWN TO THE NOTICE CONCERNING CARRIER'S LIMITATION OF LIABILITY. Shipper may increase
Issuing Carrier's Agent Name and City UNICARGO EXPRESS INC dba DYNASTY WORLDWIDE LOGISTICS LOS ANGELES,UNITED STATES	Accounting Information Lot# : UEI-AE039813 FREIGHT PREPAID CNE ID: USCI 91320102250001 17X1 SHP ID: EIN 45-318160800
Agent's IATA Code: 0118553/0010 Account No.	
Airport of Departure (Addr. of First Carrier) and Requested Routing LOS ANGELES, CA - INT'L	Reference Number ORIGINAL

To	By First Carrier (Routing and Destination)	to	by	to	by	Currency	CHGS Code	WT/VAL PPD	WT/VAL COLL	Other PPD	Other COLL	Declared Value for Carriage	Declared Value for Customs
PEK	AIR CHINA CARGO	NKG	CA			USD	PP	P				NVD	NVD

Airport of Destination	Requested Flight/Date		Amount of Insurance	INSURANCE
NANJING LUKOU INT'L	CA1058/06	6/6/2020	NIL	INSURANCE - If carrier offers insurance, and such insurance is requested in accordance with the conditions thereof, indicate amount to be insured in figures in box marked "Amount of Insurance".

Handling Information

These commodities, technology or software were exported from the United States in accordance with the Export Administration Regulations. Ultimate CHINA Diversion contrary to U.S. law prohibited SCI

No of Pieces RCP	Gross Weight	Rate Class / Commodity Item No	Chargeable Weight	Rate / Charge	Total USD	Nature and Quantity of Goods (incl. Dimensions or Volume)
2 Carton	16.0K	2 @ 25 in X 20 in X 10 in	V.W. 27.0K	16.00	$432.00	PATCH CLAMP AMPLIFIER MODEL: AXOPATCH 200B DATA ACQUISITION SYSTEM MODEL: DD1550B INVOICE NO.: 20040 CONTRACT NO.: 20BNNU0101 AES ITN: X2020 0605 991931
SHIPPING MARK 20BNNU0101 NANJING CHINA						
2	16.0K				$432.00	

Prepaid	Collect	Other Charges
Weight Charge: 432.00		Fuel Surcharge 12.15 Security Surcharge 5.00
Valuation Charge		
Tax		
Total Other Charges Due Agent		Shipper certifies that the particulars on the face hereof are correct and that insofar as any part of the consignment contains dangerous goods, such part is properly described by name and is in proper condition for carriage by air according to the applicable Dangerous Goods Regulations.
Total Other Charges Due Carrier: 17.15		UNICARGO EXPRESS INC. dba DYNASTY WORLDWIDE LOGISTICS GROUP Signature of Shipper or his Agent
Total Prepaid: 449.15	Total Collect	
Currency Conversion Rates	CC Charges in Dest. Currency	Jun 5, 2020 (Executed on (date)) LAX (at (place)) Juan Ortiz (Signature of Issuing Carrier or its Agent)

图 7–2 航空运单

二、航空运单分类

根据签发人的不同，航空运单主要分为两大类。

（一）航空主运单

凡由航空运输公司签发的航空运单都称为主运单（Master Air Waybill，MAWB），也叫航空公司运单或承运人运单。它是航空运输公司办理货物运输和交付的依据，是航空公司和托运人订立的运输合同，每一批航空运输的货物都有自己对应的航空主运单。主运单上一般有承运货物的航空公司的标识（Logo），如果没有承运人的标识，那就是中性主单。

在货运代理情况下，航空主运单作为航空运输公司与货运代理人之间的货物运输合同，当事人则为货运代理人和航空运输公司，此时货主与航空运输公司没有直接的契约关系。不仅如此，由于在起运地货物由货运代理人将货物交付航空运输公司，在目的地由货运代理人或其代理从航空运输公司处提取货物，再转交给收货人，因而货主与航空运输公司也没有直接的货物交接关系。

（二）航空分运单

航空分运单（House Air Waybill，HAWB），简称分单，也叫货运代理运单或代理人运单。在货运代理情况下，除了航空运输公司签发主运单外，货运代理人还要签发航空分运单，如图7-3所示。在这中间，航空分运单作为货运代理人与托运人之间的货物运输合同，合同双方分别为货主A、B……和货运代理人。

使用HAWB的时机：①收货人自己不清关，需要目的港代理清关时，必须出分运单。航空主运单上的收货人要填目的港代理公司名称和地址等，分运单上的收货人才显示真正的最终收货人。②货运代理人采用集中托运的形式（货运代理将多票货物拼装为一票交付给航空公司承运）向航空公司交付货物时，航空公司按一票货物向货运代理人签发航空主运单。货运代理人再根据不同的客户分别签发不同的分运单给相应的客户。③发货人委托其合作的货运代理作为发货人发运货物时。④运费到付（CC）时，一般也会出分运单。

请注意：①航空主运单的发货人是起运港的货运代理，收货人是目的港的货运代理。待航空公司把货物运到目的港之后，由目的港的货运代理将货物分别交付给不同的真正最终收货人。②航空分运单的发货人是货物实际的发货人，收货人是实际的最终收货人。目的港代理授权给目的港机场的地面代理把单放给分运单上的收货人，分运单上的收货人到目的港机场地面代理换好单后，自己亲自或者委托当地的报关行向海关进行进口货物的申报。清关完毕之后，收货人直接从目的港机场货运站或海关监管仓提取货物。

三、航空运单内容及填制

托运人有责任填制航空运单。根据《华沙公约》第7条第1款与第4款的规定，承运人根据托运人请求填制航空运单的，在没有相反证明情况下，应当视为代托运人填制。可见，航空运单的填制义务人是托运人，托运人应对自身提供的货物信息负责。托运人对航空运单所填各项内容的正确性、完备性负责。由于航空运单所填内容不准确、不完全，致使承运人或其他人受损失，托运人负有责任。航空运单如图7-4所示。

（一）填制航空运单的要求

（1）运单要求使用英文打字机或电脑，用英文大写字母打印，各栏内容必须准确、清楚、齐全，不得随意涂改。

（2）运单已填内容在运输过程中需要修改时，必须在修改项目的近处盖章注明修改航空运

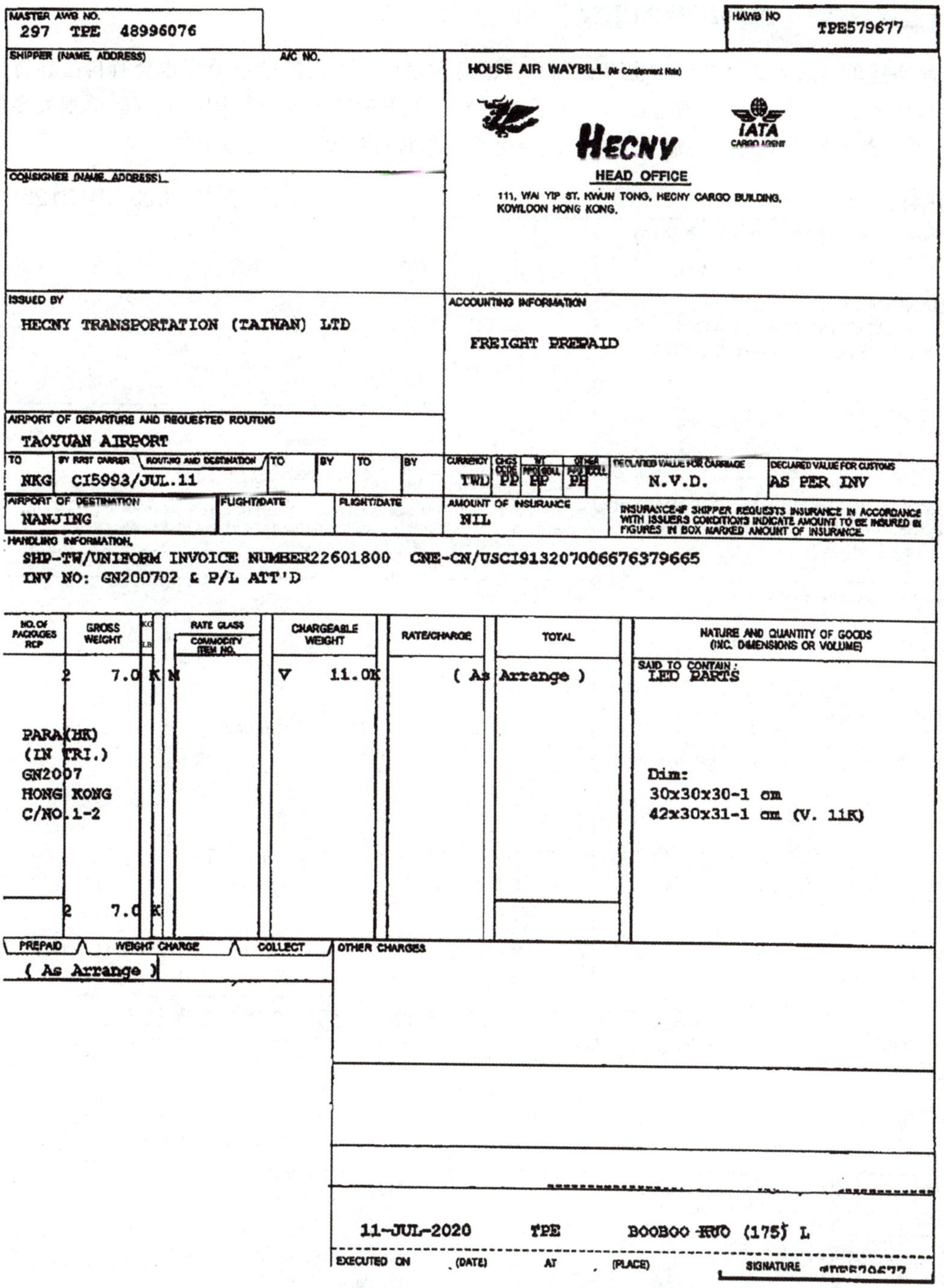

图 7-3 航空分运单

单的承运人名称、地址和日期。

(3) 运单的各栏目中,有些栏目印有阴影。其中有标题的阴影栏目仅供承运人填制。

(4) 一张运单只能用于一个托运人在同一时间、同一地点托运的由承运人承运的,运往同一目的站同一收货人的一件或多件货物。

（二）航空运单各栏目的填制说明

航空运单与海运提单类似，也有正面、背面条款之分，不同的航空公司也会有自己独特的航空运单格式。所不同的是，海运提单可能千差万别，但各航空公司所使用的航空运单则大多借鉴 IATA 所推荐的标准格式，差别并不大。航空运单的这种标准格式，也称中性运单。

023 HLD 08121256									023-08121256
Shipper's Name and Address SHANHUA BAOAO INTERNATIONAL CORPORATION 42 XUHUI ROAD SHANHUA CHINA		**Shipper's Account Number** （不填）			Copies 1, 2 and 3 of this Air Waybill are originals and have the same validity.				
Consignee's Name and Address TOMOSEN INTERNATIONAL CORPORATION 24 LIGENN AVENUE, TORONTO, CANADA		**Consignee's Account Number** （不填）			It is agreed that the goods described herein are accepted for carriage in apparent good order And condition (except as noted) and SUBJECT TO THE CONDITIONS OF CONTRACT ON THE REVERSE HEREOF. ALL GOODS MAY BE CARRIED BY AND OTHER MEANS INCLUDING ROAD OR ANY OTHER CARRIER UNLESS SPECIFIC CONTRARY INSTRUCTIONS ARE GIVEN HEREON BY THE SHIPPER. THE SHIPPER'S ATTENTION IS DRAWN TO THE NOTICE CONCERNING CARRIER'S LIMITATION OF LIABILITY. Shipper may increase such limitation of liability by declaring a higher value for carriage and paying a supplemental charge if required.				
Issuing Carrier's Agent Name and City （无代理人不填）					**Accounting Information**				
Agent's IATA Code （无代理人不填）		**Account No.** （无代理人不填）				FREIGHT PREPAID			
Airport of Departure (Addr. of First Carrier) and Requested Routing SHANHUA									
To YTO	By First Carrier Routing and Destination WILL AIR TRANSTERATION CO.,LTD.	to （无第二承运人，不填）	by	to （无第二承运人，不填）	by	Currency CNY	CHGS Code （不填）	WT/VAL PPD × COLL	Other PPD × COLL	Declared Value for Carriage NVD	Declared Value for Customs NCV
Airport of Destination TORONTO		**Flight/Date** For carrier Use Only Flight/Date MU504 DEC12,2008			**Amount of Insurance** ×××	INSURANCE - If Carrier offers insurance, and such insurance is requested in accordance with the conditions thereof, indicate amount to be insured in figures in box marked "Amount of Insurance."			
Handing Information （不填）									
(For USA only) These commodities licensed by U.S. for ultimate destination .... Diversion contrary to U.S. law is prohibited									
No of Pieces RCP	Gross Weight	Kg lb	Rate Class Commodity Item No.	Chargeable Weight	Rate Charge	Total		Nature and Quantity of Goods (incl. Dimensions or Volume)	
30	300	K	Q （不填）	600	25.5	15300		100% COTTON SKIRTS DIMS:60cm*50cm*40cm	

图 7-4　航空运单

图 7-4 航空运单（续）

为此，本项目以中性运单（见图 7-5）标准格式为例，按图 7-5 中各栏位标注顺序（见阿拉伯序号）进行航空运单各栏目信息及注意事项的说明。

1. Air Waybill Number（航空运单号码）

航空运单号码应清晰地印在航空运单的左右上角及右下角（中性航空运单需自行填制），包括航空公司的数字代号（Airline Code Number）和航空运单序号及检验号（Serial Number）。航空运单号码是航空运单不可缺少的重要组成部分，通过此号码，可以确定航空运单的所有人——出票航空公司。航空运单号码是托运人或其代理人向承运人询问货物运输情况，以及承运人在货物运输各个环节中组织运输（如订舱、配载、查询货物等）时的重要信息来源和依据。

1A 为 IAIA 统一编制的航空公司代码。如中国国际航空公司代码就是 999，而 672 代表文莱皇家航空公司。

1B 为 Airport of Departure（始发站机场）。需填制 IATA 统一制定的始发站机场的三字代码（如果始发地机场名称不明确，可填制机场所在城市的 IATA 三字代号），如 AKL 代表新西兰的奥克兰国际机场（Auckland Airport；IATA 代码：AKL；ICAO 代码：NZAA），这一栏应该和第 9 栏要求类似。

1C 为运单号。由 8 位数字组成，前 7 位为顺序号，第 8 位为检查号。

1D 为 Issuing Carries Name and Address（航空运单承运人名称及地址）。
无须填制。一般印有航空公司的标志、名称和地址。

1E 为 Reference to Originals（正本联说明）。
无须填制。

1F 为 Reference to Conditions of Contract（契约条件）。
一般情况下无须填制，除非承运人需要。

2. Shipper's Name and Address（托运人姓名和地址）

填制托运人的全名，地址填制国家、城市、街道、门牌号码、邮政编码和电话号码。

1A	1B	1C									
Shipper's Name and Address 2			Shipper's Account Number 3			NOT NEGOTIABLE 1D **Air Waybill** Issued by XX AIRLINES					
						Copies 1, 2 and 3 of this Air Waybill are originals and have the same validity. 1E					
Consignee's Name and Address 4			Consignee's Account Number 5			It is agreed that the goods described herein are accepted in apparent goods order and condition (except as noted) for carriage SUBJECT TO THE CONDITIONS OF CONTRACT ON 1F					
Issuing Carrier's Agent Name and City 6						Accounting Information 10					
Agent's IATA Code 7			Account No. 8								
Airport of Departure (Addr. of First Carrier) and Requested Routing 9											
To 11A	By First Carrier Routing and Destination 11B		to 11C	by 11D	to 11E	by 11F	Currency 12	CHGS Code 13	WT/VAL PPD 14A / COLL 14B	Other PPD 15A / COLL 15B	Declared Value for Carriage 16	Declared Value for Customs 17
Airport of Destination 18			Flight/Date 19A		19B		Amount of Insurance 20		INSURANCE - If Carrier offers insurance, and such insurance is requested in accordance with the conditions			
Handing Information 21										SCI 21A	

No of Pieces RCP	Gross Weight	KG LB	Rate Class Commodity Item No.	Chargeable Weight	Rate Charge	Total	Nature and Quantity of Goods (incl. Dimensions or Volume)
22A	22B	22C	22D 22E	22F	22G	22H	22I
22J	22K					22L	

Prepaid 24A	Weight Charge	Collect 24B	Other Charges 23		
25A	Valuation Charge	25B			
26A	Tax	26B			
Total Other Charges Due Agent 27A		27B	Shipper certifies that the particulars on the face hereof are correct and that insofar as any part of the **consignment contains dangerous goods, such part is properly described by name and is in proper** condition for carriage by air according to the applicable Dangerous Goods Regulations.		
Total Other Charges Due Carrier 28A		28B			
29A		29B	....31... Signature of Shipper or his Agent		
Total Prepaid 30A		Total Collect 30B	32A	32B	32C
Currency Conversion Rates 33A		CC Charges in Dest. Currency 33B	Executed on (date) at (Place) Signature of Issuing Carrier or Its Agent		
For Carrier's Use only at Destination		Charges at Destination 33C	Total Collect Charges 33D		

图 7-5 航空运单格式（中性运单）

3. Shipper's Account Number（托运人账号）

无须填制，除非承运人需要。

4. Consignee's Name and Address（收货人姓名及地址）

填制收货人的全名，地址填制国家、城市、街道、门牌号码、邮政编码和电话号码。收货人的姓名要与其有效身份证件相符，地址要详细，邮政编码和电话号码要清楚准确。与海运提单不同，因为空运单不能转让，所以此栏内不可填制"凭指示"之类的字样。

5. Consignee's Account Number（收货人账号）

仅供承运人使用，一般不需填制，除非最后的承运人需要。

6. Issuing Carrier's Agent Name and City（承运人代理的名称和所在城市）

填制向承运人收取佣金的国际航协代理人的名称和所在机场或城市；根据货运代理机构管

理规则，该佣金必须支付给目的站国家的一个国际航协代理人，则该国际航协代理人的名称和所在机场或城市必须填入本栏。

7. Agent's IATA Code（代理人的 IATA 代号）（国际航协代号）

代理人在非货账结算区（Non-CASS Areas），打印国际航协 7 位数字代号，如 14-30288；代理人在货账结算区（CASS Areas），打印国际航协 7 位数字代号，后面是三位 CASS 地址代号及检验位，如 34-41234/5671。一些航空公司为便于内部系统管理，要求其代理人在此处填制相应的代码。

8. Account No.（代理人账号）

一般不需填制，除非承运人需要。

9. Airport of Departure and Requested Routing（始发站机场及所要求的航线）

应填制始发站机场或所在城市的全称，应填制英文全称，不得简写或使用代码。这里的始发站应与第 1B 栏填制的一致。

10. Accounting Information（支付信息或结算注意事项）

此栏填制有关财务说明事项。此栏只有在采用特殊付款方式时才填制：①以现金或者支票支付货物运费，应予注明。②以旅费证支付货物运费，仅限于作为货物运输的行李，填制旅费证的号码及应支付的金额，填制"客票及行李票"号码、航班、日期等。③以政府提单支付货物运费，填制政府提单的号码。

因无法交付而退回始发站的货物，在新的航空运单此栏内填制原货单号码。

11. 航线

11A 为 To（第一承运人到达站）。

填制目的站或者第一中转站机场的 IATA 三字代码，如 HND 为东京羽田机场（东京国际机场）。当该城市有多个机场，不知道机场名称时，可用城市代号，如北京 BJS。

11B 为 By（第一承运人）。

填制第一承运人的全称或者 IATA 两字代码，如 CZ 为中国南方航空公司。

11C 为 To（第二承运人到达站）。

填制目的站或第二中转站机场的 IATA 三字代码，如 HKG 为香港国际机场。当该城市有多个机场，不知道机场名称时，可用城市代号。

11D 为 By（第二承运人）。

填制第二承运人的全称或者 IATA 两字代码。

11E 为 To（第三承运人到达站）。

填制目的站或者第三中转站机场的 IATA 三字代码。

11F 为 By（第三承运人）。

填制第三承运人的全称或者 IATA 两字代码。

12. Currency（币种）

填制始发站所在国家的货币的三字代码，ISO 货币代码（由国际标准化组织，即 ISO 规定），如人民币为 CNY，美元为 USD。除（33A）~（33D）栏以外，航空运单上所有货物运费均应以此币种表示。

13. CHGS Code（收费代号或付款方式）

填制货物运费的支付方式（仅供承运人用）。本栏一般无须填制，仅供电子传送航空运单信息时使用。

CA：Partial Collect Credit-Partial Prepaid Cash，部分到付信用卡—部分预付现金。

CB：Partial Collect Credit-Partial Prepaid Credit，部分到付信用卡—部分预付信用卡。

CC：All Charges Collect，全部货物运费到付。

CP：Destination Collect Cash，目的站到付现金。
CX：Destination Collect Credit，目的站到付信用卡。
NC：Charge，免费。
PC：Partial Prepaid Cash-Partial Collect Cash，部分预付现金—部分到付现金。
PD：Partial Prepaid Credit-Partial Collect Cash，部分预付信用卡—部分到付现金。
PG：All Charges Prepaid by GBL，全部货物运费预付政府提单。
PP：All Charges Prepaid by Cash，全部货物运费预付现金。
PX：All Charges Prepaid by Credit，全部货物运费预付信用卡。

一般在航空运单上注明运费的结算方式，分为预付或到付，现金结算还是账户结算等。根据法律实践，如果在出具的航空运单与分运单上均没有注明"运费预付（Freight Prepaid）"，又没有其他证据证明的，可以推定为"运费到付（Freight Collect）"。

14. WT/VAL，Weight Charge/Valuation Charge（航空运费及声明价值附加费）

此时可以有两种情况：预付（PPD, Prepaid）或到付（COLL, Collect）。如预付，在（14A）中填入"×"，否则填在（14B）中。航空货物运输中运费与声明价值费支付的方式必须一致，不能分别支付。

15. Other（其他费用）

在始发站的其他费用，也有预付和到付两种支付方式。

16. Declared Value for Carriage（供运输用声明价值）

填制托运人向承运人办理货物声明价值的金额。发货人未办理货物声明价值，必须填制"N. V. D"（No Value Declaration）字样。

运输声明价值的由来：按照《华沙公约》和《海牙议定书》的相关规定，从事国际航空货物运输的承运人必须保证货物的安全和正常运输，如有损坏、灭失或由于延误所产生的损失，承运人必须承担赔偿责任，但不超过赔偿的最高限额。对于货物价值超过最高限额部分，承运人不予赔偿，除非托运人事先已向承运人声明价值并缴纳了声明价值附加费。赔偿责任的最高赔偿限额为每千克（毛重）20 美元或 7.675 英镑或等值的当地货币。可见，只有货物的每千克实际价值超过上述限额，且发货人要求在发生货损货差时全额赔偿，才有必要声明价值，并缴纳声明价值附加费。如果声明价值的货物在航空运输中受损，承运人按实际价值赔偿，但最多不超过声明价值额。反之，如果发货人不办理声明价值，则应在运单的有关栏内填上"N. V. D"（No Value Declared）字样，承运人的最高赔偿额为毛重每千克不超过 20 美元。

声明价值的存在，在货物发生毁损、灭失的情况下，为货主充分有效地行使追偿权提供了保障。在航空运单中，可以根据《华沙公约》或《中国民用航空货物国内运输规则》约定声明价值与附加费的计算方式，同时由于相关法律只针对客运与行李托运限制了声明价值的最高限额，但在货运中，法律并无约定声明价值最高限额的限制，航空货物运输当事人可以根据自身的情况予以调整与约定。

17. Declared Value for Customs（供海关用声明价值）

填制货物及通关时所需的商业价值金额。适用于为核定关税金额而向海关申报的货物价值。发货人未办理此声明价值，必须填制"N. C. V"（No Customs Valuation）字样。

18. Airport of Destination（目的地机场）

填制最后承运人的目的地机场全称（如果该城市有多个机场，不知道机场名称时，可用城市全称）。应填制英文全称，不得简写或使用代码。

19. Flight/Date（航班/日期）

填制货物所搭乘航班及日期。仅供承运人用，本栏一般无须填制，除非参加运输各有关承运人需要。

如果非直达航班，则（19A）填制已订妥的头程航班/日期，（19B）填制已订妥的续程航班/日期；否则，（19A）填制已订妥的航班，（19B）填制已订妥的日期。

航空运单上注明航班，货物应在注明的航班出运；没有注明的，承运人及其代理人应当证明在合理的时间内出运。否则，承运人要承担违约的风险。

20. Amount of Insurance（保险金额）

如果承运人向托运人提供代办货物保险业务时，此栏填制货物投保的金额；如果承运人不提供此项服务或托运人不要求投保时此栏内必须打印"×××"符号。此外，声明价值附加费与保险费两者取其一。

21. Handling Information（操作信息）

一般填制货物在仓储和运输过程中所需要注意的事项。

例如，如果是危险货物，有两种情况：一种是需要附托运人危险品申报单的，则本栏内应打印"Dangerous Goods as Per Attached Shipper's Declaration"（详见随附航空运单的危险物品申报单）字样，对于要求装货机上的危险货物，还应加上"Cargo Aircraft Only"（仅限货机）字样。另一种是属于不要求附危险品申报单的危险货物，则应打印"Shipper's Declaration not Required"字样。

当一批货物中既有危险货物也有非危险货物时，应分别列明，危险货物必须列在第一项，此类货物不要求托运人附危险品申报单，且危险货物不是放射性物质且数量有限。

21A 为 SCI（海关信息）。

填制海关信息，仅在欧盟国家之间运输货物时使用。

22. 以下 22A~22L 是有关货物运价与运费细节

一票货物中如含有两种或两种以上不同运价类别计费的货物应分别填制，每填制一项另起一行，如果含有危险品，则该危险货物应列在第一项。

22A 为 No. of Pieces RPC, Rate Combination Point（货物件数和运价组成点）。

填制货物包装件数。如 10 包即填"10"。如果所使用的货物运价种类不同时，应分别填制，并将总件数填制在（22J）内。如果货物运价系分段相加运价，则将运价组成点（运价点）的城市代码填制在件数下面。

22B 为 Gross Weight（毛重）。

与件数相对应，填制货物的毛重（以千克为单位时可保留至小数后一位）。如果分别填制时，将总毛重填制在（22K）栏内。

22C 为 KG/LB（重量单位）。

填制货物毛重的计量单位，"K"或者"L"分别表示"千克/公斤 KG"或者"磅 LB"。

22D 为 Rate Class（运价等级）。

填制所采用的货物运价等级代号。针对不同的航空运价共有如下几种代码。

M：Minimum Charge，最低运费/起码运费；

N：Normal Rate，45 千克以下货物适用的普通货物运价；

Q：Quantity Rate，45 千克以上货物适用的普通货物运价；

C：Specific Commodity Rates，指定商品运价；

R：Reduced Class Rate，等级货物附减运价；

S：Surcharge Class Rate，等级货物附加运价；

U：Unit Load Device Basic Charge or Rate，集装化设备基本运费或运价；

E：Unit Load Device Additional Rate，集装化设备附加运价；

X：Unit Load Device Additional Information，集装化设备附加说明；

Y：Unit Load Device Discount，集装化设备折扣。

22E 为 Commodity Item No.（商品代码）。

如果该票货使用了重量分界点运价，则应在此栏填制适用运价的组成办法，如 Q100、Q300 等，且（22D）填制"Q"。使用指定商品运价时，填制指定商品代号，如货物为新鲜的水果或蔬菜，则此栏填制"0008"，且（22D）填"C"。使用等级货物运价时，填制所适用的普通货物运价的代号及百分比数。如使用了 175% 的 N 运价，则此栏填制"N175"，且（22D）填制"S"；如使用了 50% 的 N 运价，则此栏位填制"N50"，且（22D）填制"R"。如果是集装货物，填制集装货物运价等级。

22F 为 Chargeable Weight（计费重量）。

填制航空公司据以计算航空运费的计费重量。如果是按最低运费收取运费，本栏可不填制。重量是承运人收取运费，托运人主张索赔的重要依据。如果航空运单上记载的重量与实际重量，或航空公司配载的交接记录重量不一致，在法律上的认定是以交接记录上的重量。

22G 为 Rate/Charge（运价或费率）。

填制所适用的每千克货物运价，如果为最低运费，也应填在本栏。

22H 为 Total（航空运费）。

填制起码运费值或根据货物运价和货物计费重量计算出的航空运费额。如果分别填制时，将航空运费总额填制在（22L）内。

22I 为 Nature and Quantity of Goods（incL. Dimensions or Volume）[货物的品名、数量（含尺码或体积）]。

填制货物的具体名称（用英文大写字母）及数量。根据不同种类货物详细填制货物的具体名称及货物的长、宽、高，货物的尺码应以厘米或英寸为单位。尺寸分别以货物最长、最宽、最高边为基础。体积则是上述三边的乘积，单位为立方厘米或立方英寸。

货物品名不得填制表示货物类别的统称，如不能填制电器、仪器、鲜活易腐物品、活体动物等。当一票货物中含有危险货物时，应分列填制，危险货物应列在第一项。危险物品应填制其标准学术名称和包装级别。作为货物运输的行李应填制其内容和数量，或随附装箱清单。

法律把在航空运单上所记载的货物重量或声明价值作为认定处理航空货运纠纷的基准，而对货物的数量、体积、情况的说明，往往是托运人单方的陈述，出于安全、运营效率及商业秘密的考虑，航空承运人不可能对货物的实质内容进行完全的审查检验，所以除非经过承运人特别查对并对其信息以注明的方式确认，法律并不要求承运人对托运人提供的上述记载承担不利的责任。

22J 为总件数。

该运单项下货物的总件数。

22K 为总毛重。

该运单项下货物的总毛重。

22L 为总运费。

该运单项下货物的总运费。

23. Other Charges（其他费用）

除运费和声明价值附加费以外的其他费用。在始发站发生的其他费用，应全部预付或者到付；也可以填制在运输过程中或目的站发生的其他费用，应全部预付或者到付，未在此栏内列明的其他费用见（33C）。

根据 IATA 规则，此栏对应的其他费用分别用三个英文字母表示。其中前两个字母是某项费用的代码，第三个字母是 C 或 A，即在相应的其他费用代号后，加"C"表示该项费用由承运人（Carrier）收取，加"A"表示该项费用由代理人（Agent）收取。

国际航空运单上的此栏中常见的其他费用有以下几种。

(1) AW 制单费。

AW（Air Waybill）是货运单或航空运单；AWC 的第三个字母 C 表示 Carrier，AWC 是承运人（即航空公司）收取的航空运单工本费。AWC 俗称制单费，一般是 50 元/单，也有个别航空公司收取 70 元/单，这个费用每一票货物都会有。如果是 AWA，则第三个字母 A 表示 Agent，Agent 是货运代理人，AWA 意味着此票货是空运货代收取航空运单工本费，在货代出航空分运单 HAWB 时一般都会有。

(2) MYC 燃油附加费。

MY（Fuel Surcharge），航空燃油附加费，俗称"燃油"。第三个字母 C 表示 Carrier，MYC 表示燃油附加费由承运人（即航空公司）收取。

(3) SCC 安全附加费。

SC（Security Charge），安全附加费，俗称"战险"。第三个字母 C 表示 Carrier，SCC 表示安全附加费由承运人收取。

其他费用还有：

AC：Animal Container，动物容器费；

AS：Assembly Service Fee，集装服务费；

CD：Clearance and Handling-Destination，目的站办理海关手续和处理费；

CH：Clearance and Handling，始发站办理海关手续和处理费；

DB：Disbursement Fee，向收货人收取的代理人代付的费用；

FC：Charge Collect Fee，货物运费到付的手续费；

IN：Insurance Premium，代办保险手续费；

MA：Miscellaneous-Due Agent，代理人收取的杂项费；

MC：Miscellaneous-Due Carrier，承运人收取的杂项费；

MZ：Miscellaneous-Due Issuing Carrier，制单承运人收取的杂项费；

PK：Packaging，货物包装费；

PU：Pick-Up，货物提取费；

RA：Dangerous Goods Fee，危险物品处理费；

SD：Surface Charge-Destination，目的站地面运输费；

SO：Storage-Origin，始发站保管费；

SU：Surface Charge-Origin，始发站地面运输费；

SR：Storage-Destination，目的站保管费；

TX：Taxes，税款；

UH：ULD-Handling，集装设备处理费。

24. Weight Charge（航空运费）

根据货物计费重量得到的货物运费。填制（22H）或（22L）中的航空运费总额，可以预付 PP（Prepaid）（24A）或者到付 CC（Collect）（24B），根据付款方式分别填制运费金额。

25. Valuation Charge（声明价值附加费）

填制按规定收取的声明价值附加费，可预付或者到付，根据付款方式分别填制。毛重每千克在 CNY20 以上，可申明货物价值，承运人或其代理人根据所声明的价值向托运人收取货物声明价值附加费。计算方法：声明价值附加费＝[声明价值-(实际重量×20CNY/KG)]×5%。

26. Tax（税款）

填制按规定收取的税款额，可以预付或者到付，根据付款方式分别填制，但是，24、25、26 必须一致，即上述三者同时全部预付或者同时全部到付。

27. Total Other Charges Due Agent（交代理人的其他费用总额）

填制支付给代理人的其他费用总额，可以预付或者到付，根据付款方式分别填制。一般依据第 23 栏位相关其他费用计算得到。

28. Total Other Charges Due Carrier（交承运人的其他费用总额）

填制支付给承运人的其他费用总额，可以预付或者到付，根据付款方式分别填制。一般依据第 23 栏位相关其他费用计算得到。

29. 有关费用额包含 29A、29B

根据承运人的要求，填制应支付的有关费用额，可以预付或者到付，付款方式分别填制。

30. 全部预付、到付货物费用总额（包含 30A、30B）

30A 为 Total Prepaid（全部预付货物费用的总额）。

24A、25A、26A、27A、28A、29A 合计的预付货物运费总额。

30B 为 Total Collect（全部到付货物费用的总额）。

24B、25B、26B、27B、28B、29B 合计的到付货物运费总额。

31. Signature of Shipper or His Agent（托运人或其代理人签字、盖章）

由托运人或其代理人签字、盖章。

32. 签单日期、地点及承运人或其代理人签章

32A 为 Executed on（Date）（签单日期）。

航空运单的填开日期，按日、月、年的顺序填制航空运单的填开日期，（月份可用缩写）如 06SEP2022。

32B 为 at（Place）（签单地点）。

填制航空运单的填开地点，如机场或城市的全称或缩写。

32C 为 Signature of Issuing Carrier or Its Agent（承运人或其代理人签字、盖章）。

由承运人或其代理人签字、盖章。

33. 货币换算及目的地机场收费记录

33A 为 Currency Conversion Rates（汇率）。

填制换算汇率。

33B 为 CC Charge in Dest. Currency（到付货物运费）。

填制根据（33A）中的汇率将（30B）中的到付货物运费换算成的金额。

For Carrier's Use Only at Destination：表示仅限在目的站由承运人填制目的地国家的币种和汇率。

33C 为 Charges at Destination（目的站其他费用额）。

填制在目的站发生的货物运费额。

33D 为 Total Collect Charge（到付费用总额）。

填制（33B）和（33C）的合计金额。

航空运单填制完毕，托运人（或其代理人）和承运人（或其代理人）签字后即开始生效。货物运至目的地，收货人提取货物并在航空运单交付联上签字认可后，航空运单作为运输契约的凭证，其有效期即告结束。

航空运单中各栏位内容不一定要全部填入，IATA 也并未反对在运单中写入其他所需的内容。

任务练习

一、任务的提出

锦长货代公司收到客户发来的航空运单（见图 7-6）。

020 | TLV | 42378011

Shipper's Name and Address Solaredge Technologies Co.Ltd 2 HAMADA STREET HERZLIYA PITUAH 099576591 Israel	Shipper's Account Number	NOT NEGOTIABLE **Air Waybill** Issued by XX AIRLINES Copies 1, 2 and 3 of this Air Waybill are originals and have the same validity.
Consignee's Name and Address SOLAREDGE MACHINERY TECHNICAL CO.LTD NO.39 RUIHE RD, GUANGZHOU,510530, CHINA	Consignee's Account Number	It is agreed that the goods described herein are accepted in apparent goods order and condition (except as noted) for carriage SUBJECT TO THE CONDITIONS OF CONTRACT ON ......
Issuing Carrier's Agent Name and City ORIAN CUSTOMS SERVICES LTD, LOD, ISRAEL ZIP71100		Accounting Information SHIP TO: Jabil Circuit (Guangzhou), #128, Juncheng Rd. Guangzhou Eco&Tec Development District, East section, Guangzhou, 510530, China ATT: Shadow Huang TEL: +8613922462286
Agent's IATA Code 37-4-7040	Account No.	
Airport of Departure (Addr. of First Carrier) and Requested Routing Tel Aviv		

To	By First Carrier Routing and Destination	to	by	to	by	Currency	CHGS Code	WT/VAL PPD	WT/VAL COLL	Other PPD	Other COLL	Declared Value for Carriage	Declared Value for Customs
FRA	LUFTHANSA CARGO AG	CAN	LH			USD	PP	×		×		NVD	NCV

Airport of Destination	Flight/Date		Amount of Insurance	INSURANCE - If Carrier offers insurance, and such insurance is requested in accordance with the conditions ......
Guangzhou	8343/2302	8424/2402	xxx	

Handing Information

ENV ATT COST INSURANCE AND FERIGHT STT NO:37611203305425 | SCI

No of Pieces RCP	Gross Weight	KG LB	Rate Class	Commodity Item No.	Chargeable Weight	Rate Charge	Total	Nature and Quantity of Goods (incl. Dimensions or Volume)
1	466.00	K	Q		466.00	2.60	1,211.6.	RACK DIM:1(130×90×201) CMS AS VOL 399.750KGS 2.3985CBM Inv. No:190035
1	466.00						1,211.60	

Prepaid	Collect	
Weight Charge 1,211.60		Other Charges
Valuation Charge		AWC:50.00, MYC:100, SCC:200, CHA: 10.00
Tax		
Total Other Charges Due Agent 10.00		Shipper certifies that the particulars on the face hereof are correct and that insofar as any part of the consignment contains dangerous goods, such part is properly described by name and is in proper condition for carriage by air according to the applicable Dangerous Goods Regulations.
Total Other Charges Due Carrier 350.00		.... Signature of Shipper or his Agent
Total Prepaid 1,571.60	Total Collect	23.02.22 Tel Aviv ORIAN CUSTOMS SERVICES Executed on (date) at(place) Signature of Issuing Carrier or Its Agent
Currency Conversion Rates	CC Charges in Dest. Currency	
For Carrier's Use only at Destination	Charges at Destination	Total Collect Charges

图 7-6 航空运单

任务

锦长货代公司业务经理让实习生李立认真审核上述航空运单，并根据航空运单相关栏位信息回答如下问题，以便考察实习生李立是否熟悉航空运单。

(1) 该票货物的始发站机场或城市是哪个？

(2) 该票货物的目的站机场或城市是哪个？

(3) 该票货物的航空承运人是谁？

(4) 该票货物是否有中转站机场，如有，是哪个机场？

(5) 该票货头程航班号及日期是什么？

> (6) 该票货物的货币币种是什么？
> (7) 该票货物的运费付款方式是什么？
> (8) 该票货物的声明价值是什么？
> (9) 该票货物的保险金额是多少？
> (10) 该票货物的总运费是多少？
> (11) 该票货物的 Rate Class 栏的含义是什么？
> (12) 该票货物的 Total Other Charges 栏的"350.00"的含义是什么？

二、任务的实施

锦长货代公司实习生李立认真审核客户发来的航空运单，并根据航空运单相关栏位信息回答如下：

(1) 该票货物的始发站机场或城市是哪个？

特拉维夫市（Tel Aviv）。

(2) 该票货物的目的站机场或城市是哪个？

广州市（Guangzhou）。

(3) 该票货物的航空承运人是谁？

德国汉莎货运航空公司（LUFTHANSA CARGO AG）。

(4) 该票货物是否有中转站机场，如有，是哪个机场？

有，法兰克福机场（FRANKFURT AIRPORT）。

(5) 该票货头程航班号及日期是什么？

8343/2302，即航班号为 8343，日期为 2 月 23 日。

(6) 该票货物的货币币种是什么？

美元（USD）。

(7) 该票货物的运费付款方式是什么？

预付（PP）。

(8) 该票货物的声明价值是什么？

未声明价值（N.V.D）。

(9) 该票货物的保险金额是多少？

无。

(10) 该票货物的总运费是多少？

USD1 211.60。

(11) 该票货物的 Rate Class 栏的含义是什么？

Q：Quantity Rate，45 千克以上货物适用的普通货物运价。

(12) 该票货物的 Total Other Charges 栏的"350.00"的含义是什么？

根据"Other Charges"栏位信息"AWC：50.00，MYC：100，SCC：200"，可知，应付给承运人的航空运单费 50 元，燃油附加费 100 元，安全附加费 200 元，合计 350.00 元，此即为该票货物的 Total Other Charges 栏的"350.00"的含义及由来。

任务评价

知识点与技能点	我的理解（填制关键词）	掌握程度
航空运单概念		☆☆☆☆☆
航空运单分类		☆☆☆☆☆
航空运单内容及填制		☆☆☆☆☆

【拓展阅读】

天舟系列货运飞船，为天宫空间站出力

2022年5月10日1时56分，"天舟四号"货运飞船（见图7-7）在中国文昌航天发射场由"长征七号"遥五运载火箭成功发射，历经约6.5小时后，顺利与空间站核心舱后向对接，转入三舱（船）组合体飞行状态。这是2022年空间站建造任务的首次发射，正式开启了中国空间站全面建造的大幕。

图7-7 "天舟四号"货运飞船

"天舟四号"由航天科技集团五院抓总研制，是中国空间站组建阶段的首发航天器。作为空间站的地面后勤补给航天器，"天舟四号"为全密封货运飞船，是世界现役货物运输能力最大、在轨支持能力最全面的货运飞船，承担着为"神舟十四号"乘组提供物资保障、空间站在轨运营支持和空间科学实验的任务。

在此次任务中，"天舟四号"装载了航天员系统、空间站系统、空间应用领域、货运飞船系统共计200余件（套）货物，包括货包货物和直接安装货物；携带补加推进剂约750千克，上行物资总重约6 000千克，将为"神舟十四号"乘组3人6个月在轨驻留、空间站组建以及开展材料科学、微重力和航天医学等空间应用领域的研究提供物资保障。

天舟货运飞船是为空间站建造和运营物资运输补给任务而全新研制的载人航天器，其上行载货比、货物运输、推进剂补加等综合能力比肩甚至优于国际现役货运飞船。

世界上有多少种货运飞船，而与天舟系列对比，谁的性能更强大一些呢？

首先，目前中国的天舟系列货运飞船由货物舱和推进舱构成，总长度10.6米，最大直径可达3.35米，可搭载货物约6吨，具备独立飞行3个月的能力。

俄罗斯目前的货运飞船为"进步号",主要是定期为国际空间站补给食物、燃料和仪器等物资,由仪器舱、燃料舱和货舱组成,可运送1.3吨物资。日本作为国际空间站的参与者,也开发了空间转运飞行器作为货运飞船,也是为国际空间站运输仪器和食物等物资。该飞行器长10米,直径达4.4米,可搭载6吨货物。欧洲航天局也拥有自己的货运飞船ATV自动货运飞船,可搭载8吨货物,具有高精度导航能力,自动与国际空间站对接。近年来,美国SPACEX也开发了龙飞船作为货运飞船,可搭载3吨货物。此飞船具备双向运输能力。而天鹅座货运飞船则是另一种货运飞船,可运输2吨货物。

如果单纯从物资运载量来说,我们已经处于世界领先地位。天舟系列货运飞船将持续为我们建设和维持天宫空间站提供物资的支持。与空间站、神舟系列载人飞船一样,是组成中国载人航天的重要部分。

素养园地

好风凭借力:产业高地见证航空报国

2019年,芯片成为中国先进制造业最受关注的产品。在贸易战的杂音中,补强芯片短板、夯实中国制造业基石成为共同的心声。过去10多年披荆斩棘,建设了中国最大、最完整集成电路产业高地的上海浦东早已先行一步,建立了19条芯片生产线,年产值近2 000亿元。在这背后,就有浦东机场作为内地最大航空货运枢纽,为高度依赖航空物流的芯片产业提供强有力的支撑。而就在2019年,全国空运口岸首个无尘洁净室落户上海浦东国际机场海关监管区,电子元器件、晶片等高精尖产品在海关监管仓储区便能完成查验,助力芯片企业发展。2021年,上海航空枢纽以不到上海口岸1%的货运量承载了进出口1/3的价值量,带动的城市GDP超过2 500亿元,创造了75万个就业岗位。

在疫情袭来的几百个日夜,上海航空更冲在了逆行者的前列。浦东机场既是中国民航"外防输入"的最大门户,也是向全球出口防疫物资和保障全球产业链供应链稳定的民航最大物流枢纽,为抗疫物资与复工复产而"带货"全球。

未来,浦东机场、洋山深水港与芦潮港铁路集装箱中心站,联合推动海运、空运、铁路运输信息共享,提高多式联运效率;建设具有物流、分拣和监管集成功能的航空货站,建立区域性航空总部基地、世界级航空枢纽和航空快件国际枢纽中心。

【项目综合实训】

实训一

深圳科技公司与荷兰一家公司签订了一批零件的出口合同,约定由中方出口2箱零件,总价为USD50 000.00。包装方式为50厘米×58厘米×32厘米的纸箱,共2箱。每箱净重为17.5千克,毛重为19.3千克。

请计算航空运费,并根据计算结果填制航空运单运费栏。

SHENZHEN	FR		SZX
Y. RENMINBI	CNY		KGS
AMSTERDAM	NL	M	320.00
		N	50.22
		45	41.53
		100	30.25

No. of Pieces RCP	Gross Weight	KG LB	Rate Class		Chargeable Weight	Rate/Charge	Total	Nature and Quantity of Goods
				Commodity Item No.				

实　训

首先计算此票货物航空运费，再将各要素逐项填制进航空运单的运费栏里。

（1）按实际重量计算。

货物体积（Volume）：50×58×32×2＝185 600（立方厘米）

体积重量（Volume Weight）：185 600（立方厘米）÷6 000（立方厘米/千克）＝30.93（千克）

实际毛重（Gross Weight）：19.30×2＝38.6（千克）

（实际毛重）38.6千克＞30.93千克（体积重量）

计费重量（Chargeable Weight）：39.0千克

适用运价（Applicable Rate）：GCR N 50.22CNY/KG

航空运费（Weight Charge）：39.0×50.22＝CNY1 958.58

（2）采用较高重量分界点的较低运价计算。

采用较高重量分界点（45千克）的较低运价计算

计费重量（Chargeable Weight）：45.0千克

适用运价（Applicable Rate）：GCR Q45 41.53CNY/千克

航空运费（Weight Charge）：45×41.53＝CNY1 868.85

（1）与（2）比较，取运费较低者，故航空运费为CNY1 868.85。

（3）航空运费与最低运费相比取其高者计算。

由于最低运费为CNY320.00，小于航空运费CNY1 868.85

因此，本票货的计费重量是45.0千克，航空运费是CNY1 868.85。

根据运费计算结果，填制航空运单运费栏如下。

No. of Pieces RCP	Gross Weight	KG LB	Rate Class		Chargeable Weight	Rate/Charge	Total	Nature and Quantity of Goods
				Commodity Item No.				
2	38.6	K	Q		45.0	41.53	1 868.85	PARTS DIMS：50CM× 58CM×32CM×2

实训二

北京运往大阪三箱鲜蘑菇共160.0千克（鲜蘑菇属于0008，所对应的货物名称为新鲜的水果、蔬菜类），每箱体积长宽高为105厘米×45厘米×30厘米。

BEIJING	CN		BJS
Y. RENMINBI	CNY		KGS
OSACA	JP	M	230.00
		N	37.51
		45	28.13
	0008	300	18.80
	0300	500	20.61
	1093	100	18.43
	2195	500	18.80

要求：

（1）请计算其航空运费。

（2）请根据计算结果，填制航空运单运费计算栏。

No. of Pieces RCP	Gross Weight	KG LB	Rate Class	Chargeable Weight	Rate/Charge	Total	Nature and Quantity of Goods
			Commodity Item No.				

实 训

查找品名表，编号0008所对应的货物名称为包括鲜蘑菇在内的新鲜水果蔬菜。

货物体积（Volume）：105×45×30×3 = 425 250（立方厘米）

体积重量（Volume Weight）：425 250（立方厘米）÷6 000（立方厘米/千克）= 70.88（千克）

货物毛重（Gross Weight）：160.0 千克

计费重量（Chargeable Weight）：160.0 千克

由于计费重量没有满足指定商品代码0008的最低重量要求300千克，因此只能先用普货来算。

（1）按普通运价使用规则计算。

适用运价（Applicable Rate）：GCR Q45 28.13CNY/KG

航空运费（Weight Charge）：160.0×28.13 = CNY4 500.80

（2）按指定商品运价使用规则计算。

计费重量（Chargeable Weight）：300.0 千克

适用运价（Applicable Rate）：SCR 0008/Q300 18.80CNY/KG

航空运费（Weight Charge）：300.0×18.80 = CNY5 640.00

对比（1）与（2），取运费较低者。

可知，该票货物的计费重量为160.0千克，航空运费为CNY4 500.80。

No. of Pieces RCP	Gross Weight	KG LB	Rate Class	Chargeable Weight	Rate/Charge	Total	Nature and Quantity of Goods
			Commodity Item No.				
3	160.0	K	Q	160.0	28.13	4 500.80	FRESH MUSHROOM DIMS：105CM× 45CM×33CM×3

实训三

德国柏林运往英国伦敦一只东北虎,货物毛重 270.0 千克,体积为 240 厘米×120 厘米×60 厘米,计算航空运费。

BERLIN	DE		BER
EURO	EUR		KGS
LONDON	UK	M	63.00
		N	6.46
		45	4.34
		100	3.89
		300	3.10

实 训

查找活动物运价表,IATA 二区之内运输一般活体动物,运价构成形式是"175% of Normal GCR"。

运费计算如下:

货物体积(Volume):240×120×60 = 1 728 000(立方厘米)

体积重量(Volume Weight):1 728 000(立方厘米)÷6 000(立方厘米/千克)= 288.0(千克)

货物毛重(Gross Weight):270.0 千克

计费重量(Chargeable Weight):288.0 千克

适用运价(Applicable Rate):S 175% of Normal GCR

175%×6.46 = 11.305 = 11.31EUR/KG

航空运费(Weight Charge):288.0×11.31 = EUR3 257.28

因此,本票货的计费重量是 288.0 千克,航空运费是 EUR3 257.28。

No. of Pieces RCP	Gross Weight	KG LB	Rate Class		Chargeable Weight	Rate/ Charge	Total	Nature and Quantity of Goods
				Commodity Item No.				
1	270.0	K	S	N175	288.0	11.31	3 257.28	NORTHESAT TIGER DIMS:240CM× 120CM×60CM LIVE ANIMAL

【习题】

一、单选题

1. 在国际航空运输中,一票货物签发主运单和分运单的情况下,以下表述不正确的是(   )。

A. 主运单是国际航空货运代理人与承运人交接货物的凭证

B. 分运单是国际航空货运代理人与发货人交接货物的凭证

C. 在主运单中托运人栏和收货人栏都是实际的托运人和收货人

D. 在分运单中托运人栏和收货人栏都是实际的托运人和收货人

2. 在国际航空货物运输中，CC 表示（　　）。
   A. 无声明价值　　　　　　　　　B. 货物运费更改通知书
   C. 运费到付　　　　　　　　　　D. 航空运单

3. 下列城市中，属于 IATA 三个航空运输业务区中 TC1 的是（　　）。
   A. 纽约　　　　B. 北京　　　　C. 伦敦　　　　D. 堪培拉

4. 急件、生物制品、珍贵植物和植物制品、活体动物、骨灰、灵柩、鲜活易腐物品、贵重物品、枪械、弹药、押运货物等特种货物实行（　　）。
   A. 重量分界点运价　　　　　　　B. 基础运价
   C. 指定商品运价　　　　　　　　D. 等级货物运价

5. 下列关于国内空运货物运价类别代码不正确的是（　　）。
   A. 普通货物运价（代号 N）　　　B. 等级货物运价（代号 D）
   C. 指定商品运价（代号 C）　　　D. 最低运费（代号 M）

二、判断题

1. 在国际航空货物托运书上显示的价格是航空公司的优惠价格加上其他费用或者协议运价，而不是 TACT 上公布的适用运价和费率。（　　）

2. 在国际航空货物运输中，一份国际航空运单只能用于一个托运人在同一时间、同一地点托运的由承运人承运的，运往同一目的站同一收货人的一件或多件货物。（　　）

3. 在国际航空货物运输中，货物发运后，托运人可以对航空运单上的各项内容做出变更。（　　）

4. 航空运输的运价是指机场与机场之间的空中费用，也包括提货、报关、交接、仓储以及承运人、代理人或机场收取的其他各种费用。（　　）

5. 国际空运货物运价中特种货物分为 10 类，其中每一类又细分为 10 组，每组再细分，这样几乎所有的商品都有一个对应的组号，公布特种货物运价时只要指出本运价适用于哪一组货物即可。（　　）

三、简答题

1. 普通商品运价的计算步骤有哪些？
2. 等级货物运价的计算逻辑是什么？
3. 航空运单中的栏位"供运输用声明价值"的含义是什么？如何填制该项信息？

项目八

操作国际陆运业务

【项目概述】

陆路运输主要指铁路运输和公路运输。当货物起运地或者目的地非港口时，对于非贵重货物，一般都采用铁路货物运输或者公路货物运输。铁路货物运输是现代运输的主要方式之一，它在整个运输领域中占有重要的地位，在社会物质生产过程中起着重要作用。公路货物运输主要承担短途客货运输。在地势崎岖、人烟稀少、铁路和水运不发达的边远和经济落后地区，公路运输为主要运输方式，起着运输干线作用。中国公路在客运量、货运量、客运周转量等方面均遥遥领先于其他运输方式的总和。

本项目主要讲解国际陆运业务的操作，主要内容包括国际铁路货物运输业务、国际公路货物运输业务等。

【案例引入】

"双西公路" 国际公路

2022年9月，莫斯科—喀山高速公路部分路段开通。这条公路是"中国西部—欧洲西部"（"双西公路"）国际公路运输走廊中俄罗斯段的组成部分。莫斯科—喀山高速公路将连通俄首都莫斯科和喀山，途经莫斯科州、弗拉基米尔州、下诺夫哥罗德州、楚瓦什共和国和鞑靼斯坦共和国，共连接17个地区中心。建成后，莫斯科至喀山的公路行程将由12小时缩短为6.5小时。

"双西公路"东起连云港，西至俄罗斯圣彼得堡，途经中国、哈萨克斯坦和俄罗斯数十座城市，全长8 445千米。其中俄罗斯境内长2 233千米，哈萨克斯坦境内长2 787千米，中国境内长3 425千米，主要保障中国—哈萨克斯坦、中国—中亚、中国—哈萨克斯坦—俄罗斯—西欧三条走向的公路运输。

据悉，"双西公路"在国内就是G30连霍高速（其路标见图8-1），于2017年11月全线贯通。2018年9月27日，"双西公路"中哈段通车，霍尔果斯至哈萨克斯坦阿拉木图由原来的378千米缩短为306千米，车程较之前缩短约2小时。原本中国至欧洲的货物98%是通过海路运输，现在"双西公路"成为亚太国家到达欧洲市场的最短运输路线。这条国际大通道把新疆到西欧的广阔地域连为一体，从连云港前往欧洲所需时间将从此前海运的45天缩短至10天。

双西公路的建设与"一带一路"倡议完美契合，

图8-1 连霍高速路标

这条大动脉让沿途国家搭上亚太经济发展的"快车",从而推动沿线地区经济发展。作为这一大动脉上的重要枢纽,大量物流和客流每年为哈萨克斯坦带来数亿美元的收入。此外,哈萨克斯坦还利用便利的交通走廊,扩大本国商品的出口,为当地企业带来更多商机。

此外,双西公路中哈段贯通 4 年,推动中国更好地融入"一带一路"强支点建设。这条交通走廊将加快西部地区开发的步伐,促进西部地区产品升级和产业结构调整,拉动当地经济发展。连云港承运的西部地区货物保持年均 10% 以上的增长势头,铁矿石、有色矿、粮食、汽车等货种持续增量,双方携手共建共用新亚欧陆海联运通道的空间越来越广阔。

"双西公路"带动区域间货物运输大幅增长的同时,也为更多的互利共赢合作打下坚实的基础。目前,"双西公路"俄罗斯段陆续开建,工程进度在不断刷新中。在 2022 年 6 月 8 日,"中国+中亚五国"外长第三次会晤通过《关于深化"中国+中亚五国"互联互通合作的倡议》中提到,"经营好'中国西部—欧洲西部公路'(双西公路)中哈段,争取'双西公路'早日全线常态化贯通。"

(资料来源:全长 8 445 公里,东起连云港, https://news.jstv.com/a/20220919/1663594440533.shtml)

思考:

随着"欧洲西部—中国西部"高速公路("双西公路")、中吉乌国际公路、塔吉克斯坦瓦亚铁路等一个个示范项目落地,古丝绸之路正焕发出新的生机活力。谈谈"双西公路"国际公路给世界带来的重要价值及意义。

任务一　操作国际铁路货物运输业务

学习目标

知识目标

1. 了解国际铁路运输的概念及特点;
2. 熟悉国际铁路主要运输干线;
3. 掌握国际铁路联运货物进出口业务流程。

能力目标

能为客户选择合理的铁路运输方式及路线。

素养目标

1. 弘扬中华优秀传统文化;
2. 让学生学会遵守国际铁路联运的操作规范。

知识储备

一、铁路运输

(一)铁路运输概念

世界上第一条铁路出现在 1825 年的英国,其后铁路建设迅速发展。19 世纪 30 年代,铁路运输作为成本低、运量大、便利可靠的陆地货物运输系统,对实现欧洲的工业革命以及发展各国之间的经济联系起了重要作用。20 世纪 40 年代以后,随着公路运输、航空运输、管道运输和现代水路运输的发展，许多工业发达国家的铁路运输地位发生了变化。200 千米以内短距离货物运输的大部分，在美国等国甚至 500 千米以内中距离货物运输的相当部分都被公路运输所取代，石油、天然气等货物的绝大部分也逐步改由管道和水路运输。

铁路运输是利用铁路设施、设备运送旅客和货物的一种运输方式，而国际铁路货物运输是指起运地点、目的地点或约定经停地点位于不同国家或地区的铁路货物运输，是现代国际货运的主要方式之一。中国经铁路运输的进出口货物运量仅次于海洋运输，位居第二位。铁路还承担着海—陆或空—陆等多式联运任务，在国际贸易运输中占有重要地位。

视频：铁路运输

（二）铁路运输优缺点

1. 铁路运输的主要优点

铁路运输具有很多优势，主要优点如图 8-2 所示。

（1）载运量大。重载列车每列的载重量超过万吨，具有规模经济效应。

（2）运输速度快。目前，货运列车平均速度在 100 千米/小时左右，大大高于海运；远程运输运送速度也快于汽车，仅次于航空。

（3）运输受天气影响小。铁路运输能全天候工作，运输不太受气候条件的影响，故可严格按运输计划运行。运输安全可靠，用户只要订到车皮，就能按计划装车，按计划到达目的地。

（4）运输成本较低。中长距离货运成本低廉，铁路运输经济里程一般在 200 千米以上。

图 8-2　铁路运输主要优点

2. 铁路运输的主要缺点

（1）灵活性差。只能在铁路运输网上跑，在固定的车站停车装卸，无法实现门对门服务，需要以其他运输手段配合和衔接。

（2）发车频率也较公路低。货车的编组、解体都需要时间，因此增加了货物的在途滞留时间，造成近距离运输比汽车慢，费用比较贵，货损比较大。

（3）线路建设投资大。铁路运输建设周期长，固定成本很高。

二、铁路集装箱

（一）铁路集装箱分类

中国是世界上最大的集装箱货物贸易大国，近年来，中国已形成了完整的集装箱运输相关配套体系，集装箱运输综合能力已进入世界大国行列。中国铁路车站集装箱装卸能力的不断提升，为国际铁路集装箱联运发展提供了良好的条件。越来越多的货主选择利用铁路集装箱承运货物。

1. 根据集装箱类型（用途）分类

集装箱按类型（用途）分为通用集装箱和专用集装箱。如果是仪器仪表类、小型机械类、陶瓷建材类、医药类、烟酒食品类、日用品类、小五金及其他适合集装箱装运的货物均采用通用集装箱来运输。如果是装运特定的货物采用专用集装箱来运输。专用集装箱主要有以下几种：①集装货物箱，主要用来装运水泥、面粉、谷物、盐、化肥工业的粉状颗粒物。②罐装集装箱，主要用于运输液体货物，如酒类、牛奶、化学品、糖浆等。③冷藏集装箱，主要用于运输易腐货物，如肉类、鱼类、蔬菜、水果等。④牲畜集装箱。

2. 根据集装箱大小分类

按集装箱大小分为：①大型箱，即装载量在 20 吨以上的集装箱（如 20 英尺箱、40 英尺箱）。②中型箱，即装载量在 5~20 吨的集装箱（如中国目前通用的 5 吨箱、10 吨箱）。③小型箱，即装载量在 5 吨以下的集装箱（如中国目前通用的 1 吨箱）。

（二）铁路集装箱基本参数

集装箱直达列车（见图 8-3）开行对集装箱运输的发展起到了很大作用，同时对铁路集装箱参数也有一定规范和要求。铁路集装箱基本参数如表 8-1 所示。

图 8-3　集装箱直达列车

表 8-1　铁路集装箱基本参数

集装箱型号尺寸	最大外轮廓尺寸/毫米			最小内部尺寸/毫米			对开门门框尺寸/毫米		额定质量/千克	自重/千克	允许载重/千克	容积/立方米
	长度	宽度	高度	长度	宽度	高度	宽度	高度				
20 英尺通用箱	6 058	2 438	2 591	5 898	2 352	2 393	2 340	2 280	30 480	2 240	28 240	33.2
20 英尺宽体箱	6 058	2 550	2 896	5 898	2 464	2 698	2 440	2 634	35 000	2 580	32 420	39.2
20 英尺 35 吨通用箱	6 058	2 550	2 896	5 895	2 438	2 698	2 455	2 585	35 000	2 750	32 250	38.8
40 英尺通用箱	12 192	2 438	2 896	12 032	2 352	2 698	2 340	2 585	30 480	3 810	26 670	76.4
40 英尺通用标准箱（加强型）	12 192	2 438	2 896	12 029	2 352	2 698	2 340	2 585	35 000	3 950	31 050	76.3
45 英尺 35 吨通用箱	13 716	2 550	2 896	13 556	2 464	2 698	2 452	2 585	35 000	5 020	29 980	90.1

三、国际铁路主要运输干线

（一）西伯利亚大铁路

西伯利亚大铁路东起海参崴，途经伯力、赤塔、伊尔库茨克、新西伯利亚、鄂木斯克、车里雅宾斯克、古比雪夫，止于莫斯科。该线东连朝鲜和中国；西接北欧、中欧、西欧各国；南由莫斯科往南可接伊朗。中国与俄罗斯、东欧国家及伊朗之间的贸易，主要用此干线。

（二）加拿大连接东西两大洋铁路

（1）鲁珀特港—埃德蒙顿—温尼伯—魁北克（加拿大国家铁路）。
（2）温哥华—卡尔加里—温尼伯—散德贝—蒙特利尔—圣约翰—哈利法克斯（加拿大太平洋大铁路）。

（三）美国连接东西两大洋铁路

（1）西雅图—斯波坎—俾斯麦—圣保罗—芝加哥—底特律（北太平洋铁路）。
（2）洛杉矶—阿尔布开克—堪萨斯城—圣路易斯—辛辛那提—华盛顿—巴尔的摩（圣菲铁路）—洛杉矶—图森—帕索—休斯敦—新奥尔良（南太平洋铁路）。
（3）旧金山—奥格登—奥马哈—芝加哥—匹兹堡—费城—纽约（联合太平洋铁路）。

（四）中东—欧洲铁路

从伊拉克的巴士拉，向西经巴格达、摩苏尔、叙利亚的穆斯林米亚、土耳其的阿达纳、科尼亚、厄斯基色希尔至博斯普鲁斯海峡东岸的于斯屈达尔，再过博斯普鲁斯大桥至伊斯坦布尔，接巴尔干铁路，向西经索菲亚、贝尔格莱德、布达佩斯至维也纳，连接中、西欧铁路网。

四、国际铁路联运及其进出口流程

（一）国际铁路货物联运

国际铁路货物联运是指在跨国及两个以上国家铁路的货物运送中，由参加国家铁路共同使用一份运输票据，并以连带责任办理的全程铁路运送。国际铁路货物联运是中国对外经济联系的渠道之一，也是铁路涉外工作一部分。"渝新欧"国际铁路货物联运如图8-4所示。

图8-4 "渝新欧"国际铁路货物联运

1. 国际铁路货物联运基本条件

（1）所含范围。①参加《国际货协》国家之间的货物运送。②向未参加《国际货协》铁路的货物运输。③通过参加《国际货协》国的港口向其他国家运送货物。

（2）办理种别。国际铁路货物联运办理种别分为整车、零担和大吨位集装箱。①整车是指按一份运单托运的按其体积或种类需要单独车辆运送的货物。②零担就是按一份运单托运的一批货物，重量不超过5 000千克，按其体积或种类不需要单独车辆运送的货物。但如果有关铁路间另有商定条件，也可不适用国际货协整车和零担货物的规定。③大吨位集装箱则是指按一份运单托运的，用大吨位集装箱运送的货物或空的大吨位集装箱。

（3）运输限制。在国际铁路直通货物联运中，像炸弹、弹药和军火、爆炸品等危险物品是不能运送的。对物体重量也是有严格规定的，比如一件重量不足 10 千克，体积不超过 0.1 立方米的零担货物也是不能运送的。

2. 国际铁路货运联运业务办理注意事项

（1）订舱要求。订舱委托书上要有详细的收发货人、通知人信息、始发站、目的站、箱量、承运人集装箱（Carrier's Own Container, COC）或者自备箱（Shipper's Own Container, SOC）、货物中英文品名、货物包装类型等信息。

（2）货物要求。如发运需要特殊运输条件的货物、危险货物（在《铁路危险货物品名表》中列明的货物）或未列入上述品名表但危及铁路运输安全的货物时，另行商定货物运输的可行性及技术方案。

（3）装箱要求。①对于不同运输条件的货物、根据货物性质不能混装运输的货物，一律不得混装。②须对集装箱货物的装载加固方案等进行审核，并确认符合铁路运输相关规定。箱内货物需码放稳固，装载均衡，做到不超载、不集重、不偏重、不偏载、不撞砸箱体，采取措施防止货物移动、滚动或开门时倒塌，防止箱内液体出现渗漏，确保箱内货物和集装箱运输安全。③对装载不同货物且比重相差较大的或者不规则的大件货物、集重货物（例如机车车轮、机车轮对、卷钢、铸件、机械设备等），客户应出具经铁路部门认可的专业技术机构制定的或认可的装载加固方案。④要求铁路集装箱装载货物不可以出现偏载及超重现象。如果出现偏载及超重，责任及费用将由装柜方自行承担。⑤装货时拍摄装箱照片，施封后照片必须能清晰反映施封、落锁情况和锁杆、门把手紧固及螺栓完好状态。

（二）国际铁路联运出口货物流程

1. 托运前的工作

在托运前必须将货物的包装和标记严格按照合同中有关条款、《国际铁路货物联运协定》（以下简称《国际货协》）和议定书中条款办理。货物标记、表示牌及运输标记、货签等字迹均应清晰，不易擦掉，保证多次换装中不致脱落。

2. 货物托运和承运的一般程序

发货人在托运货物时，应向车站提出货物运单和运单副本，以此作为货物托运的书面申请。车站接到运单后，应进行认真审核，对整车货物应检查是否有批准的月度、旬度货物运输计划和日要车计划，检查货物运单各项内容是否正确，如确认可承运，车站即在运单上签证时写明货物应进入车站的日期和装车日期。发货人按签证指定的日期将货物搬入车站或指定货位，并根据货物运单的记载查对实货，认为符合《国际货协》和有关规章制度的规定，车站方可予以承认。

从车站将发货人托运的货物，连同运单一同接收完毕，在货物运单上加盖承运日期戳时，即表示货物已承运。铁路对承运后的货物负保管、装车发运责任。

3. 货运单据

中国出口货物必须添附国际货协运单、出口货物明细单、出口货物报关单、出口外汇核销单、出口许可证、品质证明书、商检证、卫生检疫证、动植物检查以及装箱单、磅码单、化验单、产地证及发运清单等有关单证。

国际货协运单（以下简称"运单"）是指参加《国际货协》的各国间办理铁路联运时所使用的单据。运单是承运人与货主之间缔结的运输契约证明，类似于合同，其为非物权凭证，不具有流通属性。运单规定了铁路与收、发货人在货物运送中的权利、义务和责任，对各方都具有法律效力。

运单有统一格式,由发货人编制并提交给缔约承运人。完整的运单由一整套票据(包括带编号的6张和必要份数的补充运行报单)组成。第一联:运单正本(给收货人)。此联随同货物至到达站,并连同第六联和货物一起交给收货人。第二联:运行报单(给向收货人交付货物的承运人)。此联运单随同货物至到达站,并留存到铁路目的地。第三联:货物交付单(给向收货人交付货物的承运人),此联同第二联一样,随同货物至到达站,并留存到铁路目的地。第四联:运单副本(给发货人)。运输合同缔结后,交给发货人,用于运输合同签订、外汇核销等,是平时业务操作最常见的一联。第五联:货物接收单(给缔约承运人)。一般是发运承运人,即是发运铁路。第六联:货物到达通知单(给收货人),随同货物运至到达站,并连同第一联一起交给收货人,作为收货人进口报关文件。

在填制运单时,要求单货一致、单证一致。运单填制内容要与贸易单证一致,纸质运单与电子运单内容保证一致,确保运单填制规范,符合《国际货协》《关于铁路货物运输的国际公约》等相关要求。

《国际货协》统一制定的运单(正面)如图8-5所示。

(1) 发货人。

①发货人名称,通信地址。②如缔约承运人对发货人进行编码,则注明由该承运人确定的发货人代码。③可注明电话号码、传真号(连同区号)、电子邮箱。④发货人签名,确认其在运单中所记载事项的正确性。

(2) 发站。

①发站名称及铁路简称。②发站代码。③从不适用《国际货协》的国家运送货物时,应注明变更运输合同法律规范的车站名称、代码及铁路简称。

(3) 发货人的申明。

①绕路运输时的具体运送经路。②发生货物运送或交付阻碍时如何处置货物的指示。③运送易腐货物时的保护措施和保温制度。④描述货物或车辆托运时查明的发货人所提供的车辆、多式运输单元和汽车运输工具的破损情况。⑤运送机动车辆、机械时,注明"易破碎零件不加防护运送""第____号机械的钥匙"。⑥如经不同轨距铁路运送时,注明同承运人商定的货物(包括空车)运送办法——记载:"换装到另一轨距车辆""更换到另一轨距车辆转向架(如有换轮合同,则注明合同号及其缔结日期)"或"采用变轧距轮对"。⑦发货人对其在运单上所做修改的申明。⑧运送冻结货物时,注明货物含水量百分比和采取的预防措施("货物冻结""撒入石灰的数量占____%""用油处理的数量占____%""分层垫入锯末"等)。⑨押运人权利范围。⑩关于在运单上添附补充清单数量的记载。⑪采取其他运输方式运进/运出货物时,应记载:"采用____(运输方式)从____(始发国国名)运进"或"采用____(运输方式)运往____(终到国国名)"。⑫运送声明价格的货物时,记载:"货物声明价格____(款额应大写)"。⑬记载关于采用1 520毫米轨距敞车类货车(特种平车除外)装载的限界货物装载和加固条件:"技术条件第____章第____项""第____号国家技术条件""第____号地方技术条件"或"第____号图"。⑭使用发货人提供的车辆运送货物时,如运送中需将货物换装到另一轨距车辆内,应记载:"在____站(注明换装站名称)进行货物换装后空车应交付____(注明空车收货人名称及其通信地址)"等信息。

(4) 收货人。

①收货人名称,通信地址。②如交付货物的承运人对收货人进行编码,则注明由该承运人确定的收货人代码。③还可注明电话号、传真号(连同区号)、电子信箱。④在向不适用《国际货协》的国家运送货物时,应注明在变更运输合同法律规范的车站改办运输合同的承运人简称。

(5) 到站。

①到站名称及铁路简称。②到站代码。③在向不适用《国际货协》的国家运送货物时,注

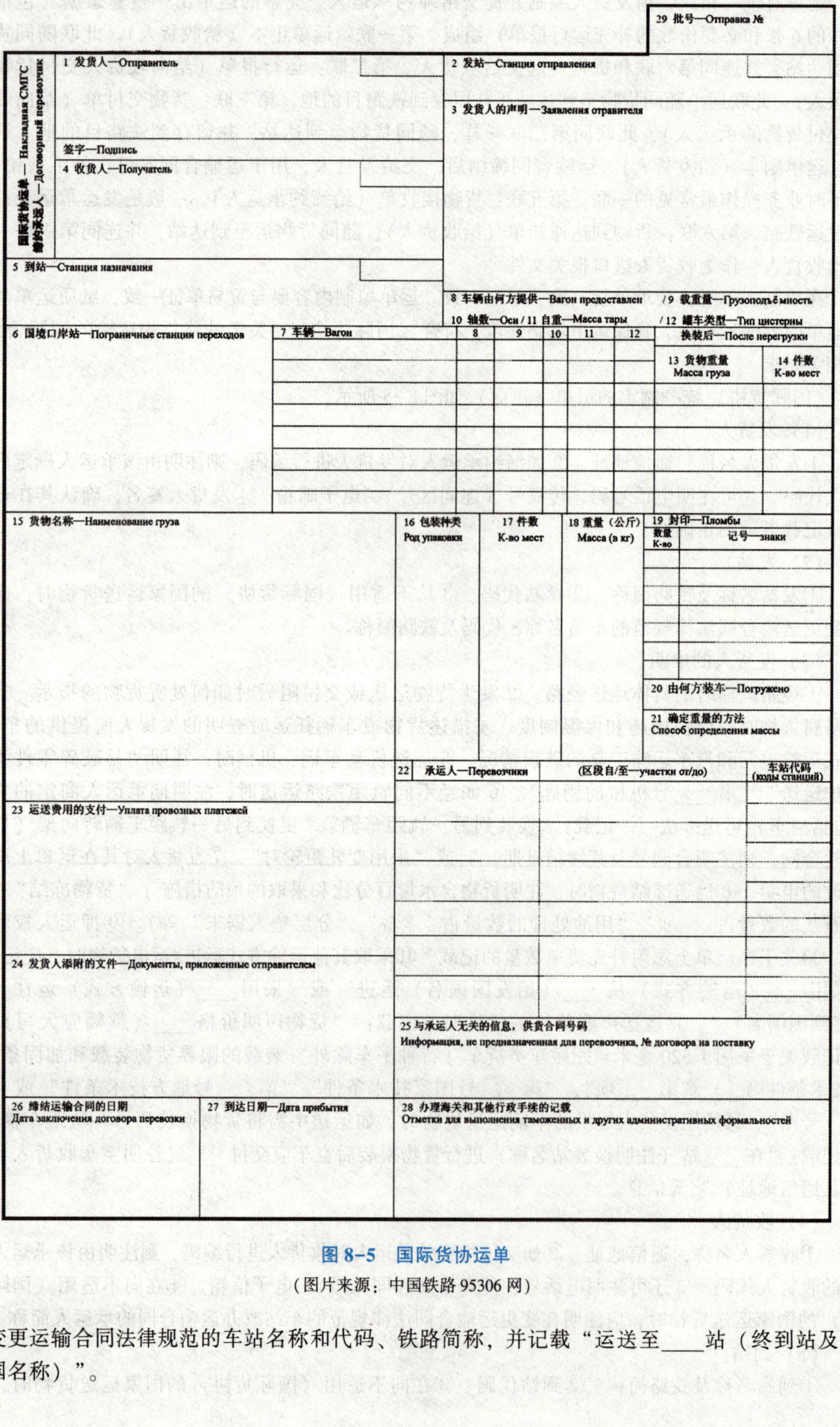

29 批号—Отправка №

国际货协运单 — Накладная СМГС
缔约承运人—Договорный перевозчик

1 发货人—Отправитель

2 发站—Станция отправления

3 发货人的声明—Заявления отравителя

签字—Подпись

4 收货人—Получатель

5 到站—Станция назначания

8 车辆由何方提供—Вагон предоставлен / 9 载重量—Грузоподъёмность

10 轴数—Оси / 11 自重—Масса тары / 12 罐车类型—Тип цистерны

6 国境口岸站—Пограничные станции переходов

7 车辆—Вагон

8	9	10	11	12

换装后—После перегрузки

13 货物重量 Масса груза

14 件数 К-во мест

15 货物名称—Наименование груза

16 包装种类 Род упаковки

17 件数 К-во мест

18 重量（公斤）Масса (в кг)

19 封印—Пломбы

数量 К-во

记号—знаки

20 由何方装车—Погружено

21 确定重量的方法 Способ определения массы

22 承运人—Перевозчики

（区段自/至—участки от/до）

车站代码（коды станций）

23 运送费用的支付—Уплата провозных платежей

24 发货人添附的文件—Документы, приложенные отправителем

25 与承运人无关的信息，供货合同号码

Информация, не предназначенная для перевозчика, № договора на поставку

26 缔结运输合同的日期 Дата заключения договора перевозки

27 到达日期—Дата прибытия

28 办理海关和其他行政手续的记载 Отметки для выполнения таможенных и других административных формальностей

图 8–5 国际货协运单

（图片来源：中国铁路 95306 网）

明变更运输合同法律规范的车站名称和代码、铁路简称，并记载“运送至____站（终到站及到达国名称）”。

（6）国境口岸站。

①按同缔约承运人商定的货物运送经路，注明发送国和过境国的出口国境站名称及代码、铁路简称。②在货物运送中使用轮渡时，应注明将货物转交轮渡或从轮渡接运的港口及车站名称。③如有可能从一个出口国境站通过邻国的几个进口国境站办理货物运送，还应注明运送所要通过的进口国站名称。

（7）车辆。

①注明短号。②注明车辆所属者名称和车辆配属路简称。③使用机械冷藏车组运送货物时，应补充记载"机械冷藏车组____（注明机械冷藏车组号码），____（注明车组中的货车数量）"。④使用跨装车组运送货物时，应注明所有车辆的号码及"跨装"字样。⑤按一份运单运送两辆或两辆以上车内的货物，或按一份运单运送使用发货人提供的两辆或两辆以上车辆装运的数个集装箱时，应注明"见所附清单"。⑥运送自轮运转货物时，应注明设备（每台）、车辆或轨道运行机械的号码。

（8）车辆由何方提供。

①做下列记载："∏"——承运人提供车辆时；"O"——发货人提供车辆时。②实际由发货人提供的车辆，等同于发货人提供的车辆。

（9）载重量。

①填制车辆上记载的载重量（用T表示）。②如在车辆上标有数个载重量，则应注明最大载重量（用T表示）。

（10）轴数。

①注明车辆的轴数。②运送自轮运转货物时，注明设备（每台）、车辆或轨道运行机械的轴数。

（11）自重。

①填制车辆上记载的自重。②当用过磅的方法确定空车重量时，车辆上记载的自重写成分子，而过磅确定的自重写成分母。

（12）罐车类型。

使用1 520毫米轨距罐车运送货物时，应注明车号下方标记的罐车类型。

（13）货物重量（换装后）。

①注明换装到每辆车内的货物重量。②当多出部分同货物主要部分同时发送时，应注明装载到单独车辆上的货物多出部分的重量。

（14）件数（换装后）。

注明换装到每辆车内的货物件数。

（15）货物名称。

①填制《通用货物品名表》规定的每种货物的名称和8位代码。②注明货物上所做的记号、标记和号码。③运送危险货物时，还应根据《国际货协》附件第2号《危险货物运送规则》注明货物名称及信息。④运送易腐货物时，应填制"易腐"；使用棚车通风运送货物时，还应注明"通风"。⑤运送冻结货物时，应注明"冻结"。⑥运送动物时，应注明"动物"及"不准驼峰溜放"。⑦运送易燃货物时，应注明"易燃"及"隔离车3/0-0-1-0"。

（16）包装种类。

①注明车辆、多式运输单元或汽车运输工具中所装载货物的包装种类。②运送货捆货物时应注明：分子——货捆，分母——货捆中的每件货物的包装种类。如货物没有包装时，应注明"无包装"。③运送没有容器和包装的货物时，应注明"无包装"字样。

（17）件数。

①在货物名称同一行上，用数字注明货物件数。②运送堆装、散装或灌装货物时，相应注明

"堆装""散装""灌装"字样。③用敞车类货车或开顶集装箱运送货物时，如件数超过100件，则记载"堆装"字样。④运送货捆货物时用分数注明：货捆数目（分子），装入货捆中的货件总数（分母）。⑤采用可多次使用的运送用具运送货物时，应注明这些运送用具的数量。⑥使用多式运输单元或汽车运输工具运送货物时，应注明多式运输单元或汽车运输工具内装载的货物件数。⑦使用汽车列车运送货物时，应注明汽车和挂车的货物件数及汽车列车内的货物总件数。⑧运送空的多式运输单元或汽车运输工具时，应注明其数量。

（18）重量。

用数字注明：①在与货物名称同一行注明每种货物的毛重（含包装重量），包括自轮运转货物的重量。②多式运输单元或汽车运输工具的自重。③未包含在车辆自重内的运送用具重量。④货物总量。

（19）封印。

注明无押运人押运的车辆、多式运输单元或汽车运输工具上施加的封印数量和记号。使用锁封装置时，应注明锁封装置的名称、记号、货物发送路简称。

（20）由何方装车。

视由何方（承运人或发货人）装车，注明"承运人"或"发货人"字样。

（21）确定重量的方法。

根据确定货物重量的方法，注明："用衡器"（注明衡器类型），"按标记重量"，"按标准重量"，"丈量法"，"计量法"，"计量器"。

（22）承运人。

应注明缔约承运人（最先注明）和接续承运人（最后注明交付货物的承运人）的简称和代码，以及每个承运人办理运送的相应区段（以车站作为各区段的界限，注明车站名称及其代码）。

（23）运送费用的支付。

根据"承运人"栏内的事项，按办理运送的承运人顺序注明各承运人简称、向每一承运人付款的支付人名称及付款依据（支付人代码、合同日期及合同号等）。

（24）发货人添附的文件。

①注明发货人在运单上添附的所有文件。如某一文件添附数份，应注明份数。②如运单中注明的添附文件在运送途中将被取下，则在该文件名称后面注明应取下文件的铁路简称，即"给____（取下这些文件的铁路简称）"。

（25）与承运人无关的信息，供货合同号码。

①记入与该批货物有关，但并非承运人所需的发货人信息。②如履行行政手续所需的文件未添附在运单上，而是寄往相应的行政检查机关，则应做下列记载："____（注明文件的名称、号码和日期）提交____（注明行政检查机关的名称）"。③可记入其他信息，包括出口单位和进口单位缔结的供货合同号码（如出口单位和进口单位的合同仅有一个号码）。如供货合同中有两个号码，出口单位为一个号码，进口单位为另一个号码，则记入出口单位合同号码。

（26）缔结运输合同的日期。

在始发站应加盖缔约承运人日期戳。

（27）到达日期。

在到达站应加盖承运人日期戳。如货物未到达，应注明"货物未到达"，并加盖承运人戳记。

（28）办理海关和其他行政手续的记载。

做下列记载：海关——执行海关查验；其他海关——履行行政手续。

最后，国际货协运单的填制，应采用铁组工作语（中文、俄文）中的一种。以中俄为例，由中国运送至俄罗斯的,采用中文,由俄罗斯发往中国的,采用俄文。在此基础上,均可附其他语的译文。

(三) 国际铁路联运进口货物流程

参加《国际货协》的国家通过铁路联运进口货物,由国外发货人向其所在国铁路办理托运,一切手续和规定均按《国际货协》和该国国内规章办理。国际铁路联运进口货物运输主要包括发运前准备、国境站交接和货物交付三个主要环节。

1. 发运前准备

中国从有关参加《国际货协》的国家铁路联运进口货物时,国外发运人按《国际货协》和该国国内铁路规章办理一切发运手续。如果从非《国际货协》成员国向中国发送进口货物,一般有以下两种选择:①由发货人通过发送国铁路办理至参加《国际货协》的第一个过境路的进口国境站,然后由该国国境站站长以发货人全权代理人的资格填制《国际货协》运单,并随附原运单,将货物发送到中国最终到站。②发货人把货物发往参加《国际货协》的国家,委托该国运输机构代收后,再按国际联运办理托运至中国最终到站。同时收货人还应做好包括编制发运前联运进口货物的运输标志、审核联运进口货物的运输条件、向国境站寄送合同资料等的准备工作。

2. 国境站交接

根据《国际货协》和《国境铁路议定书》的规定,货物在国境站(如图 8-6 所示的新疆阿拉山口)的交接由两国铁路负责进行,并负有连带责任。进口国境站根据邻国国境站货物列车的预报和确报,通知交接所及海关做好到达列车的检查准备工作。进口货物列车到站后,由铁路会同海关接车。双方铁路进行票据交接,并将列车车长提供的货物和车辆交接单及随车带交的货运票据一并交给交接所。交接所根据交接单办理货物和车辆的现场交接。货运代理机构在收到合同资料后,要对相关内容进行核对,如发现内容不齐全、有错误、字迹不清,应迅速联系有关进出口公司修改更正。联运进口货物抵达国境站时,根据合同资料对各种货运单证进行审核,只有单、证、票、货完全相符,才可核放货物。两国国境交接所根据交接单办理货物和车辆的现场交接。中国进口国境站交接所通过内部联合办公,开展交易所核放、货物报关和验关工作,然后由铁路部门负责将货物调往换装线,进行换装作业,并按流向编组向国内发送。

图 8-6 新疆阿拉山口

3. 货物交付

(1) 通知提货。铁路部门在联运货物到站后,根据运单或随附运单的进口货物通知单所记载的实际收货人,发出货物到达通知,通知收货人及时提货。

(2) 收货人付款提货。收货人接到到货通知后,向铁路部门付清运单所载的一切应付运送费用后，铁路部门须将货物连同运单交收货人。

（3）拒收与索赔。如果因毁损或腐坏而使货物需求量发生变化，以致部分货物或全部货物不能按原用途使用时，收货人可以拒绝领取货物。如果运单中所载的货物部分短少，收货人应按运单向铁路支付应付的全部款项，然后有权按赔偿请求手续对未付的货物，索取其按运单所载声明价格赔付的货物。另外，根据《国际货协》规定，在货物运到期限满期后 30 天内，如果铁路未将货物交付收货人或未提请收货人处理，收货人即可以认为货物已经灭失，并凭运单副本，要求铁路赔偿。

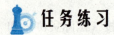 任务练习

一、任务的提出

李立是锦长货代公司的实习生。锦长货代公司代理沈阳一家成衣生产企业出口俄罗斯的货运业务，拟采用国际铁路联运方式运输。

> **任务**
> 锦长货代公司业务经理要求实习生李立，根据所学的国际铁路货运知识概括整个出口货运流程。

二、任务的实施

锦长货代公司实习生李立根据国际铁路货物联运的要求，拟定客户出口俄罗斯成衣的流程如下。

1. 成衣的托运与承运

向铁路部门提出委托运输。发货人向车站提出货物运单和运单副本，以此作为成衣托运的书面申请。成衣在装车完毕后，发站在货物运单上加盖承运日期戳。托运、承运完毕后，以运单为具体形式的运输合同即开始生效，铁路按《国际货协》的规定对成衣有保管、装车并运送到指定目的地的责任。

2. 成衣的发运

货物办理完托运和承运手续后，接下来是装车发运。向国境站寄送合同资料，寄送的合同资料包括合同中文抄本及其附件、补充协议和有关确定函电、提前交付清单等。

3. 国境站的交接

出口国境站货运调度根据国内前方站列车到达预报，通知交接主管处和海关做好接车及检查准备工作。出口成衣的列车进站后，铁路会同海关接车，并将列车随带的运送票据送交接主管处理，货物列车接受海关的监管和检查。交接所实行联合办公，铁路、海关、外运分公司等单位按照业务分工进行流水作业，密切配合协作，加速单证和车辆的周转（出口货物单证资料的审核、报关、报检、铅封交接、出口货物事故的处理等）。

4. 成衣交付

（1）货运调度室根据前方列车到达预报，通知做好接车准备工作。

（2）货物列车进站后，铁路及时接车，并检验列车和运送票据。

（3）货物到达后，通知运单中所记载的收货人领取成衣。

（4）收货人支付运送费用并领取成衣。在收货人付清运单中所载的一切应付运送费用后，铁路须将货物连同运单正本和货物到达通知单交付收货人。

至此，此票成衣出口国际铁路联运代理业务顺利完成。

任务评价

知识点与技能点	我的理解（填制关键词）	掌握程度
铁路运输		☆☆☆☆☆
铁路集装箱		☆☆☆☆☆
国际铁路主要运输干线		☆☆☆☆☆
国际铁路联运货物的进出口流程		☆☆☆☆☆

任务二　操作国际公路货物运输业务

学习目标

知识目标

1. 了解国际公路运输的概念及特点；
2. 理解 TIR 公约及 TIR 基本原则；
3. 掌握国际公路运输操作流程；
4. 熟悉国际公路运输运单。

能力目标

能处理国际公路运输业务流程的各环节业务。

素养目标

让学生学会遵守国际道路货物运输业务的操作规范。

知识储备

一、公路运输

公路运输（一般是指汽车运输）是陆上的两种基本运输方式之一，是国际货物运输中不可缺少的重要运输方式。

公路运输不仅可以直接承担跨国货物运输，而且是车站、港口和机场集散进出口货物的重要手段。公路运输成为稳定国际供应链、保障中国及周边"一带一路"沿线国家货物运输的重要渠道。在中国与周边接壤国家的对外贸易中，公路运输占有重要地位。

与其他运输方式相比，公路运输具有以下特点。

（1）**适应性强**。机动灵活、简捷方便、应急性强，能深入其他运输工具到达不了的地方。由于公路运输网一般比铁路、水路网的密度要大十几倍，分布面也广，因此公路运输车辆可以"无处不到"。公路运输在时间方面的机动性也比较大，车辆可随时调度、装运，各环节之间的衔接时间较短。尤其是公路运输对货运量具有很强的适应性，汽

视频：公路运输

车载重吨位有小（0.25 吨~1 吨），有大（200 吨~300 吨），既可以单个车辆独立运输，也可以由若干车辆组成车队同时运输。

（2）**直达运输**。由于汽车体积较小，中途一般也不需要换装，除了可沿分布较广的公路网运行外，还可离开路网深入工厂企业、农村田间等地，把货物从始发地门口直接运送到目的地门口，实现"门到门"直达运输，且在途时间较短，运送速度较快。

（3）**资金周转快**。公路运输与铁、水、航运输方式相比，所需固定设施简单，车辆购置费用一般也较低，因此投资回收期短。在正常经营情况下，公路运输的投资每年可周转 1~3 次，而铁路运输则需要 3~4 年才能周转一次。

（4）**技术易掌握**。以火车司机或飞机驾驶员的培训要求来说，汽车驾驶技术比较容易掌握，对驾驶员的各方面素质要求相对也比较低。

（5）**运量较小**。世界上最大的汽车是美国通用汽车公司生产的矿用自卸车，长 20 多米，自重 610 吨，载重 350 吨左右，但仍比火车、轮船少得多。

（6）**持续性差**。在现代运输方式中，公路平均运距是最短的，运行持续性较差。

（7）**安全性低**。每年死于汽车交通事故的人数超过了艾滋病、战争和结核病每年的死亡人数。汽车所排出的尾气和引起的噪声也严重威胁着人类的健康，是大城市环境污染的最大污染源之一。

二、TIR 公约及系统

（一）国际公路运输组织

国际道路运输联盟（International Road Transport Union，IRU）是一家全球性的道路运输组织，于 1948 年在瑞士日内瓦成立。作为道路运输行业的国际组织，IRU 在全球 100 多个国家拥有会员并开展活动，致力于推动全球交通运输行业的可持续发展。IRU 经联合国授权管理全球唯一的跨境货运海关通关系统——TIR 系统（国际公路运输系统）。

IRU 致力于寻求改善世界道路运输现状，支持贸易和经济增长，推动国际道路运输行业发展。IRU 成员遍及全球 100 多个国家，主要成员包括各国国家级道路运输协会及运输从业者。

（二）TIR 的概念

TIR（Transport International Router）全称为《国际公路运输公约》，也称《国际道路运输公约》（以下简称为《TIR 公约》）。基于《TIR 公约》框架下的 TIR 系统是目前唯一的全球性跨境货物运输通关系统，涵盖公路、铁路、内陆河流、海运等多式联运。TIR 系统是国际跨境货物运输领域全球性的海关便利通关系统，最初是为了提高欧洲各国之间的通关通行运输效率，目前全球已经有 73 个缔约方加入了《TIR 公约》，大多数位于"丝绸之路经济带"沿线重要地区。

为了推进"一带一路"建设，中国于 2016 年 7 月 5 日正式加入《TIR 公约》，成为第 70 个缔约方。2018 年 5 月，《TIR 公约》正式在中国落地实施。2019 年 6 月 25 日起，海关总署宣布全面实施《TIR 公约》，开放了所有 1 200 个边境口岸。《TIR 公约》下的 TIR 系统是一种全球通用的国际海关中转和担保系统。这是最简单、最安全、最可靠的货物跨境运输方式，也为运输人员和海关节省了时间和金钱。

中国与"一带一路"沿线国家的跨境公路运输达到了新的高度，成为与现有海、空、铁路形成竞争的第四个物流通道，为中国进一步对外开放，尤其是内陆地区深度融入"一带一路"互联互通，增强与周边和沿线国家的经贸往来注入了新动力。

（三）TIR 基本原则

《TIR 公约》是经授权的道路运输承运人可以凭 TIR 单证册在《TIR 公约》缔约方的境内内陆海关接受查验并施加关封后，不受过境国海关查验，直接运往目的地国家内陆海关的海关过境货物运输制度。在 TIR 运输业务中，一旦出现违规事件，海关无法从货物承运人取得税费时，可以通过本国的运输（担保）协会取得最多每份 TIR 单证册 50 000 美元的担保额。

为了确保货物的顺畅运输，同时又向所有过境国海关提供最大限度的海关税费保障，《TIR 公约》确立了 TIR 过境货物运输的五项基本原则。

1. 运输工具和集装箱管控原则

运输工具和集装箱管控原则是指用于 TIR 运输的车辆或集装箱应符合海关监管要求。《TIR 公约》规定，货物应以集装箱或公路车辆运载；用于 TIR 运输的车辆或集装箱的建造标准和核准程序应当符合《TIR 公约》规定，并取得国际组织核准签发的核准证明书。

2. 国际担保链原则

国际担保链原则是指整个运输途中的海关税费风险应得到有效的国际担保。《TIR 公约》允许从起运地海关到达目的地海关，包括中间经过的所有过境国海关均无须对货物进行任何检查。为解决货物运输过程中的海关关税风险，《TIR 公约》规定，在某一国家代表承运人并得到该国海关部门授权的担保协会，担保在该国内支付 TIR 运输作业过程中发生任何违章时可能应当缴纳的任何税费。这一担保协会同时担保支付持有该协会本身或另一国家的协会签发的 TIR 单证册的本国或外国承运人应当交付的税费。无论违章者是本国或外国货物承运人，总会有这样一个可与之联系的本国伙伴。

3. TIR 单证册海关间通用原则

TIR 单证册海关间通用原则是指货物应在起运国启用国际公认的海关文件（TIR 单证册），并以此作为起运国、过境国和目的国的海关监管依据。TIR 单证册是 TIR 制度的管理支柱，也是 TIR 制度下所运货物具备国际担保的证明。

4. 海关监管相互承认原则

海关监管相互承认原则是指起运国海关的查验结果应为所有过境国和目的地海关所承认。由起运国海关施加关封的公路车辆车厢或集装箱运载的货物，途经的过境国海关一般都不再进行开箱查验。

5. TIR 单证册特许授权使用原则

TIR 单证册特许授权使用是指各国担保协会颁发的 TIR 单证册和运输业者使用的 TIR 单证册应获得包括海关在内的主管部门的特许授权。《TIR 公约》对运输业利用 TIR 单证册做了进一步的要求，以防止国际性犯罪集团欺诈性地利用该制度。

TIR 原则的目标是尽最大可能便利国际贸易中海关加封货物的流动和提供必要的海关控管和保障。

（四）TIR 运行程序

起运：起运地海关检验并施加关封，并同时在单证上做相应的记录，保留第一联凭单并填制相应的存根，然后将单证交还给运输经营人。

出境：出境海关对关封检验，经与起运地海关核对无误后放行。

过境：过境国海关对封志进行检查放行。

抵达：目的地海关填制单证，进行进口清关处理。

三、国际公路运输操作流程

（一）发运

（1）组配：根据运输计划和公路货运的规定，按照货物的品种、性质、重量、体积来组配。

（2）制单：填制有关商品运输的各种凭证。

（3）托运：按照规定日期向承运站提交货运单，将商品运至发货站，与货运员办理清点、检验、交接手续。

（4）送单：托运人及时将领货凭证、付款收据、运输交接单、商品购销凭证等有关单据提交收货单位。

（5）预报：商品发运后，发货方应立即向收货方核算和收取代垫运杂费以及其他费用，并向收货方预报商品的到达时间。

（二）中转

（1）接收中转商品：中转点接到中转商品时，应立即按货单核对验收。如有不符，要查明缘由，更正后再进行转运。

（2）发运中转商品：尽量缩短停留时间，按商品到达的先后顺序进行发运。

（三）接收

（1）做好收货准备工作：联系业务部门安排车、船衔接工作，联系仓库准备入库，安排和组织好短途运力和搬运装卸力量。

（2）办理接收手续：在接收交付商品时，按运单逐件清点验收，发现问题及时查明原因，明确责任，及时处理。

四、国际公路运输运单

国际公路运输运单是公路货物运输及运输代理的合同凭证，是运输经营者接收货物并在运输期间负责保管和据以交付的凭证，也是记录车辆运行和行业统计的原始凭证。

国际公路运输出具的是联合国国际公路运输合同（CMR）。该运单已被中亚欧洲东盟国家和其他独联体国家认可。CMR 运单类似提单，必须记载下列事项：运单签发日期和地点，发货人、承运人、收货人的名称和地址，货物交接地点、日期，常用货物品名和包装、重量，以及运费、海关报关须知等。CMR 运单一式三联。发货人和承运人各持运单的第一、三联，第二联随货物走。CMR 运单不是议付或可转让的单据，也不是所有权凭证。

任务练习

一、任务的提出

李立是锦长货代公司实习生。锦长货代公司作为货主的代理人安排货物出口工作。在货物从内地往港口运输的过程中，由于定期货运汽车季节性短缺，一小部分货是由汽车运输市场雇用的一辆货运车运输，结果承运该货物的汽车连同货物一起下落不明。

任务

锦长货代公司业务经理要求实习生李立分析：作为货运代理人，锦长货代公司是否应该承担责任？

二、任务的实施

锦长货代公司实习生李立对案例进行了认真分析,认为作为客户的货运代理人是否应当承担责任,取决于以下两方面。

(1) 如果货代经货主同意,则由货主自己承担责任。

(2) 如果货代未经货主同意,则由于未尽谨慎处理之责,找到该无资质的货运车,由货代承担责任。

任务评价

知识点与技能点	我的理解(填制关键词)	掌握程度
公路运输		☆☆☆☆☆
《TIR 公约》及 TIR 系统		☆☆☆☆☆
国际公路运输操作流程		☆☆☆☆☆
国际公路运输运单		☆☆☆☆☆

【拓展阅读】

古丝绸之路的不朽象征

丝绸之路,是一条横贯亚洲、连接欧亚大陆的著名古代陆上商贸通道。丝绸之路东起长安(西安),经陕西、甘肃、宁夏、青海、新疆,跨越葱岭(今帕米尔高原),经中亚部分的独联体、阿富汗、伊朗、伊拉克、叙利亚而达地中海东岸,全长 7 000 多千米,中国境内的丝绸之路总长 4 000 多千米,超过了丝绸之路全程的 1/2。

丝绸之路已有 2 000 余年的历史。历史上,被誉为沙漠之舟的骆驼曾是丝绸之路上的主要交通工具。没有它们,或许就没有古丝绸之路。骆驼能在恶劣的环境下忍饥耐渴,在没有水的条件下可生存 3 周,没有食物可生存 1 个月之久。更重要的是,骆驼能发现人不能发现的沙漠底下的水源。背有肉峰,在极度缺水时,能将驼峰内的脂肪分解,产生水和热量。这些身体特征和生理功能保证了骆驼在干旱的沙漠中一代代地繁衍生存,也被人类选中成为货物运输的好帮手。

沙漠中的风沙在所难免,人类在遭遇沙尘暴时,口罩、眼镜这些轮番上场为人们阻隔风沙困扰,而骆驼却可以安然自若地在沙漠间行走。骆驼的鼻孔中生有瓣膜,当风沙扬起,瓣膜就会关闭,来阻止风沙从呼吸器官进入身体。骆驼还有一个看家本领,起风沙时可折叠起自己的耳朵,风沙便不会从耳朵钻进身体。

骆驼运输(见图 8-7)是古丝绸之路上最主要的运输方式,在通往西域漫长的道路上,要不断穿越大小沙漠,要穿越茫茫无际、东西长 1 000 余千米的塔克拉玛干沙漠,翻过葱岭,才能抵达西亚、中亚,直至欧洲。若无骆驼这艘"沙漠之舟",帮助预警和寻找水源,丝路商队怎能穿越那些浩瀚的沙漠,完成东西交流的使命?

骆驼以梭梭、胡杨、沙拐枣等各种荒漠植物为食,吃沙漠和半干旱地区生长的几乎任何植物,却以血肉之躯开辟了闻名于世的古丝绸之路,为商贸流通、东西方文化交流创造了不朽的业绩。可以说,没有骆驼,就没有万里丝绸之路,没有骆驼,丝绸之路就不会延伸如此之远。

驼影,年复一年地在广袤的沙漠上上演,这种古老的生灵,是万里沙海中唯一不灭的移动风

图 8-7 骆驼运输

景,叮当的驼铃,奏响的是雄伟壮阔的文化交流进行曲,它不仅成为沙漠最主要的运载工具,也成为古丝绸之路的不朽象征。

(资料来源:没有它们,或许就没有古丝绸之路,https://baijiahao.baidu.com/s?id=1616354204019282133&wfr=spider&for=pc)

素养园地

成都国际铁路港:架起"买全球""卖全球"快速通道

2013年4月26日,蓉欧快铁(后统一为中欧班列)在成都青白江始发,"钢铁驼队"远赴欧洲波兰罗兹,让成都乃至整个四川站在了面向世界开放的前沿。

9年多以来,位于青白江的成都国际铁路港依托中欧班列通道优势,建立起以成都为主枢纽、东联日韩、西进欧洲、南拓东盟、北上蒙俄的成都国际班列线路网络和全球陆海货运配送体系。成都中欧班列使得成都国际铁路港的辐射带动作用进一步增强,成为辐射周边的转口贸易高地。越来越多的"四川造"乃至"中国造"通过成都国际铁路港卖往全球。曾经,高昂的运输成本、复杂的中间环节是横亘在成都等内陆城市企业与外贸出口间的一堵高墙。如今,有了便捷的运贸一体班列,成都本土及周边的中小微企业产品也能高效便捷地出口至国外。成都国际铁路港不仅仅帮助国内的产品大量销往国外,也为"一带一路"沿线国家和地区的商品打开了广阔的市场空间。

【项目综合实训】

中国通过哈萨克斯坦、俄罗斯和白俄罗斯向欧洲运输铁路集装箱数量的惊人增长已经成为现实。未来几年将会给相关国家带来进一步的实质性成果。

锦长货代公司实习生李立已经协助处理了多票横跨欧亚大陆的集装箱铁路运输业务。为了考查李立对业务的熟悉度,公司业务经理要求李立说明在横跨欧亚大陆的集装箱铁路运输中,集装箱的优势以及运输路线。

实训

实习生李立结合之前接触及操作的横跨欧亚大陆的集装箱铁路运输业务,并查阅了相关资料,进行了以下分析。

集装箱铁路运输实际上仍然是跨欧亚大陆陆运货物的唯一运输方式。集装箱的使用有利于货物的保存,降低了包装成本,加快了货物装卸,统一了运输单据,促进了货物运输流量。

在运输路线方面,一般是沿着两条路线运输。

第一条为欧亚中部走廊(中国—哈萨克斯坦—俄罗斯—欧洲,穿过哈萨克斯坦领土,然后到达俄罗斯，再到白俄罗斯，最后到波兰）。与其他路线相比，它有许多优势：一是能够使用单一的运输方式（例如只有铁路运输）；二是最少数量的海关清关点（只有两个，中国—哈萨克斯坦和俄罗斯、白俄罗斯—欧盟）；三是与欧洲其他国家航运价格相比更具竞争力。

第二条路线是欧亚大陆的北部，从中国东北方向直接通往俄罗斯，或间接穿过蒙古，然后穿过俄罗斯全境，沿西伯利亚大铁路进入白俄罗斯，最后进入波兰。这条走廊较长，但在商业上也颇具吸引力，因为它起源于中国东北，途经俄罗斯若干发展中的工业中心，并受益于其优惠的价格优势。

【习题】

一、单选题

1. 国际铁路联运运单具有（　　）的功能。
   A. 运输合同和物权凭证　　　　B. 运输合同和货物收据
   C. 货物收据和货物凭证　　　　D. 货物收据和流通性

2. 中国与（　　）之间的铁路联运属于货协国之间的运输。
   A. 美国　　　B. 俄罗斯　　　C. 英国　　　D. 日本

3. 货运代理在办理出口货物国际铁路联动时，首先要做的工作是（　　）。
   A. 接受货主委托　　　　　　　B. 办理托运手续
   C. 报检　　　　　　　　　　　D. 报关

4. 铁路始发站在（　　），开始对承运货物承担有关责任。
   A. 收货完毕后　　　　　　　　B. 核对货物后
   C. 接到托运人运单申请后
   D. 货运单上加盖承运人印章的承运日期后

5.《国际道路运输公约》适用于（　　）货物运输。
   A. 铁路　　　B. 公路　　　C. 铁路和公路　　　D. 航空

二、判断题

1. 国际铁路联运运单属于《UCP 600》(《跟单信用证统一惯例》国际商会第 600 号出版物)规定的公路、铁路或内河运单范畴，它仅具有运输合同和货物收据的功能，不具有物权凭证的功能，不具有流通性。（　　）

2. 中国是《国际货协》参加国，在办理国际铁路货物托运业务时，作为唯一法定的运单是国际货协运单。（　　）

3. 中国的国际铁路货物联运费用由国内段费用、国境口岸费和国外段费用构成。（　　）

4. 不能拼装的特种货物，为防止其对其他货物造成不良影响，可采用整车运输。（　　）

5. TIR 成为目前国际上比较通用的一种国际公路运输制度，遵循此制度的车辆，车头面板上都要挂蓝底白字的 TIR 标记。（　　）

三、简答题

1. 谈谈铁路运输的优缺点。
2. 国际铁路主要运输干线有哪些？
3. 美国连接东西两大洋铁路的具体路线有几条？各自途经站点有哪些？

项目九

操作国际多式联运业务

【项目概述】

随着中国经济的快速发展，各种单一运输方式，如航空、公路、航运、铁路等，很难再满足各企业庞大的运输需求。国际多式联运是一种比区段运输高级的运输组织形式。随着"一带一路"倡议的逐步推进，国际多式联运已开始引起物流运输企业及政府的注意，其优越性也更加凸显。当前，国际多式联运已成为一种新型的重要国际集装箱运输方式，受到国际航运界的普遍重视，其必将为中国"一带一路"建设注入新动能。

本项目主要讲解国际多式联运业务的操作，主要内部包括认知国际多式联运概念、条件和优势，分析国际多式联运经营人责任，绘制国际多式联运业务流程，以及设计国际多式联运路线等。

【案例引入】

成都空铁国际联运港

2022年10月2日，成都（双流）空铁国际联运港传来好消息：一列装载20个标箱，运载品名为"瓷砖"的中老国际班列纳入开行计划。这是空铁国际联运港连接东盟国家（地区）的第150趟班列。

一年前，成都（双流）空铁国际联运港国际通道首发。目前，已累计开行国际班列161列，往返运输货物5 294标箱，新增外贸货值超过8.65亿元。

1. 通达13个国家（地区），开通19条国际班列线路

2022年9月15日，中吉乌公铁联运国际班列首发，班列从双流出发北上，由新疆伊尔克什坦口岸出境，是成都（双流）空铁国际联运港最新开通的国际班列线路。班列首次采用中吉乌公铁联运的方式，将铁路运输和公路运输的优势相结合，通过一次托运、一次付费、一份单据、一次保险，由公路、铁路区段承运人共同完成货物的全程运输。

运行一年来，成都（双流）空铁国际联运港平均每月新开1条以上国际班列，铁路运输、公铁联运、海铁联运等物流运输方式叠加，进一步凸显"航空+"多式联运体系优势。

投运一年，成都（双流）空铁国际联运港开通了：经阿拉山口至波兰华沙、德国杜伊斯堡的西向班列；经霍尔果斯至俄罗斯莫斯科的北向班列；经磨憨出入境往返老挝万象，经凭祥出入境往返越南河内的南向班列；经阿拉山口、霍尔果斯出入境往返伊朗、哈萨克斯坦的中亚国际班列。目前，已开行19条国际班列线路，可直达波兰、德国、俄罗斯、老挝、泰国等13个国家（地区）。

2. 多点齐发，畅通西部陆海新通道

4月8日，一列中老国际班列驶出成都（双流）空铁国际联运港，驶向老挝万象。同一时

间，省内的自贡、广元、遂宁等地的国际班列，也带着一批批"川货"奔向世界，四川西部陆海新通道班列首次实现了全域多点齐发。

日前，四川蜀道集团也与成都空港发展集团在双流签订了稳增保供国际物流战略合作协议。这意味着国际班列通道与四川省内部分铁路支线和高速公路实现了无缝衔接，畅通了国际物流"大动脉"和川内物流"微循环"，打通了多式联运服务在川物流通道的"最后一公里"。

区域联动的同时，空地也在协同发力。截至2022年8月底，成都双流国际机场在飞国际货运航线达31条。构建"航空+"多式联运体系，"航空"是核心支撑，与国际班列优势互补，成都（双流）空铁国际联运港不仅只是"双循环"的补充，同时也是成都融入国内"大循环"的重要承载。

（资料来源：成都（双流）空铁国际联运港开行一年 新增外贸货值超 8.65 亿元，http：//scnews.newssc.org/system/20221002/001304141.html）

思考：

成都（双流）空铁国际联运港开通了哪些国际班列线路？这些路线对促进成都经济发展起到了哪些作用？

任务一 认知国际多式联运概念、条件和优势

学习目标

知识目标

1. 了解国际多式联运的概念；
2. 熟悉国际多式联运的构成条件；
3. 掌握国际多式联运的比较优势。

能力目标

能分析国际多式联运在"一带一路"倡议中的作用和价值。

素养目标

引导学生认知"一带一路"倡议及其意义。

知识储备

一、国际多式联运概念

视频：认知国际多式联运

国际多式联运一般以集装箱为媒介，把铁路运输、海上运输、公路运输及航空运输等传统单一运输方式有机地结合起来，以系统化、连贯化形式有效完成国际货物运输。按照《联合国国际货物多式联运公约》，国际多式联运是指以至少两种不同的运输方式，通过国际多式联运合同，由国际多式联运经营人把货物从一国运至另一国指定交付地点的货物运输。如从上海到南非约翰内斯堡（JOHANNESBURG），经过海运（从上海到德班 DURBAN），再经陆运（德班到约翰内斯堡）。可知，国际多式联运是通过一次托运、一张单证、一次计费、一次保险，由各运输区段承运人将不同运输方式组合成一体化的整体性运输过程。

从运输方式的组成看，国际多式联运必须是两种或两种以上不同运输方式组成的连贯运输。

由于当今国际运输中海运占绝大多数的比例，因此目前国际多式联运主要有海—铁、海—空以及铁—公三种类型。

国际多式联运是世界公认的既高效又节省成本的一种运输服务方式。随着班轮运输和集装箱运输在全球的发展和普及，国际多式联运成为影响国际货物运输的一个重要因素，并在较大程度上改变着全球贸易的发展和格局。

在中国，国际多式联运目前得到了较大发展。随着中国经济进入"新常态"，物流业需要通过运输资源的有效配置，各种运输方式的合理分工和有效衔接，才能获取物流更大的利润空间，并为运输提供更大的增值服务。此外，随着"一带一路"倡议的提出，国际多式联运加速了产业的布局，从而促进了中国中西部地区产业的多元化，成为中国中西部地区经济发展的引擎。因此，国际多式联运不仅会促进中国物流业的发展，而且对优化产业布局具有巨大的重要性和紧迫性。

中国常见的国际多式联运业务包括：从中国内陆运往周边国家，比如朝鲜、俄罗斯、蒙古、越南、泰国、中亚五国（哈萨克斯坦、塔吉克斯坦、吉尔吉斯斯坦、乌兹别克斯坦、土库曼斯坦），以及欧洲，包括北欧、东欧、南欧诸国。每趟运行时间一般为6~18天。主要的进出境口岸包括：内蒙古的满洲里、二连浩特，新疆的阿拉山口、霍尔果斯和广西的凭祥等。

二、国际多式联运的构成条件

根据上述国际多式联运定义，可知构成国际多式联运必须有以下几个条件。

视频：国际多式联运应具备的条件

一，须有一份连贯整个运输过程的国际多式联运合同。 国际多式联运合同必须明确阐明货物的托运人和国际多式联运经营人之间权利、义务和责任等合同关系。根据合同规定，国际多式联运经营人在一次性收取全程运费的基础上，组织完成货物的全程运输。因此，区别国际多式联运和一般传统联运的主要依据是国际多式联运合同，其也是确定国际多式联运性质的根本依据。

二，须有一份连贯整个运输过程的国际多式联运单据。 1975年，国际商会为了促进国际多式联运发展，颁布了《联合运输单据统一规则》，其中对国际多式联运单据做了规定。同时，国际多式联运单据也是一种有价证券和物权证书。

三，须使用两种或以上运输方式的连贯运输。 如海运、空运、铁运、陆运等各种组合，而铁—铁、海—海等则不能纳入国际多式联运范畴内。所以，确定一票货运是否属于国际多式联运方式，一个重要因素就是其至少包括两种不同运输方式。

四，须是国际货运，即为国际货物运输。 货物运输必须是至少横跨两个国境，这也是区别于国内运输以及是否适合国际法规的其中一个限制条件。

五，须有一个国际多式联运经营人。 这是国际多式联运的一个重要特征。国际多式联运经营人组织全程运输并负总责。国际多式联运经营人为了完成多式联运合同规定的运输任务，有两种方式可供选择：一种方式是多式联运经营人自己承担一部分运输任务，其余的运输则以自己名义外包给相关区段的分承运人；另外一种方式是，自己不直接承担任何一部分的运输任务，而是把各段运输分别外包给相关区段的分承运人，即分承运人与托运人之间没有任何关系。

六，须是全程单一运费费率。 国际多式联运经营人只按一种费率向托运人结算运费。在承担全程运输责任基础上，国际多式联运经营人以包干形式，制定一个一次性向货主收取的全程单一费率。全程单一费率包括从发货起点到运输终点的各段运输费用的总和（运输成本）。

综上，国际多式联运也就是通常所说的"一票到底""一单到底""一柜到底"的全程运输服务。其中"一柜"就是采用标准化的装载单元运输，如集装箱、交换体箱、航空集装器等。"一单"本质上是国际多式联运的运输合同，该合同是各运输环节要承认契约规则。

三、国际多式联运优越性

国际多式联运通过组合多种运输方式，保证了原有运输方式的相对优势，并能够弥补单一运输方式所带来的缺陷。国际多式联运的优越性主要表现在以下几方面。

（一）手续简便，责任统一

在国际多式联运方式下，一切运输事宜都交给国际多式联运经营人统一负责办理，而货主只要办理一次托运，签订一个合同，获得一份联运单据，支付一笔单一全程运费。因此，一旦发生问题，也只要找多式联运经营人。与单一运输方式下分段托运和多头负责相比，国际多式联运不仅责任统一和明确，且手续简便。

视频：国际多式联运的优越性

（二）减少运输中间环节，缩短运输时间和降低货损货差

在国际多式联运中，货物从发货人仓库装箱直到收货人仓库，中途无须拆箱，大大减少货损货差和偷窃丢失事故。此外，由于连贯运输，各运输工具和运输环节间配合密切，中转迅速及时，较好地保证了货物迅速、准确、安全地运达目的地。

（三）降低国际货物运输成本

国际多式联运是实现"门到门"运输的有效方法。对货主来说，货物装上第一程运输工具后就可取得联运单据并进行结汇，从而提早了结汇时间，加速了货物的资金周转。此外，国际多式联运全程使用单一运费和一份联运单据，节省了大量人力、物力，简化了结算和制单手续，为开展贸易提供了有利条件。

（四）实现了"门到门"的运输

国际多式联运扬长避短，组成直达连贯运输，尤其是将货物从发货人的内地仓库直接运输到收货人的内地仓库，实现了"门到门"的直达运输。

综上所述，国际多式联运具有其他运输组织形式无可比拟的优越性，其已在世界各主要国家和地区得到了广泛应用和推广。

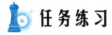

一、任务的提出

"铁海空"跨境贸易通道立体化 湖北与世界越来越紧密

带着朝露的泰国鲜花当天就可装点市民生活、活蹦乱跳的东南亚海鲜朝发夕至……内陆湖北与世界的距离越来越近。

2022年9月26日，2022年湖北口岸物流开放发展峰会暨国际物流通道推介活动上传来消息，湖北已构建中欧班列（武汉）、武汉水运口岸、黄石水运口岸、武汉天河机场航空口岸、宜昌三峡机场航空口岸以及铁水联运、铁海联运、江海联运等铁海空完备的立体化跨境贸易通道。

1. 中欧班列辐射34国，国际定期货运航线达18条

口岸，是国家联通全球市场的重要枢纽，地区经济发展的新引擎。2019年11月，武汉至日本集装箱直达航线首航，长江中上游地区首条真正意义上的对外直达班轮航线开通，湖北破零。依托黄金水道，释放"黄金效应"，湖北省已开通武汉至日本、韩国等地的直达航线，通江达海

愈发便捷。

2022年8月2日，武汉首发至罗马尼亚中欧班列，标志着中欧班列（武汉）在跨"两海"线路运行基础上又开辟一条新线路。目前，中欧班列（武汉）已拥有37条稳定的跨境运输线路，辐射欧亚大陆34个国家、76座城市。2022年前8个月，中欧班列（武汉）折算发运406列，同比增长40%，创10年同期最佳。

铁路在大宗货物运输中具有运量大、安全性高、速度较快等明显优势。在新一轮对外开放中，中欧班列这条大通道将能推动湖北实现更高水平的对外开放。

空中通道不断拓宽。武汉天河机场开通国际定期货运航线18条，通航点19个，覆盖北美洲、南美洲、欧洲、非洲及亚洲主要城市。2022年前8个月，武汉天河机场货物进出口10.7万吨，国际货量同比增长22.7%。鄂州花湖机场货运功能即将开启，湖北"空中出海口"呼之欲出。到2022年年底，鄂州花湖机场开通6条国内客运航线，2条国内货运航线，力争至2023年，开通国际航空货运航线20条以上。

2. 国际多式联运条件吸引世界500强

2022年9月26日14时许，载着26车1 430吨石材的38 006次货物列车缓缓驶出麻城站，于5天后抵达山东日照，再转海运发往日本、韩国、越南、泰国等国家。这是湖北省开通的第12条铁海联运通道。

此前，湖北省已开通"武汉—宁波""日本关西—湖北—亚欧""武汉—厦门—泰国""武汉—钦州—东南亚""宜昌—钦州—巴西古当""十堰—宁波—南非"等11条铁海联运通道。

随着多式联运的推进，湖北省还在加快"铁路进港"，目前有7个码头实现"铁路进港"，分别为武昌工业港、鄂州三江港、黄石新港、武汉阳逻港、荆州港、枝城港、宜昌港。以黄石新港为例，从北美运来的大豆经过水转铁入川比单纯走水路节约25天，社会经济效益大幅提升。

从江海联运来看，湖北出口货物主要从武汉、黄石等港口出发，到欧美远洋的外贸箱通过上海洋山港中转海运出口，到日韩、东南亚航线的外贸箱通过上海外高桥港中转海运出口。目前，湖北省开通"武汉—洋山"江海直达天天班、"黄石新港—上海洋山港"江海直达航线、"武汉—上海—东方港（海参崴）"江海联运航线等。

湖北港口集团表示，力争至2023年，江海直达航线年开行规模达150班次。武汉的长江中游航运中心地位将逐步凸显。

（资料来源："铁海空"跨境贸易通道立体化 湖北与世界越来越紧密 http://m.hbdysh.cn/article/43798）

> **任务**
>
> 锦长货代公司业务经理要求实习生李立对上述案例进行分析。
> （1）什么是国际多式联运，其构成条件是哪些？
> （2）湖北省分别在水陆空等方面开展了哪些促进多式联运发展的举措？

二、任务的实施

锦长货代公司实习生李立结合已学国际多式联运知识，对案例进行分析并回答如下。

国际货物多式联运是通过一次托运、一张单证、一次计费、一次保险，由各运输区段承运人将不同运输方式组合成一个一体化的整体性运输过程。国际多式联运构成条件为：一，须有一份连贯整个运输过程的国际多式联运合同；二，须有一份连贯整个运输过程的国际多式联运单据；三，须使用两种或两种以上运输方式的连贯运输；四，须是国际货运，即为国际货物运输；五，须有一个国际多式联运经营人；六，须是全程单一运费费率。

湖北省分别在水陆空等方面开展促进多式联运发展的举措。

1. 水运

（1）开通武汉至日本、韩国等地的直达航线。

（2）开通了"武汉—洋山"江海直达天天班、"黄石新港—上海洋山港"江海直达航线、"武汉—上海—东方港（海参崴）"江海联运航线等。

2. 陆运

（1）2022年8月2日，武汉首发至罗马尼亚中欧班列。目前，中欧班列（武汉）已拥有37条稳定的跨境运输线路，辐射欧亚大陆34个国家、76座城市。2022年前8个月，中欧班列（武汉）折算发运406列，同比增长40%，创10年同期最佳。

（2）加快"铁路进港"，目前有7个码头实现"铁路进港"，分别为武昌工业港、鄂州三江港、黄石新港、武汉阳逻港、荆州港、枝城港、宜昌港。

（3）已开通"武汉—宁波""日本关西—湖北—亚欧""武汉—厦门—泰国""武汉—钦州—东南亚""宜昌—钦州—巴西古当""十堰—宁波—南非"等11条铁海联运通道。

3. 航空

（1）武汉天河机场开通国际定期货运航线18条、通航点19个，覆盖北美洲、南美洲、欧洲、非洲及亚洲主要城市。

（2）到2022年年底，鄂州花湖机场将开通6条国内客运航线，2条国内货运航线，力争至2023年，开通国际航空货运航线20条以上。

任务评价

知识点与技能点	我的理解（填制关键词）	掌握程度
国际多式联运概念		☆☆☆☆☆
国际多式联运构成条件		☆☆☆☆☆
国际多式联运优越性		☆☆☆☆☆

任务二　分析国际多式联运经营人责任

学习目标

知识目标

1. 了解国际多式联运经营人概念及特征；
2. 掌握国际多式联运经营人责任形式；
3. 理解国际多式联运经营人的法律地位。

能力目标

能够分析国际多式联运经营人的责任。

素养目标

培养学生的法治意识。

知识储备

一、国际多式联运经营人概念与特征

国际货物多式联运通常由国际多式联运经营人组织经营，其形成和发展离不开国际多式联运经营人（Combined Transport Operator 或 Multimodal Transport Operator，MTO）。国际多式联运经营人是国际多式联运的经营主体，如国际货代、铁路物流企业、综合物流公司、航运企业、港口铁路公司等。

根据《联合国国际货物多式联运公约》，国际多式联运经营人是指其本人或通过其代表订立国际多式联运合同的任何人，他是事主，而不是托运人的代理人或者代表人，也不是参加多式联运的各承运人的代理人或者代表人，并且负有履行合同的责任。《1991年联合国贸易和发展会议/国际商会多式联运单证规则》中对它的定义为："国际多式联运经营人是指签订一项多式联运合同并以承运人身份承担完成此项合同责任的任何人。"《中华人民共和国海商法》规定，国际多式联运经营人是指本人或者委托他人以本人名义与托运人订立多式联运合同的人。《中华人民共和国合同法》第 317 条对应的国际多式联运经营人，是指本人或者委托他人以本人名义与托运人订立国际多式联运合同的人。

视频：认知国际多式联运经营人

从上述定义可知，国际多式联运经营人必须具备如图 9-1 所示的三个特征。

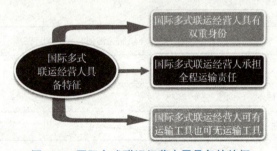

图 9-1　国际多式联运经营人需具备的特征

（1）国际多式联运经营人具有双重身份。国际多式联运经营人不仅与货主本人或其代表订立多式联运合同，而且以货主身份与全程运输中的各区段实际承运人订立运输合同。

（2）国际多式联运经营人承担全程运输责任。国际多式联运经营人自从托运人签订合同开始，承担接收货物至交付货物的全程运输责任。国际多式联运经营人对全程运输所发生的货差与货损负全部责任，但其可向分承运人追偿。

（3）国际多式联运经营人可有运输工具，也可无运输工具。国际多式联运经营人可承运全过程中一部分实际运输，把其他部分运输以自己的名义外包给各区段的实际承运人，也可将全程运输全部外包给各区段的承运人。

根据上述特征可知，国际多式联运承运人处于全程运输承运人的地位，其履行承运人的全部权利和义务，并向托运人承担全部责任。

二、国际多式联运经营人责任形式

由于国际多式联运的发展改变了传统的货物交接界限，也从根本上改变了多式联运经营人的责任范围。作为承运人的法律"本人"，国际多式联运经营人负责全程运输，对发生于全程各区段的货物损坏都承担赔偿责任。

在目前的国际多式联运业务中，一般有如下两种责任形式。

（1）同一责任制，即国际多式联运经营人承担全程运输中货物的灭失、损坏或延期交付的全部责任。只要发生了货损或货差，就不分实际货损区段，在整个运输中由国际多式联运经营人按统一约定的赔偿要求进行赔偿。虽然同一责任制具有科学、合理、手续简化等特点，但它要求多式联运经营人承担更多的责任。因此，该责任形式在世界范围内并未得到广泛的使用。

（2）网状责任制，即虽然国际多式联运经营人对全程运输负责，但是按照造成货损货差的实际运输区段，对货损货差进行赔偿。比如，货损货差发生在公路、铁路或航空运输区段，则按相应运输方式适用的公约或国内法办理；货物损坏发生在海上，则按海运的国际公约或各国适用的海运法规办理。因此，网状责任制可减轻国际多式联运经营人的风险责任，但由于在责任轻重、赔偿限额等方面容易产生分歧，造成多个分承运人之间的互相推卸责任，故这种责任形式并不理想。

虽然同一责任制更加合理及科学，但国际上多采用网状责任制，中国也采用网状责任制。这有利于保护刚刚起步的多式联运经营人的积极性，对中国多式联运顺利和健康发展具有积极意义。

三、国际多式联运经营人的法律地位

国际多式联运经营人在诸多关系中处于核心地位。因此，确定多式联运经营人这一主体及其法律地位尤为关键，有利于厘清国际多式联运中错综复杂的各种法律关系。

（1）国际多式联运经营人的责任期间。国际多式联运经营人的责任期间是指国际多式联运经营人履行义务和承担责任的期间。《联合国国际货物多式联运公约》以及《中华人民共和国民法典》都规定，多式联运经营人的责任期间为从接收货物时起至交付货物时止，承运人掌管货物的全部期间。

（2）国际多式联运经营人的赔偿责任基础。国际多式联运经营人对于货物运输所采取的赔偿责任原则，在确定多式联运经营人责任方面起着重要作用。

《中华人民共和国民法典》第838条规定，多式联运经营人负责履行或者组织履行多式联运合同，对全程运输享有承运人的权利，承担承运人的义务。国际多式联运运营人与托运人签订运送合同，承担全程运送，而实际上多式联运承运人于承揽运送任务后再将运送义务交由其他承运人完成。在运输合同中它享有承运人的权利，承担承运人的义务。

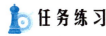

任务练习

一、任务的提出

广州东升公司向英国客户（英国达利斯公司）签订了进口一批电子产品的贸易合同，FOB伦敦，目的地是广东韶关。广州东升公司委托锦长货代公司负责全程运输，锦长货代公司委托中远海运公司以海运方式负责从伦敦到广州的运输任务，并委托广东长丰运输公司负责广州到韶关段的公路运输，并分别与承担海运及公路运输的两家公司签订了海运和公路运输合同。中远海运公司按时按量完成了海运任务并将货物提交到广东长丰运输公司的手中，广东长丰运输公司为了节约成本而将从广州至韶关段的公路运输任务委托给了韶关利成集装箱运输公司。韶关利成集装箱运输公司在运输货物途中发生了车祸，导致货物受损严重。

> **任务**
>
> 锦长货代公司打算召开一个关于上述案例的货损处理协调会,在会议召开前,业务经理要求实习生李立分析并梳理以下几个问题,并在会议上做简短汇报。
>
> (1) 锦长货代公司是否对货物的损失承担责任?为什么?
>
> (2) 阐述锦长货代公司和中远海运公司的法律地位。
>
> (3) 本案例是否按照《中华人民共和国海商法》中"关于承运人赔偿责任和责任限额的规定"来确定当事人的赔偿责任?为什么?

二、任务的实施

实习生李立认真查阅了案例资料,并分析得到如下结论。

(1) 锦长货代公司对货物的损失承担责任,因为它是国际多式联运经营人,对货物运输的全程负责。

(2) 锦长货代公司是国际多式联运经营人,而中远海运公司是区段运输承运人。

(3) 否,按照《中华人民共和国海商法》,货物灭失或损害发生在某一区段内的,适用该区段的有关法律规定。本案例中,货物的损坏发生在广州至韶关的公路运输区段,所以不适用《中华人民共和国海商法》的规定。

任务评价

知识点与技能点	我的理解(填制关键词)	掌握程度
国际多式联运经营人概念与特征		☆☆☆☆☆
国际多式联运经营人责任形式		☆☆☆☆☆
国际多式联运经营人法律地位		☆☆☆☆☆

任务三 绘制国际多式联运业务流程

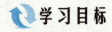 学习目标

知识目标

1. 熟悉国际多式联运一般业务流程;
2. 熟悉中欧班列业务流程。

能力目标

能领会并绘制国际多式联运业务流程图。

素养目标

培养学生的国际化视野及国际化思维能力。

知识储备

一、国际多式联运一般业务流程

国际多式联运经营人是全程运输的组织者,在国际多式联运中,其业务程序主要包括以下几个环节,具体如图9-2所示。

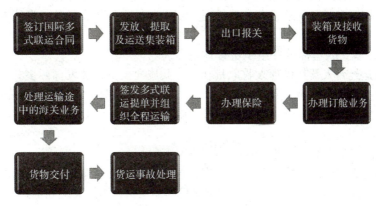

图9-2 国际多式联运一般业务流程

1. 接受货主托运申请,签订国际多式联运合同

根据货主提出的托运申请和运输路线等情况,国际多式联运经营人判断是否接受托运申请。如果接受,则双方即可商议相关事项,发货人或其代理人就货物交接形式、交接地点、时间、付费方式等与国际多式联运经营人达成协议,并填制场站收据。

2. 发放、提取及运送集装箱

国际多式联运一般是集装箱运输。这些集装箱来源主要有三个:一是来自国际多式联运经营人;二是来自租箱公司,这类箱一般在货物的起始地附近提箱,在交付货物的目的地附近还箱;三是来自全程运输中的某一区段承运人。

如果由货主自己负责装箱,则集装箱提供方应签发提箱单给货主或其代理人,最后由货主或其代理人在规定日期到指定的堆场提箱,并将空箱托运到货物装箱地点。如果是拼箱货或发货人无装箱条件而不能自装的整箱货时,在得到发货人委托要求后,可由国际多式联运经营人将空箱运至接收货物的集装箱货运站。

3. 出口报关

出口报关作业原则上由发货人或其代理人办理,也可委托国际多式联运经营人代为办理。若多式联运从港口开始,则可在港口完成报关;但若从内陆地区开始,则应在内陆附近的海关办理报关手续。

4. 装箱及接收货物

装箱工作一般要在报关后进行,并请海关派人到装箱地点监装和办理加封事宜。对于整箱货物,货主或其代理人提取空箱后在自己的工厂和仓库完成装箱作业,多式联运经营人或其代理人在指定地点接收货物;如需理货,还应请理货人员到现场理货并与之共同制作装箱单。此外,如果货主不具备装箱条件,货主应将货物运至指定的货运站,并委托集装箱货运站代为完成装箱工作。反之,如果是拼箱货物,货主应负责将货物运至指定的集装箱货运站,并由集装箱货运站进行装箱。同时,无论装箱工作由谁负责,装箱人均需制作装箱单,并完成海关监装及加封手续的办理。

5. 办理订舱业务

国际多式联运合同订立后，国际多式联运经营人应制订货物的运输计划，并完成相应的订舱业务。这里的订舱业务，泛指多式联运经营人要按照运输计划安排并确定各区段的运输工具，选定各运输区段的实际承运人并订立分运合同。

6. 办理保险

由于国际货物运输风险很大，发货人理应投保货物运输险。该保险可由发货人自行办理，也可由发货人承担费用而委托国际多式联运经营人代为办理。货物运输保险可以是全程，也可分段投保。此外，国际多式联运经营人或其代理人还需向保险公司或以其他形式办理货物责任险和集装箱保险。

7. 签发国际多式联运提单并组织全程运输

国际多式联运经营人及其代理人收取货物后，其应向发货人签发国际多式联运提单，并按照双方议定的付费方式及内容、数量，向发货人收取全部运输费用，并组织和完成全程各区段的运输以及各区段之间的衔接工作，处理运输过程中所涉及的各种服务工作和运输单据等相关文件和信息。

8. 处理运输途中的海关业务

国际多式联运属于国际货物运输，其工作还包括货物及集装箱进口国的通关手续，进口国内陆段保税运输手续及结关等内容。如果货物在目的港交付，则结关应在港口所在地海关进行。如在内陆地交货，则应在口岸办理保税运输手续，海关加封后方可运往内陆目的地，然后在内陆海关办理结关手续。

9. 货物交付

当货物运至目的地后，由国际多式联运经营人的目的地代理通知收货人提货。收货人需凭多式联运提单提货，国际多式联运经营人或其代理人收取收货人应付的全部费用，并收回提单后签发提货单。收货人凭提货单即可到指定堆场和集装箱货运站提取货物。如果整箱提货，则收货人要负责堆场至掏箱地点的运输，并在货物掏出后将集装箱运回指定的堆场，运输合同业务即履行完毕。

10. 货运事故处理

如果全程运输中发生了货物损害、灭失或者延期交货，无论是否能确定发生的区段，发（收）货人均可向国际多式联运经营人提出索赔。国际多式联运经营人根据提单条款及双方协议确定责任并做出赔偿。如果已对货物及责任投保，则可向保险公司提出进一步的赔偿。如果受损人和责任人之间不能取得一致的协商，则需在诉讼时效内通过提起诉讼和仲裁来解决。

二、中欧班列业务流程

中铁国际多式联运有限公司（CRIMT）是中铁集装箱运输有限责任公司（CRCT）下属的全资子公司和经营平台，主要负责中欧中亚班列、铁海快线、多联快车、国际联运、多式联运管理和经营等业务，是中国最早一批从事国际货代业务的企业。

以中铁国际多式联运有限公司（以下简称"多联公司"）为例说明办理中欧班列业务流程。中欧班列业务操作流程如图9-3所示。

多式联运公司中欧班列业务具体办理流程说明：

（1）询价、报价：客户向多式联运公司市场部进行询价，市场部向客户报价。

（2）签订协议：客户与多式联运公司签订代理协议和安全协议，由市场部负责组织签约。

（3）提报发运需求：每月11—14日，客户报送当月补充和次月的发运需求。

（4）签订业务委托书：按照代理协议要求，客户每次发运均须办理委托，由多式联运公司

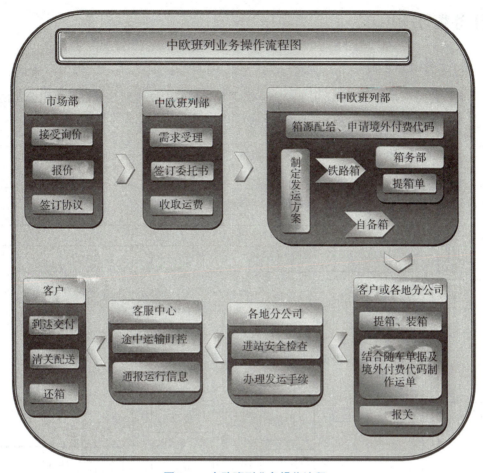

图 9-3 中欧班列业务操作流程
(图片来源：中铁国际多式联运有限公司网站)

中欧班列部接收。委托书主要内容包括发货人、收货人、发站、口岸站、到站、箱型、箱量等信息，核对无误后双方盖章确认。

(5) 申请境外付费代码、收取运费：多式联运公司中欧班列部代理境外运输时，根据客户的发运需求申请付费代码，并按照协议和确认的委托收取客户费用。

(6) 箱源配给和装箱：多式联运公司中欧班列部根据客户需求，提供符合铁路运输标准的自备箱或铁路箱，并根据客户需求和审核通过的装载加固方案，为客户提供提箱和装箱服务，或由客户自行完成提箱和装箱。

(7) 进站和报关：按照车站要求进行安检和过磅。客户可以自行报关，也可委托多式联运公司报关。

(8) 制作运单：客户通过公司"国际联运信息平台"制作运单和打印，并准备好随附单据。

(9) 购买运输保险：中欧班列客户可自愿购买中欧班列铁路货物运输全程保险。

(10) 装车发运、途中换装和转关、到达交付：中欧班列客户服务中心向客户通报运行信息，解决途中产生的问题，班列到达目的站后，车站通知运单上的收货人。收货人需在免堆期内凭有关清关文件和提箱证明文件去车站提箱，或委托多式联运公司提箱和配送。

(11) 还箱：由多式联运公司提供的箱源，客户按照协议规定的用箱条件和使用期限将空箱返至多式联运公司境外指定还箱堆场或委托多式联运公司还箱。

任务练习

一、任务的提出

锦长货代公司业务经理为了让实习生李立能更好地理解中铁国联多式联运有限公司的中欧班列业务操作流程，要求李立使用 Microsoft Visio 绘制该中欧班列业务流程图。

二、任务的实施

实习生李立在分析中欧班列业务操作流程后，使用 Microsoft Visio 绘制了中铁国联多式联运有限公司的中欧班列业务操作流程，如图 9-4 所示。

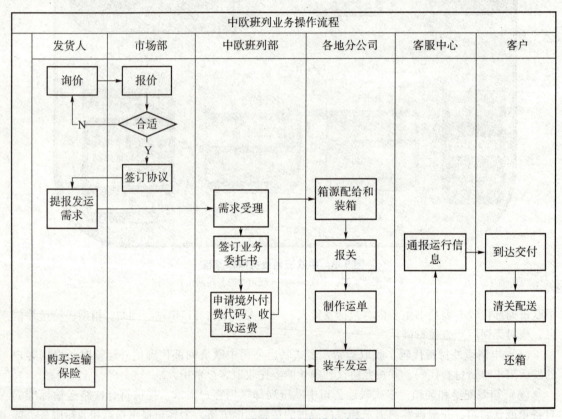

图 9-4　中欧班列业务操作流程

任务评价

知识点与技能点	我的理解（填制关键词）	掌握程度
国际多式联运一般业务流程		☆☆☆☆☆
中欧班列业务流程		☆☆☆☆☆

任务四　设计国际多式联运路线

学习目标

知识目标

1. 了解空桥运输；
2. 熟悉路桥运输；
3. 熟悉中欧班列业务流程。

能力目标

能设计国际多式联运运输路线。

素养目标

提高学生的家国情怀和自主探究能力。

知识储备

一、陆桥运输路线

在国际多式联运中，陆桥运输（Land Bridge Service）起着非常重要的作用。它是远东—欧洲国际多式联运的主要形式。所谓陆桥运输，是指采用集装箱专用列车或卡车，把横贯大陆的铁路或公路作为中间"桥梁"，使大陆两端的集装箱海运航线与专用列车或卡车连接起来的一种连贯运输方式。陆桥运输也是一种海陆联运形式。只是因为其在国际多式联运中的独特地位，故将其单独作为一种运输组织形式。已建成的欧亚大陆桥有两条：一条是经过俄罗斯西伯利亚的大铁路，被称为"第一欧亚大陆桥"。第二条是从中国连云港出发经过江苏、山东、河南、陕西、甘肃、新疆，再经阿拉山口到中亚，最后到达鹿特丹的第二欧亚大陆桥，也称为新欧亚大陆桥。

（一）第一欧亚大陆桥

第一欧亚大陆桥，即西伯利亚大陆桥（Siberian Landbridge，SLB），连接莫斯科和海参崴，是世界上最长的铁路线。西伯利亚大陆桥使用国际标准集装箱，将货物由远东海运到俄罗斯东部港口，再经跨越欧亚大陆的西伯利亚铁路运至波罗的海沿岸如爱沙尼亚的塔林或拉脱维亚的里加等港口，然后再采用铁路、公路或海运运到欧洲各地的国际多式联运的运输线路。

西伯利亚大陆桥几乎跨越了地球周长 1/4 的里程，穿越乌拉尔山脉将俄罗斯的欧洲部分、西伯利亚、远东地区连接起来。其中欧洲部分约占 19.1%，亚洲部分约占 80.9%，共跨越 8 个时区、3 个地区、14 个省份。铁路设计时速为 80 千米，从莫斯科到达终点站海参崴共 9 288 千米，需要七天七夜才能到达。

西伯利亚大陆桥是目前世界上最长的一条陆桥运输线。它大大缩短了从日本、远东、东南亚及大洋洲到欧洲的运输距离，并因此而节省了运输时间。从远东经俄罗斯太平洋沿岸港口去欧洲的陆桥运输线全长 13 000 千米。而相应的全程水路运输距离（经苏伊士运河）约为 20 000 千米。从日本横滨到欧洲鹿特丹，采用陆桥运输不仅可使运距缩短 1/3，运输时间也可节省 1/2。此外，在一般情况下，运输费用还可省 20%～30%，因而对货主有很大的吸引力。

(二) 第二欧亚大陆桥

第二欧亚大陆桥一般指新亚欧大陆桥（其起点如图 9-5 所示），是指东起中国连云港、西至荷兰鹿特丹的国际化铁路干线，全长 10 900 千米。其中，中国国内部分为陇海兰新线。

图 9-5　新亚欧大陆桥起点

新亚欧大陆桥途经山东、江苏、安徽、河南、陕西、甘肃、青海、新疆 8 个省、区，65 个地、市、州的 430 多个县、市，到中哈边界的阿拉山口出国境。出国境后可经 3 条线路抵达荷兰的鹿特丹港。中线与俄罗斯铁路友谊站接轨，进入俄罗斯铁路网，途经阿克斗亚、切利诺格勒、古比雪夫、斯摩棱斯克、布列斯特、华沙、柏林到达荷兰的鹿特丹港，辐射世界 30 多个国家和地区。

新亚欧大陆桥具有重要作用。新亚欧大陆桥在中国境内全长 4 131 千米，贯穿中国东、中、西部的山东等 8 个省（自治区），还影响到湖北、四川、内蒙古等地区。这个地区人口约 4 亿，占全国的 30%；国土面积 360 万平方千米，占中国的 37%，在中国的社会经济发展中处于十分重要的位置。此外，新亚欧大陆桥比西伯利亚大陆桥有着较大的优势。第一，它使亚欧之间的货运距离比西伯利亚大陆桥缩短得更为显著。从日本、韩国至欧洲，通过新亚欧大陆桥，水陆全程仅为 12 000 千米，比经苏伊士河少 8 000 千米，比经巴拿马运河少 11 000 千米，比绕道好望角少 15 000 千米。第二，它使东亚与中亚、西亚的货运距离大幅度减少。日本神户、韩国釜山等港至中亚的哈萨克斯坦、乌兹别克斯坦、吉尔吉斯斯坦、塔吉克斯坦、土库曼斯坦 5 个国家和西亚的伊朗、阿富汗，通过西伯利亚大陆桥和新亚欧大陆桥，海上距离相近，陆上距离相差很大。如到达伊朗德黑兰，走西伯利亚大陆桥，陆上距离达到 13 322 千米，而走新亚欧大陆桥，陆上只有 9 977 千米，两者相差 3 345 千米；到达中亚的阿雷西，走西伯利亚大陆桥，陆上是 8 600 千米，而走新亚欧大陆桥，陆上距离只有 5 862 千米，相差 2 738 千米。第三，由于运距的缩短，它在运输时间和运费上将比西伯利亚大陆桥又有所减少，更有利于同海运的竞争。第四，它的东端桥头堡自然条件好，位置适中，气候温和，一年四季可不间断作业。

(三) 北美大陆桥

北美大陆桥（North American Landbridge），是指利用北美的大铁路从远东到欧洲的"海陆海"联运。北美大陆桥是世界上历史最悠久、影响最大、服务范围最广的陆桥运输线。北美大陆桥从日本向东，利用海路运输到北美西海岸，再经由横贯北美大陆的铁路线，陆运到北美东海岸，再经海路运输到欧洲的"海—陆—海"运输结构。

北美大陆桥是以横贯北美洲大陆的铁路为桥梁，把大陆两端海洋连接起来的交通大动脉。北美大陆桥包括美国大陆桥运输和加拿大大陆桥运输，主要有三条线路：①从美国西部太平洋海岸至美国东部大西洋海洋铁路运输线，全长约 3 200 千米，称美国大陆桥。②从加拿大南部太平洋海岸至东部大西洋海岸的铁路运输线，全长约 3 500 千米，称加拿大大陆桥。③从美国西南部海岸至南部墨西哥湾海岸的铁路运输线，全长 2 000 千米。北美大陆桥的开通，大大缩短了运输里程。以日本至伦敦为例，全程运输距离仅为 20 790 千米，比绕道好望角缩短航程 6 600 千米，比通过巴拿马运河缩短 2 090 千米，比绕道南美洲缩短 10 700 千米。

据统计，从远东到北美东海岸的货物有 50%以上是采用双层列车进行运输，因为采用这种陆桥运输方式比采用全程水运方式通常要快 1~2 周。例如，集装箱货从日本东京到欧洲鹿特丹港，采用全程水运（经巴拿马运河或苏伊士运河）通常需 5~6 周时间，而采用北美陆桥运输仅需 3 周左右的时间。

二、空桥运输路线

空桥运输（Airbridge Service）又被称为海空联运。在运输组织方式上，空桥运输与陆桥运输有所不同，陆桥运输在整个货运过程中使用的是同一个集装箱，不用换装，而空桥运输的货物通常要在航空港换入航空集装箱。

这种联运组织形式是以海运为主，只是最终交货运输区段由空运承担。运输距离越远，采用海空联运的优越性就越大，因为和完全采用海运相比，其运输时间更短；和直接采用空运相比，其费率更低。

目前，国际海空联运线主要有以下几条。

（1）远东—欧洲：远东与欧洲间的航线有以温哥华、西雅图、洛杉矶为中转地，也有以香港、曼谷、海参崴为中转地，还有以旧金山、新加坡为中转地。

（2）远东—中南美：近年来，远东至中南美的海空联运发展较快，因为此处港口和内陆运输不稳定，所以对海空运输的需求很大。该联运线以迈阿密、洛杉矶、温哥华为中转地。

（3）远东—中近东、非洲：这是以香港、曼谷为中转地至中近东、非洲的运输服务。

三、中欧班列运行路线

中欧班列（CHINA RAILWAY Express，CR Express）是由中国国家铁路集团有限公司（以下简称"中国铁路总公司"）组织，按照固定车次、线路、班期和全程运行时刻开行，往来于中国与欧洲及"一带一路"沿线国家的集装箱国际铁路联运班列，是深化中国与沿线国家经贸合作的重要载体和推进"一带一路"建设的重要抓手。

视频："一带一路"下的国际多式联运

中欧班列（见图 9-6）是亚欧之间的物流通道，其以运距短、速度快、安全性高的特征，以及安全快捷、绿色环保、受自然环境影响小的优势，成为国际物流中陆路运输的骨干方式。中欧班列主要包括西、中、东三条通道运行线。西部通道是从新疆阿拉山口（霍尔果斯）出入境，主要服务于中国中西部地区与欧洲间的进出口货物。西部通道建设起于连云港、厦门等地，经西安、兰州等地，由阿拉山口（霍尔果斯）出境，联通中亚、西亚，通达欧洲各国。中部通道是从内蒙古二连浩特出入境，主要服务于中国华北、华中地区与欧洲间的进出口货物。中部通道建设起于广东、福建，经郑州、北京等地，由二连浩特出境，经蒙古与俄罗斯西伯利亚铁路联通，通达欧洲各国。东部通道是从满洲里（绥芬河）出入境，主要服务于中国华东和华南沿海、东北地区与欧洲间的进出口货物。东部通道建设起于华东地区，经徐州、天津等地，由内蒙古满洲里出境，联通俄罗斯西伯利亚铁路，通达欧洲各国。

为全面释放"新丝绸之路"经济带物流通道的潜能，中国铁路总公司本着贴近市场的原则，加强中欧班列的运行组织，打造"快捷准时、安全稳定、绿色环保"的铁路国际联运货物运输

图 9-6 中欧班列（武汉）

品牌，按照"六统一"，即统一品牌标志、统一运输组织、统一全程价格、统一服务标准、统一经营团队、统一协调平台，强化机制和装备保障，努力提升中欧班列运行品质，努力为客户提供优质的国际联运单证预审、制单和打单等相关服务。

2022 年以来，中国铁路总公司用好中欧班列西、中、东通道能力，积极推进阿拉山口、二连浩特、满洲里等口岸扩能改造，开辟了西安、重庆等城市经黑海、里海至罗马尼亚康斯坦察的铁海联运新线路，与沿线各国铁路部门强化信息数据交换和运输组织协同，积极推动通关便利化。中欧班列保持安全稳定开行，国内段最高运行速度每天可达 1 300 千米，境外段达到每天 1 000 千米，为畅通国内国际双循环、助力亚欧贸易发展注入了新动力。

2022 年 1—8 月，中欧班列累计开行 10 575 列、发送 102.4 万标箱，同比分别增长 5%、6%，综合重箱率达 98.5%。当地时间 2022 年 9 月 9 日，德国最大的铁路口岸汉堡迎来了 2022 年开行的第一万列中欧班列。目前，中欧班列已铺设了 82 条运行线路，通达欧洲 24 个国家 200 个城市，逐步"连点成线""织线成网"，运输服务网络覆盖欧洲全境，运输货物品类涉及衣服鞋帽、汽车及配件、粮食、木材等 53 大门类、5 万多种品类。

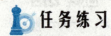 任务练习

一、任务的提出

广州东升公司向欧洲客户出口一批电子玩具，商品存放在武汉仓库，现委托广州锦长货代公司负责全程运输。

> **任务**
> 锦长货代公司业务经理要求实习生李立设计武汉至欧洲的国际多式联运运输路线。

二、任务的实施

实习生李立共设计了 5 条从武汉至欧洲的国际多式联运路线。

路线 1：武汉至欧洲的中欧班列线路，即中欧（武汉）班列。武汉至欧洲的中欧班列线路的开通，是武汉市继开通江海联运和国际空运之后新开辟的

视频：计算运输线路运费及时间

一条由武汉直达欧洲的货运通道。中欧班列从武汉的中铁联运中心站出发,经中国安康、西安、兰州、乌鲁木齐、阿拉山口,以及哈萨克斯坦、俄罗斯、白俄罗斯、波兰,最终到达捷克,距离10 863千米,运期约为23天,在中国境内的运输时间不到4天。

路线2:武汉经第二欧亚大陆桥的公铁联运线路。第二欧亚大陆桥东起中国连云港,由阿拉山口出境,到达荷兰的鹿特丹港,运输时间约为15天。武汉经第二欧亚大陆桥的公铁联运线路具体是指将武汉的集装箱货物通过公路运输运至铁路郑州站,再在郑州站转上第二欧亚大陆桥。

视频:选择最佳运输线路

路线3:武汉经第二欧亚大陆桥的水铁联运线路。武汉的集装箱货物通过江海直达运至上海,再通过水路运至连云港,最后水路转铁路到第二欧亚大陆桥。武汉新港始发至洋山港的江海直达航线可以大大缩短货物在途时间,使武汉成为中西部地区最快的"出海口"。

路线4:武汉经上海中转的公水联运线路。公水联运线路主要由武汉走公路,经上海中转走海运,通过欧洲航线到欧洲。武汉到上海的公路距离约为834千米,耗时约9.5小时。武汉到荷兰鹿特丹运输时间至少45天。

路线5:武汉经上海航空港的陆空联运线路。距离武汉最近的是上海航空港,即将武汉的集装箱货物公路运至距离武汉最近的上海航空港,然后从上海航空港空运到欧洲。以武汉经上海到荷兰鹿特丹为例,武汉到上海公路距离耗时约9.5小时。空运运费按吨计算,时间约为4天。

此外,武汉到欧洲的中欧班列在不断创新与发展,如2022年6月24日上午,一列满载50个大柜电子配件、液晶显示器、鞋类等货物的中欧班列(长江号)由中铁联集武汉中心站驶出,将经由霍尔果斯口岸出境,途经哈萨克斯坦、阿塞拜疆、格鲁吉亚、罗马尼亚等国家,跨越里海、黑海,最终抵达德国杜伊斯堡。这标志着中欧班列(长江号)南通道跨"两海"线路成功运行。此线路是中欧班列(长江号)去往欧洲的新通道,班列采用"铁—海—铁—海—铁"多式联运方式,助力打造连接武汉与欧洲的贸易新通道,辐射范围拓展至中亚、西亚、黑海、地中海沿岸等国家,将进一步拓展中欧班列(长江号)境外通道的辐射能力,助力武汉建设国家级中欧班列区域性枢纽节点。

任务评价

知识点与技能点	我的理解(填制关键词)	掌握程度
路桥运输路线		☆☆☆☆☆
空桥运输路线		☆☆☆☆☆
中欧班列运行路线		☆☆☆☆☆

【拓展阅读】

科技赋能国际多式联运发展

据Reports and Data的一份新报告,到2026年,全球多式联运货运市场预计将达到733.8亿美元。近年来,中国物流业发展从"一带一路"倡议中获得巨大机遇。"一带一路"沿线地区人口约44亿美元,总经济产出约21万亿美元。"一带一路"倡议为中国多式联运发展提供了机会,并对多式联运提出更高的要求。

1. 中国多式联运发展现状和问题

目前,在中国的多式联运企业也层出不穷。其中,中集世联达物流科技(集团)股份有限公司

(以下简称"中集世联达")目前已凭借"江、海、空、铁、陆"多式联运组合产品,实现了在北美、拉美、欧洲、澳新、南亚、东南亚、非洲等航线的全面覆盖,成为多式联运代表性企业之一。

中国远洋海运集团有限公司作为国际航运业的主力军之一,相继开通欧亚等地区多条班轮航线。截至目前,在"一带一路"沿线布局集装箱班轮航线195条,投入运力203万标准箱,占集团集装箱船队总运力的68%。"一带一路"沿线油品、干散货海运量每年分别在6 500万吨和4 000万吨以上。

纵观欧美的"前车之鉴",中国多式联运企业还需要注意三点。

首先,缺乏多式联运设施,导致多式联运无法顺利连接。以铁路为例,中国海港只有1.3%的集装箱吞吐量通过铁路转移到港口,85%通过公路转移到港口,其余约14%通过水路转移。在世界上最大的上海港口,只有0.5%的集装箱是铁路运输的,铁路的优势无法实现。

其次,集装箱多式联运不能形成大规模运输。中国的商品供应差异很大,导致商品供应非常不平衡(如西北地区以煤炭和石化生产为主,华北地区以制造业产出为主等)。集装箱多式联运通常呈现单向货物的现状,很难实现规模经济。

最后,集装箱多式联运缺乏信息收集和处理。发展集装箱多式联运一体化是提高集装箱多式联运效率和服务质量的重要措施。目前,多式联运中的各个节点都有自己的政策,尚未就信息共享达成必要的共识。

2. 中国多式联运的未来之路

改善多式联运基础设施、降低技术成本和规模交付的能力将有助于多式联运。虽然在多式联运发展史上,中国落后于一些发达国家,但"互联网+高效物流"方式给中国带来了后发优势。

中集世联达(见图9-7)以科技为驱动,加快在数字化及智慧物流装备上的投入,在关键物流枢纽布局上,采用物联网、区块链、人工智能等先进技术,打通全链路物流环节,健全"通道+枢纽+网络"的体系,为客户提供高效、稳定、低碳的物流解决方案。目前,中集世联达信息技术部门正在已有"云联网"互联网交易平台基础之上,通过多式联运业务全程可视化、统一数据中台、AI视觉识别、物联网与5G等技术体系的建设,进一步深化打造多式联运物流服务平台,借助平台连通"江、海、铁、空、陆"各物流产品和多种运输模式的作业流、单据流、资金流,推动内部产品协同互联,提升标准化运营,驱动业务决策探索。

图9-7 中集世联达

随着以物联网、大数据、云计算和移动互联网为代表的中国多式联运企业的新一代信息技术的兴起,这些企业具有"线上信息广泛互联、线下资源优化配置、线上线下协同联动"的特点,发展重塑了物流组织模式,拓展了服务领域,推进了新的盈利模式,对中国多式联运的发展具有积极意义。

(资料来源:国际多式联运市场规模达万亿,中国企业依托"科技创新"成破局者, https://baijiahao.baidu.com/s?id=1745203506990531563&wfr=spider&for=pc)

素养园地

主动服务"一带一路",进一步打通双循环堵点

2022年10月25日,随着最后一箱吊装上车,经过加固、巡检后,班列缓缓驶出,这也标志着天津港集团 2022 年海铁联运量顺利完成 100 万标准箱,全力保障了国内国际产业链、供应链稳定畅通。比 2021 年提前了 64 天。同时天津港集团主动服务"一带一路",通过"一单制"的全程多式联运模式,持续扩大全程物流服务规模,惠及更多客户,让海铁联运更顺畅。目前已有 8 家世界知名航运公司参与"一单制"服务模式,海铁联运通道增长了 1 倍,2022 年以来业务量同比增长 263.7%。同时,天津港集团持续推进中蒙物流通道建设,助力天津口岸中欧班列开行超过 600 列,货物超 6.4 万标准箱,同比增幅 70% 以上,陆桥运输继续保持沿海主要港口首位。

【项目综合实训】

广州东升公司向欧洲客户出口一批空调,商品存放在广东韶关仓库,现委托广州锦长货代公司负责全程运输。锦长货代公司业务经理指示实习生李立完成广东韶关至英国伦敦的国际多式联运运输路线的设计。

实 训

实习生李立认真分析相关资料,设计了多条广东韶关至英国伦敦的国际多式联运运输路线,具体如下。

(1) 公—铁—海联运:从韶关公路运输广州,再经中欧班列直达欧洲港口城市如德国汉堡或荷兰鹿特丹,最后水路运输到英国伦敦。
(2) 铁—海联运:从韶关铁路运输到广州港或深圳港,然后水运至英国伦敦。
(3) 公—海联运:从韶关公路运输到广州港或深圳港,然后水运至英国伦敦。
(4) 铁—空运输:从韶关铁路运输到广州白云空港,然后航空运输直达英国伦敦。
(5) 公—空运输:从韶关公路运输到广州白云空港,然后航空运输直达英国伦敦。
(另外,还可通过百度地图绘制上述各种国际多式联运路线的详细路线图)

【习题】

一、单选题

1. (   ) 负责组织全程运输并负责国际多式联运。
   A. 国际多式联运发货人　　　　　　B. 国际多式联运收货人
   C. 国际多式联运经营人　　　　　　D. 国际多式联运承运人
2. 中欧班列西部通道是 (   )。
   A. 从阿拉山口(霍尔果斯)出境　　B. 从二连浩特出入境
   C. 从满洲里(绥芬河)出入境　　　D. 从呼和浩特出入境
3. 下列运输方式属于多式联运的是 (   )。
   A. 铁—铁　　　B. 铁—海　　　C. 海—海　　　D. 空—空
4. 区别国际多式联运和一般传统联运的主要依据是 (   ),其也是确定国际多式联运性质的根本依据。

A. 国际多式联运合同　　　　　　　　B. 国际多式联运单据
C. 国际多式联运经营人　　　　　　　D. 国际多式联运承运人

5. 经过俄罗斯西伯利亚的大铁路是（　　）。
A. 北美大陆桥　　　　　　　　　　　B. 第一欧亚大陆桥
C. 第二欧亚大陆桥　　　　　　　　　D. 第三欧亚大陆桥

二、判断题

1. 国际多式联运分承运人与托运人之间有关系。（　　）
2. 如果全程运输中发生了货物损害、灭失或者延期交货，无论是否能确定发生的区段，发(收)货人均可向国际多式联运经营人提出索赔。（　　）
3. 国际多式联运是实现"门到门"运输的有效方法。（　　）
4. 国际多式联运经营人可按多种费率向托运人结算运费。（　　）
5. 北美大陆桥是利用北美的大铁路从远东到欧洲的"海陆海"联运。（　　）

三、简答题

1. 国际多式联运的优越性体现在哪些方面？
2. 谈谈国际多式联运经营人的权利与义务。
3. 中欧班列是什么？它给"一带一路"倡议的实施带来哪些影响？

参考文献

[1] 中国国际货运代理协会. 国际货运代理理论与实务［M］. 北京：中国商务出版社，2019.
[2] 周世平，黄建辉. 国际货运代理［M］. 长春：东北师范大学出版社，2019.
[3] 赵静敏. 探析新版国际贸易术语解释通则（Incoterms 2020）［J］. 对外经贸，2020（05）：21-24.
[4] 中国物流与采购联合会，中国物流技术协会，全国物流标准化技术委员会秘书处，等. 中华人民共和国国家标准：物流术语（GB/T 1354—2006）［M］. 北京：中国国家标准出版社，2006.
[5] 张勇. 国际货物贸易法［M］. 天津：南开大学出版社. 1997.
[6] 万青. 航空运输地理［M］. 北京：中国民航出版社. 2016.
[7] 景平. 国际货运代理［M］. 北京：中国物资出版社，2007.
[8] 朱恺.《国际道路运输公约》与中国海关制度比较［J］. 商业时代，2010（05）：80-81.